WINTER
8000

지은이 **버나데트 맥도널드**_Bernadette McDonald_

버나데트 맥도널드는 산악문화를 위한 밴프 센터의 창립자로, 산악문화와 등산에 대해 11권의 책을 저술하였다. 그녀의 작품은 16개국에서 출판되었으며, 미국산악회의 H. 애덤스 카터 문학상, 밴프국제산악영화제 그랑프리, 보드맨-태스커 상, 케쿠 나오로지 산악문학상을 포함해 많은 상을 수상했다. 또한 그녀가 최근에 쓴 『Art of Freedom』은 밴프 산악문학상, 보드맨-태스커 상, 내셔널 아웃도어서적 상을 받았다. 그녀는 히말라얀 클럽과 폴란드등산연합회(PZA), 한국산서회 명예회원이며, 탐험가클럽_Explorers Club_의 특별회원이다. 버나데트는 글을 쓰는 틈틈이 등반과 하이킹, 스키, 패들을 즐기며 포도를 재배한다.

옮긴이 **김동수**

1982년 요세미티 하프돔 RNWF 및 엘캡 살라테윌 등반
하루재클럽 프로젝트 매니저
(사) 울주세계산악영화제 이사 및 세계산악문화상 선정위원회 실무위원
인도 히말라얀클럽 회원 및 한국 명예비서
한국산서회 국제교류 이사
우리들요양원 사무국장

Winter 8000

Copyright © Bernadette McDonald 2020.

First published simultaneously in Great Britain and North America in 2020 by Vertebrate Publishing, Sheffield, and Mountaineers Books, Seattle.

Korean Translation Copyright © Haroojae Club 2021.

WINTER
8000

버나데트 맥도널드 지음
김동수 옮김

ᄉ하루재클럽

차례

고통의 예술

명령의 반대편에 서서 처절한 고통으로 다가가려는 사람들이 있다.
이런 사람들은 폭풍이 날뛰어야 더 당당하고 용감하며 행복하다.
사실, 이들에게 고통은 최고의 순간이다. 이들이야말로 영웅이 아니겠는가.

프리드리히 니체, 『즐거운 성탄절』

그는 바로 눈에 띄었다. 세계 최고의 고산 등반가들 사이에서 훤칠한 키의 안드제이 자바다*Andrzej Zawada*는 군계일학이었다. 검정색의 심플한 터틀넥 위에 받쳐 입은 깔끔한 트위드 재킷은 희끗희끗한 그의 머리칼과 잘 어울렸고, 각이 진 검은 뿔테 안경은 네모난 얼굴과 조화를 이루어 당당한 태도를 더욱 돋보이게 했다.

자바다는 1994년 카토비체산악영화제를 마무리하는 뒤풀이 자리에서 폴란드등산연합회(PZA)의 동료들과 함께 어울리고 있었다. 을씨년스러운 그 도시는 짙은 스모그에 휩싸여 있었다. 빌딩은 눅눅하고 거무칙칙했고, 창문은 근처의 굴뚝에서 나온 매연으로 얼룩져 있었지만, 실내만큼은 밝고 따뜻했으며 보드카도 넘쳐났다. 그 속에서 이야기들이 오갔다. 아찔한 곳에서의 트래버스, 고소의 폭풍설, 처절한 비박과 승리를 거둔 정상에 대한 믿기 힘든 이야기들이.

그 영화제를 도와준 터라 나는 그곳에 있는 많은 알피니스트들의 명성, 그리고 여름과 겨울을 막론한 고소등반의 슈퍼스타들을 알고 있었다. 하지만 전설적인 동계등반 전문가인 안드제이 자바다를 만난 것은 그때가 처음이었다. 내가 물었다. "자바다 씨, 여름이 훨씬 더 매력적인데 당신은 왜 히말라야에서 겨울에 등반하려 하나요?"

그는 자신의 길고 귀족적인 코를 내려다보며 이렇게 대답했다. "여름의 히말라야는 여자들이나 가는 곳이니까요." 자신의 도발적인 발언에 대한 반응을 살피기 위해 주위를 훑어보는 그의 눈이 반짝거렸다. 다른 사람들과 마찬가지로, 나는 웃음을 터뜨렸다.

하지만 한 세대의 등반가들에게 가장 잔인한 시즌에 고소등반을 경험하도록 영감을 불어넣은 이 사람에 대해 자연스럽게 존경심이 우러나오는 것은 어쩔 수 없는 노릇이었다. 히말라야와 카라코람에서의 동계등반에 대한 개념은 폴란드에서 태어나고 자라났으며, 오랫동안 그들에 의해 지배되었다. 많은 나라에서 거의 200개나 되는 원정대가 네팔과 파키스탄, 티베트에 있는 고산에서 동계등반 모험을 감행했지만, 폴란드인들은 안드제이 자바다의 리더십 아래 가장 추운 시즌에 8천 미터급 고봉 초등이라는 위업을 달성했다.

폴란드의 선도적 동계 등반가인 아담 비엘레츠키*Adam Bielecki*는 훗날 이렇게 말했다. "우리가 동계등반을 석권한 것은 스탈린과 비에루트*의 실수 덕분이었다. 그들은 우리를 우리 안에 가두었다. 다른 사람들이 8천 미터급 고봉 초등 경쟁을 벌이고 있을 때 우리는 철의 장막 뒤에 갇혀 있었다. 그리고 마침내 그 장막이 걷히자 우리를 뛰쳐나갔다. 우리는 몹시 굶주려 있었다." 제2차 세계대전이 끝났는데도 폴란드인들은 히말라야에서 활동을 벌이지 못했다. 폴란드인들이 소련의 지배 아래서 신음하는 동안 세계 여러 나라의 알피니스트들은 8천 미터급 고봉 14개를 모두 초등했다. 그 시작은 1950년 프랑스인들의 안나푸르나 초등이었고, 1964년 중국인들이 마지막 남은 시샤팡마를 올랐다. 하지만 그 봉우리들 중 어느 곳도 겨울에 등정되지는 못했다. 겨울은 히말라야 등반가들에게 여전히 미답의 영역이었다.

* 폴란드 정치인 볼레스와프 비에루트*Bolesław Bierut*(1892~1956) [역주]

8천 미터급 고봉의 동계등반 현실을 생각하면, 그 도전의 정도는 거의 비참하기까지 하다. 어느 시즌이든 고소에서는 희박한 공기로 숨이 헐떡거리고, 두통에 시달리고, 구역질이 나는 것이 보통이다. 하지만 겨울은 문제가 훨씬 더 심각하다. 고소의학 전문가 피터 해켓 박사Dr. Peter Hackett에 의하면 '고소에서의 기압은 의학적으로 상당히 차이가 날 정도로 여름보다 겨울에 훨씬 더 낮다'고 한다. 기압이 낮다는 것은 '체온 유지와 전진'을 가능하게 하는 산소가 부족하다는 의미인데, 이 두 가지는 극심한 추위 때문에 겨울에 훨씬 더 어렵다.

8,000미터에서의 겨울은 상상을 초월한다. 너무나 추워서 폐가 타버리는 것은 아닐까 하는 느낌이 들 정도다. 서리로 뒤덮인 눈썹이 서로 달라붙고, 노출된 피부는 시시각각 얼어붙는다. 그리고 신체의 말단조직이 끔찍할 정도로 약해져 만약 움직이지 않거나, 최소한 웅크리고 있으면 나무토막처럼 딱딱하게 언다. 손가락과 발가락이 죽어 검게 변하면 잘라내야 한다. 스토브가 작동하지 않고 금속이 부러진다. 이토록 극심한 추위는 사람이 이겨내기 힘들다. 그것은 육체와 정신을 갉아먹은 다음, 아주 서서히 쥐어짠다. 정말 끔찍할 정도로.

이런 봉우리들의 고도에서는 야만적인 겨울바람이 약해지지도 않는다. 그리고 정상은 몇 주 동안이나 제트기류에 휩싸인다. 그 바람은 훈풍이나 돌풍이 아니라 허리케인급 힘이 있어, 어른을 번쩍 들어 패대기친다. 그리하여 텐트가 망가지고, 장비들이 수백 미터나 날아가며, 버팀줄이 끊어지고, 얼음 표면이 대리석처럼 반들반들하게 된다. 그 바람은 거대한 양의 눈을 위험천만한 바위지대로 쓸어 넣어, 조금만 건드려도 눈사태가 일어나도록 만든다. 그 바람은 균형 감각이 아주 좋은 산악인들까지도 미치게 할 정도로 으르렁거리며 울부짖는다.

겨울에 아주 높은 곳에서 홀로 고립되었을 때 느끼는 감정은 상상을 초월한다. 지상에서 접근하기도 어렵고 위험한 운행 조건 탓에 어떤 상황이 일어나면 순식간에 생명을 위협받게 된다. 히말라야의 동계등반 전문가 다레크 자워스키Darek Załuski는 이렇게 말한다. "겨울의 8,000미터만큼 외로운 곳도 없다. 겨울의 그곳은 세상의 끝이다."

겨울의 고산은 색이 단조롭다. 서른 가지쯤 되는 흰색과 회색 그러데이션, 그리고 칠흑 같은 검정뿐이다. 흰색의 미세한 차이는 설질과 눈사태 위험, 그리고 살아남는 데 도움이 될 만한 온갖 종류의 단서를 제공한다. 유리처럼 반들거리는 검은색은 피켈이 먹히지 않고 크램폰 발톱이 들어가지 않는, 바위처럼 단단한 얼음을 뜻한다. 폭풍이 휘몰아치면 사방이 회색 천지다. 석탄 같은 회색, 밝은 회색, 우윳빛 회색…. 아주 드물게 칙칙한 하늘이 활짝 열려 그 속으로 빨려 들어갈 것만 같은 검푸른 색이 드러나기도 하는데, 그런 하늘은 알피니스트를 하루나 이틀 정도 좋은 날씨로 유혹하지만, 이내 회색으로 변한다.

겨울은 어둠이다. 낮이 짧은 반면 밤은 영원히 계속될 것처럼 길다. 7,000미터의 텐트에서 맞이하는 밤은 길고 외롭고 불확실하다. 하물며 8,000미터에서 비박을 하게 되면 계속되는 어둠이 인간의 정신을 갉아먹는 감정, 즉 공포와 편집증과 나쁜 생각까지 불러일으킨다.

한마디로 말하면 그것은 고통이다. 고소에서의 동계등반은 오직 고통이며, 폴란드 산악인 보이테크 쿠르티카Voytek Kurtyka가 묘사한 것처럼 히말라야 고산에서의 동계등반은 '고통의 예술'이다. 하지만 그런 등반에 열정을 보이고 집착까지 하는 사람들이 있다. 그들은 극도로 지루한 고립을 갈망한다. 그들은 훈련이 잘 되어 있다. 돌처럼 딱딱한 얼음을 사뿐히 건너고, 불안정한 눈 위에서 재빨리 움직이며, 무릎까지 빠지며 흘러내리는 눈에 수천 번의 스텝을 찍을 준비가 되어 있다. 마치 신체의 일부라도 되는 것처럼 장비도 잘 다룬다. 움직임을 방해하는 두툼한 옷과 어린아이처럼 서툴게 만드는 커다란 벙어리장갑을 끼고도 빠르고 효과적으로 움직인다. 얼음이 낀 고글을 통해 보면서도 잠재적인 위험을 알아차리고 그에 반응한다. 또한 그들은 인내심을 이해한다. 며칠이나 몇 주, 때로는 몇 달씩 기다려야 하는 인내심을. 베이스캠프에서는 비록 이틀이라 할지라도 날씨가 반짝 개어 파란 하늘이 선명하게 드러나기를 희망한다. 자신의 신체를 극한으로 몰아붙이면서도, 그 경계선 너머를 엿보고 하루를 더 살기 위해 언제 물러날지를 판단한다. 고통이 수반되는 그들의 춤사위는 산에서 터득한 본능과 살아남으려는 무서운 의지의 조합으로, 그들이 바로 '얼음의 전사들'이다.

보통을 뛰어넘어 진정으로 미래지향적인 사람을 만나기는 쉽지 않다. 안드제이 자바다가 세계적으로 탁월한 고소 등반가들과 어울리는 모습을 지켜보고, 그들의 존경과 복종, 그리고 고난과 잔인함, 지구의 가장 높은 산에서 한겨울에 벌이는 모험에 따른 위험을 기꺼이 받아들이는 태도를 바라보자니 호기심이 발동했다.

동계등반의 역사를 파고들어 가면서 나는 그 범위에 놀라지 않을 수 없었다. 40년도 넘게 폴란드와 이탈리아, 일본, 러시아 등 많은 국가에서 거의 200개의 원정대와 1,500명의 등반가들이 가장 추운 시즌에 도전을 감행했다. 그 내용은 한 권의 책에 담기에는 너무나 벅찰 정도로 많았다. 누구를 포함시키느냐는 어려운 문제였다. 게다가 이 복잡한 역사를 기록하는 것도 만만치 않았다. 손쉬운 방법으로, 나는 성공을 거둔 8천 미터급 고봉의 동계등반 이야기를 순서대로 풀어나갔다. 그러자니 에베레스트부터 이야기가 시작되었다. 가장 어려운 산이 아니라 가장 높은 산부터.

겨울에 이런 이야기를 쓰는 것이 어찌 보면 적절했는지도 모른다. (사실, 나는 밴프에 있는 집에서 131년 만의 가장 가혹한 겨울을 맞이했다) 서리가 낀 창문 밑 책상에 다운 옷을 껴입고 앉아 나는 몇 시간씩 키보드를 두드렸고, 눈썹에 달라붙은 서리를 녹일 태양의 희미한 빛을 기대하며 한낮에는 슬쩍 빠져나가 근처에 있는 스키 트레일을 재빨리 돌기도 했다. 그런 추운 환경은 그와 똑같은 (하지만 6,500미터나 더 높은 곳의) 기온을 상상하고, 그런 환경 속에서도 움직이는 능력을 가진 끈질긴 인물들을 되돌아볼 수 있는 소중한 여건을 마련해주었다.

나는 안다. 아니, 많은 기회가 있어서 나는 이 동계 등반가들을 대부분 알고 있었다. 그들과 그들 가족을 아는 상태에서 글을 쓰는 것은 엄청난 스트레스였다. 하지만 내가 이 책으로 이어진 긴 대화를 상기하고, 고소 동계등반의 원조라 할 수 있는 안드제이 자바다를 처음 만난 순간을 기억하고, 그 과정에서 형성된 끈끈한 우정을 되돌아보자 내가 그들의 이야기를 써야 한다는 것이 점차 분명해졌다. 이 책은 그들의 고통과 노력, 승리와 실패에 대한 증언이다.

첫 행운

우리는 완전한 자유와 육체적·정신적으로 깊은 행복을 누리며 살았다.
그리하여 더 이상 바랄 것이 없었다.

에릭 십턴*Eric Shipton*, 『그 산에 대하여*Upon That Mountain*』

에베레스트 — 8,848m

세계 최고봉 에베레스트는 늘 관심을 끄는 대상지였다. 하지만 안드제이 자바다*Andrzej Zawada*에게 에베레스트는 고통의 대상이었다. 1970년대 후반까지 그 산에서는 중요한 등정들이 이어져 왔다. 1953년 뉴질랜드 출신의 에드먼드 힐러리*Edmund Hillary*와 셰르파 텐징 노르가이*Tenzing Norgay*가 사우스콜 루트로 8,848미터의 그곳 정상을 최초로 밟았고, 1963년 미국 팀은 혼바인 쿨르와르*Hornbein Couloir*를 통해 어려운 서릉으로 오르는 데 성공했으며, 1975년 일본 산악인 다베이 준코田部井淳子는 여성 최초로 정상에 섰고, 그해 가을 영국인들은 남서벽을 통해 정상 등정에 성공했다. 그리고 3년 후인 1978년 5월 8일, 이탈리아의 라인홀드 메스너*Reinhold Messner*와 오스트리아의 페터 하벨러*Peter Habeler*는 그 산을 무산소로 등정해 또 하나의 장벽을 무너뜨렸다.

유고슬라비아인들과 스위스인들, 중국인들, 티베트인들도 에베레스트 정상에 자신들의 발자취를 남겼고, 아주 인상적인 루트를 선택한 팀들도 있었다. 하지만 그 산의 정상에 선 폴란드인은 없었다. 그리하여 폴란드인들은 심리적 압박과 굴욕을 느끼기까지 했다.

그런 상황을 끝낸 사람이 반다 루트키에비치*Wanda Rutkiewicz*였다. 1978년 10월 16일, 그녀는 그 산을 오른 세 번째 여성이자 최초의 유럽 여성, 그리고 최초의 폴란드 산악인이 되었다. 폴란드의 선도적 여성 알피니스트였던 그녀는 스타로서의 모든 것, 즉 체력과 야망과 뛰어난 미모를 갖추고 있었다. 그녀의 등정은 시기까지 완벽했다. 정상에 오른 날, 폴란드에서 추방당한 요한 바오로 2세가 교황에 선출된 것이다. 이 두 소식은 폴란드를 열광의 도가니로 몰아넣었다. 그것은 젊은 엘리자베스 2세의 여왕 즉위식과 맞물린 1953년 에드먼드 힐러리의 초등 소식이 영국을 사로잡았던 것만큼 대단했다.

반다의 등정이 자신의 문제를 뜻하지 않게 해결해준 셈이어서 안드제이는 안도했다. 그녀의 성공적인 등정 이전까지, 폴란드등산협회(PZA)는 안드제이에게 봄 시즌에 원정대를 이끌고 나가도록 압박을 가하고 있었다. 그것은 그가 꿈꾸는 동계등반보다 성공의 가능성이 훨씬 더 높을지도 모를 일이었다. 하지만 에베레스트는 봄과 가을 시즌에 이미 100여 명의 산악인들에 의해 등정이 되어, 한 번 더 오른다 한들 등반역사에 큰 의미가 없다며 안드제이는 손사래를 쳤다. 반다가 성공을 거두자, 위원회는 안드제이의 계획을 전향적으로 검토하기 시작했다. 더 정확하게 말하면, 그들은 두 가지 계획을 세웠다. 하나는 에베레스트를 동계에 오르는 것이고, 또 하나는 그다음 봄 시즌에 신루트로 오르는 것이었다.

그런 야심찬 과업을 수행하는 데 안드제이는 최고의 적임자였다. 산악인이고 영감을 주는 리더이며 개방적인 외교관이었던 그는 전통적 상류층인 말체브스키 백작Count Malczewski 가문 출신으로, 그 백작은 낭만주의 시대의 시인이었으며, 1818년 몽블랑을 등정한 폴란드 최초의 알피니스트로 간주되는 인물이었다. 비록 백작은 아니었으나 안드제이는 자신의 혈통을 자랑스럽게 생각했다. 그의 아버지 필리프Phillip는 국제법 박사학위 소지자였고, 어머니 엘레오노라Eleonora는 러시아어와 독일어를 폴란드어로 번역하는 언어학자였다. 1920년대에 있었던 독일-폴란드 간의 모호한 국경선 합의를 성사시킨 필리프는 그에 대한 보상으로 영사에 임명되었으나, 폐결핵에 걸려 스위스의 다보스에서 수준 높은 치료를 받다 1931년 세상을 떠났고, 그의 가족의 해외 외교관 생활도 그대로 끝이 났다. 그때 안드제이는 겨우 세 살이었다. 그리하여 엘레오노라는 어린 두 자식을 데리고 타트라산맥 근처의 고원지대로 가서, 산장같이 아늑한 오두막에서 1939년까지 생활했다.

그녀의 선택은 행운이었다. 산속에서 생활한 그녀와 두 자녀는 곧 폴란드를 갈가리 찢어놓게 되는 제2차 세계대전의 참화로부터 어느 정도 벗어날 수 있었다. 엘레오노라는 수백 명의 병사들이 후송된 그 지역의 병원에서 통역을 맡아 수입의 일부를 보전했다. 비록 독일과 러시아 병사들이 곳곳에 넘쳐났지만, 그 지역은 용감한 레지스탕스 전사들이 삼삼오오 숨어드는 곳이었다. 밤이 되면 그들은 그녀의 오두막 안에서 총기 주위에 모여앉아 은밀한 작전을 세웠다. 어린 안드제이는 곧 파르티잔과 공모하기 시작했다. 아직 소년이었음에도 그는 학교의 책상 밑에 기관총을, 그리고 밤에는 침대 옆에 수류탄을 숨겨두었다. 열일곱 살에 그는 이미 감옥에서 한 달을 보냈다.

석방이 되자 그의 어머니는 그를 안전한 장소로 피신시켰고, 그는 그곳에서 고등학교 수업을 마친 다음 브로츠와프Wrocław와 바르샤바Warsaw의 대학에서 지구물리학을 공부했다. 안드제이는 대도시 생활에 무난히 적응했지만, 산에서 보낸 어린 시절을 잊지 못하고 지역 산악회에 가입해, 그들의 일정에 따라 주말마다 등반에 나섰다.

안드제이는 PZA가 정한 규정에 따라 행동하면서도 기술을 향상시키기 위해 경험이 더 많은 파트너들과 함께 등반했다. 그는 가끔 PZA의 구속을 벗어나기도 했다. 안드제이는 그들의 경고를 무시하고 1959년 타트라 동계 종주등반을 해냈다. 가파르고 아찔하고 어려운 그곳은 길이가 75킬로미터에 오르내리는 높이만도 22,000미터에 달하는 곳이었다. 안드제이는 그 종주등반을 자신에 대한 동계 능력 시험의 중요한 잣대로 삼았다. PZA는 그의 행위를 노골적으로 규정을 무시한 것으로 간주했다. 그 당시 폴란드 산악인들이 해외로 나가기 위해서는 PZA를 통해 공산주의 정부에 여권을 신청해야 했다. 따라서 파키스탄의 카라코람 산군에 있는 라카포시Rakaposhi 지역으로 원정등반을 가려고 한 안드제이에게 여권을 내주지 않은 것은 어찌 보면 당연한 일이었다.

폴란드에서는 등산이 공식적인 스포츠로 간주되어, 외국에 나가고자 하는 알피니스트들은 철저한 조사를 통해 자격을 부여받았다. 어떤 프로젝트가 승인되면 PZA로부터 자금을 받지만, 그렇다고 장비까지 지원받지는 못했다. 그들은 재봉사와 제화공, 용접공 그리고 고산에서의 혹독한 조건을 견딜 수 있는 특수 장비를 만드는 사람을 여기저기 수소문해 찾아야 했다.

안드제이는 이런 일에 능숙했다. 지구물리학 과학탐험대를 이끌고 물류, 허가, 장비를 다룬 경험이 있어서 이미 검증된 해결사였다. 그는 폭넓게 여행하면서, 관료주의를 다루는 요령과 심각한 위험에 처한 사람들을 이끄는 수완을 터득했다. 노련함이 더해지자 조직화에 대한 경험도 점점 더 많아져, 그는 곧 이상적인 원정대장으로 성장했다.

1971년, 안드제이는 원정대를 이끌고 파키스탄의 카라코람 서쪽에 있는 7,852미터의 쿠냥 키시Kunyang Chhish를 초등해 모두를 놀라게 했다. 이 성공에 고무되고, 타트라에서의 동계등반 경험이 더해진 그는 이제 폴란드 산악인들이 고소등반의 새로운 영역, 즉 동계등반에 도전할 준비가 되었다고 생각했다. 첫 번째 목표는 아프가니스탄 최고봉인 7,492미터의 노샤크Noshaq였다. 그의 계획을 선뜻 이해하지 못한 아프가니스탄 정부는 원정등반에 필요한 허가서를 내주기 전, PZA에 폴란드 팀의 동계등반 목표를 분명히 이해하며 그들의 행위에 대해 전적으로 책임진다는 서신을 요구했는데, 안드제이는 그것을 간신히 입수했다.

1972년 12월 29일, 그들은 3톤의 장비를 가지고 바르샤바역에 집결했다. 안드제이는 무거운 마음으로 여행길에 올랐다. 겉으로 내색하진 않았어도, 그토록 높은 산을 겨울에 도전한 사람들이 아무도 없었기 때문에 자신들의 목표가 지나치게 야심차다는 사실을 잘 알고 있었다. 기차가 덜컥거리며 달려가는 동안 끝없이 펼쳐진 동토를 바라보던 그는 시야를 가리는 폭풍설과 우르릉거리는 눈사태, 얼어붙는 발가락에 대한 환영으로 마음이 산란했다.

마침내 노샤크에 도착한 안드제이는 눈이 거의 없자 안도의 한숨을 내쉬었다. 하지만 날씨가 몹시 추웠다. 한낮의 기온이 영하 25도를 밑돌았고, 밤에는 그보다 10도나 더 떨어졌다. 게다가 햇빛을 볼 수 있는 시간도 너무 짧았다. 겨울 폭풍설이 불어닥칠 때마다 대원들은 신음을 토해냈고, 결국 대개는 베이스캠프로 후퇴해 터진 입술을 치료하고 얼어붙은 몸을 녹였다.

2월 중순쯤, 얼음처럼 차가운 강에서 훈련 삼아 수영을 할 정도로 터프한 폴란드 알피니스트 타데크 표트르브스키Tadek Piotrwski와 안드제이가 정상을 800미터 남겨둔 곳까지 올라갔다. 하지만 기온이 훨씬 더 떨어지고 바람이 미친 듯이 불었다. 2월 12일 밤, 안드제이는 문득 잠에서 깼다. 텐트가 날아가지 않은 것이 기적이었다. 그는 고개를 내밀어 이상하게도 고요한 밤하늘을 쳐다보았다. 검푸른 하늘에 수많은 별들이 총총히 박혀 있었다. 두 사람에게는 절호의 기회였다.

다음 날 아침 일찍 출발한 그들은 눈이 두껍게 쌓인 플라토에 오후 늦게 도착해 쉬면서 차를 마셨다. 그로부터 얼마 후 달이 떠올라 사방이 천상의 색조로 물들었다. 정상이 손에 잡힐 듯해서 무전으로 베이스캠프를 불러 계속 올라가겠다고 말했다. 하지만 밤 9시도 넘어 정상에 도착한 그들은 힘이 쑥 빠졌다. 진짜 정상은 1킬로미터 앞에 있었던 것이다. 자정쯤 마침내 그곳에 도착하자 찬바람에 얼굴이 마비될 정도로 얼어붙었다. 17시간 동안 거의 쉬지도 못하고 움직인 그들은 새벽 4시 30분에 텐트로 돌아왔다. 안드제이는 컨디션이 놀라울 정도로 좋았지만, 타데크는 두 엄지발가락이 얼음덩어리처럼 딱딱하게 굳어 있었다.

이런 대가를 치렀지만 그 둘은 신기록을 세웠다. 동계 시즌 7,000미터 최초 돌파. 그때 안드제이는 다음 목표를 생각했다. 베이스캠프에서 엎치락뒤치락하는 동안 그의 마음은 그 가능성을 향해 달려갔다. 훗날 그는 이렇게 술회했다. "우리는 다음 동계 원정등반을 생각하기 시작했다. 하지만 이번에는 8,000미터였다. … 만약 세계 최고봉을 한겨울에 오른다면, 그것은 등산역사에 새로운 장을 여는 것이 될 터였다. 그리고 1년 중 언제 어떤 조건에서도 등반이 가능하다는 것을 보여준다면, 그것은 다른 산악인들보다도 우리가 더 뛰어나다는 사실을 증명해 보이는 것이다."[1]

고국으로 돌아온 안드제이는 다음 동계 원정등반 계획을 세웠다. 우선 에베레스트를 선택했다. 하지만 PZA가 계획을 번번이 물리쳐, 1974~1975년 시즌에 에베레스트 바로 옆에 있는 세계 제4위의 고봉 로체(8,516m)에 가기로 했다. 돌이켜보면, 폴란드인들이 10월 말에 베이스캠프에 도착했기 때문에 그 당시 많은 사람들은 이 등반이 겨울보다는 가을에 더 가깝다고 생각했다. 그리고 용감하게 시도하긴 했지만 (이 이야기는 7장에 나온다) 결국 그들은 성공을 거두지 못했다. 안드제이가 에베레스트 동계등반 원정대를 발진시킨 것은 결국 그로부터 5년 후였다. 자신의 비전을 전혀 잃지 않은 그는 가능성의 한계에 도전하리라 굳게 마음먹고 있었다. 더불어 폴란드 산악인들도 자신들의 능력을 증명해 보이고 싶어 안달이었다.

세계 최고봉을 한겨울에 도전하는 것이 터무니없는 짓으로 보일지 모르지만, 폴란드 산악인들에게는 그렇게 별난 일도 아니었다. 그들의 고국에 있는 산 타트라에서는 동계등반이 암벽등반만큼 인기 있었다. 안드제이는 이렇게 말했다. "타트라산맥엔 빙하가 없어 고산지대와 유사한 조건을 경험하려면 우린 겨울에 등반해야 합니다."[2] 타트라의 겨울 루트들은 바위와 얼음에서 고도의 기술을 발휘해야 하는 혼합등반을 요구하는 것들이 대부분이었다. 따라서 확보 능력, 즉 피톤을 박을 크랙을 찾아 확보물을 단단히 설치하는 등 클라이머가 벽에서 안전을 담보할 수 있는 능력을 키우는 것이 중요했다. 서리가 잔뜩 달라붙은 신기한 화강암, 꽁꽁 얼어붙은 잡초덩어리, 희미한 은색으로 빛나는 얇은 얼음…. 겨울철 타트라의 벽들은 어려우면서도 기술적·심리적으로 고산에서의 동계등반을 위한 훌륭한 훈련장이 되었다.

타트라에서 필요한 또 다른 소중한 기술은 의도적이든, 아니면 강제적이든 최소한의

1979~1980년 에베레스트 동계 원정 대원이었던 폴란드의 히말라야 등반가 지그문트 헤인리흐 (사진: 알렉스 르보프 아카이브)

보호 장비로 비박을 하면서 겨울 산에서 살아남는 요령이었다. 1970년대 폴란드 산악인들 사이에서는 비박이 대단한 유행이어서, 그들은 규칙을 만들어가면서까지 다른 사람과 시합을 했다. 텐트 안 침낭 속에서 자면 쳐주지도 않았고, 비박색을 쓰면 1점을 삭감했는데, 다리만 배낭 속에 집어넣고 자는 것이 최고 점수를 받았다. 이 시합을 앞장서서 이끈 지그문트 헤인리흐Zygmunt Heinrich는 비박 횟수 100번을 자랑하는 터프한 히말라야 산악인으로, 그가 에베레스트 동계등반 대원으로 뽑힌 것은 너무도 당연한 일이었다.

안드제이 자바다는 원정대장으로 명성이 자자했음에도 아마추어 알피니스트에 불과했다. 그는 시간이 날 때만 등반하는 지구물리학자였다. 일상과 원정등반 사이에서 겨우 짬을 내야 하는 아마추어였지만, 장비를 비롯한 원정등반의 모든 것들을 노련하게 다루었다. 그 당시 폴란드에서는 신용카드로도 물건을 살 수 없었다. 사실은 장비점도 신용카드도 없었다. 안드제이는 자

신에게 필요한 특수 장비를 제공해줄 수 있는 사람이라면 그가 누구든 대원의 일원, 즉 동계 에베레스트 정상에 자신들을 올려줄 톱니바퀴의 하나로 간주하고 일을 시켰다.

하지만 허가서를 받는 일이 골칫거리였다. PZA를 가까스로 통과하긴 했어도, 안드제이는 네팔 당국을 설득하는 데 애를 먹었다. "아주 높은 봉우리들이 프레몬순과 포스트몬순에 이미 정복되었다 해도 동계원정대에는 처녀봉이나 마찬가지다. 히말라야 동계등반은 등산의 발전 과정에서 자연스러운 역사적 흐름이다."[3] 그는 신청서에 이렇게 썼다.

네팔 정부는 1979년까지 기다리라고 말했다. 그리고 그때가 되자, 그들은 안드제이 팀이 2월 15일까지는 등반을 끝낼 것으로 보고, 12월 초부터 2월 말까지 유효한 허가서를 내주었다. 그렇게 되면 장비를 회수하며 산을 내려올 수 있는 시간은 보름에 불과할 터였다. 불행하게도, 이 소중한 서류는 그들이 출발을 불과 나흘 앞둔 11월 22일에야 폴란드에 도착했다. 안드제이는 트럭을 이용해 네팔로 갈 계획이었는데, 이제는 그것이 불가능하게 되었다. 시간이 없었던 것이다. 비행기를 타고 가는 것이 유일한 선택이었지만, 그렇게 하려면 돈이 더 필요했다. 그러나 뜻밖에도 PZA가 이에 동의했다.

그는 대원들을 일찍 선발했다. 따라서 의지를 내비친 알피니스트가 더 이상은 없었다. 1979년 폴란드에서는 2,400명의 산악인들이 열정적으로 활동하고 있었다. 그리고 그들 대부분은 안드제이가 구상하는 등반은 무조건 참가하고 싶어 했다. 그는 대원을 선발하기 위해 우선 폴란드의 일급 알피니스트 40명의 명단을 만들었다. 그런 다음 설문지를 만들어, 그들의 경험 수준과 더불어 동계등반을 원하는지, 아니면 이어지는 봄 시즌의 등반을 원하는지 조사했다. 목표는 역시 에베레스트였다. 그는 밤늦도록 설문에 대한 응답을 세세히 분석했다. 대원 명단에 올릴 사람과 뺄 사람을 분류하면서. 그리고 겨울이냐 봄이냐 하는 것까지도.

어린 시절 보이스카우트 유니폼을 입은 크지슈토프 비엘리츠키 (사진: 크지슈토프 비엘리츠키 아카이브)

브로츠와프 출신으로, 대담하고 야망이 넘치는 크지슈토프 비엘리츠키 *Krzysztof Wielicki*는 봄 시즌의 대원으로 뽑혔다. 하지만 동계등반 팀에서 3명이 개인 사정으로 원정을 포기하자 크지슈토프가 겨울 팀으로 들어갔다. 1950년에 태어난 크지슈토프는 바닷가에서 자랐다. 자연 속에서 실컷 뛰어놀던 그는 곧 열정적인 보이스카우트가 되었다. 그리고 해마다 여름이면 아웃도어 세계에 빠져 소중한 기술을 배웠다. 오리엔티어링을 하고, 캠핑을 하고, 낚시를 하며 좁은 공간에서 친구들과 함께 어울렸다. 전기공학을 선택해 브로츠와프에 있는 대학에 진학한 그는 지역 산악회에 가입했고, 그곳에서 암벽등반은 물론이고 비박 요령까지도 익혔다. "우린 정말 바보 같았습니다." 그는 말했다. "친구들이 캠프파이어를 즐기는 동안 하네스를 차고 젤로*Jello*처럼 밤새 부들부들 떨었으니까요."[4] 그는 곧 무모할 정도로 저돌적인 본성을 드러냈다. 콧수염이 헝클어진 이 장난꾸러기 알피니스트의 요추는 첫 시즌에만 추락으로 세 번이나 부러졌다.

크지슈토프의 불운은 계속되었다. 그로부터 3년 후 이탈리아의 돌로미테에서 그는 낙석에 헬멧이 깨지는 사고를 당했다. 잠시 의식을 잃었지만 등반을 계속해 정상 직전에서 피범벅이 된 채 의도치 않은 비박을 했다. 그다음 날의사는 그의 상처 부위를 꿰매며 좋아질 때까지는 등반을 하지 말라고 충고했다. 하지만 크지슈토프는 아프간 힌두쿠시로 떠났고, 7,084미터의 코-에-샤카와르Koh-e-Shakhawr를 알파인 스타일 신루트로 등정했다. 그의 경력을 조사한안드제이 자바다는 크지슈토프가 에베레스트 팀에서 상당한 역할을 할 것으로 기대했다.

안드제이가 선발한 또 한 명이 레셰크 치히Leszek Cichy였다. 금발에 호리호리한 그는 크지슈토프보다 한 살 아래로 바르샤바 출신이었다. 레셰크는 가셔브룸2봉에서 신루트를 개척하고, K2에서 8,230미터까지 오르는 등 인상적인 등반 경력을 쌓았지만 사실은 대학강사였다. 하지만 레셰크와 크지슈토프는 젊고 체력이 좋았음에도 에베레스트 정상 공격조의 후보가 아니었다. 20명으로 이루어진 그 팀에는 경험이 훨씬 더 많은 대원들이 있었다.[5] 예를 들면, 지그문트 헤인리흐 같은 사람이었는데, 그는 이미 그해 초 로체 정상에 올랐고, 겨울에 안드제이와 함께 그 산을 8,250미터까지 올라간 경력을 자랑했다. 그들의 파트너십은 쿠냥 키시Kunyang Chhish에서 빛을 발했는데, 1971년여름 그들은 함께 정상에 올랐다. 지가Zyga로 알려진 지그문트는 칸첸중가의다섯 봉우리 중 하나인 8,473미터의 중앙봉을 초등함으로써 시즌과 관계없이 8,000미터 위에서 능력을 발휘하는 일급의 고소 알피니스트로 명성을 날렸다.

허가서가 늦게 도착하는 바람에 폴란드 팀의 마지막 짐 꾸러미가 1979년 12월 20일 카트만두에 도착했고, 1월 4일에서야 에베레스트 남쪽에 베이스캠프가 구축되었다. 그리고 아무런 문제 없이 처음 10일 동안 3개의 캠프가 계획대로 설치되었다. 상황이 이렇게 되자, 안드제이는 이전에 왜 다른 사람들이 도전에 나서지 않았는지 의아해하지 않을 수 없었다.

하지만 3캠프에서 들려온 소식은 좋지 않았다. 텐트 뒤쪽으로 솟아오른 로체 사면은 단단한 얼음의 연속이었다. 킥스텝을 쉽게 할 수 있는 눈이 있기를 바랐지만 겨울바람이 눈을 날려버려 얼음이 훤히 드러난 통에 폴란드인들은 무척 애를 먹었다. 몹시 추운 데다 바람이 울부짖는 1월의 날씨에 그들은 기가 팍 죽었다. 어쩔 수 없이 베이스캠프로 후퇴했는데, 풍속계는 종종 시속 130킬로미터를 넘나들었고, 밤에는 기온이 영하 40도까지 떨어졌다. 이제 그들은 왜 자신들만이 그 산에 있는지 깨닫기 시작했다.

그런 냉혹한 조건에 대한 보상으로 안드제이는 바르샤바에서 가져온 플라스틱 욕조를 설치해 지친 대원들을 놀라게 했다. 플라스틱이 추위로 갈라지자, 안드제이는 카트만두에서 구입한 커다란 알루미늄 통으로 그것을 대체했다. 주방텐트에서는 연신 물을 끓여 통에 부었고, 대원들은 쇠약해진 몸을 따뜻한 물에 담갔다.

알루미늄 통보다는 인기가 덜했지만, 베이스캠프의 또 다른 명물은 브로츠와프 출신의 보그단 얀코브스키Bogdan Jankowski가 직접 만든 20미터짜리 알루미늄 안테나 두 개였다. 보그단은 안테나뿐만 아니라 장거리 무전기 3개, 무선 전화기 8개, 캠프 간 교신을 녹음하는 테이프레코더, 휘발유로 구동시키는 발전기와 배터리까지도 책임졌다. 보그단은 매일같이 그날의 속보를 폴란드로 전송해 산에서 일어나는 일들을 대중들에게 알렸다. 물론 고국에서 들어오는 소식은 대원들에게 향수병을 불러일으켰다. 바르샤바에 있는 PZA의 비서 한나 비크토로브스카Hanna Wiktorowska는 가족들로부터 오는 중요하고 급

한 소식들을 대원들에게 전달하는 역할을 했다. "조시아Zosia의 이가 하나 빠지고 하나 났어요. … 따뜻한 양말 신는 것 잊지 마세요."

몇 주 동안 계속 울부짖는 바람은 그들을 난파선으로 만들며 힘과 의지를 갉아먹었다. 3캠프에서 사우스콜 안부까지는 850미터에 불과했지만, 이런 조건이라면 그 850미터는 거의 한 달이 소모되는 거리였다. 이때쯤 대부분의 대원들은 너무 지쳐서 더 이상 전진할 수 없는 상태에 놓였고, 그렇지 않은 사람들은 부상에 시달렸다. 크지슈토프 주레크Krzysztof Żurek는 바람에 날려 20미터를 추락했으나 피톤 덕분에 위기를 모면했다. 그는 가까스로 3캠프에 도착했다. 하지만 이번에는 베이스캠프로 하산하던 중 두 번이나 크레바스에 빠졌다. 지가 헤인리흐와 알레크 르보프Alek Lwow는 손에 동상이 걸려 심하게 고생했다. 대원들의 목은 추위와 마른 공기로 화끈거렸고, 캠프는 허리케인급 바람으로 자주 부서졌다. 베이스캠프에서 가장 바쁜 사람은 의사였다.

2월 10일, 지옥 같은 상황에서도 여전히 힘이 넘치는 사람은 몇몇에 불과했다. 발렌티 피우트Walenty Fiut와 불도저 같은 지가 헤인리흐, 그리고 원정대에서 젊은 축에 속하는 크지슈토프 비엘리츠키와 레셰크 치히가 바로 그들이었다. 안드제이는 사우스콜로 올릴 환상적인 조합을 찾으며, 그들을 마치 체스판의 말처럼 이리저리 옮겼다. "우리가 그곳에 올라가지 못하는 건 순전히 심리적 부담감 때문이라고 확신했습니다."[6] 그는 말했다.

2월 11일 레셰크와 발렌티, 크지슈토프, 얀 홀니츠키Jan Holnicki가 3캠프를 출발했다. 그들은 각자의 속도에 맞추어 올라가면서 혼자만의 생각에 빠졌다. 엘로 밴드Yellow Band에 도착한 그들은 제네바 스퍼Geneva Spur를 향해 계속 올라간 다음, 발아래가 아찔하게 노출된 긴 사선 트래버스를 따라갔다. 그

[28쪽 위] 에베레스트 동계 베이스캠프의 보그단 얀코브스키와 그의 통신 센터 (사진: 보그단 얀코브스키) [28쪽 아래] 1979~1980년 에베레스트 동계 베이스캠프에서 가족과 친구들로부터 온 메시지를 듣고 있는 원정대 대원들 (사진: 리샤르드 샤피르스키)

곳을 반쯤 건너갔을 때 안은 발길을 돌렸으나, 다른 사람들은 오후 4시 사우스콜에 도착했다. 놀라운 전진이었다. 이번에는 사우스콜을 매섭게 할퀴는 바람에 맞서며 레셰크가 3캠프로 재빨리 발길을 돌렸다. 발렌티와 크지슈토프는 전천후 텐트를 붙잡고 힘겹게 싸웠다. 하지만 그런 바람 속에서는 텐트를 제대로 세울 수가 없었다. 그리하여 두 사람은 작고 불편한 비박텐트 안으로 기어들어 갔다. 그들은 그날 밤을 살아남았다. 하지만 텐트 폴을 받치느라 밤을 꼬박 새워야 했다. 텐트 안의 온도계는 영하 40도를 가리켰다.

베이스캠프는 불안에 휩싸였다. 그들은 무전기로 밤새 대화를 나누며 발렌티와 크지슈토프를 격려하고 진정시켰다. 다른 캠프들도 무전에 끼어들었다. 그중에는 3캠프의 비교적 안락한 곳에서 쉬고 있던 레셰크로부터 온 좋지 않은 메시지도 있었다. 그는 발렌티와 크지슈토프가 정상 가까이에 있으므로 계속 올라가야 한다고 주장했는데, 그의 말에 다른 대원들이 들고 일어났다. 다음 날 아침, 크지슈토프는 양발의 동상을 이기지 못해 2캠프로 피신했고, 발렌티는 베이스캠프까지 내쳐 내려왔다.

누구나 느낄 정도로 분위기가 바뀌어, 안드제이는 이제 중대한 고비가 찾아왔다고 생각했다. "이런 상황이면 누가 대장이든 얼마나 힘이 빠지겠습니까?" 그는 말했다. "난 원정대를 구해야 했는데, 그러자니 방법이 하나뿐이었습니다. 바로 내가 직접 등반에 나서는 것이었죠."[7] 3캠프 위쪽으로 올라가본 적도 없는 그가 이제 등반에 나서겠다고 하는 상황이 벌어졌다. 말도 안 되는 아이디어였다. 그러나 이틀 후 그는 리샤르드 샤피르스키Ryszard Szafirski와 함께 사우스콜에 있었다.

고소적응이 충분히 되지 않은 안드제이는 더 이상 올라가고 싶지 않았다. 하지만 그는 팀의 사기를 올리기 위해 혼신의 힘을 다했고, 그것이 효과를 발휘했다. 거의 동시에 새로운 힘이 솟아난 것이다. 곧 정상 공격조를 위한 산소통이 8,100미터에 은닉되었다. 크지슈토프와 레셰크는 3캠프에 있었고, 정상에 도전할 자신과 힘이 넘치는 지가와 노르부 파상 셰르파*Norbu Pasang Sherpa*는 사우스콜의 4캠프에 있었다.

2월 14일, 그들은 난감한 사무적 문제에 직면했다. 허가 기간이 끝나가고 있어서 카트만두로부터의 지시는 뻔한 것이었다. 2월 15일 이후에는 산을 더 이상 올라가면 안 돼! 그 이후에 산에서 허용되는 행위는 하산하며 캠프를 철수하는 것뿐이었다. 그때까지 정상 등정을 자신하지 못한 안드제이는 관광성에 기한 연장을 요구할 포터를 급파했다. 그런데 그 포터는 나름대로의 생각이 있었다. 원정대 일에 진저리가 난 그는 고향으로 돌아가고 싶어 했다. 따라서 그는 음흉하게도 기한 연장을 이틀만 더 요구했다. 오직 이틀. 그러면 고역이 마침내 끝날 터였다. 그리하여 이제 그들에게 남은 시간은 그 이틀이 전부였다.

2월 15일, 지가와 파상이 무산소로 정상 도전에 나섰다. 바람이 멈추었지만 눈이 끊임없이 내렸다. 지가는 위험에 대처하는 조심스러운 자세로 유명했다. 안드제이와의 무전교신으로 눈이 쌓이고 있다는 사실을 안 그는 조바심이 났다. 8,350미터에 이른 그들은 발길을 돌려 하산을 재촉했다. 마음 아픈 결정이긴 했지만, 그들은 동계등반의 새로운 고도기록을 세우는 것으로 만족해야 했다.

그리하여 그 산의 높은 곳에는 두 명의 알피니스트만 남게 되었다. 레셰크와 크지슈토프. 연장된 허가서의 기한이 이틀만 남은 상황에서, 2월 16일 아침 그들은 무거운 마음으로 3캠프를 떠나 사우스콜로 향했다.

그날 밤 기온이 영하 42도로 곤두박질쳤고, 바람이 쉴 새 없이 으르렁거렸다. "우린 제정신이 아니었습니다." 크지슈토프는 다음 날 아침을 이렇게 회상했다. 그날은 허가서상의 마지막 날이었다. "정상을 향해 출발했을 때 우리 눈엔 아무것도 보이지 않았습니다. 오직 정상만이 중요했습니다. … 사람들은 보통 정상이 가까워지면 다 왔다고 생각합니다. 따라서 분별력을 잃기 쉽습니

에베레스트 동계 초등 당시 정상에 선 크지슈토프 비엘리츠키 (사진: 레세크 치히)

다. 그러면 힘과 야망 사이에서 균형을 찾기 어렵습니다. 그리하여 어떤 경계선을 넘으면, 운에 맡길 수밖에 없게 됩니다."[8] 그들은 이제 달리 선택의 여지가 없다는 사실을 깨달았다. 폴란드는 폴란드였고, 에베레스트는 에베레스트였다. 그들은 성공해야만 했다.

두 사람은 각자 산소통을 하나만 메는 등 가능하면 짐을 가볍게 했다. 발의 감각을 느끼지 못한 크지슈토프는 걱정에 휩싸인 채 힘들게 계속 걸어 올라갔다. 그들은 서로 로프를 묶지 않고 번갈아가며 눈을 헤치고 나아갔다. 말은 거의 하지 않았다. 사실 그럴 필요도 없었다. 더 높이 올라가자 제트기류가 수시로 불어닥쳐, 균형을 잃고 넘어지기도 했다. 정상 능선에서 가장 어려운 곳인 힐러리 스텝*Hillary Step*은 바람에 눈이 다 날아가 의외로 쉬웠다. 얼마 후, 이전 원정대가 남긴 고정로프를 이용해 올라가던 크지슈토프의 눈에 레셰크가 팔을 흔드는 모습이 들어왔다. 그는 정상에 있었다. 그가 있는 곳까지 올라간 크지슈토프는 둘이 포옹을 한 것으로 어렴풋이 기억했다.

그 팀의 나머지 사람들은 숨을 죽이며 기다렸다. "긴장감이 팽팽했습니다." 근심 어린 걱정으로 한마음이 된 사람들의 친밀한 순간을 회상하며 안드제이는 이렇게 말했다. "희망과 절망이 수시로 교차했습니다. 시간이 흘렀는데도 무선 전화기가 울리지 않아 근심걱정이 극에 달했습니다."[9]

오후 2시 25분, 전화기에서 레셰크의 목소리가 울렸다.

"감 잡았나? 감 잡았나? 이상."

"잘 안 들린다. 다시 말하라. 다시 말하라."

"우리가 어디 있는지 아나?"

"어디 있나? 이상."

"정상이다. 우린 정상에 있다."

모두가 환호성을 올렸지만, 소란을 잠재우려는 듯 안드제이가 손을 들어 올렸다. 그는 그들이 정말로 정상에 있는지 확인할 필요가 있었다. 전화기 너머로 그의 목소리가 지지직거리며 울렸다. "이봐, 삼각대 보이나?" 1975년 티베트와 중국의 산악인들은 정상을 표시하기 위해 금속 삼각대를 그곳에 놓아두었다. 레셰크는 자신들이 삼각대 옆에 서 있다며 그를 안심시켰고, 정상 등정을 증명하기 위해 최고-최저 온도계, 작은 십자가와 묵주를 남겨놓아 에베레스트 정상의 동계 기온에 대한 몇 가지 데이터를 기록하겠다고 보고했다. 그것들은 다음 해 봄 시즌의 폴란드 팀이 회수할 작정이었다. 그러나 바스크 팀이 그들의 계획을 망가뜨렸다. 안타깝게도, 바스크 산악인들은 그 온도계가 무엇을 기록하고 있는지 알지 못하고 그것을 흔들어 최저 기온 측정값을 없애 버렸다.

안드제이는 PZA에서 오랫동안 초조하게 기다리고 있던 한나에게 무전을 날렸다. "오늘 2월 17일 오후 2시 30분, 폴란드 국기가 세계에서 가장 높은 곳에 휘날렸다. 폴란드 팀은 동계등반의 신기록을 세웠다. 대원 모두를 대신해, 자바다가. 이상." 훗날 레셰크와 크지슈토프는 만약 목표가 에베레스트가 아니었다면 자신들은 진작에 포기했을 것이라고 털어놓았다. 그러나 대상지와 안드제이의 리더십 덕분에 그들은 최고 수준의 등반을 펼칠 수 있었다.

하지만 모든 산악인들이 그런 것처럼, 정상에 올랐다고 해서 그들의 등반이 끝난 것은 아니었다. 하산을 하기 전 레셰크는 작은 돌 몇 개를 주워 담았고, 크지슈토프는 NASA로부터 의뢰받은 눈의 샘플을 채집했다. 그들이 남봉에 도착하자 산소통이 바닥났다. 그리고 그와 거의 동시에 추위가 한층 더 심해지는 것을 느낄 수 있었다. 그들의 금속 고글은 사방에서 마구 날뛰는 눈보라에 무용지물이 되었다. 그러더니 이번에는 헤드램프의 배터리가 죽었다. 완전한 암흑 속에서 서사시적 하산을 계속해야 하는 상황이 되자, 레셰크 뒤로 처지기 시작한 크지슈토프는 결국 양발이 너무 아파 기다시피 했다. "발에 대한 걱정이 전혀 들지 않았습니다." 그는 말했다. "나빠질 수도 있다는 사실을 알긴 했지만… 심각한 동상은 보통 큰 사고를 당하거나, 옴짝달싹하지 못하고 밤새 비박해야 하는 상황에서 걸리는 것이니까. 쉬지 않고 움직이면 설사 조금 동상에 걸리더라도 절단까진 하지 않을 거라는 희망을 가졌습니다."[10]

남봉에 도착한 크지슈토프는 텐트를 찾지 못했다. "그런 상황이 되면 미칠 것 같은 기분이 들어 엉뚱한 판단을 내리기 쉽습니다." 그는 말했다. "아래쪽으로 가봤자 텐트가 있을 것 같지 않았습니다. 난 왼쪽으로 갔습니다. 그런데 아니었습니다. 그쪽은 티베트였습니다. 그래서 오른쪽으로 갔습니다. … 난 혼란에 빠지기 시작했습니다. 왼쪽으로 가. 오른쪽으로 가. 왼쪽으로 가. 아니, 오른쪽으로 가. 결국 난 텐트를 거의 짓밟다시피 했는데 그건 아주 가까운 거리에 있었습니다. 우린 각자 하산했습니다. 물론, 파트너가 지척에서 기다리고 있다는 사실은 일종의 심리적 앵커입니다. 하지만 살아남기 위한 투쟁은 언제나 자신의 몫입니다."[11]

일단 텐트 안으로 기어들어간 그들은 베이스캠프를 무전으로 불렀다. 그들은 남봉에 도착하면 서로 교신하기로 약속했었다. 하지만 그럴 시간이 없었다. "아무튼 할 말도 없었으니까요." 크지슈토프는 말했다. "점점 더 어려워지고 있다고요? 우리가 내려갈 수 있을지 자신하지 못한다고요? 어떤 면에서는, 베이스캠프와의 연대감, 즉 그들의 격려는 아무런 의미나 가치도 없습니다. 그런 상황에선 살아남는 것에 온전히 집중할 뿐입니다."[12]

절망적인 심정이 된 그는 스토브의 불꽃에 발을 녹이며 그날 밤을 보냈다. 그 후 이삼일 동안 그 둘은 산의 나머지 부분을 가까스로 내려와 베이스캠프에 도착했고, 그곳에서 영웅 대접을 받았다. 훗날 크지슈도프는 레셰크와 함께 베이스캠프에 도착했을 때 캠프가 기쁨의 눈물바다가 된 순간이 자신의 등산 경력에서 가장 환상적인 경험이었다고 털어놓았다. "같은 부족이라는 마음이 들었습니다. 원정대 부족. 대부분은 행운 덕분에 그리고 약간의 훈련 덕분에 우린 정상에 오를 수 있었습니다. … 원정등반에선 가끔 개인적인 질투심이 나타나기도 하지만, 에베레스트 동계 원정등반에선 그런 일이 일어나지

1980년 2월 17일 에베레스트를 동계 초등하고 이틀 후 베이스캠프로 귀환한 크지슈토프 비엘리 츠키와 레셰크 치히 (사진: 보그단 얀코브스키)

않았습니다. 모든 사람의 눈에 성공을 거두었다는 진정한 기쁨이 나타났습니다. 순수한 형태의 그런 기쁨은 내 원정등반을 통틀어 생전 처음이었습니다."
13

그리하여 그는 8천 미터급 고봉에 대한 경력을 쌓기 시작했다. "우선, 에 베레스트는 내 등반 경력에서 아주 큰 사건이 되진 않을 것이라는 예감이 들 었습니다." 크지슈토프는 후에 이렇게 말했다. "하지만 돌이켜 생각해보면, 감 정적으로도 그렇고 알피니스트로서 자각을 갖는 데 있어서도 그때가 중요한 시기였습니다. 가장 높은 산을 겨울에 오른 난 다른 것들도 아주 잘해야 한다 는 긍정적인 생각을 가질 수 있었습니다. ⋯ 모든 성공은 자신에 대한 믿음을

레셰크 치히와 함께 에베레스트를 동계 초등한 후 금의환향한 크지슈토프 비엘리츠키 (사진: 크지슈토프 비엘리츠키 아카이브)

키우면서 사람을 강하게 만듭니다. 난 그렇게 에베레스트에서 영향을 받았습니다."[14]

그들이 폴란드로 돌아오자, 크지슈토프와 레셰크는 곧 국가적 영웅이 되었고, 안드제이는 탁월한 지도자로 찬양받았다. 그들은 미지의 세계로 발걸음을 내딛고 나서도 끝내 살아남았다. 하지만 국제 산악계의 일부에서는 의구심을 드러내기도 했다. 그다음 2년 동안 이탈리아의 전설적인 산악인 라인홀드 메스너는 그들이 에베레스트를 동계에 오른 것은 아니라고 주장했다. 그 얼마전 네팔이 동계 시즌을 1월 31일까지로 단축했다는 것이 이유였다.

메스너의 이의 제기는 최소한 동계가 시작되고 끝나는 시점을 염두에 둔 것이 아니었다. 그의 이의 제기는 단순해 보였지만, 히말라야와 카라코람에서 시즌

37

의 조건에 대한 열띤 논쟁을 불러일으켰다. 그 문제에 대해 나름대로 소신을 갖지 않은 동계등반 전문가가 없을 정도였다. 천문학상의(절기상의) 겨울은 12월 21일에 시작되어 3월 21일에 끝난다. 기상학상의 겨울은 12월 1일에 시작되어 그다음 해 2월 28일이나 29일에 끝난다.

오스트리아의 기후학자로 히말라야와 카라코람의 동계원정대에 일기예보를 해주는 카를 가블Karl Gabl은 이렇게 말한다. "등산을 위한 겨울은 12월 21일에 시작되어 3월 21일에 끝납니다. 이때의 전후가 천문학상의 겨울 내의 날들보다 더 춥고 바람도 많이 붑니다. 그러나 이것이 문제는 아닙니다."

현재 네팔의 공식적인 동계등반 시즌은 12월 1일부터 2월 15일까지다. 이때의 북반구는 천문학상의 겨울로 인정되는 12월 21일부터 3월 21일까지와 상당히 차이가 있다. 대부분의 알피니스트들은, 특히 히말라야 동계등반에 열정적인 사람들은 네팔의 정의에 동의하지 않는다. 등산 역사학자 에베르하르트 유르갈스키Eberhard Jurgalski는 자신의 보고서에 '기상학적 첫 동계등정'은 12월 1일과 2월 말 사이고, '천문학적(절기상) 첫 동계등정'은 12월 21일과 3월 21일 사이라고 썼다.

그다음 해 네팔의 초오유로 동계원정대를 이끌 계획이었던 메스너는 한동안 에베레스트 동계 초등을 계속 깎아내렸다. 그는 이 문제에 대해 그 산이 있는 나라에서 공식적으로 언급해야 한다고 주장했다. 카트만두에 거주하는 전설적인 히말라야 등반 기록가 엘리자베스 홀리Elizabeth Hawley는 폴란드의 주장을 옹호하면서 이렇게 말했다. "난 이런 궤변론자가 아닙니다." 그러자 메스너는 폴란드 팀이 에베레스트를 올랐다는 사실은 받아들였지만 '불법'이었다고 물고 늘어졌다. 하지만 네팔 관광성이 그들이 '공식적인' 동계 시즌 내에 등정했다는 증명서를 발급하자 메스너는 마침내 이렇게 말을 바꾸었다. "좋아요. 내가 졌습니다. 그들은 '정말로' 동계에 등정했습니다."

메스너와 달리, 교황 요한 바오로 2세는 동계등반의 승리에 대해 의구심을 품지 않았다. 1980년 2월 17일 교황은 그들에게 한 통의 서신을 보냈다.

행복합니다. 히말라야 동계등반의 역사에서 세계 최고봉의 동계 초등이라는 위업을 성공적으로 달성한 나의 동포들에게 축하 인사를 보냅니다. 나는 안드제이 자바다와 원정에 참가한 모든 대원이 '숭고한' 인간의 본성과 자각 능력 그리고 신의 창조물을 지배하려는 의지를 너무나도 찬란하게 보여주는 이 훌륭한 스포츠에서 앞으로도 계속 성공하기를 기원합니다. 여러분 안에 있는 인간의 모든 미덕을 펼치고, 인간의 소명 의식에 새로운 지평을 열어, 그토록 강인한 정신력을 요구하는 이 스포츠가 생활의 위대한 지혜가 되도록 하십시오. 모든 등반에 대하여, 그리고 일상적인 다른 것들을 포함해 당신들을 축복합니다.

━

1979~1980년 폴란드의 화려한 성공에 이어, 에베레스트 동계등반에서 자신들만의 역사를 쓰려고 두 개의 원정대가 그 산으로 향했다.

봄 시즌에 이미 그 산을 등정한 경험이 있는 우에무라 나오미植村直己가 이끄는 일본의 알피니스트 6명과 과학자 5명은 시간을 낭비하지 않고 1980년 12월 26일 3캠프를 설치했다. 하지만 1월 12일 다케나카 노보루竹中昇가 고정로프에서 이탈해 비극적인 죽음을 맞이했다. 1월 하순 내원 하나가 사우스콜에 올라섰지만 제트기류로 후퇴하자 원정등반은 아무런 성과도 없이 그대로 끝나고 말았다.

일본인들의 베이스캠프에서 멀지 않은 곳에는 영국의 작은 팀이 자리 잡고 있었다. 앨런 라우즈Alan Rouse와 브라이언 홀Brian Hall이 주도한 그 팀은 누가 대장인지 불분명했다. 애초에 그들은 완전히 민주적인 방식으로 등반한다는 데 합의했다. 즉 서로 정보를 주고받되 각자의 상황에 따라 스스로 현명한 결정을 내리기로 한 것이다.

앨런 라우즈는 알피니즘에 대한 대담한 접근방식으로 영국 내에서 명성이 자자한 인물이었다. 잘생긴 데다 커다란 금테 안경에 헝클어진 머리를 한 그는 모든 면에서 캠브리지에서 교육 받은 수학자의 면모를 풍겼다. 반면 브라이언은 사뭇 대조적이었다. 그는 단단하고 힘이 넘쳤는데, 강렬한 응시로 상대방을 설득하는 능력이 있었다. 그 팀에 다양성을 부여한 사람들이 버제스*Burgess* 형제인 아드리안*Adrian*과 앨런*Alan*이었다. 일란성쌍둥이인 그들은 금발에 크고 잘생겼으며 둘 다 인생을 터프하게 사는 사람들이었다. 그들은 풍부한 고소 경험과 어떤 환경에서도 살아남는 기술로 팀에 도움을 주었다. 존 포터*John Porter** 역시 전문적인 기술로 도움을 주었다. 이런 대상지에 큰 도움이 될 그 기술은 그가 폴란드인들과 함께 힌두쿠시와 인도에서 등반할 때 터득한 것이었다. 조 태스커*Joe Tasker*는 인도와 히말라야, 카라코람에서 이미 명성을 날린 영국의 슈퍼스타 알피니스트였다. 폴 눈*Paul Nunn*과 피트 텍스턴*Pete Thexton*까지 가세한 이 팀은 강력하고도 타협이 불가능한 개성 넘치는 산악인들로 구성되어 있었는데, 팀의 구심점인 대장이 없었다.

조는 목표를 이렇게 설명했다. "에베레스트를 동계에 가장 어려운 루트로 그리고 무산소로 등정하는 것은 이제 세계적인 관심사가 되었다."[15] 그는 미국인 톰 혼바인*Tom Hornbein*과 윌리 언솔드*Willi Unsoeld*가 혼바인 쿨르와르를 통해 에베레스트를 초등한 1963년의 서릉을 예로 들었다. 그전 겨울에 에베레스트를 초등한 폴란드인들과 달리 영국의 알피니스트들은 보조 산소를 쓰지 않기로 했다. 물론 베이스캠프에는 따뜻한 물에 몸을 담글 수 있는 욕조 통

---

*『하루를 살아도 호랑이처럼*One Day as a Tiger*』 전종주 옮김(하루재클럽, 2017)의 저자. 2019년 울주 세계산악영화제 심사위원으로 한국을 방문했다. 영국산악회장(2017~2019)을 역임한 그는 한국산서회 명예회원이다.

도 없을 터였다. 그것은 실패에 기여할지도 모르는, 빠듯한 예산으로 겨우겨우 운영되는 뻔한 원정등반이었다.

　처음부터, 영국 팀은 베이스캠프로 짐을 나를 포터를 구하는 데 애를 먹었다. 쿰부 계곡에 있는 포터들 대부분이 규모가 훨씬 더 크고 돈이 많은 일본 팀에 가 있었다. 위생 문제도 있었다. 베이스캠프에 이질이 돌아 하나둘씩 힘을 쓰지 못하게 된 것이다. 하지만 가장 큰 문제는 그들의 통제 밖에 있었다. 날씨! 1월 1일부터 시작해 폭풍설이 멈추지 않았다. 베이스캠프에서조차 바람이 우리를 탈출한 굶주린 짐승처럼 으르렁거렸다.

　영국인들은 에베레스트 등정을 1월 31일까지 끝낼 작정이었다. 그들은 네팔 정부의 규정을 따르기로 했는데, 허가서의 기한이 바로 그날이었다. 그런 측면에서, 조는 '공식적으로 에베레스트 동계 등정은 미완으로 남아 있다'[16]고 믿으면서, 합법이라는 폴란드인들의 주장에 의구심을 품었다. 그가 미처 알지 못했던 것은 네팔 당국이 폴란드 등반을 공식적으로 인정했다는 것이었다.

　첫 번째 난관은 네팔과 티베트를 가르는 서릉 아래쪽에 위치한 안부 로라Lho La까지 루트를 뚫는 일이었다. 그들은 600미터의 바위지대를 돌파해 불안정한 바윗덩어리들로 막힌 넓은 걸리를 지난 다음, 로 라의 플라토까지 사선으로 연결된 램프로 나아갈 수 있는 어렵고 가파른 코너를 넘어야 했다. 1979년 봄 유고슬라비아의 대규모 팀이 이 루트를 처음 등반했을 때 그들은 손으로 돌리는 도르래 시스템을 이용해 6톤에 달하는 장비를 로 라까지 끌어 올렸었다. 영국 팀이 그곳에 도착하자 낙석과 눈사태로 도르래가 망가져 있어서, 영국인들은 더 어려운 곳에 자체적으로 설치한 고정로프를 타고 무거운 짐을 낑낑거리며 져 날랐다.

　베이스캠프로 돌아온 그들은 따뜻하고 편하게 쉬기는커녕 온기를 아주 조금 내주는 작은 파라핀 스토브를 테이블 위에 올려놓고 공동으로 쓰는 비좁은 주방텐트에서 추위에 떨어야 했다. 어느 날 일본인들이 저녁식사를 대접한다며 그들을 초청했을 때 그들은 자신들과 사뭇 다른 일본인들의 생활을 보고 놀랐다. 발전기가 윙윙거리며 돌아갔고, 넓은 주방텐트는 호화스러운 보호막 같은 모습이었으며, 맛있는 냄새가 코를 찔렀다. 그들은 기가 팍 죽어 자신들의 캠프로 돌아왔다.

영국인들은 로 라까지 진출하려고 가파른 지형에서 12월 내내 힘든 작업을 했다. 조는 높은 산에서 보낸 자신들의 생활을 이렇게 묘사했다. "이런 고도에서는 무기력감이 들며 동작이 느린 것은 물론이고 말도 제대로 나오지 않는다. 기억은 사건 사이의 빈 공간을 속임수 쓰듯 그냥 건너뛴다. 30분 동안 낑낑거리며 부츠를 신고 나서 크램폰의 끈을 묶으면 우스꽝스럽다는 생각이 들지만 대개가 다 이런 식이다. 이런 곳에서의 생활은 슬로모션의 연속이다."[17]

그럼에도, 그들이 에베레스트의 진정한 서쪽 숄더West Shoulder에 도착해, 에베레스트와 로체와 눕체의 환상적인 파노라마를 바라보게 되자, 정상 등정이 여전히 가능하다는 믿음을 갖게 되었다. 하지만 불행하게도 어느덧 1월 23일이 되어 허가서의 기한이 8일밖에 남지 않게 되었다. 그들은 '공식적인' 동계등반의 순수성을 버린 채 2주 연장을 협상했다. 하지만 그것마저 여의치 않은 데다 날씨까지 나빠졌다. 폭풍으로 인해 존은 사흘 동안 3캠프에 고립되었다. "추위가 뼛속까지 파고들었습니다." 그는 말했다. "잠을 자지도 못했습니다. 꾸벅꾸벅 조는 순간 가련할 정도로 호흡이 불규칙해졌습니다. 그 산에서의 탈출은 이질로 허약해지고, 피로로 환각에 시달리고, 어둠 속에서 길을 잃는 등 악몽이었습니다." 마침내 베이스캠프에 도착한 그는 잃어버린 세계에 대한 기억처럼 밝은 빛과 따뜻함이 자신을 감싸 안았다고 말했다.[18]

원정등반은 이제 파탄이 나기 시작했다. 1월 31일 아침, 폴이 새벽 어스름을 틈타 존의 텐트로 건너와 고개를 들이밀더니 밖의 기온이 영하 35도라고 털어놓았다. "내가 생각해봤는데" 그가 말했다. "우린 떠나야 할 것 같아.

그러지 않으면 누군가 죽을지도 몰라." 그의 주장을 인정한 존은 후에 이렇게 말했다. "조를 제외한 모든 사람이 그 등반에서 적어도 한 번쯤은 죽을 뻔했습니다." 오전 10시 그 둘은 산을 떠났다.

조와 아드리안만 그 산의 높은 곳에 있었기 때문에 팀의 추진력이 현저히 떨어졌다. 그들을 지원해주러 그곳으로 올라갈 수 있을 만큼 컨디션이 좋고 건강한 사람은 아무도 없었다. 그들이 결국 베이스캠프로 돌아왔을 때 아드리안은 불같이 화를 냈다. "누군간 (4캠프용으로) 설동을 파고 다른 사람들은 로프를 날라야 했습니다. 하지만 올라오는 사람이 없었습니다. 불행하게도, 마음이 몸을 움직이는데 마음이 없으면 몸은 더 이상 움직이지 않습니다." 앨런은 자신들이 선택한 등반이 가능할지도 모르지만 그해는 아니라고 결론지었다. 하지만 조는 이렇게 말하며 동의하지 않았다. "우린 고개를 제대로 들이밀지도 않았습니다."[19] 그리하여 원정등반은 그대로 끝이 났다.

훗날, 그때의 경험을 되돌아본 아드리안은 자신의 말이 (화가 난 상태에서) 성급하게 나온 것이었다고 사과했다. 몸과 마음의 관계에 대한 그의 생각도 변했다. "어떤 결정을 내릴 때 몸이 마음에 얼마나 크게 작용하는지 생각하지 않았습니다. … 산소나 식량이나 온기도 없이 살아남으려면 피로에 빠지는 것과 몸의 요구에 귀를 기울이는 것 사이에 절묘한 균형이 있어야 합니다."[20]

거의 매순간이 시험무대였다. 그들은 비참한 상황에서 꼬박 두 달을 버텼다. 위험을 지나치게 무릅쓰려는 야망을 잘 억제했다. 그리고 모두 큰 사고 없이 그 산에서 돌아왔다. 반면, 크지슈토프는 정상을 향해 마지막 날 아침 4캠프를 떠날 때 느낀 감각이 '통제 불능'이었다고 묘사했다. 그들은 그것을 간신히 떨쳐냈다. 영국 팀은 행운이 아닌 생명을 선택했다. 나중에 조는 이렇게 기록했다. "고통을 잊으면 꿈이 찾아든다."[21] 하지만 조에게, 앨런에게, 피트에게 그런 꿈은 산에서, 다시 말하면 에베레스트와 K2와 브로드피크에서 비극적으로 끝이 났다.

에베레스트에 대한 동계등반 도전은 그 후에도 계속되었다. 한국, 일본, 프랑스, 벨기에, 스페인과 미국이 원정대를 보냈는데, 비용을 많이 들여 꼼꼼하게 추진한 사람들도 있었고, 부족한 대로 가볍게 도전한 사람들도 있었다. 그들은 사우스콜 루트, 남서벽, 북동릉 등 모든 곳으로 도전했다. 개인적인 시도도 있었다. 1992~1993년 겨울 스페인의 페르난도 가리도*Fernando Garrido*와 2018년 바스크의 슈퍼스타 알렉스 치콘*Alex Txikon*은 셰르파의 도움을 받았다. 일본 알피니스트 가토 야스오加藤保男는 1982~1983년 겨울 혼자서 겨우 정상에 오르긴 했지만, 하산 과정에서 끝내 사망하고 말았다. 정상에서 만날 목적으로 산의 반대편에서 등반 팀을 이끌고 도전한 부부도 있었다. 한국과 일본 팀은 연이어 성공했지만, 1979년과 2018년 사이에 30개의 원정대가 에베레스트 동계등반에 도전해 다섯 팀만이 성공했다는 것은 그곳이 결코 만만치 않다는 사실을 여실히 보여주었다. 그들은 쉽다고 생각했을지도 모른다. 결국, 단 한 번의 시도로 에베레스트 동계등정의 쾌거를 이룬 사람들은 폴란드인들이었다.

자코파네의 사나이들

호기심으로 용기를 시험할 수는 없다.
그래서 나는 열심히 달렸고, 힘차게 행복하게 손을 흔들었다.

애니 딜라드Annie Dillard, 『어느 미국인의 어린 시절An American Childhood』

마나슬루 — 8,163m

1979~1980년 겨울 에베레스트에서 놀라운 성공을 거두자, 이제 관심은 다음 8천 미터급 고봉으로 쏠렸다. 네팔 중서부에 위치한 8,163미터의 마나슬루는 세계 제8위의 고봉이다. 그 산은 날렵한 능선들이 매우 우아한 반면 상단부는 잔인할 정도로 가팔라 서로 모순되게 보인다. 그 산은 뾰족한 정상이 두 개인데, 그중 하나가 하늘을 찌를 듯한 천상의 동봉(7,992m)이다. 그리하여 두 정상은 놀랄 만큼 아름다운 파노라마를 연출한다.

1956년 봄 일본인들에 의해 초등된 그 산은 산악계에서 종종 '일본' 산으로 회자된다. 그에 걸맞게, 1982년 12월 일본 팀이 동계 초등을 노리고 그곳에 도착했다. 야망이 넘치고 강인한 것으로 유명한 야마다 노보루山田昇가 이끈 그 팀의 대원 10명은 꾸준히 등반을 해나갔지만 7,700미터에서 강풍으로 돌아서야 했다. 그때 비극이 그들을 덮쳐, 하산 과정에서 사쿠마 타카시佐久間敬가 바람에 날리고 말았다.

으르렁거리는 돌풍에 패퇴한 것은 일본 팀만이 아니었다. 그다음 해 겨울, 바로 2년 전 영국의 에베레스트 동계등반에 참가했던 앨런 버제스*Alan Burgess*가 이끈 캐나다 팀도 6,850미터에서 발길을 돌렸다. 하지만 그들은 적어도 치명적인 사고를 당하지는 않았다. 야마다 노보루는 결국 그 산으로 다시 돌아와 성공을 거두었지만, 용기 있는 폴란드인들이 도착하고 난 후였다.

그들의 대장은 원정대에서 종종 두 가지 역할을 하는 산악인이며 의사인 레흐 코르니셰브스키Lech Korniszewski였다. 레흐가 원정대와 인연을 맺은 것은 존 포터가 포함된 1978년의 폴란드-영국 인도 창가방 합동 팀에 의사로 참가하면서부터였다. 레흐는 초청을 받고 깜짝 놀랐다. "난 마흔두 살이어서 혼자 이렇게 중얼거렸습니다. '지금이 아니면 기회가 없어.'" 이듬해 레흐는 은가디 출리Ngadi Chuli로도 알려진 피크29의 성공적인 원정등반에 참가했다. 해발 7,871미터로, 마나슬루와 가까운 히말라야의 진정한 그 고봉은 그 후 여태껏 등정이 되지 않았다. 1980년 그는 안드제이 자바다가 이끈 에베레스트 봄 시즌 원정대에도 참가했다.

히말라야에 빠진 그는 의사 일을 하는 틈틈이 마나슬루 동계등반 허가서를 받는 작업에 착수했다. 레흐는 1981년 신청서를 제출했는데, 정작 네팔 정부가 허가서를 내준 것은 1983년이었다. PZA 자코파네Zakopane 지부의 지원과 더불어, 그는 이전 원정등반 때의 밀수로 얻은 수익금으로 원정대 비용을 마련했다. 상품 가격을 의도적으로 낮춘 폴란드 공산 정권의 잘못된 경제 정책을 실컷 이용한 산악인들은 원정을 떠날 때마다 트럭에 폴란드 상품을 가득 싣고 나가, 인도와 네팔에 판 후 달러를 가지고 다시 돌아왔다. 해외로 원정등반을 떠나는 폴란드 산악인들은 너 나 할 것 없이 이런 일에 가담해, 자신들의 유목민적인 생활양식을 경제적으로 보충했다.

마나슬루 원정대원 11명 중 하나가 폴란드 타트라의 아늑한 산간마을 자코파네 출신의 알피니스트 마치에이 베르베카Maciej Berbeka였다. 레흐는 마치에이를 피크29 원정등반 때 알게 되었는데, 등반 도중 이빨 하나를 강제로 뽑아낸 사건으로 서로 친해지게 되었다.

마치에이는 존경받는 자코파네 산악인 가족의 품 안에서 1954년에 태어났다. 어머니 엘즈비에타Elzbieta와 아버지 크지시에크Krzysiek는 스포츠에 열정적이었다. 산속에 살아서 등반은 자연스럽게 그들의 활동 중 하나가 되었다. 엘즈비에타는 남편과의 교제 기간을 이렇게 회상했다. "스키를 더 잘 탄내가 그에게 마음이 끌렸습니다."[1] 엘즈비에타가 열일곱 살에 마치에이를 임신한 걸 보면 그들은 사이가 아주 좋았던 것 같다. 고등학생 신분으로 사고를 친 그들은 결혼을 한 후 자코파네에 자리 잡았고, 그곳에서 크지시에크는 산악구조 전문가가 되었다. 아버지를 따라 가끔 구조대 사무실에 놀러간 어린 마치에이는 그곳에 있는 로프와 피켈, 호기심을 불러일으키는 온갖 종류의 금속 장비들을 보고 눈을 반짝거렸다. "권위 있게 보인 그곳 사람들이 나 같은 어린애는 꿈도 꾸지 못할 것들을 만져볼 수 있게 해주었습니다." 그는 말했다.[2]

크지시에크가 스위스 알프스에서 사고로 죽자 가족의 모든 것이 한순간에 변했다. 엘즈비에타는 마치에이가 산에 가는 것을 더 이상 좋게 생각하지 않았다. 하지만 너무 늦었다. 아버지처럼 그는 운명적으로 이미 산악인이자 산악구조 전문가가 되어 있었다. 마치에이와 그의 동생 야체크Jacek는 어머니를 위해 자제하긴 했지만 등산에 푹 빠졌다. "우린 알프스에도 가지 않고 함께 등반하지도 않겠다고 입버릇처럼 말했습니다." 야체크가 말했다. 그들은 어머니에게 히말라야에는 가지 않겠다고 조심스럽게 약속했다.

마치에이의 등반 파트너는 리샤르드 가예브스키Ryszard Gajewski였다. 그둘은 리샤르드의 말마따나 '불알친구'였다. 그들의 아버지는 산악 구조대에서 함께 일했고, 그들은 동급생에 열네 살 때부터 함께 등반했다. 그들은 실금살금 움직이며 장비를 문 밖으로 빼낸 후 어머니 몰래 산으로 도망쳤다. 둘 다 체력도 좋았고 등산에 안성맞춤일 정도로 몸도 좋았다. 리샤르드는 키가 크고 호리호리해 몸이 떡 벌어진 마치에이와 사뭇 대조를 이루었다. 십 대였을 때 둘은 리샤르드의 오토바이를 타고 폴란드의 곳곳을 돌아다니며 등반했다. 그러던 중 타트라의 무시무시한 벽 코민 벵그지노비차Komin Węgrzynowicza를 동

[왼쪽] 폴란드의 히말라야 등반가 마치에이 베르베카. 그는 1984년 1월 12일 마나슬루 동계 초등으로 히말라야 동계등반 경력을 쌓기 시작했다. (사진: 마치에이 베르베카 아카이브)

[아래 왼쪽] 폴란드의 히말라야 등반가 리샤르드 가예브스키. 그는 1984년 1월 12일 마치에이 베르베카와 함께 마나슬루를 동계 초등했다. (사진: 예지 포렝브스키 *Jerzy Porębski*)

[아래 오른쪽] 마치에이의 젊은 부인 에바 베르베카 (사진: 베르베카 아카이브)

계에는 세 번째로, 하루 만에는 최초로 올랐는데, 그러자 산악계는 그들을 향해 존경을 표했고, 폴란드의 등산잡지 『타테르니크Taternik』는 그들에 대한 기사를 실었다. 따라서 PZA가 마치에이와 리샤르드를 1979년의 피크29 원정대에 초청하겠다고 발표했을 때 의아하게 생각한 사람은 아무도 없었다.

비록 마치에이가 정상에 오르진 못했지만 그들의 첫 히말라야 모험은 성공적이었다. 자코파네로 돌아온 마치에이는 간염으로 한차례 홍역을 치렀고, 여자친구가 이별을 통보해 충격을 받았다. 게다가 그는 간절히 원했던, 안드제이 자바다의 그해 말 에베레스트 동계 원정대에 초청받지도 못했다. 반면 리샤르드는 그곳에 가기로 되어 있었다.

이런 참담한 상황에서 그래도 한 줄기 희망의 빛은 장차 아내가 될 에바Ewa를 만난 것이었다. 마치에이와 에바는 미술을 공부했는데, 그것은 처음에 둘을 하나로 묶은 사랑의 씨앗이 되었다. 마치에이는 근육질 몸매에 얼굴이 넓적하고 눈이 부드러웠으며, 에바는 날씬한 몸매의 금발에 세련되고 우아한 여성으로, 총명한 무대 디자이너였다. 엘즈비에타와 크지시에크가 그랬던 것처럼, 그들의 사랑은 빠르게 무르익어 약혼 3개월 만에 첫째가 태어났다.

마치에이가 등반을 계속하자 에바는 알피니스트 배우자들을 파멸로 몰고 간 근심걱정에 휩싸였다. "난 두려웠지만 이번 원정등반에선 아무 일도 없을 걸로 믿었습니다." 그녀는 말했다.[3] 그의 첫 번째 8천 미터급 고봉 정상은 안나푸르나 연봉 중 하나인 중앙봉이었다. 점차 원정등반이 빈번해지면서 그는 곧 1년에 3~5개월을 고산에서 보냈고, 자코파네로 돌아와서는 회복과 다음 등반 계획에 대부분의 시간을 보냈다. 그는 마치 두 개의 분리된 인생을 사는 것 같았다. 하나는 산에서 또 다른 하나는 가족과 함께.

원정등반 산악인으로서 그의 존재 한가운데에는 자코파네산악회가 있었다. 모든 일이 그곳에서 이루어졌다. 나라 밖으로 나갈 때 가져갈 여권을 받는 데 필요한 허가와 등반 허가, 원정등반을 위한 식량을 구입하는 데 필요한 특별 허가까지. 일급 산악인들은 외국으로 나가 희귀한 식료품을 구할 수 있어서 폴란드의 보통 시민에 비하면 풍요로운 편이었다. "우린 세계 최고였습니다." 동료 산악인 야누시 마이에르*Janusz Majer*가 이렇게 말했다. "나라 안에서 산악회는 초미니 사회를 형성했습니다. 사람들은 산악회 안에서 산악회를 위해 일했습니다." 알피니스트들은 자유 시간을 가족과 보내거나, 아니면 관심사와 가치관이 비슷한 산악회원들과 함께 보냈다. 그들은 공산주의 사상의 역기능적인 현실을 무시하고 실현되지 않은 희망과 억제된 에너지를 산과 모험에 대한 열렬한 사랑으로 돌렸다. 그들의 엄격한 산악회 사회는 스스로를 채우고 의미 있는 삶을 창조하는 길을 열어주었다.

마치에이는 마나슬루 동계 원정등반에 대한 레흐의 초청을 받고 기꺼이 수락했다. 리샤르드 역시 아내가 임신 중이었지만 전혀 망설이지 않았다. 그의 설명은 예전과 다름없이 퉁명스러웠다. "어쨌든 간다는 걸 알기 때문에 아내는 내가 히말라야에 가는 걸 막지 않습니다."[4]

레흐 팀은 메스너 루트로 그 산을 동계 초등할 작정이었는데, 레흐가 그 루트에 특별히 관심을 가진 것은 메스너가 자신의 루트로는 동계등반이 불가능하다고 공개적으로 언급했기 때문이다. 8일간의 트레킹을 통해 그들은 1983년 12월 2일 베이스캠프에 도착했다. 하지만 그곳의 고도가 4,000미터에 약간 못 미쳐, 다음 날 툴라기 빙하*Thulagi Glacier* 위 4,400미터에 전진 베이스캠프(ABC)를 쳤다. 그리고 많은 양의 장비를 그 산 위로 안전하게 올리고자 첫 500미터의 가파른 등반지대에 고정로프를 설치했다.

불행하게도, 그 벽의 낙석은 계속되는 위협이었는데, 쏟아져 내리던 돌멩이들 중 하나가 비극적 사고의 간접적 원인이 되었다. 12월 11일, 원정대의 촬영을 담당한 스타니슬라프 야보르스키*Stanislaw Jaworski*가 고정로프를 타고

[위] 1983~1984년 폴란드 마나슬루 동계 원정대의 포터들이 짐을 나르고 있다. (사진: 레흐 코르니셰브스키) [아래] 1983~1984년 겨울 폴란드 원정대가 마나슬루를 오르고 있다. (사진: 레흐 코르니셰브스키)

1캠프에서 ABC로 내려갈 준비를 하다 그만 이전 원정대가 설치한 낡은 로프에 하강기를 끼우는 치명적인 실수를 범했다. 낙석으로 손상된 그 로프가 끊어졌고, 스타니슬라프는 100미터를 추락해 죽었다. 그런 비극이 일어나고 있을 때 리샤르드 가예브스키와 보구스와프 프로불스키Bogusław Probulski는 아래쪽에서 일어난 사고를 전혀 모른 채 6,400미터에 2캠프를 설치하고 있었다. "무전기 교신 상태가 너무 안 좋았습니다." 리샤르드가 말했다. "그래서 캠프나 장비가 있는 곳에 쪽지를 남겨두곤 했는데, 12월 14일 2캠프에서 내려와서야 우린 그의 죽음을 알게 되었습니다."**5**

그들은 스타니슬라프의 훼손된 시신을 넓게 벌어진 크레바스에 밀어 넣은 다음 추모기도를 올리고, 근처에 십자가를 세워 전형적인 산악인 장례식을 거행했다. 다른 원정대도 종종 그러지만, 그들은 짧은 논의를 거친 후 등반을 계속하기로 결정했다. 그럼에도, 그 팀은 충격에서 벗어나지 못했다. 그들은 평균연령이 겨우 서른한 살일 정도로 젊은 산악인들이어서, 이 사고는 그들 대부분이 죽음을 처음으로 가까이서 접한 비통한 경험이었다. 그 산의 위쪽에 캠프를 둘 더 설치하고 나서 크리스마스를 기념하기 위해 모두 베이스캠프로 내려왔다. 친구이자 동료가 2주 전에 죽었기 때문에 분위기는 상당히 침울했다.

크리스마스 이후 바람이 세게 불고 기온이 떨어지는 등 겨울 특유의 징후가 나타나더니 날씨가 몹시 나빠졌다. 그들은 날씨가 어떻게 될지 조금이라도 알고 싶어 메시지를 자주 보냈지만, 기상예보에 선혀 접근할 수 없었다. 그리고 보통은 5일이 지난 자료를 받기 일쑤였다. "우린 잊힌 사람들 같았습니다." 리샤르드는 쓴웃음을 지으며 당시를 이렇게 회상했다.

1월 11일, 리샤르드와 마치에이는 7,750미터에 4캠프를 설치했는데, 밤

[54쪽] 1983~1984년 폴란드 마나슬루 동계 원정대의 전진 베이스캠프 위에 있는 가파른 바위지대 (사진: 레흐 코르니셰브스키)

[위] 1984년 1월 12일 마나슬루 동계 초등 당시 정상에 오르는 마치에이 베르베카 (사진: 리샤르드 가예브스키) [56쪽] 폴란드 마나슬루 동계원정 중 고정로프를 타고 1캠프에서 내려가다 추락 사망한 스타니슬라프 야보르스키의 산악인 장례식 (사진: 레흐 코르니셰브스키)

동안 그곳 텐트 안의 기온이 영하 32도로 떨어졌다. 그들은 다음 날 아침 정상에 올랐다. 그곳에서 40분 동안 머물며, 이 등반에서는 매우 호사스럽다고 할 수 있는 사진을 찍고 파노라마를 감상했다. 그리고 이전 한국 팀*이 남긴 피톤을 뽑았다. 그렇게 비싼 장비를 그냥 내버려둘 수 없었다. 리샤르드는 이렇게 설명했다. "타트라에서 등반해야 하는데… 우린 피톤이 없었습니다."[6]

소중한 전리품을 배낭에 집어넣은 그 두 폴란드인은 이제 하산하기 시작했다. 하지만 허리케인급 바람을 정면으로 마주해야 해서, 그것은 등반보다 훨씬 더 어려웠다. 그들은 때때로 무릎을 꿇고 사면을 마주보며 기어 내려오기도 했다. 리샤르드는 그 기술을 설명하며 웃었다. "바람이 불면 서 있을 수가 없어 무릎을 꿇는데, 바람이 계속 불면 무릎을 꿇어도 앞으로 갈 수가 없습니다. 그럼 기어갈 수밖에 별 도리가 없습니다. … 난 언제나 산의 조건을 겸허하게 받아들입니다."[7] 그것은 어느 정도 효과가 있었다. 하지만 마치에이는 발가락이, 리샤르드는 손가락이 동상에 걸렸다. 두 번째 정상 공격조가 이틀 늦게 출발했는데 4캠프가 보이지 않았다. 바람이 텐트를 부순 다음 날려버린 것이었다. 원정등반은 그대로 끝이 났다.

폴란드인들은 세계에서 가장 위대한 산악인이 동계등반은 불가능하다고 선언한 루트로 마나슬루를 동계 초등하는 쾌거를 이루었다. 그들은 보조 산소도 없이 해냈는데, 겨울의 고산에서 극한의 추위를 견디는 데 산소는 꼭 필요한 것이어서 그것만으로도 대단한 성취였다. 보조 산소가 없어, 그들은 사지가 얼어붙지 않도록 자신의 육체적 기능에 전적으로 의존해야 했다.

그 팀은 등반 중 생명을 잃은 동료 스타니슬라프 야보르스키에게 자신들의 위업을 바쳤다.

레흐의 팀은 그 산을 빨리 등반한 편이어서 이제 시간이 남았다. 그들은

---

* 1983년의 허영호 팀 |역주

델리에서 폴란드로 날아갈 계획이었지만 비싼 호텔에서 돈을 쓰느니 차라리 라자스탄*Rajasthan*에서 낙타 여행을 하기로 했다. 낙타 등에 걸터앉은 산악인들 중 둘이, 그들은 얼마 전까지만 해도 8천 미터급 고봉에서 겨울과 싸운 사나이들이었는데도, 원정등반 중 가장 무서웠던 순간이 주사를 맞을 때였다고 털어놓았다. "네게만 털어놓는데, 간호사가 바늘을 갖고 오는 순간, 이런 세상에 눈앞이 캄캄해지는 거야. 그녀가 바늘을 찔러 넣었다니까!"[8] 마나슬루와 낙타와 간호사로부터 살아남은 그들은 이제 폴란드로 돌아왔다.

마치에이에게 그 경험은 체벌을 받는 것이나 마찬가지였다. "그곳에선 고도에 더해, 기온과 바람과 탈진으로 발걸음을 옮길 때마다 사투를 벌여야 했습니다. … 겨울의 8,000미터에서 맞이하는 그 밤으로는 다시 돌아가고 싶지 않습니다. 왜냐하면… 그냥 악몽이라서."[9] 그럼에도 마치에이는 그것과 똑같은 8천 미터급 고봉의 동계등반을 앞장서서 이끄는 자신의 길을 걸었다. 춥고 외로운 그 정상들이 자꾸만 그를 잡아끌었다.

━━━

비록 마나슬루 동계 초등이라는 영광은 놓쳤지만, 야마다 노보루의 일본 팀은 실망하지 않았다. 야마다 노보루는 1985년에 다시 돌아와, 육체적·정신적으로 대성공을 거두었다. 그는 우선 10월 30일 에베레스트 정상에 오르고 나서 카트만두로 돌아와 휴식을 취했다. 고소적응을 유지하기 위해 그와 파트너 사이토 야스히라斎藤康平는 헬기를 타고 사마*Sama*로 이동했고, 12월 3일 마나슬루 베이스캠프에 안착했다. 그들은 그다음 날 북동벽을 오르기 시작했다. 12월 14일 바람에 날려가지 않기 위해 서로 로프를 묶고 정상에 오른 후, 그다음 날 베이스캠프로 돌아왔고, 계속해서 사마로 내려왔다. 정확히 10일 만에 8천 미터급 고봉 (기상학상) 동계등반을 끝냈다. 초인적인 알피니스트 노보루는

1986년『아메리칸 알파인 저널*American Alpine Journal*』에 자신의 시즌을 이렇게 요약했다. "나는 8천 미터급 고봉 3개를 올랐다. 7월에 K2, 10월에 에베레스트, 12월에 마나슬루."[10] 4년 후, 노보루는 알래스카의 최고봉 데날리를 덮친 시속 300킬로미터의 강풍으로 로프에 엉켜 동사하고 말았다.

뒤이어 마나슬루에서는 많은 동계등반 시도가 있었다. 한국, 스페인, 일본, 네덜란드, 체코, 덴마크 등의 팀들에 의해서. 그리고 1990~1991년 겨울에는 프랑스 등반가 에리크 모니에*Eric Monier*가 단독등반을 시도해 7,950미터까지 진출하는 인상적인 기록을 남기기도 했다. 심한 환각에 시달린 그는 100,000살이나 먹었다고 말하는 어느 여인을 포함한 '일단의 사람들'과 대화를 나누었다고 한다. "외로움에 대한 경험이 너무나 강렬했다." 그는 이렇게 기록했다.[11]

성공을 거둔 원정대 중 하나가 1995년 말에 도착한 카자흐스탄 팀이었다. 그 팀에는 카자흐스탄의 전설적 알피니스트 아나톨리 부크레예프*Anatoli Boukreev*가 있었다. 헝클어진 금발, 날씬한 체격, 사파이어색 눈을 가진 아나톨리는 강렬한 인상을 풍겼다. 또한 타고난 우아함으로 가볍게 움직였다. 그는 봄에 무산소로 에베레스트를 등정하고, 가을에 다울라기리를 단독 등정해 히말라야에서 바쁜 시즌을 보내고 있었다. 카트만두로 돌아와 산소가 풍부한 공기를 마음껏 들이마시며 관광을 즐기던 그는 마나슬루로 향하는 카자흐스탄 사람들과 우연히 마주쳤다. 그들은 주저하지 않고 아나톨리를 합류시켰다. "물론 난 지쳐 있었습니다. 육체적으로 또 심리적으로." 아나톨리는 말했다. "하지만 난 곧바로 좋다고 대답했습니다."[12]

아나톨리가 카자흐스탄 사람들과 등반하고 나서 4년이 지난 후 그의 고국은 경제적·정치적·사회적으로 상당히 변했다. 그러나 아나톨리는 이렇게 말했다. "변하지 않은 건 우리 안에 있는 정신이었습니다. 그리고 그게 우리로 하여금 자꾸 산으로 향하게 만들었습니다. 곤란과 위험을 추구해 문명세계의 물질적 안락함에서 벗어나도록."[13] 그는 히말라야에서 뿐만 아니라 천산과 파미르에서 구소련의 산악인들이 펼친 고소등반에 자긍심을 느꼈다. 그런 성취를 구소련의 위대한 업적, 즉 지구 밖의 우주비행사, 볼쇼이 발레단의 독특한 예술 같은 것으로 간주했다. "알피니즘에 대한 우리만의 특별한 품종이 이렇게 다시 태어나는 걸 보게 돼 반갑습니다. 스포츠의 위대한 힘 속에 있는 우리의 유산을 보는 것도 여전히 가능합니다."[14]

원정등반은 동계등반에 대한 기상학상의 정의로도 무척 이른, 11월 초에 시작되었다. 그리고 한 달 후인 12월 8일 대원 10명 중 8명이 정상에 섰다. 그런데 상황이 우울하게 바뀌었다. 젊은 대원인 미카엘 미카엘로프*Mikhael Mikhaelov*와 디미트리 그레코프*Dimitri Grekov*가 동상을 두려워한 나머지 정상으로 향하던 중 발길을 돌렸고, 정상에 오른 대원들이 하산해 3캠프에 도착했을 때 그 둘이 실종되었다는 사실을 알게 되었다. 그때 베이스캠프가 최종캠프 바로 밑의 가파른 벽에 그들이 눈 위에 앉아 있는 모습이 보인다고 무전으로 알려왔다. 어떤 상황이 벌어졌지만 그것을 제대로 아는 사람은 아무도 없었다.

쉬지도 못하고 수분을 보충하지도 못한 채 샤브하트 가타울린*Shavhat Gataoullin*과 아나톨리는 어둠 속에서 3캠프를 떠나 위로 향했다. 3시간 후, 그들은 오도 가도 못하는 그 두 사람을 만났지만, 그들은 끔찍한 추위에 떨며 이제 정신적 혼란에 빠져 있어, 얼음 사면을 내려가는 데 필요한 크램폰의 끈까지 묶어줘야 했다. 그들은 그 밤을 버틸 것 같지 않았다. 그러나 고소에서 동계등반 중 맞이하는 다른 끔찍한 상황과 달리, 비극은 일어나지 않았다. 아나톨리는 그것을 '구소련의 고소 등반가들이 자신들의 고도에서 내보인 결속과 집합적 행동과 자질 덕분'[15]으로 돌렸다.

하지만 시련이 끝난 것은 아니었다. 그들 넷이 3캠프로 내려가자 동료 둘이 차를 가지고 올라왔다. 차를 마시는 동안 탈진한 알피니스트 미카엘 미카

MANASLU

엘로프가 균형을 잃고 추락했다. 그가 디미트리를 잡아채서 15미터 빙벽 위로 굴렀고, 이어서 아나톨리가 휩쓸렸다. 20미터를 구른 그들은 아나톨리가 그들의 추락을 막는 확보에 성공한 덕분에 모두 멈추었다.

산을 안전하게 벗어난 아나톨리는 그 등반에 대한 자신의 자긍심과 역사에서 그 등반이 차지하는 위상을 이렇게 묘사했다. "나는 그 등반이 새로운 카자흐스탄 팀이 재기하는 과정에서 거둔 중요한 승리이기를 바란다. 또한, 나는 선배 산악인들의 집적된 지식이 공산주의 시대의 종언과 함께 사라지지 않기를 희망한다."[16]

아나톨리는 자신의 행동을 통해 두 젊은이의 생명을 구하는 데 분명 결정적인 역할을 했다. 아이러니컬하게도, 1년 후 그는 에베레스트의 사우스콜에서 폭풍에 갇힌 세 고객의 생명을 구하는 비슷한 역할을 했는데, 산악계의 일부가 그를 비방하는 일이 벌어졌다. 하지만 원기 왕성한 이탈리아 등반가 시모네 모로Simone Moro는 그러지 않았다. 그와 아나톨리는 친하게 지냈고 자주 함께 등반했다. 시모네는 히말라야 이외의 지역에서 가장 높은 아콩카과(6,959m)의 어려운 남벽을 스물다섯이라는 젊은 나이에 등반했을 정도로 동계등반을 좋아했다. 그때 그는 사람들이 붐비는 봉우리를 다른 시즌에 가야만 아름다움과 고독을 제대로 감상하고 느낄 수 있다는 사실을 깨달았다.

2014년 말 시모네 모로 역시 이탈리아의 젊은 알피니스트 타마라 룬제르Tamara Lunger와 함께 마나슬루를 동계에 시도하려고 했다. 그때 시모네는 8천 미터급 고봉의 동계 초등을 해낸 최초의 비 폴란드인 알피니스트가 되면서, '폴란드 장벽'을 무너뜨린 동계등반 베테랑이었다. 처음에 국제 산악계는 그의 시샤팡마 동계등정을 요행으로 여겼다. 왜냐하면 그의 등반 파트너가 폴란드인이었기 때문이다. 그 후 시모네 모로는 자신이 그냥 빌붙어다니는 사람이 아니라 진정한 얼음의 전사라는 것을 증명해 보였다. 마나슬루에 도전했을 때 그는 이미 3개의 8천 미터급 고봉 동계등정을 끝낸 후였다. 타마라 역시 K2 무산소 등정을 포함해 인상적인 등반 경력을 자랑하고 있었다. 시모네가 자신의 합류 요청을 받아들였을 때 느낀 감정을 타마라는 이렇게 회상했다. "너무 기뻤습니다. 그리고 자신도 있었습니다. 그건 내가 한 걸음을 더 앞으로 내딛는 것이니까요."

불행하게도, 그들이 베이스캠프에 도착하자 신설이 50센티미터나 내렸다. 그리하여 결국 그들을 물러나게 한 것은 눈이었다. 눈은 끊임없이 내렸다. 모든 캠프가 눈에 묻혀 그들은 눈삽으로 눈을 퍼내느라 정신이 없었다. 결국 그들은 그해는 마나슬루를 위한 해가 아니라는 사실을 받아들였다.

2년 후, 낭가파르바트를 겨울에 3번이나 시도했고, 히말라야의 봉우리 두 개를 단독 등반한 프랑스 알피니스트 엘리사베스 레볼Élisabeth Revol이 마나슬루를 동계에 무산소 알파인 스타일로 등반하겠다고 선언했다. 셰르파의 도움도 받지 않고, 캠프를 미리 설치하지도 않고, 보조 산소와 고정로프를 사용하지도 않겠다는 것이었다. "낭가에서 돌아오자 히말라야 동계등반에 대한 생각이 머릿속을 떠나지 않았습니다. 해가 거듭될수록 그것은 집착이 되다시피 했습니다."[17] 말만큼이나 벅찬 그 단독등반은 엘리사베스가 잘 알고 좋아하는 것이었다. 하지만 그녀는 마나슬루에서 전혀 다른 종류의 고독과 마주쳤다. 이전에 단독등반을 할 때는 다른 팀이 그녀 가까이에 있었다. 하지만 마나슬루를 올라갈 때 그녀는 오롯이 혼자였다.

몸집이 작은 이 프랑스 여성은 자신이 처한 극한적인 상황에 여전히 동기 부여를 받는 것 같았다. "그런 상황과 그런 도전에 마음을 사로잡혔습니다. … 난 끝없는 에너지, 무한한 자기 확신을 느꼈습니다. 난 강했습니다. … 난 전혀 지칠 것 같지 않았습니다."[18]

장밋빛 전망에도 불구하고, 그녀는 폭설로 인해 7,300미터에서 돌아서야

프랑스의 알피니스트 엘리사베스 레볼이 2017년 겨울 마나슬루를 혼자서 오르는 모습 (사진: 엘리사베스 레볼)

했다. "산의 사면이 언제나 위협적이어서 등반이 대단히 위험했습니다. … 이 건 내 평생 가장 위험천만한 도전이었습니다."[19]

2019년 겨울 시모네는 다시 돌아와, 네팔의 등반 가이드 펨바 걀제 셰르파*Pemba Gyalje Sherpa*와 함께 마나슬루를 무산소 알파인 스타일로 오르겠다고 선언했다. 하지만 한 번 더 위험한 눈 상태로 인해 발길을 돌려야 했다.

눈이 엄청 쌓인 마나슬루를 동계에 오르려 한 뛰어난 산악인들 가운데, 진정한 동계 시즌에 성공을 거둔 사람들은 1984년에 다시 돌아온 폴란드 팀이 유일했다. 그리고 그 위업을 무산소로 해내 기준을 한껏 끌어올린 사람들이 바로 자코파네의 사나이들이었다.

거울

지칠 때까지 사랑하고, 지칠 때까지 일하고, 지칠 때까지 걸어라.

마크 헬프린Mark Helprin, 『세계대전의 어느 병사A Soldier of the Great War』

다울라기리 — 8,167m

폴란드는 제2차 세계대전이 벌어진 악몽 같은 6년 동안 온 나라가 초토화되었다. 독일과 러시아 적군 사이에서 폭탄과 탱크, 피로 물든 전장과 소름 끼치는 죽음의 수용소로 남은 것이 하나도 없었다. 가장 처참하게 파괴된 곳이 실레시아*Silesia* 지방의 남서부에 있는 카토비체*Katowice*였다. 그러나 1950년 소련이 경제개발 6개년 계획을 추진하자 상황이 급속도로 바뀌었다. 그 계획을 떠받치는 것 중 하나가 중공업(무한정의 철강)이었고, 그 생산의 중심지가 카토비체였다. 소련은 카토비체의 수많은 공장에서 국경까지 철강을 실어 나를 목적으로 철도를 건설하기까지 했다. 그리고 바로 이 너무나도 황량하고 오염된 환경 속에서 한 무리의 하드코어 등반가들이 등장해, 자신들을 먹여 살려주는 철강공장에서 육체를 단련했다.

사실, 그들은 철강공장 안에서 일하지 않았다. 그들은 카토비체의 회색 하늘을 수놓은 위태롭고 미끄러운 굴뚝을 청소하고 칠하며 철강공장 위에서 일했다. 그 일이 위험하긴 했지만 보수가 좋아서 실레시아 지방의 거의 모든 등반가들이 도시 위의 그 높은 곳에서 시커먼 찌꺼기를 긁어내고 닦아내며 히말라야 원정등반에 대한 꿈을 키웠고, 자신들의 사업적 수완을 연마했다.

그들 중 한 사람이 예지 쿠쿠츠카*Jerzy Kukuczka*였다. 친구들에게 유레크

카토비체에서 생계를 꾸려간 폴란드 등반가들 (사진: 크지슈토프 비엘리츠키)

*Jurek*로 알려진 그는 굴뚝 청소 전문가였다. 사실은 원정등반을 자주 나가 그럴 수밖에 없었다. 과소평가된 그의 건실한 외모는 무서운 야망과 추진력을 감추어 사람들로 하여금 착각에 빠지도록 만들었다.

폴란드의 여느 알피니스트들처럼, 유레크는 PZA의 훈련 과정을 통해 등산의 이론과 실제를 체계적으로 배웠다. 비록 바위에서는 뛰어나지 못했지만, 몇 달 후 그는 암벽등반 자격증을 획득했다. 그의 신체는 수직이나 오버행에서 요구되는 미묘한 몸놀림, 아주 작은 홀드를 붙잡는다거나 복잡한 벽을 더듬어 올라가는 데는 어울리지 않았다. 왕년에 복싱을 한 그는 날렵하다기보다는 타고난 힘장사였다. 수년 동안 그와 함께 등반한 보이테크 쿠르티카*Voytek Kurtyka*는 그를 이렇게 평가했다. "유레크는 내가 만난 사람들 중 최고의 정신력을 가진 코뿔소였다. 고통을 받아들이는 능력과 위험에 쉽사리 반응하지 않는 면에서 그처럼 불공평한 알피니스트를 나는 만난 적이 없었다. 동시에 그는 대부분의 양자리 태생이 가진 특성, 즉 무턱대고 앞으로 밀고 나가는 맹목

폴란드의 히말라야 등반가 예지 쿠쿠 츠카. 1985년 1월 21일 그는 안드제 이 초크와 함께 다울라기리를 동계 초등했는데, 이것은 그의 8천 미터급 고봉의 첫 동계등정이었다. (사진: 마 레크 프로노비스*Marek Pronobis*)

적인 성격도 가지고 있었다. 이런 사람은 장애물을 만나면 그것을 돌파하거 나, 아니면 자신의 목이 부러질 때까지 맞서 싸운다."[1]

모든 과정을 끝낸 유레크는 타트라와 알래스카, 힌두쿠시에서 등반한 다 음 히말라야로 진출했다. 그 사이 검은 머리에 짙은 눈의 아름다운 셀리나 *Celina*를 만났고, 3년간의 교제 끝에 결혼에 성공했다. 그가 산에서 벌이는 모 험이 얼마나 위험한지 알게 된 셀리나는 근심걱정에 휩싸였다. "언제든 죽을 수 있다는 사실을 알았습니다. … 마음속으론 늘 이 스포츠가 위험하다고 생 각했습니다."[2] 호기심이 발동한 그녀는 남편이 원정등반을 갈 때 베이스캠프 까지라도 따라가게 해달라고 졸랐다. 유레크는 그녀를 나무랐다. "여자가 베 이스캠프에 있는 건 좋지 않아. 다른 사람이 없어야 등반에 집중할 수 있거 든." 아무튼 그는 총명했다.

유레크의 첫 히말라야 원정등반은 1979년의 로체였다. 그리고 1984년 그는 이미 8천 미터급 고봉 6개를 올랐는데, 하나를 제외하곤 모두 신루트였

폴란드 등반가들이 타트라에서 동계훈련을 하는 모습 (사진: 알렉 르보프 아카이브)

고, 그중 넷은 알파인 스타일이었다. 글리비체산악회 출신의 아담 빌체브스키 *Adam Bilczewski*가 유레크를 8,167미터의 다울라기리 동계 원정대에 10명의 대원 중 하나로 초청했을 때 그는 전혀 망설이지 않았다. "좋습니다, 가지요." 세계 제7위의 고봉인 다울라기리는 '눈부시게 아름다운 하얀 산'이라는 뜻이다. 하지만 환상적인 그 산에 대한 열정에도 불구하고, 유레크는 폴란드에서 해결해야 할 문제가 남아 있었다. 9월에 카라코람에서 폴란드로 돌아왔는데, 셀리나는 10월에 출산할 아이를 임신하고 있었다. 그리고 그는 다시 11월에 히말라야로 떠나고 싶어 했다. 세상에 어떤 남편이 그렇게 한단 말인가? 자이언트 14개의 최초 완등을 놓고 라인홀드 메스너와 경쟁을 벌이는 남편? 비록 그 경쟁이 공식적으로 선언된 것은 아니었지만, 대다수 히말라야 등반가들은 그 둘이 영광을 놓고 경쟁한다는 사실을 인정했다. 그리고 가난한 폴란드인 유레크는 분명 약자였다.

그를 구해준 사람들은 장모와 장인이었다. 그가 없는 동안 셀리나의 친정집이 출산을 도와주겠다고 하자 그녀가 동의한 것이다. 사실 그녀는 선택의 여지가 없었다. 유레크는 이렇게 말했다. "원정 준비에 몰입하자 아버지로서의 의무를 유기한다는 죄의식이 사라졌습니다."[3] 유레크는 사건을 별개로 처리하는 수완이 뛰어났던 것 같다. 그런 속사정을 아담에게 솔직히 털어놓지 않았기 때문에 속임수를 쓴 것이나 다름없었다. 그는 다울라기리 팀에서 한 자리를 차지하고 싶어 하면서도, 원정 비용을 마련하기 위한 굴뚝 칠하기에 동참하지도 않았고, 식량이나 장비를 준비하는 것을 도와주지도 않았다. 그는 안드제이 자바다의 초오유 팀과 함께 히말라야로 가는 또 다른 동계 원정등반을 놓고 협상하기에 바빴다. 그것은 전례가 없고 이해하기 힘든 계획이었다. 그리고 일이 이쯤 되자, 어느 대장도 이런 사실을 사전에 알지 못했다는 것이 분명해졌다.

유레크가 11월 초 개인 장비 꾸러미 두 개를 들고 글리비체에 나타나자 다울라기리 팀의 나머지 사람들은 그를 뜨악하게 받아들였다. 일주일 후, 그는 자신의 것만 제외하고 모든 짐이 네팔로 보내졌다는 사실을 알게 되었다. 트럭의 공간에 어떤 '문제'가 있었던 것이 분명했다. 유레크는 그런 사소한 문제를 애써 외면하고 아담에게 메시지를 보냈다. "네팔에 도착하면 대원 명단에서 내 이름을 빼지 마세요. 함께 갈 겁니다. 정말입니다."[4]

아담이 어떻게 생각했는지 알긴 어렵다. 하지만 그는 유레크가 자기 마음대로 하는 것을 받아들인 것 같다. 폴란드 히말라야 등반의 떠오르는 스타 유레크를 다루는 것은 간단한 일이 아니었다. 폴란드 산악계는 일단 그가 어떤 행동을 결심하면 결코 물러서지 않는다는 것을 알고 있었다. 만약 다른 사람이 유레크에게 동의하지 않으면 (특히 산에서) 그는 어쨌든 혼자서라도 밀어붙이는 성격이었다. 산에서의 성공이 그것을 대변해주었다. 유레크가 원정대에 있으면 대장을 비롯한 모두가 자신감을 가졌다. 어떤 일이 있어도, 그는 산에 붙으면 정상까지 계속 올라갔다. 이것이 그의 방식이었다. 따라서 유레크가 나타나리라고 아담이 어느 정도 기대를 했다고 보는 것이 타당할 것 같다.

유레크는 다울라기리 팀을 따라 혼자 네팔로 갔다. 하지만 그 팀에 합류하기 전 카트만두에서 해야 할 중요한 일이 있었다. 따라서 그의 베이스캠프 합류는 훨씬 더 늦어지게 되었다. 그는 안드제이 자바다와 초오유에 대해 할 이야기가 있었다. 유레크는 그해 겨울 다울라기리와 초오유를 동시에 등반해 8천 미터급 고봉 두 개를 수중에 넣음으로써 메스너와의 경쟁에 박차를 가한다는 자신의 아이디어를 실현하기 위해 안드제이와 그의 팀을 만났다. 하지만 불행하게도 그는 (그의 설명에 따르면) 다울라기리 팀이 이미 떠나버려 초오유 팀과 함께 가서 캠프와 고정로프를 설치하는 작업을 도와줄 수 없게 되었다. 따라서 만약 그들과 함께할 생각이라면 서두를 필요가 있었다. 그는 후에 초오유로 재빨리 넘어가기로 했다.

초오유 팀은 충격을 받았다. 그것은 너무나 야심찬 계획이었고, 극히 위험한 데다 공정하지도 않았다. 초오유 팀에서 경험이 아주 풍부하고 존경을 많이 받는 지가 헤인리흐가 말했다. "우리 원정대에 심각한 타격을 준다는 사실을 알아야 해. 우리 앞에 있는 루트가 아주 어려운데 시작부터 가장 힘든 작업인 루트 개척을 도와줄 사람이 빠지다니. … 그리고 넌 후에 합류하길 원하고 있어. … 내 생각엔 말이야, 넌 우리 원정대에 전혀 도움이 되지 않을 문제를 일으키고 있어." 모두는 아니었지만 대부분은 지가의 의견에 동의했다. 안드제이 자바다는 그들의 말을 듣기만 할 뿐 말이 없었다. 가끔 고개를 끄덕이거나 이맛살을 찌푸릴 뿐, 그는 그 일을 계속 생각하고 있었다. 그리고 다음 날 놀라운 결정을 내렸다. 유레크가 다울라기리 후에 초오유로 오면 환영하겠다는 것이었다. 안드제이는 이렇게 말했다. "대단한 아이디어야. 좀 무모하긴 하지만."[5]

히죽 웃으며 기쁨을 나타낸 유레크는 다울라기리 대원들을 따라잡으러 나섰다. 12월 20일, 그는 다울라기리 근처에서 가장 큰 도시인 포카라 행 첫 버스에 올라탔다. 그곳에 도착한 후에는 산속 마을 마르파Marpha로 최대한 빨리 가기 위해 포커Fokker 경비행기의 표를 샀다. 하지만 기상상태가 좋지 않아 비행기가 뜨지 못했다. 이틀이 지났는데도 비행기가 없었다. 사흘째가 되던 날, 또 다시 취소될까 봐 승객들이 비행기 안으로 몰려들었다. 유레크는 낙담했다. 우중충하고 바람이 숭숭 들어오는 합판의 침대 방에 꼼짝없이 붙잡힌 그는 근처에 친구도 없이 크리스마스이브를 맞이했다. 그의 생각은 정처 없이 고향으로 향했다. 셀리나와 두 아들, 따뜻함과 빛, 자신을 빼고 사랑하는 가족이 즐길 크리스마스 축하행사로, 그는 처음으로 캠프와 고정로프와 등반과 정상을 잊었다. 크리스마스 음식과 선물과 크리스마스이브의 촛불이 눈앞에 아른거리자 마음이 괴로웠다. 혼자서, 그는 촛불을 켜고, 수프 한 덩어리를 끓이고, 정어리 캔을 딴 다음 성경 구절을 읽었다.

크리스마스 날 아침, 그는 포카라 비행장으로 다시 가서 한 번 더 비행기에 올라탔다. 하지만 비행은 또다시 취소되었다. 시간이 지남에 따라 다울라기리 팀이 자신을 빼놓고 산 위로 훨씬 더 높이 올라갔을 것이라고 쓰린 마음을 받아들인 그는 '복싱 데이Boxing Day(크리스마스 다음 날)'에 비행장으로 터덜터덜 갔지만 취소라는 의식이 반복되었다. 하지만 마침내 그의 기도가 응답을 받았다. 아주 작은 비행기가 떠올랐고, 그 비행기는 구불구불한 계곡을 따라 고도를 높이더니 맞바람을 맞아 기운찬 야생마처럼 이리저리 흔들렸다. 비행기 안에는 두어 명의 관광객들과 휴가를 나온 미군 병사와 끼룩거리는 오리를 손으로 붙잡은 지역주민 몇몇이 있었다. 모두 기도를 올렸다.

마르파에서 뒤뚱거리며 비행기에서 내린 유레크는 다울라기리 베이스캠프까지 자신을 안내할 포터를 찾았다. 그 길은 결코 만만치 않았다. 5,000미터가 넘는 고개가 둘인데, 겨울이라 눈이 깊게 쌓여 있을 것이 뻔했다. 그는 함께 가겠다고 나선 젊은이를 찾았는데, 비용을 여름의 두 배로 요구했다. 몸도 좋고 그 지역에 대해서도 잘 알고 음식도 좀 하는 것 같아, 유레크는 그의 요구를 받아들였다. 하지만 그것은 형편없는 선택이 되고 말았다. 그 포터는 길도 알지 못하고, 차도 간신히 끓여내고, 심지어 전혀 음식을 할 줄 몰랐다.

게다가 깊은 눈에서 길을 뚫고 나가기에는 너무나 몸이 약했다. 그는 골칫덩어리였다.

⸻

유레크가 다울라기리로 가려고 고군분투하는 동안, 그 팀의 나머지 대원들도 바쁘게 움직이고 있었다. 12월 4일 그들은 포터 100명을 데리고 베이스캠프에 도착했다. 포터들은 무거운 식량과 장비를 내려놓고, 방수포를 펼쳐 자신들의 피신처를 만든 다음, 3,700미터의 초원에 대원들을 위한 텐트를 쳤다. 저녁 빛을 받아 또렷이 보이는 다울라기리 서벽의 모습은 아름답고 장엄했다.

그날 밤, 사람들은 짐을 모두 가지고 베이스캠프에 도착했다는 안도감으로 텐트로 들어가, 자신들 앞에 펼쳐질 모험에 대한 기대로 한껏 부풀었다. "새벽 5시 30분, 거대한 힘을 가진 눈사태가 틀림없는 굉음에 놀라 잠에서 깼습니다." 아담이 기억을 더듬으며 말했다. "잠시 후 내 머리 위에 있는 텐트가 주저앉았습니다."[6] 서벽의 6,000미터에서 얼음 세락sérac이 부서져, 도중에 눈과 얼음을 더 끌어 모은 다음, 텐트를 향해 굴러 떨어졌다. 베이스캠프 위 300미터쯤에서 눈사태가 멈추자, 후폭풍이 일어나 그들을 온통 눈과 얼음으로 뒤덮으며 텐트를 박살냈다. 캠프에 있는 것들이 1,000미터를 날아가기도 했다. 하지만 기적적으로, 다친 사람은 아무도 없었다.

포터들이 캠프를 더 아래쪽으로 옮기자고 주장해, 그들은 결국 그것을 100미터 아래로 옮겼다. 하지만 산에 효과적으로 접근하기 위해 더 높은 곳에 텐트를 칠 필요가 있었다. 그들은 17명의 포터를 간신히 설득해 4,600미터의 빙하지대로 짐을 옮긴 다음, 12월 10일 그곳에 전진 베이스캠프(ABC)를 설치했다. 그로부터 4일 후, 그곳 역시 파괴되었는데, 이번에는 눈사태가 아니라 포악한 겨울바람 때문이었다. 그들은 다시 한번 약간은 보호를 받을 수 있는 얼음 걸리로 캠프를 옮겼다. 그러는 동안 눈이 내리기 시작했다. 끊임없이. 그들이 사전에 계획된 북벽을 올라가자 눈덩어리들이 점점 커져, 등반을 하기에는 몹시 위험하다는 사실을 알게 되었다. 그런 상황에서는 '노멀 루트'인 북동릉이나 가능할 것 같았다.

1캠프가 이미 북벽 밑에 설치된 터라, 그들은 이제 일련의 수직 바위지대를 횡단해야 했다. 등반에서 가장 까다로운 동작 중 하나가 옆으로 횡단하는 것이다. 따라서 고소에서 겨울에 그렇게 하는 것은 훨씬 더 어렵다. 그럼에도 폴란드인들은 그것을 가까스로 해내 2캠프를 설치한 후 크리스마스를 위해 모두 베이스캠프로 내려왔다. 유레크가 포카라의 이가 득실거리는 방에서 정어리 통조림을 먹고 있는 동안, 그 팀의 나머지 사람들은 단결심으로 똘똘 뭉쳐 보드카를 홀짝홀짝 마셨다. 이틀 후, 그들은 다시 작업에 나서 2캠프로 물자를 끌어올리며, 이제 허리케인급으로 변한 사악한 바람과 영하 40도를 밑도는 기온에 맞서 싸웠다.

12월 30일, 유레크가 마침내 베이스캠프에 도착했다. 그를 처음 맞이해준 사람은 오랜 동료 안드제이 초크Andrzej Czok였다. 안드제이는 누가 봐도 대단히 건장한 사람이었다. 에베레스트를 유레크와 함께 오른 것을 포함해 이미 8천 미터급 고봉 3개를 자신의 수중에 넣은 그는 황소 같은 힘과 전염성 있는 동기부여로 유명한, 글리비체 출신의 검은 머리에 몸집이 좋은 사람이었다. 이 등반 역시 그와 유레크가 파트너가 되어도 놀랄 사람은 아무도 없을 터였다. 하지만 불행하게도 안드제이에게는 이미 다울라기리 파트너가 있었다. 야누시 스코레크Janusz Skorek.

그 팀이 2캠프까지만 진출했다는 사실을 안 유레크는 안심했다. 그는 그들이 자기를 빼고 등반하고 있을까 봐 조바심을 냈다. 그렇다면 별 수 없이 집으로 돌아가야 할 터였다. 하지만 그럴 필요가 없었다. 그는 이렇게 말했다. "해야 할 어려운 작업이 아직도 많이 있었습니다. 일손이 달린 그들은 내가 나타나자 아주 좋아했습니다."[7] 추가적인 도움이 필요했지만 작은 문제가 있었다. 유레크가 고소적응이 안 된 것이다. 나머지 사람들은 열심히 일하고 고도를 올리고, 점차적으로 더 높은 곳에서 잠을 자는 등 이미 3주 동안을 고소에서 보낸 터였다. 이렇게 보낸 하루하루가 그들이 고산을 오를 때 폐의 부담이나 뇌부종의 위험을 줄여줄 것이다. 유레크에게는 명백하게 불리하면서 위험스러운 상황이었다.

알래스카와 히말라야에서 이미 고소증을 겪은 유레크는 그 위험성을 누구보다 잘 알고 있었다. 이제 그들을 따라잡아야 하는 상황에서 그는 자신의 몸을 끌어올리고, 캠프를 세우고, 고정로프를 설치하는 행위와 분명하지만 입밖에 내지 않은 정상에 대한 도전 사이에서 절묘하게 균형을 잡아야 했다. 산의 아래쪽에서 힘을 너무 많이 쓰면 자신의 기회가 위태롭게 될 터였다. 알피니스트들은 이 사실을 잘 알아, 그들이 쏟아야 할 힘과 진도와 피로의 수준과 회복 속도를 마음속으로 계산한다. 정상을 위해 충분한 힘을 비축하는 것, 그것이 전략의 전부였다.

1월 12일, 유레크와 안드제이와 야누시 스코레크는 6,800미터로 물자를 날랐다. 6일 후, 안드제이와 유레크가 의욕적으로 나서 7,400미터의 얼음 사면에 4캠프용으로 텐트 하나를 쳤다. 그들은 다음 날 정상에 도전했지만 날씨가 나빠 7,900미터에서 발길을 돌려야 했다. 유레크는 짜증스러운 날씨 패턴에 화를 냈다. "맑은 날은 반나절만 계속되었습니다. 그리고는 이내 눈이 몹시 내리고 바람이 심하게 불었습니다. … 자꾸만 쌓이는 눈을 끊임없이 퍼내야 했고, 15미터 밖은 보이지도 않았습니다. 그러면 산에 대한 본능에 맡길 수밖에 없는데, 괴롭기 짝이 없는 의구심이 항상 성가시게 굴었습니다. 가끔은 왼쪽으로 가야 할지 오른쪽으로 가야 할지조차 알 수 없었습니다."[8] 그들은 3캠프로 후퇴했다.

대장인 아담은 이제 누가 누구와 짝을 지어야 좋을지, 2차 정상 공격조는 누구로 해야 할지 정해야 했다. 아마도 본능적으로, 그는 안드제이와 유레크를 한 조로 묶고, 2차 공격조로는 야누시와 또 다른 대원 하나를 생각했을지 모른다. 놀라운 일은 아니지만, 두 팀 간에 누가 먼저 정상으로 갈 것이냐를 놓고 잡음이 일었다.

안드제이, 유레크와 미로스와프 쿠라스*Mirosław Kuras*가 2캠프에서 위로 올라갔다. 그런데 3캠프가 눈에 완전히 묻혀 그들은 내처 4캠프까지 올라갔다. 다음 날 아침, 다운 옷을 입고 힘겹게 올라가는 동안 그들은 자신들 위쪽에서 갑작스럽게 소리도 없이 눈덩어리가 무너져 내리는 것을 보고 깜짝 놀랐다. 그 눈사태는 텐트를 망가뜨리진 않았지만, 그들을 질식시킬 듯이 위협했다. 유레크는 공포에 질렸다. "칼 줘." 그가 소리쳤다. 그러자 안드제이가 그를 진정시켰다. "침착해. 침착해. 진정해. 칼이 없어도 돼."[9] 그들은 납작해진 텐트를 빠져나와 피해상황을 살펴보았다. 안드제이는 너무 서두는 바람에 부츠를 신지도 못하고 양말 바람으로 딱딱해진 눈사태 잔해 위에 서 있었다. 미로스와프는 장갑을 찾지 못해 눈 위를 기어 맨손으로 텐트 폴을 붙잡고 버텼다.

폴을 펴고 텐트를 다시 치는 데 2시간이 걸렸다. 그때 보니 미로스와프의 손가락이 동상으로 얼어 있었다. 손가락을 자르지 않으려면 그는 내려가야 했다. 안드제이 역시 문제가 있었지만 겉으로 드러나진 않았다. 양말을 신고 밖에 서 있었던 데다 보호용 각반의 지퍼가 제대로 채워지지 않아 다리가 더 추위에 노출되어 있었다. 비록 그때는 심각해 보이지 않았지만, 그런 고도 그런 상황에서는 아주 작은 것도 문제가 될 수 있었다. 그의 발로 가는 따뜻한 피가 조금씩 줄어들며 적혈구가 하나씩 죽기 시작했다.

그럼에도, 그와 유레크는 더 높은 곳에 4캠프를 칠 목적으로 망가진 작은 텐트 하나를 가지고 계속 위로 올라갔다. 한 걸음씩 힘들게 위로 올라갈수록 그들의 세계는 좁디좁게 줄어들었다. 그들의 리듬은 딱딱해진 눈에 의해 결정되었다. 발을 딛고 몸을 끌어올리고 피켈을 휘두르고 몸을 잡아당기고 다른 피켈을 휘두르고 다시 발을 딛고, 다시 그리고 다시, 또다시 그렇게. 7,600

동계 다울라기리에서 정상 공격에 나서는 안드제이 초크와 예지 쿠쿠츠카 (사진: 아담 비엘레츠키)

미터에서 그들은 운행을 멈추고 텐트를 쳤다. 그날 저녁 안드제이는 이상하게 말이 없었다. 등을 돌린 그는 감각을 찾으려는 듯 다리와 발을 주물렀다.

1월 21일, 안드제이와 유레크는 눈발이 날리는 가운데 아침 6시에 텐트를 떠났다. 흐릿한 하늘을 흘끗흘끗 쳐다보며 본능적으로 위로 올라갔다. 그때 갑자기 그들 앞에 칼날 같은 능선이 나타났다. 그들은 그 기술적인 바위지대에 확보물을 번갈아 설치하며 발끝으로 조심스럽게 올라갔다. 이 방법이 다른 사람의 추락을 확실하게 잡아줄 수 있는 것은 아니었지만, 그토록 추운 날씨에서는 유일한 선택이었는지도 모른다. 그러자 일련의 피너클과 움푹 들어간 곳과 잘 보이지 않던 장다름이 나타났다. 그곳은 혼란스럽고 지루한 지형이었다. 작은 가짜 정상들이 그들의 희망을 높이고 꺾어버리기를 반복했다. 하지만 그들은 어느 곳에서도 멈추어 선 다음 돌아서거나 아니면 계속 가기를 상의하지 않았다. 그러자 마침내 가장 높은 곳에 있는 대나무 막대기가 보였다. 이번에는 의심의 여지가 없었다. 더 높은 곳은 없었다. 안심한 그들은 사진을 찍으려고 하늘이 잠깐 개이기를 기다렸다. 그들의 얼굴은 얼음으로 뒤범벅이 되어 있었다. 15분 후 그들은 하산하기 시작했다. 대나무 막대기를 소중한 증거로 챙기고.

능선을 반쯤 내려온 오후 4시, 안드제이는 걸음을 멈추고 베이스캠프를 무전으로 불렀다. "우린 정상에 올랐다. 정상에 올랐다. 이상…"[10] 1월 21일 오후 4시에 정상 근처면 계속 내려가기에는 너무 늦은 시간이었다. 동지에서 한 달이 지나 낮이 짧았다. 베이스캠프를 무전으로 부르는 사이 날이 어두워졌다. "어디로 가야 할지 전혀 감을 잡지 못했습니다." 유레크가 안타까운 사실을 인정했다.[11] 둥글게 헛되이 원을 그리면서, 그들은 겉보기와 달리 급경사를 이룬 지형에 발을 잘못 디딜 수도 있다는 사실을 깨달았다. 겨울에 8,000미터 위에서 맞이하는 또 한 번의 비박은 참혹한 결말을 예고할 정도로 끔찍할 전망이었다. 하지만 선택의 여지가 없었다. 새털처럼 가벼운 눈을 살짝 긁어낸 다음 그들은 배낭 위에 주저앉았다. 영하 40도였다. 어떤 것도 먹거나 마시지 못한 그들은 잠들지 않으려고 발버둥치면서 서로를 껴안았다. 유레크는 종종 꿈결 같은 상태에 빠졌지만 이내 공포에 떨며 깨어났다. 그는 시간이 조금 지났을 뿐이며 여전히 추운 죽음의 지대에 있다는 사실을 깨달았다. 밤이 길게 이어졌다. 그들은 심장에서 가장 먼 손발 끝까지 피가 계속 흐르도록 서로를 두들겼다. 그리고 격려와 희망의 말을 주고받았다.

아래의 베이스캠프에서, 아담은 무전을 받은 후의 상황을 이렇게 설명했다. "그다음 17시간 동안 어떤 연락도 없었습니다. 그런 시간이 영원히 계속될 것 같은 느낌이 들었습니다. 그날 밤 베이스캠프에선 거친 폭풍이 날뛰었습니다. 저 위쪽에서 무슨 일이 일어나고 있는지 전혀 알 수 없었습니다. 난 25년 만에 담배를 다시 피우기 시작했습니다."[12]

새벽 어스름 빛이 산을 타고 넘어오자, 유레크와 안드제이는 구부린 자세에서 몸을 일으켜 딱딱해진 팔다리를 폈고, 30분이 지나 텐트에 도착했다. 안드제이가 무전기를 켰다.

"베이스캠프, 베이스캠프. 우린 텐트에 도착했다. 우린 정상에 올랐다. 이상."

"대단하다. 축하한다. 우린 너희들을 걱정했다. 몸 상태는 어떤가? 이상."

"좋다. 하지만 발의 감각을 느낄 수 없다." 안드제이가 대답했다. 이어 그들은 깜빡깜빡 졸기도 하고, 차를 끓여 마시기도 하고, 안드제이의 끔찍하게 부풀어 오른 발을 주무르기도 하면서 몇 시간을 보냈다. 오후 2시. 그들은 텐트를 떠나기 전 2캠프나 그 아래까지도 곧장 내려갈 수 있을 것으로 자신했다. 안드제이는 베이스캠프에 도착하자마자 치료를 받아야 했다. 하지만 그들은 자신들이 얼마나 지쳤는지 제대로 알지 못했다. 그들의 하산은 기어가는 것 같을 정도로 느렸다. 그리고 이제 3캠프도 눈에 보이지 않았다.

유레크는 너무 낙담한 나머지 눈 위에 쓰러졌다. 안드제이는 비틀비틀 사면을 내려갔다. 완만한 그 지형에서 그들은 함께 로프를 묶지 않아, 이제 서로 시야에서 멀어졌다. 유레크는 지친 몸을 일으켜 세우고 안드제이를 따라갈 준비를 했다. 하지만 눈발로 인해 그의 발자국이 보이지 않았다. 그는 패닉에 빠졌다. 능선을 벗어나기 시작했지만 아무것도 보이지 않았다. 그는 되돌아와 소리를 쳤다. 하지만 대답이 없었다. 안드제이는 어디에 있지? 어떻게 이토록 완벽하게 사라질 수 있지? 그는 3캠프에 있는 것이 틀림없었다. 그렇다면 아주 가깝다는 말인데… 하지만 캠프가 어디에 있지?

유레크는 앞을 주시하고, 왼쪽을 한 번 보고, 오른쪽에서 어떤 움직임이 없는지 살펴보면서 안드제이를 찾아 능선을 서둘러 내려갔다. 3캠프가 희미하게라도 보이기를 절망적으로 바라면서. 사방이 어두워졌는데도, 유레크는 그냥 밑으로 내려가며 여전히 능선 위에 있었다. 바로 그때 그는 또 한 번의 비박을 해야 할지 모른다는 불길한 예감에 사로잡혔다. 하지만 이번에는 혼자서. "따뜻함이 그리웠고, 무언가를 마시고 싶었습니다. 난 마지막이 드라마로 끝날 또 하룻밤이 두려웠습니다. 하지만 달리 방법이 없었습니다."[13] 그는 피켈로 얼음 사면에 작은 구덩이를 만든 다음 헤드램프를 꺼냈는데, 아뿔싸 그것이 굴러 떨어졌다. "배낭 위에 앉아 생존을 위한 처절한 투쟁을 다시 시작했습니다."[14]

그 완전한 어둠 속에서, 1시간이 마치 하룻밤이나 하루 온종일이 되는 것처럼 시간이 고무줄처럼 늘어났다. 의식이 오락가락해서 그는 바람이 자신의 몸을 감기감기 찢는 것조차 알지 못했다. 곧 환각이 시작되었다. 유레크는 산 밑의 따뜻하고 안온하고 밝은 마을에서 먹고 마시고 있었다. 이제 그는 폴란드 타트라에 있는 모르스키에 오코*Morskie Oko* 계곡의 자신이 좋아하는 산장으로 옮겨갔다. 친구 여섯이 테이블에 있었다. 촛불과 산에서 나는 특별한 차. 웃고, 마시고, 떠들고. 누군가 물었다. "거울을 만져본 적 있니? 몰래 본 적 있어?" 어떤 사람들은 질문을 이해하지 못해 난감한 표정을 지었다. 하지만 밑을 내려다보기 전에 알았다는 듯 유레크와 눈빛을 교환하는 사람이 몇몇 있었다. 그들이 쳐다보았다. 덩달아 유레크도 쳐다보았다. 그들은 생사를 가르는 위기의 순간으로 다가가는 심정이 어떤 것인지 알고 있었다. 그리고 그들은 돌아갈 것이라는 사실도 알고 있었다. 그는 상상의 차를 또 한 잔 마시며 얼어붙은 손을 따뜻하게 했다.

다음 날 아침 새벽, 유레크는 여전히 살아 있었다. 그는 비틀거리며 2캠프로 돌아와 쉰 목소리로 소리쳤다. 캠프에 있던 안드제이와 다른 사람들이 텐트에서 뛰쳐나와 그를 보고 안심했다. 안드제이의 발은 엉망이었다. 하지만 밤 10시에 도착한 그는 침낭 안에서 따뜻한 밤을 보냈다. 이제 다시 모인 그들은 휴식을 취하고, 차를 마시고, 텐트를 정리한 다음 1캠프로 내려갈 준비를 했다. 바람이 멈추고 태양이 구름 사이로 얼굴을 내밀어 곧장 내려가면 될 것 같았다.

하지만 이전의 폭풍으로 눈이 심하게 날려 전진이 느렸다. 그들은 눈이 날리는 틈을 타 미끄러지고 건너뛰면서 내려갔지만, 한 번 더 비박할 수밖에 없었는데, 유레크에게는 사흘 동안 세 번째로 맞이하는 비박이었다. 다음 날 오후 늦게 그들은 마침내 안전하고 안락한 1캠프에 도착했다. 유레크를 제외한 모두가. 연이은 세 번의 동계 비박에도 불구하고 그에게는 또 다른 계획이 있었다.

베이스캠프로 가는 대신 그는 동료들과 헤어졌다. 유레크는 마르파로 가는 지름길인 프랑스 콜French Col을 향해 힘차게 나아갔다. 하지만 지난 몇 주간 끊임없이 눈이 내린 탓에 곧 가슴까지 빠졌다. 시간의 흐름을 정확히 알고 있었기에 조금이라도 더 가려고 깊은 눈 속에서 마치 터널을 파듯 마구 움직여 앞으로 나아갔지만, 그것은 마음에 없는 가엾은 투쟁이어서 때때로 그는 울고 싶은 심정이었다. 하루 종일 노력을 기울였는데도, 비박한 곳이 여전히 보일 정도로 그의 전진은 느렸다.

이틀 동안, 유레크는 눈을 뚫고 나아갔다. 그리고 밤마다 발을 살펴보았는데, 발은 사흘 밤의 비박으로 다울리기리에서 하산할 때 이미 동상의 기미가 있었다. 그리하여 시간이 흘러감에 따라 물집이 커졌다. 발은 감염이 되어 고약한 냄새가 나는 고름이 줄줄 흘렀다. 그는 그곳들을 닦아내고 반창고를 붙인 다음 계속 갔다.

마르파에 도착한 유레크는 다울라기리로 갈 때 묵었던 집으로 비틀거리며 들어갔다. 다 부서진 가축우리 같은 집이 이제는 5성급 호텔로 느껴졌다. 그곳 사람들은 그에게 먹을 것을 주고 술까지 주면서 성공적인 등반을 축하했다. 그리고 앞으로 사흘 동안 비행기가 뜨지 않을 것이라고 알려주었다. 유레크에게 좌절의 악몽이 계속되었다. 그는 카트만두에 도착해야만 했다. 초오유 허가기간은 2월 15일에 끝날 터였다. 그는 또 하나의 8천 미터급 고봉이 필요했다.

다음 날 아침, 그는 포카라까지 7일이 걸리는 시간을 3일로 단축하자고 포터 하나를 설득했다. 그 젊은이가 유레크의 짐을 메고 유레크는 물집이 잡힌 발을 절뚝거리며 여정을 시작했다. 도로가 시작되는 지점에 다다랐을 때 유레크는 택시를 불러 잡아타고 카트만두행 버스가 막 출발하려는 순간 포카라 정거장에 도착했다. 그는 재빨리 버스에 올라타 그날 밤 10시 카트만두에 도착했다. 그리고 초오유 원정등반을 대행하는 에이전시로 절뚝거리며 걸어가 초오유 팀에게 무전을 보냈다.

그 시즌에 산을 두 개 오르려고 유레크가 네팔의 여기저기를 바삐 돌아다니고 있는 동안, 그의 파트너 안드제이는 다울라기리 베이스캠프에 도착했다. 장갑과 부츠를 벗은 그는 정신이 번쩍 났다. 손과 발이 동상에 심하게 걸려 있었던 것이다. 그 팀은 최대한 조심스럽게 붕대를 감고 그를 후송하기 시작했다. 심한 고통에도 불구하고, 안드제이는 짐을 메고 25킬로미터를 걸었다. 하지만 그것도 오래가지 않았다. 그는 곧 포터가 업어 날라야 했고, 그런 다음에는 말을 타야 했다. 폴란드로 돌아온 그는 동상을 치료할 수 있는 곳을 찾았다. 그리고 절단이 이어졌다. 그는 유레크와 함께 등반하는 것이 슈퍼맨 수준의 스태미나를 요구하는 고난의 길이라는 사실을 깨달았다. 그들은 어느 지점에서 발길을 돌릴 수도 있었다. 안드제이의 발에 감각이 없다는 것만이 아니라 그들에게는 그렇게 할 다른 이유도 많았다. 하지만 유레크는 정상에 집착했고, 그의 자세는 안드제이에게 동기부여가 됐다. 그런 의미에서 보면, 그들은 서로의 꿈을 따르는 완벽한 팀이었다. 하지만 결과적으로 발가락을 자르는 대가를 치른 사람은 안드제이였다.

———

그로부터 1년 후인 1985년 12월 8일, 비록 완벽한 동계 조건이라는 초기의 해석과는 맞지 않았을지 모르지만, 다울라기리는 다시 동계에 등정되었다. 등반은 환상적이었다. 3명의 스위스인 에라르 로레탕Erhard Loretan, 장 트로이에Jean Troillet, 피에르-알랭 스타이너Pierre-Alain Steiner는 11월 중순 다울라기리로 걸어 들어갔다. 왜 동계 히말라야에 가느냐는 질문을 받은 에라르는 특유의 조롱 섞인 말투로 이렇게 대답했다. "겨울에 8,000미터에서 시간을 보내는 것보다 더 힘든 일은 없습니다. 그리고 산악인들은, 마조키스트와 혼동돼선 안 되는데, 개인적인 한계를 밀어붙이길 좋아합니다. … 난 첫 동계 원정등반을 통해 이 두 가지 이론을 확인했습니다. 등반 조건은 아주 좋았지만 날씨는 끔찍했습니다. 그것이 바로 내가 목적하는 바였습니다."[15]

그는 시간을 전혀 낭비하지 않았다. 12월 6일 자정, 그들은 친구 보이테크 쿠르티카가 1980년에 개척한 루트를 오르려고 동벽 밑에 있는 설동을 기어 나왔다.[16] 계획을 고려해 짐은 아주 가볍게 멨다. 눈삽 하나, 비박색 하나, 식량 몇 개, 그리고 장의 배낭에 침낭 하나. 그들은 침낭 하나로 셋이 버틸 작정이었다. 첫 번째 노천 비박을 속옷만 입고 버틴 그들을 상상하긴 어렵지 않을 것이다. 그들의 경량 스타일에 대한 대답으로, 에라르는 이렇게 익살을 부렸다. "대담했습니다. 하지만 거북이 껍질에서 거북이를 빼내면 그건 토끼가 됩니다."[17]

그들은 3개의 스크루에 매달려 밤을 보냈다. 비록 빙벽에 단단히 틀어박혔지만 추위가 뼛속까지 파고들었다. 모두 사시나무 떨 듯 몸을 떨었다. 그들은 침낭을 서로 번갈아 쓰기로 했다. 침낭의 주기적 이동이 계속되었다. 침낭의 주인이었던 장은 그 장면을 아주 유쾌하게 회상했다. "불쌍한 녀석들이 밤새 추위에 떨었습니다."[18] 태양이 히말라야의 지평선 위로 떠오르자, 그들은 한 마디 상의도 없이 올라갈 준비를 했다. "우린 준비가 됐습니다." 에라르가 그때를 회상하며 말했다. "어느 누구도 후퇴는 생각조차 안 한 듯 잠에서 깨어났고, 마치 '포기'라는 말이 밤에 나눈 언어는 결코 아닌 듯 우린 계속 올라갔습니다. 살짝 털어놓으면, 이 모든 것에도 불구하고, 그날 아침 계속 올라가는 동료들을 보고, 결심이 굳건한 사람을 멈출 수 있는 건 아무것도 없다는 사실을 깨달았습니다. 지금까지도 우리 모두가 포기라는 말을 하지 않았다는 걸 믿을 수가 없습니다. 그때 난 속으로 말했습니다. '불가능이란 없어.'"[19]

12월 8일 오후 1시 30분, 그들은 정상에 섰다. 행동식 몇 개와 불타는 의지가 그들의 등정에 불을 지폈다. 그것은 에라르의 여덟 번째 8천 미터급 고봉이자 첫 번째 동계등정이었다.

스위스의 삼총사가 등정하고 나서 몇 년이 지난 후, 프랑스의 속도 등반가 마르크 바타르Marc Batard가 대단히 빠른 속도로 동계등정에 성공했다. 그와 숭다레 셰르파Sungdare Sherpa는 1987년 12월 2일 정상에 올랐는데, 시속 150킬로미터의 바람과 맞닥뜨렸다. 마르크는 이제껏 히말라야에 오른 알피니스트들 중 체구가 가장 작다. 그의 가벼운 몸이 정상 능선에서 어떻게 바람에 날아가지 않았는지 알 수 없는 일이다.

이틀 후, 황소 같은 스타네 벨라크*Stane Belak*가 이끄는 유고슬라비아 팀 역시 정상에 올랐다. 산악계에서 슈라우프*Šrauf*로 알려진 스타네 벨라크는 다울라기리에 집착한 인물이다. 그는 자신이 남벽 전체를 거의 다 등반해 대단한 성취로 인정받은 1981년의 첫 번째 원정대를 포함해, 네 번의 원정대를 이끌었다. 하지만 정상은 그를 외면해 그는 1985년과 1986년, 1987년에 연달아 돌아왔다. 그는 간단하거나 이미 등반된 루트를 한 번도 고려하지 않았다. 1987년 말 그의 마지막 원정대는 이즈토크 토마진*Iztok Tomazin*과 마리얀 크레가르*Marjan Kregar*를 12월 4일 저녁 바람이 너무나 강해 서 있기도 힘든 상황에서 정상에 올려놓았다. 하지만 다시, 산의 아주 높은 곳까지 올라갔는데도 슈라우프는 다울라기리 정상을 손에 넣지 못했다. 그것은 그의 네 번째 도전이었다.

다울라기리에서는 동계등반 시도가 더 있었고, 고통은 그보다 더 많았다. 하지만 그랑프리는 1984~1985년의 폴란드 팀 차지였다. 그리고 그 상은 야망이 넘치는 유레크 쿠쿠츠카로 하여금 그해 겨울 훨씬 더 많은 고통을 감내하도록 몰아붙이기도 했다. 마치 그라는 사람은 고통을 갈망이라도 하는 것처럼…

두 개를 동시에

하늘을 향해 계속 올라간다. 발걸음을 내디딜 때마다 기운이 샘솟는다. …
나는 내 자신이 어리석다는 생각과 이 여행의 경이로움은 물론이고
실패까지 받아들여야 한다는 생각에 미소 짓기 시작한다.
이 초월성은 덧없을지 모른다. 하지만 그것이 계속되는 한
나는 마치 자유의 몸이 된 듯 길을 따라 달려 나갈 것이다.

피터 매티어슨Peter Matthiessen, 『눈표범The Snow Leopard』

초오유 — 8,188m

카트만두에 도착한 유레크는 안드제이 자바다 팀이 초오유를 이미 등정했는지 초조해하며 무전기를 집어 들었다. "폴란드 초오유원정대" 그가 말했다. "폴란드 초오유원정대. 제발 나와라."

"나왔다. 이제 들린다." 누군가 응답했다. 그리고 그는 자신이 그토록 바랐던 말을 들을 수 있었다. "즉시 비행기를 타라, 널 기다리겠다. 이상."

유레크는 곧장 달려 나가 에베레스트로 가는 관문이며 초오유와 아주 가까운 루클라Lukla 행 비행기 표를 샀다. 하지만 이틀 동안 비행기가 뜨지 못하자 그는 안절부절하지 못했다. 사흘째가 되던 날 비행기가 이륙했다. 루클라에 도착한 그는 초오유 베이스캠프까지 가는 첫 사흘간의 거리를 하루로 줄이는 데 동의한 포터 하나를 찾아냈다. 유레크의 발은 여전히 감각이 없었고 고약한 진물이 흘렀다. 하지만 이튿날 그들은 그 거리를 실제로 하루 만에 주파했다. 사흘째가 되자 마침내 그 포터는 할 일을 다 했다며 더 이상 가기를 거부했다. 그때 마침 폴란드 팀이 보낸 심부름꾼이 나타나 유레크의 짐을 받아 들어서, 함께 길을 따라 올라갔다.

유레크는 무거운 발걸음을 옮기며 초오유 팀이 이 산으로 떠나기 전 카트만두에서 안드제이 자바다와 만난 일을 상기했다. 그가 다울라기리를 먼

1985년 2월 12일 폴란드 초오유 동계 원정대의 초등 신루트 (사진: 안드제이 자바다 / 위치 표시: 야누 시 쿠르차프)

저 오르고 나서 재빨리 초오유로 넘어가 정상 등정에 끼고 싶다는 야심찬 계 획을 설명했을 때 폴란드-캐나다 합동원정대의 몇몇은 그것이 불공정하다고 항의했었다. 그들은 루트를 개척하는 힘든 일을 다 하는 반면 유레크는 단순 히 시간에 맞춰 정상 등정에 끼어든다는 것이 이유였다. 그들은 단지 고정로 프를 이용하고, 캠프에서 잠을 자고, 정상까지 붙어가는 그를 보는 것이 아니 라, 그 산에서 그의 도움을 기대하고 있었다. 그의 뒤늦은 합류가 자신들에게 는 부담이라고 생각하고 항의한 것이었다. 하지만 결국 그것은 '동계'등반이었 다. 그들은 유레크의 요청을 극한상황에서의 자기 헌신으로 여겼다. 물론, 그 들은 그가 메스너와 벌이는 경쟁을 알고 있었고, 초오유가 그의 목표를 더 앞당길 것으로 생각하고 있었다. 하지만 공정해야 하는데 이대로는 공정하지 않았다.

대원들의 투표는 반으로 갈렸다. 모두가 안드제이를 쳐다보았다. 그는 계획을 세운 사람이고 대장이며 정치가에 통찰력 있는 사람이었다. 그는 자신의 '자바다 사단'을 둘러보았다. 그들은 모두 이 원정등반을 위해 열심히 뛴 사람들이었다. 원정 비용을 마련하기 위해 굴뚝을 칠하고, 못 돌아올지도 모른다는 사실을 잘 알면서도 아내와 자식 곁을 떠난 사람들이었다. 하지만 유레크는 특별했다. 그리고 누군가 8천 미터급 고봉 두 개를 하나의 동계 시즌에 끝낼 수 있다면, 그는 바로 유레크일 터였다. 이와 같은 성공은 유레크의 명성을 높일 뿐더러, 초오유 등반과 전체적으로 폴란드 산악계에 가치를 더할 것이었다. 나아가 히말라야에서 동계등반에 대한 기준을 높이고, 그들이 계획하고 있는 신루트 하나를 더해줄 터였다. 안드제이는 찬성했다.

1985년 2월 9일 오후 2시, 유레크가 초오유 베이스캠프에 도착했다. 그의 첫 번째 걱정은 식량이었다. "골롱카(돼지족발) 있어?" 베이스캠프에는 폴란드의 이 특별한 음식이 넘쳐났다. 그래서 그는 자리에 앉아 몇 주 동안이나 마음속에 그리던 그것을 실컷 먹었다.

세계 제6위의 고봉인 8,188미터의 초오유는 에베레스트에서 서쪽으로 20킬로미터 떨어진 고쿄Gokyo 계곡 끝자락에 있다. 남쪽 측면은 거대한데 베이스캠프가 자리 잡은 곳이 바로 그 남동쪽 필라 아래였다. 원정대는 이미 바쁘게 돌아가고 있었다. 대원들은 그 필라에 신루트를 내려고 힘들게 작업하고 있었다. 캠프가 설치되고 식량이 비축되고 고정로프가 거미줄같이 그 산을 수놓았다.

마치에이 베르베카와 마치에이 파블리코브스키Maciej Pawlikowski는 제일 먼저 정상으로 올라가려고 4캠프에 포진하고 있었고, 2명의 대원이 3캠프에 대기하며 두 번째로 정상 도전에 나설 태세를 취하고 있었다. 그리고 터프하고 명료한 산악인 지가 헤인리흐가 유레크와 함께 팀을 이루어 세 번째 정상 공격조를 형성했다. 그때 3캠프의 대원 하나가 내려가겠다고 해서 계획이 바뀌었다. 지가와 유레크는 즉시 움직였다. 유레크는 배낭을 다시 꾸리고 양말을 갈아 신고, 다음 날 아침 일찍 1캠프를 향해 올라갈 준비를 했다.

다음 날 그들은 고정로프를 이용해 1캠프로 뛰듯이 올라간 후, 그다음 날 2캠프까지 갔는데, 정상에 갔다가 내려올 두 마치에이를 그곳에서 기다릴 작정이었다. 유레크와 지가는 3캠프를 건너뛰고, 지가는 초오유에서, 그리고 유레크는 직전의 다울라기리 등반으로 둘 다 이미 고소적응이 된 터라, 속도를 높여 7,200미터에 있는 4캠프로 곧장 올라갈 계획이었다.

유레크와 지가가 기대에 들떠 2캠프에서 기다리는 동안 베이스캠프는 걱정에 휩싸였다. 그들은 망원경으로 두 개의 아주 작은 점이 상단부 얼음지대를 가로질러 기어가는 모습을 볼 수 있었다. 하나가 사라지더니 곧이어 다른 하나도 사라졌다. 안드제이 자바다는 무전기를 집어 들었다.

"이봐, 내 말 들리나?" 하지만 바람소리인 듯한 잡음만 들렸다. "정상에 있나? 정상에 있는지 말해라. 이상."

희미한 소리가 들렸다. "모르겠다. 모르겠다. 하지만 더 높은 곳은 보이지 않는다." 마치에이 베르베카와 마치에이 파블리코브스키는 바람에 날려갈까 봐 엎드리다시피 하면서 정말 정상에 있었다.

"알았다. 너희들은 정상에 있다. 정상에." 안드제이는 스스로를 주체하지 못했다. "이런! 아! 야호! 대단한 등반이야. 그것도 동계에!"

사진을 찍으려던 그들은 하마터면 재앙에 빠질 뻔했다. "우린 곧장 손의 감각을 잃어버렸습니다." 마치에이 베르베카는 기억을 더듬었다. "그리고 무엇인가에 대해 생각하려 했지만, 손과 발의 감각이 점차 사라졌습니다."[1] 그들은 지체 없이 긴 하산을 시작했다.

이제 지가와 유레크 차례였다. 그들 앞에는 수직으로 1,000미터가 있었

[위] 초오유 동계 초등 당시 정상에서 마치에이 베르베카 (사진: 마치에이 파블리코브스키) [아래] 초오유 동계 초등에 성공한 마치에이 파블리코브스키와 마치에이 베르베카 (사진: 안드제이 자바다)

1984~1985년 폴란드 초오유 동계 원정대가 2캠프 아래에 설치한 고정로프 (사진: 안드제이 자바다)

다. 그들이 베이스캠프로 내려가는 승리의 등정자들을 만났을 때 유레크는 심한 질투를 느꼈다. 초오유의 동계 초등을 놓쳐서 그런 것만은 아니었다. 그것은 마치에이 베르베카의 두 번째 8천 미터급 고봉 동계 초등이었는데, 유레크는 아직 그것을 해내지 못하고 있었다. 그러니 질투를 느낀 것도 당연했다.

2캠프와 4캠프 사이의 상당한 고도 차이와 짧은 겨울 낮으로 인해 지가와 유레크는 어둠이 몰려들 때 루트의 가장 어려운 구간에 있었다. 그때 배터리를 갈던 유레크가 헤드램프를 떨어뜨렸다. 4캠프 아래쪽의 마지막 160미터를, 그는 잘 박혔다는 것을 알 수 있는 청명한 울림에 귀 기울이며 양쪽 피켈을 가능하면 단단하고 효과적으로 얼음에 체계적으로 내리치며 본능적으로 올라갔다. 피켈이 잘 박혔으리라 믿고, 한쪽 발을 들어 올려 얼음에 찍고, 그것을 확인한 다음 다른 발을 움직였고, 어둠 속에서 크램폰의 발톱이 잘 들어갔는지에 집중하며 그 동작을 계속 반복했다.

지가가 가파른 얼음의 사면을 펜듈럼으로 횡단하다 추락한 것은 완전히 어두워졌을 때였다. 지가가 몸을 바로 잡으려 몸부림치고 있을 때 유레크는 위에서 그를 확보 보며 위험스러울 정도로 추위에 떨었다. 지가가 루트로 천천히 다시 돌아와 위로 올라올 때까지는 아주 지루하게 느껴졌다. 지가가 마침내 유레크가 있는 곳으로 올라왔지만, 4캠프가 어디에 있는지 그들은 감을 잡을 수 없었다. 그리하여 그들은 비박 시트를 잡아 꺼낸 후 눈에 작은 구덩이를 파고 배낭 위에 앉아 함께 바싹 붙어 아침이 오기를 기다렸다. 기온이 떨어졌고, 그들이 밤새 덜덜 떠는 동안 얇은 타프를 찢을 듯 바람이 세게 불었다. 새벽의 희미한 빛이 잔인한 광경을 드러냈다. 텐트는 겨우 60미터 떨어진 곳에 있었다. 비박지에서 기어 나온 그들은 비틀거리며 텐트로 가서 그곳에 풀썩 쓰러진 후에 약간의 차를 끓였다. 아주 잠깐 동안의 휴식이었다. 기껏해야 1시간 정도. 그들은 꿈속에서 정상을 향해 올라갔다. 1시간이 흘렀고 또 1시간이 흘렀다. 그들은 따뜻한 침낭 속에서 빈둥거렸다. 그리고 차를 더 마셨다.

그날이 지나갔고 밤도 그렇게 지나갔다.

허가서의 마지막 날인 2월 15일 그들은 아침 일찍 일어났다. 어느 곳을 따라가야 할지 서로 논의하지 않았지만, 몇 시간 동안 힘들게 걸어 올라가자, 유레크와 지가가 너무 느리게 움직이고 있다는 사실이 명백해졌다. 지가는 고소적응이 충분히 되지 않은 것 같았고, 유레크는 다울라기리 등반으로 체력이 고갈된 것 같았다. 오후 4시가 되었지만 그들의 눈에는 정상이 보이지 않았다. 그들은 피켈에 기대어 잠시 쉬었다.

"어떻게 하지?" 유레크가 물었다. "해가 지기 전 정상에 도착할지 모르지만, 그렇게 되면 하산할 땐 분명 어두워질 거야. 그럼 우린 또 비박을 해야 할지도 몰라." 유레크로서는 보기 드문 일이었다. 그는 시간이나 날씨 또는 자신의 체력에 상관없이 정상을 우선으로 여기는 사람이었다. 지가는 보수적이고 조심스러운 등반가였다. 하산 결정을 반쯤 기대하고 있던 유레크는 지가의 뜻밖의 말에 충격을 받았다. "정상이 너무 가까운데… 할 수 있는 데까지 가자."

상황을 파악한 유레크는 몸을 돌이켜 터벅터벅 걷기 시작했다. 아주 높은 고도에서 견뎌야 할 또 한 번의 비박 가능성이 어렴풋이 더 커져 갔지만, 그는 살아남는 방법을 알고 있었다. 그는 그런 경험이 많았다. 그러면 지가는?

오후 5시 30분, 그들은 정상에 도착했다. 태양이 능선 너머로 가라앉자 정상 플라토가 온통 진분홍색으로 물들었다. 하지만 기온은 따뜻하기는커녕 태양이 사라진 순간 곤두박질쳤다. "황홀했습니다." 유레크는 말했다. "한 걸음을 내디딜 때마다 마치 별세계로 들어서는 기분이었습니다. 가파른 벽과 칼날 같은 능선이 자취를 감추었습니다."[2] 사진을 몇 장 찍은 그들은 어둠이 몰려드는 가운데 하산하기 시작했다.

유레크조차도 그들이 연달아 맞이한 고통의 수준을 가늠하지 못했다. 피로, 동상, 고도, 그리고 그들에게 피해를 준 추위까지도. 정상을 떠난 지 얼마 되지 않아 유레크는 가파른 세락지대로 들어섰다. 지가가 그에게 로프를 타

고 내려오자 더 나쁜 상황이 일어
나기 전에 하산을 멈추기로 했다.
7,920미터에서 첫 번째 비박에 들
어갔다. 그때 베이스캠프의 기온
은 영하 33도였다.

희미한 새벽빛이 밝아 와서
보니, 4캠프에서 겨우 200미터 떨
어진 곳에 있었다. 지치고 목이 탄
그들은 텐트로 기어 들어갔다. 그
런 다음 마시고 쉬면서 온종일을
보냈다. 유레크는 고름이 나는 발
과 붕대를 보살폈다. 그다음 날 그
들은 겨우 2~3시간 거리에 불과
한 2캠프로 간신히 내려왔다. 하

폴란드의 히말라야 등반가 지그문트 헤인리흐.
그는 예지 쿠쿠츠카와 함께 두 번째 공격조로 나
서 초오유 동계등정에 성공했다. (사진: 야누시 쿠르
차프)

산은 안전을 추구하다 보니 훨씬 더디게 진행되었다. 하지만 고갈된 체력을
무릅쓰고 계속 내려왔다. 그다음 날은 1캠프까지, 운이 좋으면 베이스캠프까
지 내려올 계획이었다. 하지만 산 아래쪽으로 많이 내려와 고도를 낮춘 덕분
에 조금이나마 회복된 것이 틀림없음에도 불구하고 그들은 탈진을 벗어날 수
없었다. 그리하여 계획보다도 훨씬 늦게 텐트 밖으로 기어 나와 천천히 아주
천천히 터덜터덜 걸었다. 끝이 나기는 할까? 그들이 1캠프가 자리 잡은 빙하
에 도착하자 아주 작은 점이 다가왔다. 베이스캠프의 동료들이 하산을 도우려
올라오고 있었다. 12월 19일 자정 직전 그들은 마침내 안전한 베이스캠프에
도착했다.

그들을 초초하게 기다리며 빨리 떠나기를 갈망한 그 팀은 다음 날 아침
캠프를 철수하고 길을 따라 내려갔다. 유레크는 똑바로 설 수조차 없었다. 발

이 놀랄 정도로 나빠져 절룩거리며 걸었지만 마음만큼은 앞으로 내달렸다. 메스너와의 경쟁에서 두 개의 동계등정은 그를 유리한 위치로 이끌었다. 이제 그는 그 게임에 몰입하기로 했다. 남은 6개의 8천 미터급 고봉 전부를 신루트나 동계에 해치우기로 마음먹은 것이다. '그럴만한 가치가 있는 게임이야.' 그는 생각했다. '판돈이 큰 게임.'[3] 저녁마다 원정대 의사는 그의 단단한 붕대를 제거하고 항생제 주사를 놓고, 죽은 살점을 도려낸 다음 붕대를 새로 감았다. 매일 아침 그는 다시 시작했고 절룩거리며 걸음을 옮겼다.

안드제이 자바다는 도박을 벌여 승리를 거두었다. 대장으로서 그는 자신의 동계등반에 대한 집착과 그것이 가져오는 고통을 때때로 자책했는데, 이 등반은 폴란드 산악인들이 8천 미터급 고봉의 동계등반을 신루트로 어떤 희생도 없이, 그리고 한 사람이 한 시즌에 두 개를 동시에 해낼 수 있다는 사실을 잘 보여주었다. 이것은 명백하지 않은 어떤 것도 증명했다. 그의 대원들은 단지 개인적인 야망을 위해서가 아니라 팀 전체를 위해 단결된 노력을 보여주었다. 아니면, 이번의 경우는 오직 한 사람을 위해 그렇게 했는지도 모른다. 유레크!

폴란드로 돌아온 유레크 쿠쿠츠카는 산악계로부터 상당한 비난을 받았다. 그가 해낸 것, 즉 한 시즌에 동계등정을 연달아 해낸 것에 대한 존경에도 불구하고, 사실은 그가 자신은 전혀 돕지도 않은 팀의 어깨를 밟고 초오유를 올랐다는 것이 그 이유였다. 그는 고정로프를 깔지도 않았고 캠프를 설치하지도 않았다. 완전히 준비가 된 산에 낙하산을 타고 내려와 등반만 했을 뿐이다. 은쟁반 위에 차려진 정상. 누군가 그렇게 말했다. 유레크는 그들의 목소리를 무시하고 다음 원정등반을 준비했다. 좋지 않은 발로 8,000미터에서의 또 다른 비박을 견뎌낼 수 있을까? 하지만 유레크는 메스너가 계속 움직이고 있어 머뭇

거릴 시간이 없었다.

유레크가 네팔에 있는 사이 그의 둘째 아들 보이테크*Wojtek*는 생후 몇 개월을 보냈다. 셀리나는 두 아들을 키우기 위해 밖에서 하던 일을 그만두었다. 이 기간 동안 불가피하게 홀어머니가 된 그녀는 친정 부모에게 많이 의존하면서 시부모의 도움도 받았다. 그녀는 아이들에게 유레크를 아버지로서 치켜세우면서 이해하기 쉽게 설명했다. "아버지가 여기 있을 땐 이랬단다." 그들이 함께 있을 때 유레크는 원정대 생활을 거의 입 밖에 내지 않았다. 셀리나는 가끔 8천 미터급 고봉 14개 완등을 포함한 그의 계획을 친구들이 얼떨결에 내뱉은 말이나 신문 기사를 보고 알았다. 그의 생활은 둘로 나눠져 있었다. 등반과 가정.

마치에이와의 결혼생활에 대한 에바 베르베카*Ewa Berbeka*의 묘사 역시 마찬가지였다. 집은 집이고 등반은 등반이었다. 그런 분리는 적어도 산악인들에게는 효과가 있는 것 같았다. 셀리나는 유레크가 가족과 함께하기 위해 등반을 포기할지도 모른다는 희망을 가끔 가졌었다고 털어놓았다. 하지만 그 가능성에 대해서는 의문을 품었다. 그들의 결혼생활이 계속 이어진 것은 유레크의 존재적 이중성을 셀리나가 대부분 받아들인 덕분이었다. 셀리나와 에바의 무조건적인 사랑은 영국 알피니스트 크리스 보닝턴 경*Sir Chris Bonington*의 작고 한 부인 웬디 보닝턴*Wendy Bonington*을 생각나게 했다. 그녀는 이렇게 말했었다. "나에게 사랑은 풀잎 같은 겁니다. … 다른 사람을 전적으로 이해하는 건 불가능하지만, 난 *그*가 가진 장단점을 전혀 개의치 않습니다."[4]

마치에이 베르베카는 유레크와 달리 의기양양하게 귀국했다. 에바는 그가 집으로 돌아온 것을 몹시 반겼지만, 그의 아들 스타니스와프는 약간 다르게 묘사했다. "아버진 산에서 돌아올 때마다 우리에게 슬라이드와 사진을 보여주며 원정등반에 대한 얘기를 해주었습니다." 그는 또 이렇게 덧붙였다. "하지만 아버진 이런 얘기를 완전히 다 털어놓지 않았습니다. 심리적 갈등이나 위험한 상황에 대해선 말이죠. 아버진 그걸 마음속에 가둬두고 속으로만 삭였을지 모릅니다. 산은 늘 우리 가정과 가족의 일부였지만, 어쨌든 산은 아버지를 위해 남겨진 곳이었고, 우린 그것에 동의했습니다."

마치에이의 가족은 그의 귀환은 일시적이며, 그는 잠시 쉰 후 곧 다음 원정등반을 떠날 것이라는 현실을 받아들였다. 그것이 바로 1980년대 폴란드 히말라야 등반가들의 방식이었다. 그들은 한 번에 3~4개월씩 적어도 반년을 히말라야에서 지냈다. 마치에이가 이런 생활을 선택하긴 했지만, 떠나는 것은 언제나 힘들었다. "작별은 아주 힘들었습니다." 그는 말했다. "이런 걸 좋아하는 사람은 아무도 없을 겁니다. 원정등반이 무엇을 가져올지, 그 끝이 어떻게 될지는 아무도 모릅니다."[5] 1985년, 초오유에서는 결과가 좋았다.

———

1989~1990년 겨울은 그렇지 않았다. 한국 원정대원 7명과 알랭 후베르*Alain Hubert*가 이끄는 벨기에 팀이 산에서 난투극을 벌인 것이다. 벨기에인들은 자신들이 등반을 끝낸 후 고정로프를 회수하고 있을 때 주먹과 스틱을 휘두르는 사람들로부터 공격을 받았다고 주장했다. 처음에 한국 원정대는 공격 가담을 부인했지만, 끝내는 한 벨기에인의 머리에 부상을 입히고, 목에 로프를 감고, 손을 뒤로 묶었다는 사실을 시인했다. 벨기에인들은 현장을 탈출했고, 한국인들은 7,800미터에서 등반을 포기했다. 이런 공격에 더해 앙 락파 셰르파*Ang Lhakpa Sherpa*가 등반 도중 추락사하는 사고도 발생했다. 네팔의 전설적인 히말라야 등반 기록가인 엘리자베스 홀리는 앙 락파가 그해 동계 원정등반에서 사망한 다섯 명 중 하나였다고 보고했다.

3년 후인 1993년 2월 10일, 스위스 산악인 마리안 샤퓌사*Marianne Chapuisat*가 초오유 정상에 올라, 여성 최초로 8천 미터급 고봉 등정자가 되었

초오유 정상에 올라 동계에 여성 최초로 8천 미터급 고봉 등정자가 된 스위스 산악인 마리안 샤퓌사 (사진: 마리안 샤퓌사 아카이브)

1993년 2월 10일 초오유 정상에서 여성 최초의 8천 미터급 동계 초등을 서로 축하하는 마리안 샤퀴사와 미구엘 산체스*Miguel Sánchez*. 마리안은 이렇게 묘사해 사진을 올렸다. "언뜻 메스너가 생각났다. … 초오유 정상에서 한스 카머란더와 이렇게 찍은 사진(1983년 5월 5일)이 실린 메스너 의 책이 나에게 있어, 우리도 에베레스트와 로체를 배경으로 똑같이 흉내 내봤다." (사진: 마리안 샤 퀴사 아카이브)

다. 샤뤼사는 등반 셰르파를 동원하거나 보조 산소를 사용하지 않은 국제원정대의 일원이었다. 마리안에게 초오유 동계등반은 달나라에 가는 것처럼 가망성이 없는 이야기가 아니었다. 스물네 살에 불과했던 그녀의 최고점은 아콩카과의 6,959미터였다. 따라서 8천 미터급 고봉의 동계등반이 논리적 다음 단계는 분명 아니었다. 하지만 사랑은 논리를 무시하는 법이어서, 아르헨티나 산악인 미구엘 산체스Miguel Sánchez와 사랑에 빠지자, 그녀는 그의 초오유 원정등반 초청을 받아들였다. 산체스는 그녀를 비롯한 스페인 출신의 루이스 아르부에스Luis Arbues와 함께 정상에 섰고, 그로부터 이틀 전 원정대장 마누엘 곤잘레스Manuel González를 포함한 4명의 동료 역시 정상에 올랐다.

25년이라는 세월이 더 흘렀지만, 샤뤼사는 여전히 그때의 등정에 스릴을 느낀다. "정상 플라토를 따라가는 마지막 몇 미터가 마치 어제의 일처럼 여전히 내 마음속에 아로새겨져 있습니다. 그때 느낀 감정은 마치 삶의 희열, 진한 행복인 것처럼 생생하고 강렬합니다."[6] 겸손한 여성인 그녀는 자신의 초오유 등정을 행운의 시작으로 받아들였다. 그녀는 이어서 가셔브룸1봉과 2봉, 낭가파르바트를 등정했지만, 초오유 동계등정은 그녀의 등반 경력에서 정점이 되었다. 극적이라고 할 수 있는 많은 시도에도 불구하고, 또 다른 여성이 8천 미터급 고봉을 동계 등정한 것은 그로부터 25년이 지난 후였다.

얼마나 많이 죽어야 하나

죽음은 시시각각 다가온다.
하지만 그 순간을 알지 못해 사람들은 생명이 무한하다고 여긴다.

폴 바울스*Paul Bowles*, 『하늘의 은신처*The Sheltering Sky*』

칸첸중가 — 8,586m

등반의 대가는 아주 혹독할 수 있다. 호주의 간호사 셰리 브레머-캠프*Cherie Bremer-Kamp*에게 그 대가는 받아들일 수 없을 만큼 컸다. 손가락 전부와 발가락 전부, 그리고 남편인 미국 산악인 크리스 챈들러 박사*Dr. Chris Chandler*의 생명까지. 1981년 봄 칸첸중가 서봉에 도전한 그들은 눈사태로 장비가 유실돼 등반을 포기했다. 다시 도전하겠노라고 굳게 결심한 그들은 허가서를 한 번 더 신청했고, 가능한 시기가 겨울뿐이어서 그대로 받아들였다.

1985년 1월 15일, 산에서 맞이하는 49일째의 그날은 상황이 끔찍하게 전개되었다. 희박한 공기 속에서 정상이 손에 잡힐 듯 가깝게 보였지만 그들은 착각했다. 정상은 여전히 800미터나 떨어진 곳에 있었다. 그 커플은 망갈 싱 타망*Mangal Singh Tamang*이라 불리는 고소 작업자와 함께 그 전날 밤을 극심한 탈수와 추위에 몸을 떨며 설동에서 보냈다. 밖의 기온은 영하 50도였다. 설동 안에 있던 크리스가 부탄 스토브를 이용해 얼음을 녹였고, 셰리는 설동 밖에서 등반을 준비했다. 스토브가 꺼지는 소리를 들은 그녀는 크리스가 지독한 연기에 숨을 제대로 쉬지 못할까 봐 그에게 주의하라고 소리쳤다. 하지만 챈들러의 상황은 가스 연기보다 훨씬 더 심각했다. 옷을 입던 그는 크램폰을 찰 수 없다고 중얼거렸다.

"보이지가 않아. 눈이 멀었나 봐." 그가 소리쳤다. 그녀는 그가 뇌부종에 걸렸다는 사실을 직감적으로 알아차렸는데, 유일한 방법이 하산이었다.

"심장이 얼어붙는 것 같았고 손발을 움직일 수 없었습니다." 셰리가 그때를 회상하며 말했다. "갑자기 아드레날린이 솟구쳤습니다. 그리고 마치 정원의 호스가 집게에 물린 것처럼 손과 발의 피가 뭉쳤습니다."[1] 그녀의 손은 대리석처럼 딱딱하고 하얗게 변하더니 감각이 없었다. 이렇게 혼란스러운 상황에서, 그녀가 더듬거리는 손으로 크리스에게 옷을 입히려 하자 그는 웃으며 몸을 비틀었다. 그녀와 망갈은 그를 간신히 로프 중간에 묶고 후퇴하기 시작했다. 크리스는 비틀거리며 자주 앞으로 고꾸라졌다. 시간이 흘러 어둠이 몰려오자, 그들은 멈추어서 설사면을 평편하게 다진 후 침낭 속에 기어들어가 누웠다. 그리고 크리스를 따뜻하게 해주려고 스푼으로 입에 물을 넣어주었다. 자리에서 자꾸 미끄러진 그는 패닉에 빠져 달아나려 했지만, 침낭에 걸려 그대로 쓰러졌다.

"누가 날 좀 도와줘." 그가 애원했다. 셰리가 그를 소생시키려 했으나 소용이 없었다. 그녀의 남편은 그렇게 죽었다.

"크리스를 어찌해야 할지 당황스러웠습니다." 그녀는 말했다. "시신을 크레바스 속에 넣는 산악인들의 전통적 장례식은 마음이 내키지 않았습니다. 그렇다고 절벽 밑으로 떨어뜨릴 수도 없었습니다."[2] 대신 그녀는 그를 좁고 평편한 곳에 앉히고 나서 그 옆에 배낭과 피켈을 놓아두었다. "그가 꽁꽁 얼어이 신성한 장소에 영원히 남을 걸로 생각하고 싶었습니다."

세계에서 세 번째로 높은 칸첸중가를 한겨울에 오르겠다는 첫 야망은 이렇게 끝이 났다.

———

셰리 브레머-캠프가 남편의 시신을 눈에 앉혀놓고 떠난 후 열두 달이 지난 1986년 1월 하순, 폴란드 팀이 칸첸중가 동계 초등을 노리고 카트만두로 돌아와 힘들게 정복에 성공했다. 하지만 그 대가는 다시 한번 너무나 가혹했다.

마나슬루와 다울라기리 동계등반에 참가한 글로비체 출신의 산악인 안드제이 마흐니크*Andrzej Machnik*가 이 원정대의 대장이었다. 안드제이는 의심할 여지없이 길고 어려울 이 등반이 무난하게 진행되도록, 서로를 잘 아는 14명의 고소 등반가들로 원정대를 꾸렸다.

그의 첫 번째 선택은 포즈난 출신의 등반가 프셰미스와프 피아세츠키*Przemysław Piasecki*였다. 프셰메크*Przemek*(친구들은 그를 이렇게 부른다)는 이전에 칸첸중가를 등반한 적이 있었다. 시킴과 네팔의 경계선에 위치한 8,586미터의 이 산은 매우 복잡해서 8,000미터가 넘는 4개를 포함해 5개의 분명한 정상들이 불규칙하게 늘어서 있다. 그중 하나인 얄룽캉*Yalung Kang*을 1984년에 오른 프셰메크는 접근 루트와 캠프로 안전한 장소, 그리고 아래쪽과 위쪽에 있는 빙하지대를 뚫고 나가는 길을 잘 알고 있었다. 따라서 그의 경험은 그들의 소중한 시간을 벌어줄 터였다.

우선 그들은 그곳으로 가야 했다. 1985년 8월, 그들은 장비와 식량 등 8천 톤의 짐을 엘치*Jelcz*의 튼튼한 트럭에 싣고 북쪽의 항구 그디니아*Gdynia*로 가서, 여유 있게 뭄바이(당시의 봄베이)행 배에 실었다. 하지만 그 팀이 10월 말 델리에 도착했을 때 자신들의 짐이 인도로 오는 증기선에 실려 여전히 바다 한가운데에 있다는 사실을 알게 되었다. 그들 중 어느 누구도 그 배의 도착 시간을 알 수 없었다. 2주, 3주, 혹은 6주? "우린 시작부터 패배에 직면했습니다." 프셰메크가 그때를 회상하며 말했다. 그리하여 대원 셋이 배가 도착하면 짐을 처리하기 위해 뭄바이로 달려갔고, 나머지 사람들은 델리보다는 물가가 훨씬 더 싼 카트만두로 향했다.

그러나 불유쾌한 일이 하나 더 카트만두에서 그들을 기다리고 있었다. 폴란드인들은 원정대에 외국인들을 초청해 그들의 재정 문제를 해결했다. 칸첸중가 팀도 그렇게 했지만 미국과 영국, 브라질에서 합류한 산악인들은 약속한 돈의 60% 정도만 가지고 왔다. 그리하여 뭄바이로부터의 소식을 기다리며, 그들은 카트만두에 있는 등산장비점들을 돌아다니며 장비를 얻고, 사고, 중고를 빌렸다. 배가 마침내 도착하자 기다리고 있던 세 대원들은 장비를 가지고 서둘러 북쪽으로 갔지만, 본대와 만나 식량과 장비가 한곳에 모일 때까지는 또다시 2주가 걸릴 것 같았다. 시간이 흘러가는 것은 산에서의 기회가 그만큼 줄어든다는 의미였다.

그 팀에서 가장 막강한 사람은 안드제이 초크였다. 그는 그전 겨울에 유레크 쿠쿠츠카와 함께 다울라기리를 올랐고, 그와 함께 8,000미터에서 노천 비박을 하고도 살아남은 장사였다. 안드제이는 유레크를 따라잡을 수 있고, 그의 인내에 대응할 수 있는 몇 안 되는 폴란드 알피니스트였다. 하지만 만약 그가 이번에도 그의 옛 파트너와 함께 로프를 묶는다면, 그것은 공정하지 못할 터였다. 왜냐하면 유레크는 이번에도 다시 한번 늦게 도착할 예정이었기 때문이다.

유레크와 메스너의 경쟁이 막바지로 치닫고 있었다. 따라서 폴란드의 많은 팀은 그가 고정로프와 텐트를 설치하느라 힘을 낭비하는 대신 결정적인 단계의 마지막 순간에 참가하도록 특혜를 베풀었다. 그는 그해 가을 로체에서도 그랬는데, 여름에 낭가파르바트를 성공적으로 등정한 후 뒤늦게 합류했었다. 이제 그와 크지슈토프 비엘리츠키는 로체에 도전하고 나서 폴란드에서 휴식을 취한 다음 칸첸중가 팀에 뒤늦게 합류했다. 유레크와 셀리나는 어린 두 아들이 있었고, 크지슈토프와 욜란타Jolanta는 아들과 두 딸이 있었다. 가족과의 작별이 점점 더 어려워지자, 욜란타는 아이들이 놀라지 않도록 크지슈토프가 한밤중에 떠나도록 했다. 유레크는 그 전해 초오유에서 그랬던 것처럼, 안드제이 마흐니크와 뒤늦게 합류하는 방안을 협상했다. 프세메크는 유레크가 크지슈토프와 함께 등반하리라 예상했다. 이미 로체에서 똑같이 고소적응을 끝냈으니까. 이것을 안드제이 초크가 어떻게 받아들였는지는 분명하지 않다. 그는 그전에 유레크가 좋아하는 파트너였다.

　초오유에서처럼, 유레크와 크지슈토프의 뒤늦은 합류에 불평을 하는 사람들이 있었다. 그 팀의 막내였던 아르투르 하이제르는 이렇게 증언했다. "베이스캠프 사람들은 비엘리츠키와 쿠쿠츠카를 환대하지 않았습니다. 그들은 수비를 하고, 골대를 지키고, 수많은 문제를 푸는 나머지 사람들과 달리 슛이나 쏘는 스타 선수 대우를 받았습니다."[3] 훗날 크지슈토프는 그에 대해 이렇게 말했다. "맞습니다. 그 말에는 어느 정도 진실이 있습니다. 그때 분위기는 그랬습니다. … 난 그걸 별로 기분 좋게 생각하지 않았습니다. 우린 그런 상황을 타개하려고 곧장 작업에 나서 더 높은 캠프들을 설치했습니다."[4]

　야망이 넘치는 아르투르 하이제르의 빛나는 미래를 예측한 사람은 그 팀에서 아무도 없었다. 게다가 칸첸중가에서 그는 여전히 경험이 부족한 축에 속해서, 그의 파트너로 낙점된 보구스와프 프로불스키는 그와 짝을 이루는 것을 달가워하지 않았다. 사실, 1월 5일 이른 아침에 보구스와프는 그 봉우리를 혼자 오르겠다는 쪽지 하나만 남기고 캠프를 빠져나갔다. 그는 하단부 빙하지대의 중간에 있는 1캠프 아래에서 발길을 돌렸는데, 그곳에는 빙벽의 일부가 붕괴되어 고정로프가 사라지고 없었다. 훗날 프셰메크는 이렇게 언급했다. "몇 시간 전에 그곳에 있지 않았다는 게 정말 다행이었습니다. 그랬다면 그는 얼음 덩어리 밑에서 끝장이 났을 테니까요."

　크지슈토프는 원정대 조직의 철학이 상당히 무계획적이었다고 회상했으나, 그 당시는 자신에게 문제될 것이 없었다고 인정했다. "유레크와 난 속도가 매우 빨라 정상에 오를 일만 남아 있었습니다. 우리가 누구와 함께 갈 것이냐는 부차적인 문제였습니다. 우린 산을 따르지 대장을 따르지 않는다는 걸 서로가 잘 알고 있었습니다."[5] 적어도 그는 정직했다.

폴란드의 1985~1986년 칸첸중가 동계원정 당시 전진 베이스캠프 (사진: 프셰미스와프 피아세츠키)

12월 10일, 전진 베이스캠프(ABC)의 사용이 가능해졌다. 그리고 그로부터 10일이 지나자, 하단부 빙하지대와 더 가파른 상단부 빙하지대에 고정로프가 깔렸고, 6,700미터에 2캠프가 세워졌다. 앞장선 대원들이 나머지 사람들을 위해 루트를 개척하고 정비하자 포터들이 장비와 식량, 연료를 ABC로 져 날랐다. 유레크와 크지슈토프가 트랙터를 포함해 움직이는 모든 것을 얻어 타고 티베트를 가로질러 베이스캠프에 도착한 12월 19일, 그 산의 아래쪽은 고정로프가 줄줄이 깔리고 캠프에는 모든 물자가 준비되어 있었다.

그때 날씨가 변했다. 폭설이 내리고 허리케인급 강풍이 빙하에서 텐트를 날려, 12월 30일까지 그들은 베이스캠프에서 꼼짝달싹하지 못했다. 다음 날 유레크와 크지슈토프, 안드제이, 프셰메크가 7,250미터에 3캠프를 세우러 출발했다. 그들은 캠프 설치에 더해 결과적으로는 4캠프 자리가 될 7,750미터 근처에 비박장비를 숨겨놓을 작정이었다. 안드제이와 프셰메크는 장비를 높은 곳에 내려놓고 3캠프로 하산했지만, 유레크와 크지슈토프는 텐트를 설치하고 그날 밤을 그곳에서 보내기로 했다.

유레크는 자신과 크지슈토프가 이런 고도에서 희망했던 것만큼 빨리 움직이지 못하자 실망감을 감추지 못했다. 그들은 로체에서의 고소적응이 어느 정도 남아 있으리라고 기대했지만, 폴란드에서 몇 주 쉬는 바람에 그 효과가 상당히 줄어들었다. 유레크는 자신의 능률에 좌절하면서도 안드제이 초크가 위로 올라갈수록 심해지는 기침과 싸우느라 더 느려진다는 사실을 알았다. 고소에서의 기침은 드문 현상이 아니다. 하지만 안드제이의 기침은 그를 기진맥진하게 만들었다.

4캠프에서의 첫째 날 밤, 유레크와 크지슈토프는 정상으로 무작정 올라가는 방안을 고려했다. 4캠프에 있는 두 동의 텐트를 잊고, 쉬기 위해 다시 내려오는 것을 잊고, 4캠프에 식량을 채워놓은 것을 잊고, 그냥 정상을 향해 올라가면 어떨까? 하지만 다음 날 날씨가 나빠져 그들은 모두 ABC로 내려왔다.

프세메크가 그들의 의도를 알아차린 것은 훨씬 후였다. 크지슈토프는 그것이 바보 같은 계획이었다고 인정했다. "솔직히 말해, 어디서 그런 멍청한 낙관주의가 파고들었는지 모르겠습니다. 3캠프에서? 아니면 정상에 올라갈 수 있기를 바라며 처음으로 4캠프에 갔을 때? 지금 돌이켜보니, 그건 좋지 못한 생각이었습니다."[6]

1월 7일, 4명의 선발대원들이 한 팀이 되어 정상까지 올라갈 계획으로 새벽녘에 ABC를 출발했다. 그들은 2캠프까지 서로 보조를 맞추어 올라간 다음, 그곳에서 ABC와 교신했다.

"모두 어떤가?" 원정대 의사인 로베르트 야니크Robert Janik가 물었다. 그러는 사이에 안드제이의 기침소리가 분명하게 들렸다.

"모두 좋아." 안드제이가 대답했다.

"넌 내려오는 게 좋겠어." 로베르트가 권고했다. "기침이 심해지고 있는데 위로 올라가면 더 나빠질 거야."

"아냐, 난 괜찮아." 안드제이가 대답했다. "난 내일 4캠프까지 계속 올라갈 거야."

프세메크는 안드제이의 기침을 신중하게 받아들였다. "우린 모두 기침을 하고 있었습니다. ABC의 밤 기온이 영하 20도를 밑돌았습니다. 2캠프에서 온도계의 눈금을 보니, 맨 밑에서 움직이지 않고 있었습니다. 영하

폴란드의 1985~1986년 칸첸중가 동계 원정 대원 안드제이 초크 (사진: 크지슈토프 비엘리츠키 아카이브)

폴란드의 1985~1986년 칸첸중가 동계원정 당시 2캠프로 가고 있는 안드제이와 프세메크 (사진: 크지슈토프 비엘리츠키 아카이브)

40도는 족히 되는 것 같았습니다. 바람이 기온을 더 떨어뜨렸고, 목을 얼어붙게 만들었습니다. 얼음처럼 차가운 공기를 들이마시니 기도의 윗부분이 자극을 받아 가벼운 염증이 생기기까지 했습니다. 때때로 ABC에서의 저녁은 그곳이 알피니스트의 캠프가 아니라, 결핵 보균자의 휴양소라는 생각이 들 정도로 콜록거리는 소리가 심했습니다."

그들은 계속 위로 올라갔다. 이제 그들은 더 이상 로프를 함께 묶지 않고 4캠프 아래쪽에 있는 사면을 각자의 속도에 따라 가로질렀다. 유레크와 크지슈토프가 먼저 도착했고, 프세메크는 두 번째 텐트를 가지고 30분 정도 늦게 도착했다. 그는 곧바로 얼음 사면을 평편하게 만들기 시작했다. 안드제이는 1시간 30분 후에 도착했다. "그는 지쳐 있었습니다." 프세메크가 말했다. 그들은 안으로 기어들어갔는데 간신히 누울 수 있을 정도로 비좁았다. 안드제이는 텐트 안쪽에 머리를 두고 쉬고 있었고, 프세메크는 얼음을 녹여 물을 만들기에 더 편한 입구에 있었다. 간단한 소리로 들릴지 모르지만, 얼음을 녹이는 고된 작업은 위험하기 짝이 없다. 그리고 주의를 조금만 게을리하거나, 순간적으로 잘못 움직여도 물을 침낭에 엎을 가능성이 다분하다. 더구나 그런 기온에서 그것은 재앙이 될 것이 뻔했다. 프셰메크가 음식을 만드는 동안 안드제이의 기침이 더 심해졌다.

옆 텐트에 있던 유레크와 크지슈토프도 얼음을 녹여 마실 것을 준비하고 쉬면서 똑같이 하고 있었다. 그 둘은 안드제이가 고통스러워하는 소리를 들을 수 있었다. "그는 내가 아는 안드제이가 아니었습니다. 그는 언제나 컨디션이 좋았습니다. 산에서의 작업에 관한 한 그는 가장 믿을 만한 황소였습니다." 유레크는 말했다. "이제 그는 기침을 멈추지 못하고 순전히 의지로만 버티고 있었습니다."[7]

휴식을 취하고, 따뜻한 차로 수분을 보충하고, 원정대 의사가 처방한 이뇨제를 복용한 안드제이는 상태가 조금 호전되었다. 그리하여 무전기로 ABC와 교신하는 동안 그들의 하산 권고를 무시했다. 이제 그들과 정상 사이에는 800미터의 무난한 지형만 남아 있었다. "그러나 난 곧 내 파트너의 기침과 그날 저녁 늦게 침을 삼키는 소리를 듣고 나에게 남은 희망을 포기했습니다." 프셰메크가 그때를 떠올리며 말했다. "그가 아침에 내려가야 하는데 혼자선 그렇게 할 수 없다는 사실을 알았습니다. 그리하여 칸첸중가를 오르고 싶다는 내 꿈이 물거품이 되고 말았습니다."

텐트가 몇 미터 거리밖에 떨어져 있지 않아, 유레크는 기침소리로 잠을 제대로 잘 수 없었다. 유레크가 마침내 어떻게 할 것인지 물었다. "정말 힘이 들어서 내려가야겠어." 안드제이가 대답했다. "좋아. 그럼 함께 내려갈게." 프셰메크가 말했다. 그러자 유레크가 맞받았다. "그렇다면 우린 정상에 도전할게."[8]

새벽이 밝아오기 직전, 유레크와 크지슈토프는 무전기만 달랑 들고 올라가기 시작했다. 안드제이가 비참한 기침으로 쇠약해져 있어서 프세메크는 그와 함께 텐트를 천천히 떠났다. 프세메크는 안드제이가 크램폰의 끈을 매는 것을 도와주고, 그의 배낭 안 물건들을 자신의 것에 집어넣었다. 아침 8시경 출발한 그들은 4캠프 밑에 설치된 고정로프를 이용해 처음에는 비교적 빨리 움직였다. "그가 추락할지 몰라 난 그의 앞에서 내려갔습니다." 프세메크가 설명했다. 그때 안드제이가 가쁜 숨을 몰아쉬며 몇 걸음마다 멈추기를 반복하더니 처지기 시작했다. 3캠프까지 반쯤 내려왔을 때 안드제이가 주저앉아 더 이상 움직이지 못했다. 프세메크는 바람으로 딱딱해진 눈에 피켈을 깊이 찔러 박고 안드제이를 확보할 임시 앵커를 만들었다. "다시 돌아오겠다고 약속했습니다." 그는 말했다. 3캠프가 멀리 보였지만, 그는 무전기가 없어 도움을 요청할 수 없었다.

3캠프에 있던 4명의 대원들은 안드제이와 프세메크의 하산을 지켜보고 있었다. 그러다 어떤 문제가 생겼다는 것을 직감하고 프세메크가 텐트에 도착하기 전에 이미 캠프를 떠나 위로 향했다. 그들은 먼저 안드제이를 밑으로 내리려 했으나, 그것이 너무나 어렵고 위험해 결국 그를 침낭 안에 집어넣고 로프로 둘둘 감은 다음 3캠프로 끌고 내려왔다. 크라쿠프 출신의 고전 음악가이며 등반가인 루드비크 빌치인스키*Ludwik Wilczyński*는 자신이 1캠프로 달려 내려가 산소통을 가지고 다시 3캠프로 올라오겠다고 자청했다. 프세메크가 ABC를 불러 상황을 설명하자 그들은 충격에 휩싸였다. 하루 종일 소식을 듣지 못한 그들은 4명의 한 팀이 이제는 둘로 갈라져 서로 반대 방향으로 움직이면서 한 명이 위태롭다는 사실을 알고 놀라움을 금치 못했다.

안드제이는 이제 말도 제대로 하지 못할 정도로 상태가 심각했다. 그가 기침을 할 때 그를 돕던 사람들은 폐수종 증상이 의심되는 이상한 소리를 들

[121쪽] 폴란드의 1985~1986년 칸첸중가 동계원정 당시 1캠프로 가고 있는 안드제이 초크 (사진: 프세미스와프 피아세츠키)

었다. 여전히 침낭 안에 있는 그를 텐트 안에 눕혀놓고, 프셰메크는 그의 호흡을 조금이라도 편하게 해줄 요량으로 배낭 둘을 접어 그의 머리와 어깨에 받쳤다. 원정대 의사의 지시에 따라 프셰메크는 안드제이에게 강력한 회복 약을 주었다. "그다음 몇 시간 동안, 나는 그의 오줌통을 비우고, 얼음을 녹여 물을 만든 후, 그에게 조금씩 마시게 해 탈수증을 심하게 겪지 않도록 했습니다." 프셰메크가 말했다. "시간이 아주 길게 느껴졌습니다. 난 안드제이의 운명을 두려워하며 엄청난 피로와 싸웠습니다. 오랜 시간 동안의 하산, 한눈을 팔 수 없는 집중력, 그리고 파트너의 일거수일투족을 보살피느라 난 완전히 지쳤습니다." 보통이라면 1시간 반이 되었을 그들의 하산은 무려 6시간이나 걸렸다.

그러는 동안 유레크와 크지슈토프는 차고 희박한 공기 속에서 위로 힘들게 올라가며 반대 방향으로 움직이고 있었다. 그들은 얼마 못 올라가 다리에서 감각을 느끼지 못했다. 오전 10시가 되자 마침내 태양이 나타나 그들을 조금 따뜻하게 해주었다. 크지슈토프는 눈 위에 주저앉아 부츠를 벗고 발을 미친 듯이 문질렀다. 그 부츠는 프랑스 원정대가 카트만두에서 팔고 간 것이었다. 새로운 모델의 신형이었지만 안타깝게도 크기가 너무 작았다.

그들은 로프를 서로 묶지 않고 각자의 속도에 따라 움직였다. 등반은 어렵지 않았다. 그래서 서로 확보를 봐줄 필요도 없었다. 그들이 죽음의 지대로 들어서자 추위가 뼛속까지 파고들었다. 크지슈토프가 정상에 먼저 올라섰다. 그는 30분을 기다린 후 하산을 시작했다. 사실 그는 얼마나 기다렸는지 잘 알지 못했다. 유레크와는 정상 밑에서 만났지만, 그들은 서로 말을 나누지 않았다. 마치 기계적인 로봇이 자기 일만 하는 것처럼. 유레크 역시 정상에서 사진을 몇 장 찍고 발길을 돌렸다. 서로에 대해 무관심한 듯한 이 행동은 얼핏 이상하게 보일지도 모르지만, 그들은 이미 '정상적인 상태'를 훨씬 벗어나 있었다. 후에 크지슈토프는 유레크와의 대화를 이렇게 기억했다. "어떻게 된 거야? 내가 정상에서 30분을 기다렸는데, 네가 올라오는 모습을 보고 난 일어나서

칸첸중가 남벽. 검정색 선이 1984년 프세메크가 얄룽캉에 오른 루트이고, 빨간색 선이 1985~ 1986년 폴란드 동계 원정대가 칸첸중가 주봉에 오른 루트이다. (사진: 프세미스와프 피아세츠키)

내려왔어. 마치 몇 분도 더 이상 기다리지 못하는 것처럼."[9] 그는 기억을 더듬 더니 이렇게 덧붙였다. "분명 너무 추웠습니다. 바람도 불고. 아마 내가 생각 했던 건 '좋아, 유레크가 올라오니 난 내려가도 되겠네.'였을 겁니다. 하지만 우리가 정상에서 서로를 축하해주며 함께 사진을 찍지 않은 건 여전히 이상합 니다."[10]

정상에서 유레크는 베이스캠프를 무전으로 불러 등정 소식을 알려야 한 다고 생각했다. 하지만 그는 무전기의 배터리에 대해 착각했고, 후에 그것들 을 찾을 수 없었다고 보고했다. 배터리를 보호하기 위해 빼냈지만 어디에 넣 어두었는지 기억하지 못했다. 하산은 배터리를 찾는 것보다 중요했다. 그래서 그는 배터리 찾는 것을 포기하고 하산을 시작했다. 그들은 4캠프에 도착해 침 낭 안으로 기어들어간 후 차를 끓이기 위한 물을 만들면서야 ABC를 무전으 로 불렀다. 그들의 응답 소리는 이상할 정도로 가라앉아 있었는데, 그때는 안드제이가 무척 심각한 상태였다.

무전 교신의 문제는, 또는 교신을 제대로 하지 않았다는 문제는 8천 미터급 고봉에서 반복적으로 일어난다. 의심할 여지없이 극한의 상황과 죽음의 지대, 극도의 피로가 교신을 하지 못하게 만드는 주범이다. 하지만 다른 이론도 있다. 끊임없이 확인하는 것을 참지 못한다든가, 동료들 간에 손발이 맞지 않는다든가, 어떤 희생을 치르더라도 성공하고야 말겠다는 과도한 개인적 욕망 때문이라는 것 등이 그것이다. 이유야 어쨌든 이런 무전 교신의 문제로 인해 유레크와 크지슈토프는 안드제이의 상태가 얼마나 심각한지 전혀 알지 못했고, 프셰메크 역시 구조팀을 더 빨리 움직이게 할 수 없었다.

아래쪽 3캠프에서 프셰메크는 안드제이의 상태를 계속 지켜보고 있었는데, 안드제이는 잠에 들었다 깼다를 반복하면서 눈이 게슴츠레해지고 발작적인 기침으로 호흡을 제대로 하지 못했다. 어느 순간 그는 잠이 들었다 싶을 정도로 기침을 오랫동안 멈추었다. 그리고 마침내 텐트 안에 적막감이 감돌았다. 고요가 길어지자 프셰메크는 상황을 직감했다. "크지슈토프 판키에비치 *Krzysztof Pankiewicz*에게 도와달라고 하자 그가 심폐소생술을 했지만 헛수고였습니다. 그때가 12월 11일 밤 10시 30분이었습니다."

프셰메크는 충격에 빠졌다. 오랫동안 하산하면서 쏟아부은 집중력과 밤을 새워가며 친구를 돌본 일 등이 모두 탈진과 허탈한 감정으로 산산이 부서졌다. 그는 슬픔으로 제정신이 아니어서 동료들이 부축해서 데리고 내려와야 했다. 프셰메크는 자동으로 움직였다. 고정로프에 카라비너를 걸고, 다리를 눈 속에 깊이 박고, 다음 고정로프로 옮겨 걸고, 그렇게 계속 반복했다. 시간이 흘러갔다. 그의 몸은 필요에 따라 움직이고 있었지만 마음은 하나의 의구심을 떨쳐버리지 못했다. 자꾸 자꾸. 왜 그랬지?

원정대장인 안드제이 마흐니크가 등반 종료를 선언했다. 그는 유레크와 크지슈토프에게 4캠프를 철수해 하산하도록 지시했다. 그럼 안드제이 초크의 시신은 어떻게 하지? 산 아래로 끌고 내려가야 하나? 아니면, 크레바스에 묻어야 하나? 그들은 크레바스를 선택했다. 그가 침낭 안에 있어서, 그의 몸을 로프로 묶어 3캠프에서 50미터 정도 밑에 있는 크레바스로 끌고 가 그 안에 밀어 넣는 것은 어렵지 않은 일이었다. 장례식은 침묵 속에 간략하게 진행되었다. 원정대는 충격에 빠졌다. 안드제이 초크는 결코 무너지지 않는 사람이었고, 최후의 순간에도 살아남은 사람이며, 얼음의 전사였다. 하지만 이제는….

그들은 3캠프를 해체해 ABC로 내려왔다. 크지슈토프와 유레크는 그다음 날 산을 떠났다. 그들은 자신들의 역할이 끝났다고 생각했지만, 그렇게 느끼지 않은 사람들도 있었다.

프셰메크는 자신들이 각자의 역할에 충실했다고 자신하지 못했다. 그리고 베이스캠프에서의 행동에 대해서도 좋게 생각하지 않았다. "비엘리츠키와 쿠쿠츠카가 정상에서 돌아온 후의 상황에 대해선 여전히 불쾌하단 생각이 듭니다." 그가 속내를 털어놓았다. "그 둘은 등반 준비도 하지 않은 데다, 루트의 가장 어려운 구간에 고정로프가 깔린 다음에 나타난 터라, 등반의 마지막 단계에 참가할 필요를 느끼지 못했습니다. 하지만 상징적으로라도 그렇게 해야 했습니다."

후에 크지슈토프는 자신들의 행동을 정당화했다. "우리가 원정등반을 두 번 연달아 해서 일찍 떠나고 싶어 한 건 사실입니다. 우린, 비록 최선은 아니었을지 모르지만, 우리의 역할을 다했다고 생각합니다. 그래서 다른 사람들이 베이스캠프를 설치하고, 조직적인 일들을 할 수 있었습니다."[11]

상황은 더 좋지 않게 흘렀다. 원정대의 재정 문제가 여전히 엉망이어서 갚아야 할 빚이 있었지만, 크지슈토프와 유레크가 재정 문제를 나 몰라라 하면서 자신들의 비용만 책임지려 한 것이다. 안드제이 마흐니크가 그 제안을 거절하자 그들은 그대로 떠나버렸다. 프셰메크는 그들의 때 이른 출발이 꼭 그런 문제 때문만은 아닐 것이라고 의심했다. "어떤 면에선 그들이 회한으로

산악인 장례식을 거행하기 위해 아르투르 하이제르가 폴란드의 칸첸중가 동계 원정등반 중 사망한 안드제이 초크의 시신을 수습하고 있다. (사진: 크지슈토프 비엘리츠키 아카이브)

1986년 1월 11일 칸첸중가 동계 초등에 성공한 크지슈토프 비엘리츠키와 예지 쿠쿠츠카 (사진: 크지슈토프 비엘리츠키 아카이브)

부터 벗어나려 한 것인지도 모릅니다." 프세메크는 말했다. "따지고 보면, 안드제이 초크는 자신의 오랜 파트너인 유레크 쿠쿠츠카의 관심에 더 주의를 기울일 수도 있었습니다. 쿠쿠츠카가 자신의 파트너들을 목적 달성을 위한 수단으로 이용한 게 아닌가 하는 의구심이 들었습니다."

폴란드인들은 8천 미터급 고봉 동계등정을 하나 더 해냈고, 유레크도 하나 더 올랐으며, 폴란드 산악인이 하나 더 죽었다.

그들이 카트만두로 돌아왔을 때 침울한 분위기로 인해 축하 같은 것은 없었다. 그 후 시간이 흐르면서 프세메크는 가끔 그때의 일을 떠올렸다. 그 비극적 사건을 피할 수는 없었을까? "결과를 바꿀 순 없었을 겁니다." 그는 말했다. "로베르트 야니크가 베이스캠프로 내려오라고 했는데도 계속 올라가겠다고 고집을 부린 건 안드제이(초크)였습니다."

그의 결론은 핵심을 꿰뚫고 있었다. 종종 등반가의 신체에 대한 최종적인 평가는 파트너의 판단에만 근거하는데, 특히 동계 고소등반에서는 더욱 그렇다. 옷을 두껍게 입어 텐트 안에서도 밖으로 드러나는 것이 거의 없다. 보이는 것이라곤 얼어붙은 코, 갈라진 입술, 바람으로 인해 충혈된 눈뿐이다. 때때로 이것만으로도 정확한 평가를 내릴 수는 있지만, 그렇지 않은 경우가 더 많다. 그리고 안드제이 초크같이 자기주장이 강한 사람의 말을 논박하는 것은 쉽지 않다. 그는 힘과 체력 그리고 결심이 강한 사람으로 유명했다. 하지만 고소증의 초기 증상은 뚜렷하지 않아 다른 요인들과 혼동될 수도 있다. "위험을 제대로 알지 못한다고 그를 설득했습니다." 프셰메크는 말했다. "그의 상태는 아주 빠르게 나빠졌습니다. 의지만으론 싸울 수 없을 정도로 빠르게. 3캠프에서 산소 사용이 가능했다 하더라도, 베이스캠프로 빨리 내려오는 것만큼 도움이 되진 않았을 겁니다. 문제는 그런 하산이 불가능했다는 겁니다."

이 원정대와 비극적 결말에 대해 의견이 분분했다. 안드제이 자바다 역시 초크가 자신의 야망으로 인해 목숨을 잃었다며 끼어들었다. 프셰메크는 그런 말들이 지나치게 가혹하다고 생각했다. 루드비크 빌치인스키는 그의 죽음을 정확히 알기 위해서는 그의 마지막 몇 개월을 생각해야 한다고 주장했다. 그 전해 겨울 다울라기리를 등반하면서, 그리고 8,000미터 위에서 두 번의 비박에서 살아남으면서, 그는 손과 발에 심각한 동상을 입었다. 그리하여 치료와 재활이 1985년 9월까지 계속 이어졌다. 그 기간 동안 그는 평소처럼 운동을 하지 못해 체중이 거의 10킬로그램이나 늘었다. "그는 칸첸중가 원정등반을 제대로 준비하지 못했습니다." 루드비크는 말했다. "그럼에도 그는 여전히 젊고 야심찼습니다."

그 둘은 베이스캠프로 들어가면서 함께 이야기를 나누었는데, 안드제이는 3주 동안 트레킹을 하면 체력이 돌아올 것이라고 루드비크를 안심시켰다. 루드비크는 안드제이가 체중이 빠지긴 했지만 몸 상태가 예전 수준으로 돌아왔는지에 대해서는 의구심을 품었다. 산에서는 안드제이가 너무 많은 짐을 지고 작업을 과도하게 했으며, 너무 자주 오르락내리락거린다고 느꼈다. "난 그가 이용당했다고 생각합니다." 루드비크는 말했다. 그뿐만 아니라 그는 실망까지 했다. 루드비크는 안드제이가 자신의 오랜 파트너인 유레크와 함께 등반하리라고 기대했다고 확신했다. 하지만 유레크가 크지슈토프와 함께 뒤늦게 나타났을 때 안드제이를 파트너로 한다는 이야기는 전혀 없었다. "그는 실망했습니다." 루드비크가 말했다. "우리 눈에 그게 보였습니다." 그리고 그는 분명히 몸도 안 좋았다고 덧붙였다. "안드제이가 4캠프까지 올라간 건 최선을 다하도록 자신을 몰아붙이는 육체적 강인함과 남다른 능력 덕분이었습니다."

동시대 폴란드의 여성 고소 등반가 중에서 최고라고 할 수 있는 안나 오코피인스카*Anna Okopińska*는 안드제이 초크를 '진정한 산사나이'로 여겼는데, 그녀는 칸첸중가의 비극을 상당히 안타까워했다. "그의 죽음은 히말라야 동계 등반의 어려운 조건 속에서 동료의 문제에 대해 얼마나 민감하게 주의를 기울여야 하는지 여실히 보여주었습니다." 그녀가 말했다. "아주 강한 사람이라도 순식간에 쇠약해질 수 있는데, 이건 결코 무시할 수 없는 신호입니다."

먼 훗날 크지슈토프는 안드제이의 상태에 대한 자신의 회한을 되돌아보았다. "처음부터 내가 그의 컨디션에 주의를 기울였어야 했는지도 모릅니다. 정상을 향해 떠나기 전날 밤 그에게 상태가 어떤지를 물었어야 했는데… 그런 생각이 그 후에서야 들었습니다." 그때 비극이 일어나거나 그의 생명이 위태롭다고 생각한 사람은 아무도 없었다. 하지만 크지슈토프는 그들이 기꺼이 인정하는 것보다 더 분명했는지에 대해서는 의문을 가졌다. "4캠프로 올라갈 때 그는 상당히 처졌는데, 우린 그의 짐이 무겁거나, 날씨가 나빠 그런 줄 알았습니다. … 불행하게도 폐수종이 빠르게 진행됐습니다. … 기침을 대수롭지 않게 여기긴 쉽습니다. 베이스캠프에서부터 그는 등반하는 내내 기침에 시달렸습니다."[12]

폴란드에서는 보통 산에서 사고가 나면 조사를 한다. 이번의 경우는 두 곳이었다. PZA와 글리비체산악회. 그들은 대원들에게 질문지를 보냈지만, 그들은 그것을 요식행위로 여겼다. 원정대 내에서 경쟁이 있었는지 묻는 그 설문지에 대한 대답으로, 크지슈토프는 흥분된 어조의 편지를 썼다. "여러분 … 실제로 여러분은 고산병의 원인이 (이 경우에는 폐수종입니다만) 쿠쿠츠카와 프셰메크, 안드제이 그리고 나의 경쟁 때문이라고 믿습니까?"[13] 크지슈토프는 비난을 이해하지 못했다. "그 당시, 그리고 지금까지도 난 전혀 경쟁을 느끼지 않았습니다. 난 이게 도대체 누구의 발상인지 모르겠습니다."[14]

루드비크는 기억을 제대로 하지 못했다. "난 온화하고 가족을 사랑하고, 결국은 그를 지옥으로 떨어뜨린 야망을 가진 안드제이를 좋아했습니다." 살아남은 자들이 느끼는 전형적인 죄의식을 열거하며 그는 이렇게 덧붙였다. "그건 끔찍한 사고였습니다. … 난 안드제이의 가족에게 해를 끼친 것 같아 책임감을 느낍니다. 난 우리가 그를 도와주지 못했다는 사실을 여전히 믿을 수 없습니다."

루드비크는 칸첸중가의 비극 이후 등반을 다시는 하지 못하리라고 믿었지만, 다음 해 마나슬루에 갔다. 프셰메크는 그해 후반 일생에 남을 만한 등반을 했다. 페테르 보지크Peter Božik, 보이치에흐 브루시Wojciech Wróż와 함께 K2의 '매직 라인Magic Line'을 초등한 것이다. 그리고 보이치에흐가 하산 중 추락해, 그는 한 해에 파트너를 둘씩이나 잃었다. 유레크는 여름에 K2를 신루트로, 가을에 아르투르 하이제르와 함께 마나슬루를 신루트로, 그리고 겨울에 다시 아르투르와 함께 안나푸르나를 등정해, 1년 남짓한 기간 동안 8천 미터급 고봉 셋을 완등하는 기염을 토했다. 유레크 역시 K2의 8,000미터 위에서 두 번을 비박하고 하산하다 타데크 표트로브스키Tadek Piotrowski가 추락하는 바람에 또 하나의 파트너를 잃고 말았다.

때 이르고 갑작스러운 생명의 상실에 지나치게 노출되다 보니, 살아남은 사람들은 점차적으로 트라우마에 굴복하기보다는 오히려 자신의 목숨을 대수롭지 않게 여기게 되었다. 그들은 점점 더 어렵고 위험한 루트에서 자신들을 더 세게, 그리고 더 길게 밀어붙였다. 그들이 그렇게 할수록 더 나아지긴 했지만, 그 대가는 비극적으로 컸다. 고산지대에서 폴란드의 동계등반 지배는 전쟁이 되기 시작했다.

카르페 디엠

집으로 돌아가면 나는 숨을 더 가쁜히 쉴 수 있다.
내 생명은 히말라야 사면의 호의에 달려 있다.

아나톨리 부크레예프Anatoli Boukreev, 『구름의 위쪽Above the Clouds』

안나푸르나 — 8,091m

8,091미터의 안나푸르나는 세계 제9위의 고봉으로, 1950년 프랑스인들이 오른 최초의 8천 미터급 고봉이다. 그것은 사실 8,000미터가 넘는 봉우리가 하나, 7,000미터가 넘는 봉우리가 여섯, 6,000미터가 넘는 봉우리가 넷인 거대한 안나푸르나 산군의 일부이다.[1] 1986년 이 히말라야 자이언트에서 인상적인 등정들이 이루어졌지만, 그곳을 한겨울에 오른 사람은 아무도 없었다.[2]

그 당시 폴란드에서 가장 야심만만한 유레크 쿠쿠츠카가 이 산에 관심을 갖기 시작했다. 그해 그는 칸첸중가와 K2, 마나슬루를 이미 등정한 터라 고소 적응이 아주 잘 되어 있었다. 하나를 더 하면 어떨까? 그해 10월 16일 마지막 8천 미터급 고봉인 로체를 등정해 14개를 완등한 라인홀드 메스너와의 경쟁에서 유레크는 끝내 지고 말았다. 하지만 14개 모두를 신루트나 동계에 등정한 전례는 없었다. 따라서 안나푸르나 동계 등정은 훌륭한 수집 목록이 될 터였다.

등반과 원정대를 조직하는 일은 전혀 달랐다. 유레크는 그 과정을 좋아하지 않았고, 그의 히말라야 여행이 대부분 다른 사람들에 의해 준비되었기 때문에 경험도 많지 않았다. 하지만 안나푸르나 동계등반은 그의 아이디어여서, 허가서를 받고 대원을 선발하고 자금을 끌어 모으는 일은 그의 책임이었다.

그는 마나슬루 파트너였던 아르투르 하이제르, 칸첸중가 파트너였던 크지슈토프 비엘리츠키, 리시에크 바레츠키*Rysiek Warecki*와 미카우 토카제브스키 박사*Dr. Michał Tokarzewski*를 선택했다. 자금 문제는 만만치 않았다. 그래서 자기 나름대로의 판단과 선입견에도 불구하고, 자금을 끌어 모으는 데 유리하도록 매력적인 여성 반다 루트키에비치를 추가해 혼성팀을 만들었다. 그녀는 오스트리아의 한 방송국과 영상을 찍기로 하고 원정대에 절대적으로 필요한 현금을 확보했다.

반다가 팀에 합류하는 것을 꺼린 사람은 유레크만이 아니었다. 그녀는 에베레스트 초등과 여성 최초 K2 등정을 비롯해 이미 몇 개의 8천 미터급 고봉을 올라, 폴란드에서는 결과가 가장 좋은 여성 고소 등반가였다. 또한 여성 최초로 14개 완등을 목표로 하고 있었고, 그것을 빨리 달성하고 싶어 했다. 하지만 폴란드 남성들, 특히 산악인들은 반다를 다루기 어려운 여성으로 여겼다. 유레크와 그의 부인 셀리나가 여성의 원정대 참가 문제를 놓고 의견을 나누었을 때 그는 히말라야 등반이 여성에게는 적합하지 않다고 단정적으로 주장했다. 하지만 셀리나는 동의하지 않았다. 무거운 짐을 지고 끊임없이 루트를 뚫고 나가야 하는 일이 체구가 작은 여성에게 고될 수 있겠지만 가능하다는 것이었다. 반다는 그것을 증명해내고 있었다.

그 팀의 다른 남자들은 대수롭지 않게 생각했다. 유레크가 그녀를 초청했기 때문에 만약 그들이 지지한다면 유레크는 그녀와 함께 등반할 수 있을 터였다. 그들은 그녀가 너무 느리다거나, 너무 자주 비박을 한다거나, 또는 '소지품'을 항상 너무 많이 가지고 다닌다는 등의 온갖 구실로 자신들이 그녀를 원하지 않는다는 것을 나타냈다. 그리고 안나푸르나에서 그들은 그녀의 체력 저하를 목격했다. 그녀는 여전히 의욕이 넘쳤지만 이전보다 느렸다. "그녀는 이제 마흔넷을 눈앞에 두고 있었지만, 워낙 유명한 등반가라서 안나푸르나의 어떤 남성도, 특히 그녀보다 나이가 어린 사람들은, 이런 사실을 용기 있게 말하

지 못했습니다." 유레크가 말했다.[3]

그들은 오르기에는 쉽지만 어두컴컴한 그 산의 북쪽으로 갔다. 크지슈토프는 이렇게 썼다. "안나푸르나 북쪽 사면은 밤처럼 불쾌하다. 그곳은 8천 미터급 고봉 중에서 아마도 가장 불쾌한 곳일 것이다."[4] 빛이 없는 것을 보상하기 위해, 그들은 리시에크가 가져온 오스트리아 스펙speck(햄) 등 특별히 좋은 음식을 실컷 먹었다. 하지만 베이스캠프에서는 이상하게도 스펙이 부족했다. 급기야 대원들은 유레크와 반다의 텐트에서 나는 즐거워하는 소리와

1987년 동계 원정등반 중 안나푸르나를 오르는 폴란드의 히말라야 등반가 반다 루트키에비치
(사진: 아르투르 하이제르)

무언가를 내리치는 이상한 소리에 무척 실망했다. 그들은 제멋대로 상상의 나래를 펼쳤다. "'이런, 셀리나가 질투하겠는걸.' 하고 우린 생각했습니다." 아르투르는 말했다. 사실, 셀리나는 원정등반이 시작되기 전에 조금 걱정을 했다. 그녀는 반다와 유레크가 텐트를 함께 쓰리라고 짐작했다. 셀리나는 반다를 우러러보면서 존경하긴 했지만, 그녀가 가진 여성으로서의 매력을 무시할 수는 없었다고 고백했다. 나중에 밝혀진 바에 의하면, 그녀의 걱정은 기우에 지나지 않았다. 원정등반이 끝나 베이스캠프를 철수할 때 아르투르는 유레크와 반다의 텐트 밑에 감추어진 한 덩어리의 스펙을 발견했다. 그 의심쩍은 소리는 색정적인 것보다는 식도락적인 것에서 비롯된 것이었다.

그 등반은 여러 면에서 호기심을 끌었다. 그들은 1987년 1월 18일 그 산의 기슭에 도착했다. 동계등반 치고는 시기가 꽤 늦어, 베이스캠프를 설치하

1987년 동계 원정등반 중 안나푸르나에서 아르투르 하이제르와 예지 쿠쿠츠카 (사진: 아르투르 하이제르 아카이브)

는 대신 곧바로 등반에 나섰다. 그리하여, 베이스캠프보다도 3캠프가 먼저 설치되었다. 이것은 유레크와 아르투르가 마나슬루의 가을 등정으로 고소적응이 어느 정도 된 덕분이기도 했다. 안나푸르나 등반 허가가 2월 15일에 끝나기 때문에 그들은 심리적으로 쫓기고 있었다.

반다는 컨디션이 좋지 않았다. 목이 아프고 열이 났는데, 원정등반을 시작할 때는 보통 그랬다. 그녀는 점점 좋아지긴 했지만 산 위로 짐을 올리는 첫 번째 작업에서는 빠졌다. 유레크와 크지슈토프, 아르투르는 무엇을 넣을지 상의하면서 짐을 꾸리느라 바쁘게 움직였다. 아르투르는 평소처럼 자신이 더 많은 짐을 가져가기를 원했고, 유레크는 식량을 더 넣기를 바랐다고 그때를 회상했다. 고소에서는 보통 식욕이 떨어지는 다른 사람들과 달리 유레크는 위로 올라갈수록 식욕이 좋아지는 것 같았다. 아르투르는 반다와 리시에크가 주방 텐트에서 나눈 대화를 엿들은 적이 있다고 털어놓았다.

1987년 안나푸르나 동계 원정등반 중 베이스캠프에서 포즈를 취한 폴란드의 히말라야 등반가 아르투르 하이제르 (사진: 아르투르 하이제르 아카이브)

"내가 이 자식들을 좀 알아. 이제 정상에 가려고 할 거야." 리시에크가 말했다.

"정말 그렇게 생각해?" 놀란 것이 분명한 반다가 물었다.

"그럼, 기다릴 필요가 없잖아?"

아르투르가 텐트 안으로 들어가자 반다가 단도직입적으로 물었다. "지금 정상으로 가려고 한다는 게 사실이야?"

아르투르는 언뜻 간단해 보이는 그 질문에 어떻게 대답해야 할지 몰라 당황했다. 이론적으로는, 그들이 여전히 캠프를 설치하며 고소적응을 하고 있어서, "아니오!"라고 하는 것이 맞을 것이다. 하지만 현실적으로는, 마나슬루에서 고소적응이 이미 끝난 그와 유레크는 건강하고 체력이 좋아 빨리 움직이고 있었으므로 정상에 일찍 도전해도 아무런 문제가 되지 않을 것 같았다. 이런 경우 대답은 "글쎄요."라고 해야 할 것이다. 어떻게 말해야 할지 확신하지 못한 그는 유레크에게 떠넘겼다. "전 단지 대장의 말을 따를 뿐입니다. 대장이 안 가면 저도 안 가고, 대장이 가면 저도 갑니다. 대장이 도로 내려오면 저도 그렇게 합니다. 전 결정을 내리는 사람이 아닙니다."

거짓말을 눈치 챈 반다는 텐트를 박차고 나가 유레크를 찾았다. 그는 사실을 시인했다. 지금 정상에 갈 기회가 있는데 왜 기다리지? 그들의 속셈은 분명해 보였다. 반다는 화가 나고 속이 상했다. 그녀는 아직 준비가 되어 있지 않았다. 원정등반은 대단히 빠르게 진행되고 있었다. "만약, 네가 말하는 것처럼, 네가 정상으로 계속 치고 올라갈 수 있는 기회가 있다면, 어떻게 되는 거야?" 그녀는 물었다. "내가 지금 당장 정상에 갈 수 없다는 건 알잖아. 난 네가 뒤에 남을 누군가를 지명해서 후에 나와 함께 정상에 도전하도록 해야 한다고 생각해."

1987년 안나푸르나 동계 원정등반 중 베이스캠프에서 예지 쿠쿠츠카 (사진: 아르투르 하이제르)

반다의 요구는 받아들여지지 않았다. 유레크와 크지슈토프와 아르투르는 위로 올라갔고, 그것으로 끝이었다. 이제 그녀는 자신의 의심스러운 건강상태에도 불구하고 그들을 따라잡아야 한다는 압박감을 느꼈다. 유레크와 그녀가 한 텐트를, 아르투르와 크지슈토프가 다른 텐트를 쓰기로 해서, 로프 파트너는 그대로 될 것 같았다. 유레크와 함께 등반하고 싶어 한 아르투르는 이제 크지슈토프와 짝을 이루었다. 그는 크지슈토프가 유레크만큼 심리적으로 강하진 않을지 몰라도 체력이 훨씬 더 좋고 아주 빠르다는 사실을 알고 있었다. 반면 유레크는 믿을 수 없는 스태미나로 몰아붙이는 사람이었다. 그들 중 누구라도 무시무시한 파트너가 될 터였다. "솔직히 말하면, 파트너를 바꾸는 건 도요타 디젤차에서 마쓰다 휘발유차로 바꾸는 거나 다름없습니다." 아르투르는 말했다. 그는 다만 반다와 짝을 이루지 않는 것에 감사할 따름이었다.

6,800미터에서 그들은 하룻밤을 머물며 고소적응을 한 다음, 베이스캠프로 내려가 쉬고 나서 제대로 정상 도전에 나설 계획으로 얼음 사면을 깎아내 텐트를 쳤다. 유레크는 반다와 함께 쓰는 텐트로 들어가 차를 조금씩 마시며 쉬었다. 건강과 체력에 자신감을 가진 그는 야망에 넘친 나머지 말도 안 되는 계획을 짰다. 크지슈토프와 아르투르가 다른 텐트에서 잘 준비를 하고 있을 때 갑자기 유레크가 도전적으로 소리쳤다. "난 내일 위로 올라갈 거야! 누가 나와 함께 갈래?"

그러자 모두가 자신의 입장을 고민하며 머뭇거렸다. 반다는 자신이 위로 올라가기 전에 내려가야 한다는 사실을 알고 있었다. 크지슈토프는 고소적응이 완전히 끝나진 않았지만 상당히 빠른 자신의 속도에 대한 믿음이 있었다. 그는 더 높이 올라간 다음 안전하게 내려올 수도 있었다. 하지만 1986년 마칼루에서의 끔찍한 경험을 되풀이하고 싶지는 않았다. 그때 친한 친구 마르셀 루에디*Marcel Rüedi*를 앞질렀는데, 후에 그는 그 산에서 탈진으로 죽고 말았다. 크지슈토프가 여전히 유레크의 제안에 대한 긍정과 부정을 저울질하고 있을 때 텐트의 한쪽 구석에서 아르투르가 큰 소리로 외쳤다. "저요~~~!"

무례하고 성급하고 건방지고 젊은 아르투르가 기회를 잡았다. 처음에 크지슈토프는 이것이 등정 시도가 아니라고 생각하고 크게 걱정하지 않았다. 그는 그들이 여전히 고소적응을 할 것이며, 등정 시도는 그 후일 것으로 짐작했다. 그때를 되돌아본 크지슈토프는 유레크가 단어를 현명하게 선택했다는 사

1987년 안나푸르나 동계 원정등반에 나선 크지슈토프 비엘리츠키와 반다 루트키에비치 (사진: 아르투르 하이제르)

실을 깨달았다. 누가 자신과 함께 정상에 가고 싶으냐고 묻는 대신 그냥 단순히 위로 올라가고 싶으냐고 물었기 때문이다. "만약 유레크가 정상에 대해 언급했다면 그의 파트너는 반다였기 때문에 그 순간 그녀는 분명 당황했을 겁니다." 크지슈토프는 설명했다.[5]

다음 날인 2월 1일, 크지슈토프와 반다는 수분을 보충하면서 쉰 다음, 며칠 후 정상에 도전할 작정으로 내려갔다. 반다는 여전히 인후염과 열로 고생하고 있었지만, 건강을 회복해 그 산을 오를 만큼 강해지는 것은 시간문제라고 자신했다.

유레크와 아르투르는 위로 올라갔다. 그들은 각자 잠깐씩 자신들의 행동에 대해 죄의식을 느꼈다. 반다를 속였다는 것 때문이 아니라 크지슈토프를 그 게임에서 밀어냈기 때문이었다. '내가 크지슈토프를 버렸나?' 유레크는 자신에게 물었다. "난 그가 고소적응이 제대로 되지 않았다는 확신으로 스스로를 위로했습니다."[6] 아르투르는 크지슈토프가 자신을 나쁘게 생각할까 봐 걱정했다. 폴란드 히말라야 그룹에서 자신보다 위상이 훨씬 더 높은 크지슈토프는 전례 없는 명성을 지니고 있었다. 어떤 사람들은 다른 사람들도 자신과 같은 수준으로 등반하기를 바라는 그를 두고 터프하고 사나이답다고 평가했다. 크지슈토프를 적으로 돌리면 젊은 아르투르에게는 결코 바람직한 일이 아닐

1987년 2월 3일 안나푸르나 정상에 선 예지 쿠쿠츠카. 그와 아르투르는 안나푸르나 동계 초등에 성공했다. (사진: 아르투르 하이제르)

터였다. 하지만 정상 등정 가능성이 있는 상황에서 유레크와 함께 위로 올라가고 있는 사람은 바로 그였다. 따라서 그 순간에는 그런 위험을 무릅쓸 가치가 있었다.

날씨가 나빠지기 시작해 그들은 7,400미터에서 일단 멈췄다. 고소적응이 되어 있었고 의욕이 넘쳤는데도 빨리 움직이지 못했다. 유레크는 마지막으로 치고 올라가기 전에, 나쁜 날씨가 지나가기를 기다리면서 하루를 더 보내자고 제안했다. 그것은 이상한 전략이었다. 그런 고도에서의 '휴식'이란 부적절한 단어인 데다, 날씨가 좋아진다는 징후도 없었다. 하지만 유레크의 본능은 들어맞았다. 2월 3일 오후 4시, 베이스캠프에 도착한 지 16일 만에 유레크와 아르투르는 안나푸르나 정상에 올라섰다.

그들의 성취는 등반 속도뿐만 아니라 최종캠프로 돌아올 때의 연속적인 행운 때문에 놀라웠다. 늘 그렇듯 어둑어둑해져서야 하산을 시작한 그들은 올라온 루트를 기억하려 애쓰며 폭풍 속에서 허우적거렸다. 밤 10시, 눈보다 더 부드러운 어떤 것이 유레크의 발에 걸렸다. 그들의 텐트였다.

그다음 날 그들이 베이스캠프로 터벅터벅 걸어 내려올 때 유레크는 목청을 한껏 돋우어 폴란드 유행가를 부르며 팔을 흔들었다. "난 널 사랑해, 내 인생." 그의 기쁨은 누구나 공감했다. 하지만 크지슈토프와 반다는 여전히 할 일이 남아 있었다. 그들은 한 번 더 도전에 나서 4캠프까지 올라간 다음 후퇴했다. 반다는 감염이 지속되어 고통스러워했다. 한 번 더 도전하자는 그녀의 의지는 굳은 결심의 신호였다. 하지만 아마 최상의 판단은 아니었던 것 같다.

유레크는 크지슈토프가 반다와 함께 등반하지 않는다면 혼자서라도 정상까지 빠르게 치고 올라갈지 모른다고 생각했다. 그러나 크지슈토프는 그런 계획을 부정했다. "우리의 임무가 끝나서 난 그런 걸 전혀 고려하지 않았습니다. 결국, 그건 처음에 원정등반을 제안한 유레크가 정상에 올라가는 것으로 끝이 났습니다. 나에게 그건 길의 끝이 아니었지만, 어떤 의미에서 그에겐 마지막이었습니다." 그러면서 그는 트집이 될 만한 중요한 의견을 덧붙였다. "그건 내가 정상에 오르지 못한 최초의 성공적인 원정등반이었습니다."[7] 비록 실망하긴 했지만 크지슈토프는 이 실패로부터 중요한 것을 배웠다. "힘든 원정은 사람을 강하게 만듭니다." 그는 말했다. "만약 엉덩이를 걷어차이게 되면, 극한상황이 어떤 건지 제대로 알게 됩니다. … 우리 세대는 정말 엉덩이를 걷어차였는데, 그건 우리의 육체와 정신을 더욱 강하게 만들었고, 우린 후에 그 장점을 이용했습니다."[8]

그들의 성취는 획기적인 히말라야 동계등반이었다. 이전에 고산에서 이루어진 동계등반은 일단의 등반가들이 많은 고정로프를 설치하고, 캠프를 단단히 구축하는 등 접근이 원정대 방식이었다. 베이스캠프에서의 긴 시간(두세 달)은 보통이었다. 안나푸르나에서 유레크와 아르투르는 2주라는 짧은 시간에 정상까지 달리듯 올라갔다. 되는 대로 캠프를 치고 4명의 등반가들만 움직이면서. 비록 알파인 스타일은 아니었지만 그들의 등반은 그것에 가까웠고,

미래에 대한 일종의 신호가 되었다.

마지막 정상 공격조는 운(좋기도 하고 나쁘기도 한)과 음모, 살아남은 자들의 죄의식(크지슈토프의 경우), 질병과 맹목적인 야망에 의해 결정되었다. 그 등반에서 네 주연들의 모의는 친구와 동료, 게다가 경쟁자라는 얽히고설킨 관계를 드러냈다. 반다가 참가한 혼성팀은 남성들이 자신들의 여성 혐오적 태도와 싸우고, 짓궂은 농담이 오가는 등 불필요한 잡음을 일으켰다. 하지만 그 산은 다른 사람들에 의한 일곱 번의 시도 끝에 마침내 겨울에 등정되었다. 그리고 그 산을 지배한 자들은 바로 폴란드의 얼음의 전사들이었다.

━━━

만약 누군가 안나푸르나를 한겨울에 오를 자격이 있다면, 그들은 일본인일 것이다. 일본인들은 1980년과 1983년 그리고 1984년에 남쪽과 북쪽에서 안나푸르나 등정을 시도했다. 폴란드인들이 정상에 오른 지 1년도 채 되지 않은 1987년 12월 20일, 한 일본 팀이 악명 높은 남벽으로 그 산의 정상에 올랐다. 그들은 야마다 노보루, 사이토 야스히라, 사에구사 테루오三枝輝夫와 고바야시 도시유키小林利幸였다. 그리고 그것은 야마다 노보루의 일곱 번째 자이언트 등정이었다. 하지만 원정등반은 고바야시 도시유키가 7,900미터 부근에서, 사이토 야스히라가 7,400미터의 4캠프 바로 위쪽에서 추락사함에 따라 비극적으로 끝났다. 그들의 치명적인 추락은 탈진이 원인이었던 것 같다.

안나푸르나 동계등정을 노린 것은 일본팀만이 아니었다. 그 후 몇 년 동안 10여 개의 팀이 가장 잔인한 시즌에 그 산에 도전장을 내밀었다. 한국과 불가리아, 캐나다, 유고슬라비아, 미국, 이탈리아, 노르웨이, 스웨덴이 북쪽 사면과 남벽, 북동 버트레스 등 다양한 곳을 통해 차례로 도전에 나섰다. 하지만 어느 곳 하나도 죽음의 산이라는 안나푸르나의 명성에 걸맞지 않은 곳은 없었다. 1994년 한국 알피니스트 변준석이 불운하게도 단단하게 굳은 얼음 위로 추락해 사망했는데, 그는 산에서가 아니라 포카라로 철수하는 둘째 날에 사고를 당하고 말았다.

1997년 이탈리아 알피니스트 시모네 모로가 3명으로 이루어진 단출한 팀을 이끌고 남벽에 도전했다. 1967년 이탈리아의 베르가모에서 태어난 시모네는 열세 살부터 등반을 시작했다. 처음에는 암벽등반, 그리고 알피니즘, 마침내는 고산등반이 그의 일생의 열정이 되었다. 그의 어머니에 따르면 그는 조용하고 혼자 있기를 좋아하는 소년이었다고 한다. "아들은 남과 어울리길 좋아하지 않았습니다. … 그는 유명한 팝 스타나 축구선수를 좋아하지 않아서 남들과 공유할 수 있는 게 없었습니다. 그는 메스너를 좋아했습니다."[9] 시모네는 햇볕에 거칠어진 얼굴과 숱이 많은 헝클어진 머리카락, 트레이드마크인 뿔테 안경을 통해 응시하는 날카로운 눈빛, 그리고 무엇보다도 활짝 웃는 모습이 인상적이다. 시모네는 보통 표현을 멋지게 살리는 다른 이탈리아인들처럼 눈과 손과 팔을 써가며 말을 하기 때문에 그 웃음은 종종 간과되기 쉽다. 그는 한마디로 뛰어난 의사소통자이다. 또한 알피니즘만큼이나 우정을 중요하게 여기는데, 가장 친한 친구가 카자흐스탄의 전설적인 등반가 아나톨리 부크레예프였다.

1997년 12월 2일, 시모네와 부크레예프 그리고 촬영 담당인 디미트리 소볼레프Dimitri Sobolev가 헬기를 타고 안나푸르나 남쪽의 베이스캠프(4,095m)로 날아갔다. 그들의 목표는 남벽이었다. 하지만 눈이 계속 내려 눈사태의 위험성이 점점 커졌다. 신설이 4미터나 쌓이자 그들은 안나푸르나 팡Fang(7,647m)의 가파른 동벽에서 루트를 찾는 대신 팡과 안나푸르나2봉 사이에 있는 일련의 V자형 협곡으로 계획을 변경했다. 그곳에서 능선의 위쪽을 횡단해 팡을 넘은 다음, 주봉으로 계속 갈 생각이었다. 최초의 계획보다 더 긴 루트이긴 했지만 보다 더 안전하다고 그들은 믿었다.

자주 허리까지 빠지는 눈을 헤치며 아나톨리가 앞장서서 길을 뚫고 나갔다. 그는 막을 수 없는 사람이었지만 어깨에 짊어진 무거운 임무로 점점 더 좌절에 빠졌다. 그날 저녁 텐트에서는 형평성 문제를 놓고 진지한 토의가 이루어졌다. "아나톨리가 그날의 일을 먼저 입에 올렸는데, 그는 나와 디미트리의 행동에 실망했다는 걸 강조하기 위한 분명한 의도를 갖고 있었습니다." 시모네가 그때를 회상하며 말했다. "잠시 두 러시아인이 자신들의 모국어로 거친 말을 주고받았습니다. 그날의 토의가 후반부로 접어들었을 때 아나톨리가 영어로 말하기 시작했습니다. 그는 내가 자신이 말하는 바를 이해하길 원했습니다. '디마Dima, 이건 1996년의 에베레스트가 아냐. 그땐 쉬웠어. 사람도 많았고 산소도 있었잖아. 여긴 우리뿐이야, 아무도 없어. 그래서 아주 힘들지.'

'무슨 말이야?' 디미트리가 되물었습니다.

'여긴 완전히 다르다는 말이지.'"[10]

아나톨리가 디미트리에게 불평을 쏟아내는 동안 시모네는 그 화살이 자신에게로도 향하고 있다고 이해했다. 그런데 아나톨리가 저녁을 준비했을 때 (하루 종일 눈길을 뚫고 나서) 그는 뜨거운 수프를 그릇에 담아 시모네에게 먼저 건네주었다. 시모네는 그것을 조금 먹은 후 디미트리에게 전했고, 그는 결국 아나톨리에게 넘겨주었다. "그런 제스처는 아나톨리다운 것이었습니다." 후에 시모네는 이렇게 회상했다. "그는 자신이 먹을 걸 준비해도 동료에게 먼저 건네주는 유일한 사람, 아니 산악인일 겁니다."[11] 그들은 수프를 다 먹고 나서 휴지로 닦았다. 그리고 식사는 그것으로 끝이었다.

그들의 다음 캠프는 5,500미터였다. 그날 저녁 아나톨리와 시모네가 캠프 위쪽의 베르크슈른트를 넘어 루트를 탐색해가며 6,300미터의 능선으로 곧장 이어지는 가파른 벽을 등반하는 동안, 디미트리는 수프를 만들었다. 수프를 다 먹고 나자 아나톨리가 햇볕에 탄 얼굴에 슬쩍 미소를 띠더니 조그만 보드카 병을 꺼냈다. 그는 시모네를 쳐다보고 "치우 치우트Ciu ciut?(조금?)" 하고 물었다. 시모네는 "응, 좋아."라는 말을 빼곤 받아들여질 대답이 없다는 것을 알았다. "그날 저녁은 세 친구가 마치 술집에 마주앉은 것처럼 밤새 웃고 떠드느라 시간 가는 줄 몰랐습니다. '치우 치우트'라고 소리치면서 말이죠." 시모네가 그때를 추억하며 말했다.[12]

다음 날 아침인 크리스마스 날, 시모네는 기술적인 구간에서 선등으로 나서 능선을 향해 천천히 나아갔고, 아나톨리는 그 아래에서 감긴 로프를 풀어주었다. 시모네가 능선 위를 60미터쯤 전진했을 때 로프가 다 되었다고 외치는 아나톨리의 목소리가 들렸다. 그는 아나톨리와 디미트리가 올라올 수 있도록 앵커를 설치하기 위해 걸음을 멈추었다. 발을 굴러 눈을 다진 후 아이스스크루를 설치한 그는 로프를 카라비너에 걸고 두 사람이 위로 올라올 때까지 오랫동안 기다렸다. 이것은 디미트리가 의도한 등반이었다. 즉, 그는 시모네가 위에서 움직이는 모습과 함께 아나톨리의 등반 장면을 계속 촬영하고 나서 베이스캠프로 혼자 내려갈 작정이었다. 시모네는 카메라를 잘 다루기 위해 장갑을 벗고 그들이 올라오는 모습을 촬영하기로 했다.

그때 갑자기 굉음이 들렸다. 그리고 순간석으로 분설 눈사태 속의 바위와 얼음덩어리들이 그를 향해 날아왔다. 그는 비명을 질렀는데, 이상하게도 거의 무아지경의 상태에서, 아나톨리가 얼음덩어리들을 피하는 모습이 보였다. "지금까지도 그의 눈이 기억납니다." 시모네가 기억을 되살리며 말했다. "우리 둘 사이의 거리가 상당했는데도 바로 내 앞에 있는 것처럼 그들의 표정이 어떻게 그토록 선명하게 보였는지 모르겠습니다. 그들의 파란 눈동자가 무얼 말하려 했는지 표현하긴 어렵습니다. … 살아남겠다는 굳은 의지와 함께 공포가 담긴 것이라고나 할까요."[13]

사면에 강하게 부딪친 시모네는 로프를 악착같이 붙잡았다. 하지만 그의 노력은 아무 소용이 없었다. "난 이 얼음덩어리들의 분노를 도저히 막아낼 수 없었습니다. 빠르게 추락했는데, 손으로 로프를 잡았더니 살이 타고 손가락이

뼈가 보일 정도로 찢어졌습니다. 허공에 뜨고 미끄러지고 스치듯 해서 추락은 결코 멈출 것 같지 않았습니다. 내가 할 수 있는 것이라곤 가끔 목이 부러질 정도의 속도로 구르고, 방향을 잃으면서 눈사태에 휩쓸리는 것뿐이었습니다."[14]

거의 800미터를 추락한 시모네는 눈사태 잔해에 반쯤 묻힌 채 멈추었다. 그는 얼굴을 심하게 다쳤다. 한쪽 눈은 아예 보이지도 않았다. 손이 까지고 옷이 너덜너덜해졌으며, 크램폰을 제외하고 거의 모든 장비를 잃어버렸다. 눈사태 잔해 위로 간신히 빠져나온 그가 소리쳤다. "디미트리, 아나톨리!" 하지만 아무 대답도 들리지 않았다. 그런데 기적적으로 그가 추락을 멈춘 곳은 1캠프에서 50미터 떨어진 곳이었다. 그는 비틀거리며 텐트로 갔지만 다친 손으로는 얼음이 달라붙은 지퍼를 열 수 없었다. 하는 수 없이 텐트 모서리를 크램폰이 달린 부츠로 차고 이빨로 지퍼를 물어 기어들어갈 수 있을 만큼의 틈을 만들었다. 텐트 안에서 그는 여분의 옷과 장갑으로 다친 손을 감싸고 흐르는 피를 막았다. 아나톨리와 디미트리에 대한 구조작업을 시작하려면, 크레바스가 널린 빙하지대를 1,500미터나 내려가야 했다. 시모네는 후에 이렇게 썼다. "그 소중한 순간, 나는 눈사태에 묻혀 여전히 살아있을지도 모르는 친구들이 있는 곳으로 가야 했다. 그런데 그들은 어디에 있지?"[15] 그는 계속 가도록 스스로를 다그치면서 자신을 향해 소리쳤다. "일어나, 이 겁쟁이야. 일어나! 네가 남자라는 걸 보여주란 말이야! 열까지 센 다음 일어나서 계속 가. 알았어?'

"하나, 둘, 셋, 넷 … 열' 나는 다리를 펴고 열 걸음을 걸은 다음 바닥에 쓰러졌다. '잘했어, 잘했어! 넌 일어날 수 있어. 넌 할 수 있어. 자, 한 번 더 열까지 세고 다시 일어나. 하나, 둘, 셋, 넷 … 열' 그리고 열 걸음을 가서 나는 다시 주저앉았다. '그렇게 하면 돼. 됐어!'"[16]

6시간 후 시모네는 베이스캠프에 도착했다. 그의 쿡은 깊은 눈을 헤치며 가장 가까운 마을까지 달려가 시모네를 후송할 헬기를 불렀다. 3일 후 그는 다시 돌아와 눈사태 위를 날며 생명의 흔적을 찾았다. 하지만 옷가지 하나와

피켈로 보이는 반짝이는 금속쪼가리가 전부였다. 그곳에는 아무런 흔적이 없었다.

사고가 나기 며칠 전, 아나톨리는 포카라에서 여자친구에게 전화를 걸었다. 린다 와일리Linda Wylie에 의하면 그는 의기양양했다고 한다. "앞으로의 계획과 일 그리고 내 아이들과 가축에 대한 이야기를 나눈 후 우린 작별 인사를 했지만, 둘 다 전화를 곧바로 끊지는 않았습니다. 긴 침묵이 흐른 후 그가 다시 물었습니다. '린다, 괜찮아?'

'안나푸르나에 대해 생각해, 아나톨리. 난 그 산이 두려워. 꿈을 꾼 적 있어?'

'아니, 전혀.' 그는 대답을 하고 나서 깊은 생각에 잠긴 듯 이렇게 덧붙였습니다. '올해는 산에 너무 오래 있었어. 인샬라ن شاء الله(신의 뜻대로). 봄에는 함께 쉬자.'"[17]

크리스마스 날 안나푸르나 눈사태에서 살아나긴 했어도 시모네는 아나톨리의 죽음이라는 상처에서 쉽게 벗어나지 못했다. "아나톨리가 죽었을 때 내 삶이 송두리째 흔들렸습니다." 그는 말했다. 시모네는 아나톨리를 단순한 등반 파트너가 아니라 형제처럼 좋아했다. "그는 자신이 등반한 산처럼 마음이 큰 러시아인이었습니다."[18] 그리고 아나톨리와 디미트리의 죽음으로 히말라야 동계등반은 비극이 두 개 더 추가되는 값비싼 대가를 치렀다.

코르셋을 차고 등반하다

혼자 있으면 벌거숭이가 된다.
그러면 자신이 누구인지, 자신이 추구하는 가치가 무엇인지
그리고 인생에서 중요한 것이 무엇인지 깨닫게 된다.

한스요르그 아우어*Hansjörg Auer*

로체 — 8,516m

1973년 힌두쿠시 제2의 고봉인 노샤크에서 처음으로 동계등반에 성공한 안드제이 자바다는 이제 관심을 히말라야로 돌렸다. 7,492미터를 겨울에 올랐는데 8,000미터가 안 될 이유가 있나?(결과적으로 그의 말이 맞았다) 자바다가 좋아하는 대상지인 에베레스트를 폴란드등산연합회(PZA)가 계속 거부하자, 그는 1974~1975년 동계 시즌 원정등반을 에베레스트 바로 옆에 있으면서 8,516미터로 세계 제4위의 고봉인 로체로 정했다. 그의 팀이 10월 하순경 그 산에 도착해 엄밀히 말하면 가을 원정등반이었지만, 실제 등반은 12월에 이루어져 그것은 분명 '겨울 같은' 등반이었다. 더구나 1974년에는 그것이 혁신에 가까웠다.

자바다는 크라쿠프에서 지가 헤인리흐와 보이테크 쿠르티카, 브로츠와프에서 보그단 얀코브스키, 슈체친에서 타데크 표트로브스키와 자코파네에서 리샤르드 샤피르스키 등 폴란드의 최고 등반가들을 불러 모았다. 촬영 팀으로는 크라쿠프 출신의 예지 수르델Jerzy Surdel과 바르샤바 출신의 스타니스와프 라타워Stanisław Latałło를 데려가기로 했다. 그리고 폴란드 산악계의 떠오르는 젊은 스타 안나 오코피인스카Anna Okopińska도 함께 가기로 했다. 마나슬루를 등정한 일본 여성팀으로부터 영감을 받은 안드제이는 자신의 팀도 여성이 참

1974년 폴란드인들이 로체로 추계-동계 원정등반을 떠나기 전 바르샤바에 집결했다. 왼쪽이 원정대장 안드제이 자바다 (사진: J. 바르치Barcz)

가하면 유리한 면이 있을 것으로 생각했다. 그리하여 폴란드의 가장 유명한 여성 등반가인 반다 루트키에비치와 안나가 최종 후보에 올랐다. 누구를 데려 갈 것이냐는 관련 위원회의 투표로 결정하기로 했고, 결국은 안나가 5대 1로 이겼다.

10월 21일 폴란드인들은 5,300미터에 베이스캠프를 구축한 다음, 쿰부 아이스폴의 위험천만한 세락과 미로 같은 크레바스를 뚫고 올라가, 10월 26일 웨스턴 쿰의 오른쪽 끝자락에 1캠프를 설치했다. 그들은 좋은 날씨의 패턴을 한껏 이용해 11월 1일 2캠프를 원래 의도한 곳에 쳤고, 11월 7일에는 로체 사면의 7,100미터에 3캠프를 세웠다. 12일 만에 3개의 캠프를 설치하면서 거의 2,000미터나 고도를 올린 것이다. 이것은 인상적인 전진이었다.

팀 내에서의 독특한 위치를 달갑게 받아들인 안나는 이렇게 회상했다. "폴란드의 최고 산악인들로 구성된 국가적 원정대에 참가한 건 대단한 영광이

1974년 폴란드의 로체 추계-동계 원정등반 중 쿰부 아이스폴에서 휴식을 취하고 있는 마레크 코발치크 *Marek Kowalczyk*와 안나 오코피인스카 (사진: 미레크 비시니에브스키*Mirek Wiśniewski*)

었습니다." 그녀는 남자 선배들 일부가 자신의 경력을 인정하지 않으면서 처음에는 존재 자체를 껄끄러워한다는 인상을 받았다. "여성의 참가가 자신들의 성공 가치를 떨어뜨린다고 우려하는 건 아닌지 의구심이 생겼습니다." 하지만 그녀는 곧 고소적응을 잘하고 아이스폴을 통해 로체 사면까지 올라가는 루트 작업을 도와주면서 자신의 실력을 입증했다. "함께 작업하면서, 날 반대하던 사람들이 나에 대한 마음을 바꿔 원정대 분위기가 사뭇 좋아졌습니다. 그래서 모든 게 잘됐습니다."

어느 정도까지는.

날씨가 바뀌어, 히말라야의 포악한 겨울이 그들의 캠프를 무참하게 찢었다. "우린 드디어 혹독한 인내력 테스트를 받아야 했습니다."[1] 안드제이가 말했다. 세락이 무너지고, 스노브리지가 붕괴되고, 바람에 눈이 날려 루트의 구조가 시간에 따라 바뀔 정도로 아이스폴이 끊임없이 변했다. 1캠프는 바람으로 파괴되어 벌어진 크레바스의 아래쪽에 다시 쳐야 했다. 2캠프는 웨스턴 쿰을 타고 으르렁거리며 내려오는 난폭한 바람을 피해 옮겨야 했다. 처음에 캠프 3개를 치는 데는 12일밖에 걸리지 않았지만, 정상 공격을 위한 출발점이 되는 4캠프를 치는 데는 무려 34일이 걸렸다. 대원들이 쇠약해지며 병에 걸리기 시작하자, 그들은 회복을 위해 베이스캠프로 후퇴했다. 그리하여 로체를 끝내지 못했다.

폴란드의 선도적 암벽 등반가인 보이테크 쿠르티카와 다른 두 사람인 카지미에시 루시에츠키*Kazimierz Rusiecki*와 얀 스트리치인스키*Jan Stryczyński*가 로체의 얼음 사면 7,800미터에 조그만 터를 만들기 시작한 것은 12월 11일 늦은 오후였다. 그들은 피켈로 강철같이 단단한 얼음을 까냈지만 텐트를 세울 만큼 넓게 파낼 수 없었다. 대신, 그들은 텐트를 마치 비박색처럼 폴로 받치고 그 속으로 기어들어가, 바람이 불어대는 추운 밤을 보냈다. 그것이 4캠프였다. 잠을 못자 기진맥진한 그들은 다음 날 아침에 하산했다.

같은 날, 안드제이와 지가는 처음으로 정상 도전에 나서 위로 올라갔다. 더 높은 곳으로 올라가자, 피켈로 발판을 깎아내기보다는 크램폰으로 자신 있게 움직일 수 있을 정도로 얼음의 질이 좋아 그들은 한껏 고무되었다. "우린 1시간에 100미터를 가는 속도로 한 번에 한 발자국씩 천천히 올라갔습니다." 안드제이가 말했다. "그리고 자주 걸음을 멈추고 입을 크게 벌려 차가운 공기를 가능하면 많이 들이마시려고 했습니다. 우린 눕체 능선에 도착했습니다. 태양이 지평선 너머로 지더니 사우스콜 쪽에서 갑자기 차가운 돌풍이 불어왔습니다. 그 바람이 어깨를 강타해 우린 균형을 잃고 앞으로 고꾸라질 뻔했습니다. 난 온몸을 사면에 바짝 붙이고 있는 힘을 다해 피켈을 움켜잡았습니다."[2]

4캠프의 텐트에 도착한 그들은 폭풍을 피하려고 그 안으로 들어갔다. 하지만 바람이 얇은 나일론 텐트 천을 찢어 부탄가스의 스토브가 꺼지는 바람에

할 수 없이 침낭 안으로 기어들어가 동상 조짐을 보인 손과 손가락을 비벼댔다. 그런데 그 부위들은 이미 백묵처럼 하얗게 변했고, 소시지처럼 부풀어 올라 있었다. 그 부위를 따뜻하게 할 수 없게 되자 그들은 할 수 없이 산소마스크를 쓴 다음, 지고 올라온 산소통에서 생명을 불어넣어 주는 가스를 흡입했다. 폭풍이 더욱 심해졌다. "그때 귀를 찢는 듯한 굉음이 들려왔습니다. 그리고 우린 순식간에 허리케인의 한가운데로 빠져들었습니다." 안드제이는 말했다. "우린 바위에 달라붙었는데, 텐트와 함께 바람에 날려가지 않을까 걱정이 이만저만이 아니었습니다."[3]

그날 밤은 유달리 느리게 흘러갔다. 싸움에 지친 그들은 내려가야 할지도 모르는 씁쓸한 현실과 마주했다. 결국 그들은 이틀 만에 베이스캠프로 돌아왔다.

12월 15일, 안드제이 자바다는 타데크 표트로브스키에게 촬영 담당인 예지 수르델과 스타니스와프 라타워를 데리고 3캠프로 올라가도록 지시했다. 그곳에서 스타니스와프와 며칠 동안 함께 등반한 안나는 그의 능력이 보잘 것 없다는 사실을 알았다. "그는 효과적으로 등반했습니다. … 하지만 얼음에서의 경험 부족과 자신감 결여가 눈에 보였습니다. … 자주 그는 나에게 어느 쪽으로 가야 하는지 물었습니다. 예를 들면, 그는 확보라든가 주마의 사용법 또는 매듭 같은 기술적인 문제에 대해 물었습니다. 게다가 그는 짐도 무거웠습니다. 대원들에게 할당된 원정대의 짐에 더해 많은 촬영장비까지." 안나의 입장에서 보면, 스타니스와프는 분명 그 팀의 경험이 더 많은 사람과 동행할 필요가 있었다.

그들 트리오 중 경험이 가장 많아서, 안드제이가 촬영 담당자들을 돌보는 임무를 부여한 타데크는 그들보다 훨씬 앞서 3캠프에 도착했다. 그다음으로 도착한 예지는 스타니스와프가 느려서 3캠프에 이르는 가장 가파른 구간에 고정로프를 설치할 필요가 있다고 알렸다. 타데크는 밖으로 나가 고정로프를 설치했고, 덕분에 스타니스와프는 텐트에 무사히 도착했다. 하지만 이틀간의 나쁜 날씨로 인해 그들은 3캠프로 쫓기듯 내려왔고, 결국 눈보라가 그치지 않을 것이라는 사실을 깨닫고 그런 상황을 무릅쓰면서도 2캠프로 내려가기로 결정했다. 바람이 휘몰아쳐 바닥의 눈까지 날리는 통에 시계가 몇 미터로 줄어들었다. 그러자 타데크가 다시 한번 앞장섰다. "그들은 로프도 없이 내려오고 있었습니다." 안드제이가 그때의 상황을 설명했다. "그리고 뿔뿔이 흩어졌습니다. 표트로브스키(타데크)가 선두에 있었기 때문에 먼저 2캠프에 도착했습니다."[4] 예지는 크램폰에 문제가 생겨 눈보라를 피할 수 있는 텐트 안에서 그것들을 고칠 생각으로 발길을 돌려 결국 3캠프로 다시 기어 올라갔다. 그가 3캠프 아래의 고정로프에 도착하자 스타니스와프는 주마에 매달려 로프에서 대롱거리고 있었는데, 그의 배낭이 무거운 촬영장비로 인해 축 늘어져 있었다. 노출과 탈진으로 죽은 것이 분명해 보였다. 예지는 아무 도움도 주지 못하고 2캠프로 내려갈 수밖에 없었다.

그들은 그 비극에 큰 충격을 받았다. 그리고 바람이 조금 잠잠해진 12월 23일 스타니스와프에게 다시 올라가 그의 시신을 크레바스에 묻었다. 하지만 안드제이와 지가는 내려오지 않았다. 대신 그들은 4캠프로 올라갔다. 원정등반은 아직 끝난 것이 아니었다. 크리스마스이브인 그날 저녁, 안드제이는 베이스캠프로 무전을 해 '모든 사람의 해피 크리스마스'를 빌었다. 하지만 방금 전 친구 하나를 묻은 그들은 결코 행복할 수 없었다.

안드제이와 지가는 침낭 속에 드러누워 크리스마스이브의 저녁거리를 억지로 입안에 쑤셔 넣었다. 빨간 보르시치와 젤리를 섞은 과실이었다. 크리스마스 아침은 기온이 영하 46도에 달해 여전히 비우호적이긴 했지만 기적처럼 바람이 잠잠했다. 그들은 맑게 갠 하늘을 보고 마음이 설렜다. 그러나 물을 끓이는 데 3시간, 산소 호흡기의 끈을 잡아매고 언 밸브를 연결하는 데 2시간이 걸려 빨리 움직일 수 없었다. 2시간을 올라가니 검푸른 하늘을 배경으로 로체 정상이 보였다. 약간 앞서 있던 안드제이가 고도계를 살펴보았다. 8,250미터. 정상까지는 이제 260미터가 남아 있었다. 그때 갑자기 지가가 소리를 질렀다.

"안드제이, 우린 즉시 내려가야 해."

안드제이는 마스크를 옆으로 벗고 큰 소리로 되물었다. "왜 그래?"

"저기 웨스턴 쿰에서 일어나는 것을 보란 말이야. 돌아와!"

안드제이는 웨스턴 쿰을 내려다보았다. "분노와 절망의 감정이 온몸을 휘감았습니다." 후에 그는 말했다. "구름 기둥이 일어나 우리 쪽으로 빠르게 다가오고, 난폭한 돌풍이 우리를 향해 눈보라를 일으키고 있었습니다. 나는 피켈을 깊이 박고 죽을힘을 다해 양손으로 움켜잡았습니다. 얼음처럼 차가운 바람이 내 어깨로 파고들었고 눈이 얼굴에 온통 달라붙었습니다."[5] 천천히 그리고 조심스럽게 그 둘은 발자국을 더듬어 내려왔는데, 천만다행으로 산소마스크 덕분에 그들의 얼굴은 난폭한 눈보라의 직접적인 힘으로부터 보호받을 수 있었다. 4캠프에 도착한 그들은 만약 발길을 돌리지 않았다면 산의 아래쪽과 단절되는 좋은 기회가 되었을지도 모른다는 사실을 깨달았다. 산소가 떨어지면 얼어 죽을지도 몰라, 그들은 있는 힘을 다해 3캠프로 계속 내려왔다. "살아남기 위해 벌인 그 처절한 투쟁을 결코 잊을 수 없습니다." 안드제이가 그때를 회상하며 말했다. "가장 힘들었던 건 점점 더 심해지는 무기력감에서 빠져나오는 것이었습니다. … 오직 쉬고만 싶고, 움직이지 않고 드러누워 잠들고 싶었습니다."[6]

그날 밤 3캠프에 안전하게 도착한 두 사람은 다음 날 베이스캠프까지 내려왔다. 살아남았다는 안도감에 흥청거리는 대신 안드제이는 정상에 대한 아쉬움을 진하게 느꼈다. 식량과 에너지와 의지가 충분해 그 과업을 끝낼 수 있다는 자신감이 든 그는 1월까지 원정등반을 연장해달라는 요청을 카트만두로 보냈다. 카트만두는 그들의 요청을 거절했다. 그들의 데드라인은 12월 31일

1974년 폴란드 추계-동계 로체 원정대 대장 안드제이 자바다 (사진: 보그단 얀코브스키)

까지였고, 더 이상의 협상은 없을 것 같았다.

폴란드인들은 패배했다. 그들이 실패해서가 아니라 산에서 팀 동료를 잃었기 때문에. 그 비극은 대장인 안드제이의 책임이었다. 그는 관계 당국에 사고를 설명하고 원정을 정당화해야 했다. 스타니스와프가 로프에 매달려 죽은채 발견되었을 때부터 안나는 원정등반이 끝났다고 확신했다. 마지막 시도는한낮 희망일 뿐이었다. 후에 안드제이는 그 실패에 대해 이렇게 술회했다. "우리가 정상에 아주 가까이 다가갔었기 때문에 내 일생에서 가장 실망스러웠습니다."[7]

그럼에도 그 팀은 8,000미터 위까지 올라가, 동계 기록과 함께 히말라야 동계등반의 미래에 새로운 기준을 세웠다. 그리고 그 등반은 가능성의 한계를한껏 높이도록 안드제이에게 자신감을 심어주었다.

겨울에 로체 정상이 함락된 것은 그로부터 14년이 지난 후였다. 그 기간 동안 고소 동계등반의 세계도 많이 변했다. 폴란드 얼음의 전사들은 자신들이 영하의 날씨와 난폭한 고소 바람, 잔인할 정도로 짧은 낮과 어둡고 긴 겨울밤을 이겨낼 수 있다는 사실을 여섯 번도 넘게 증명해냈다. 자코파네 출신의 마치에이 베르베카는 8천 미터급 고봉 두 개를 동계 초등하는 기염을 토하면서 세 번째를 눈앞에 두고 있었다. 그의 조용하고 편안한 성격은 동계등반 대원들에게 언제나 환영받았고, 끈덕진 의지는 상상할 수 있는 최악의 상황 속에서도 그를 계속 앞으로 나아가게 만들었다. 유레크 쿠쿠츠카는 자신에게 주어진 겨울의 모든 것을 다룰 수 있다는 것을 세 번이나 보여주었다.

크지슈토프 비엘리츠키 역시 얼음의 전사였다. 그와 레셰크 치히는 1980년 에베레스트 동계 초등이라는 위업을 달성했다. 그와 유레크는 칸첸중가를 동계 최초로 올랐으며, 그는 안나푸르나에서도 대단한 노력을 쏟아부었다. 동계등반에 더불어, 크지슈토프는 브로드피크를 21시간 10분이라는 경이로운 기록으로 거의 뛰다시피 오르내렸을 뿐만 아니라, 마나슬루에서 신루트를 개척했고, 마칼루를 알파인 스타일로 올랐으며, 사람의 발길을 허용하지 않은 로체 남벽을 두 번이나 진지하게 도전했다. 그는 멋지게 늘어진 카이저수염(양쪽 끝이 위로 굽어 올라간 콧수염)과 두터운 눈썹에 선명한 눈꺼풀의 인상적인 외모를 지녔다. 그리고 부드러운 어조를 사용하지만 가끔은 심술궂은 농담을 구사하기도 한다. 그의 단단한 체구는 모두 근육이다. 그는 빨리 그리고 종달새처럼 가볍게 움직인다.

크지슈토프는 폴란드에서 가족과 함께 지내는 것만큼 히말라야에서 많은 시간을 보낼 정도로 산에 미쳤다. 그는 자신이 선택한 라이프 스타일의 결과를 누구보다도 잘 알고 있다. 그렇다 해도 그것을 바꿀 생각이 없다. "등반엔 희생이 뒤따르기 마련입니다." 그는 말한다. "그리고 보통 그 희생은 가족의 몫입니다. 나는 미안하고, 미안하고, 또 미안해야 합니다. 가족은 집에서 고통받고, 우리는 산에서 고통 받습니다." 그는 그런 고통 속에서도 일그러진 만족을 덤으로 느끼는 것 같다. "모든 게 뜻대로 안 될 때 기쁨을 경험하기 위해선 일종의 전사적 철학이 있어야 합니다." 그는 설명한다. "그래야 더 매력적이고, 그래야 더 흥미진진합니다."

벨기에 팀이 1988년의 에베레스트와 로체 동계등반 허가서를 확보했을 때 그들이 크지슈토프를 초청한 것은 놀라운 일이 아니었다. 물론 크지슈토프뿐만 아니라 레셰크 치히와 안드제이 자바다 역시 초청을 받고 동계등반 대원 명단에 이름을 올렸다. 벨기에 팀은 전략적이었다. 누가 얼음의 전사인지 아는 그들은 그중 몇몇을 팀에 합류시키고 싶어 했다. 초청장을 놓고 논쟁을 벌인 것은 안드제이였다. 그는 벨기에 팀이 겨울에 에베레스트를 등정하려고 두 개의 허가서를 담보로 트리오의 전문적인 기술을 이용할 것으로 생각했다. 다른 하나는 로체였다. 그 몇 해 전 로체에서의 패배를 잊지 못하는 그에게 이것은 두 번째 기회가 될 수도 있었다.

작은 문제가 하나 생겼다. 4개월 전 인도 가르왈의 바기라티에서 당한 등반 사고로 크지슈토프의 몸이 온전치 못했다. 의사의 진단은 명백했다. 가슴의 8번째 늑골이 압착되어 폐가 손상되었다는 것이다. 척추의 추가 손상을 막기 위해서 그는 움직이면 안 되었다. 크지슈토프에게 등반은 금지사항이었다. 그럼에도 그해 겨울 로체에 초청받자 그는 수락을 하고 나서, 손상된 척추를 강화하기 위해 특별히 주문한 코르셋을 찼다.

11월 10일 그 팀이 베이스캠프에 도착했을 때 크지슈토프는 폴란드인들의 전형적인 노력과 벨기에와 한국 원정대 간에는 차이가 있다는 것을 곧 알아차렸다. 돈이 많은 그들은 강력하고 경험이 많은 세르파를 고용해 아이스폴에 수십 개의 사다리를 설치했다. 하지만 세르파 락파 도르지*Lhakpa Dorje*가

벨기에 팀이 정상 도전에 나선 상황에서 비극적으로 사망하자, 그들의 원정등반은 빠른 속도로 중심을 잃었다. 철수를 준비하는 동안 그들 중 잉그리드 베이엔스*Ingrid Baeyens*만이 그곳에 남아 3명의 폴란드인들과 함께 로체에 도전하기로 결정했다.

그리하여 그들은 이제 4인조 팀이 되었다. 떠나는 벨기에인들이 남겠다는 셰르파들에게 일부 장비와 남은 식량을 주었지만, 아량을 베푸는 순간을 이용해 몇몇 셰르파들이 2캠프로 올라가 텐트와 식량과 장비를 모두 가지고 내려왔다. 크지슈토프는 그것을 우연히 알게 되었다. 소변이 마려워 새벽같이 일어난 그가 셰르파들이 베이스캠프를 떠나 아이스폴로 올라가는 장면을 목격한 것이다. 그는 그들을 따라잡지 못했지만, 2캠프에 도착하자 예상대로 그들은 텐트를 철수하고 있었다. 이제 원정대와 셰르파들 사이에 말씨름이 벌어졌다. 장비를 빼앗으려고 한 크지슈토프와는 물리적 충돌까지 벌어졌다. "다행히, 가장 필요한 장비 몇 개를 지켜낼 수 있었습니다." 크지슈토프는 말했다.[8]

1988년 로체 폴란드-벨기에 합동 동계 원정등반 중 베이스캠프에서 쉬고 있는 잉그리드 베이엔스와 크지슈토프 비엘리츠키 (사진: 크지슈토프 비엘리츠키)

코르셋을 찬 덕분에 크지슈토프의 부상당한 등이 점점 좋아졌다. "코르셋을 차고도 아무 문제없이 걸을 수 있습니다." 그는 이렇게 말하며 우스갯소리를 덧붙였다. "그걸 차니까 조금 따뜻하기도 했습니다."[9] 그렇다 해도 그는 여전히 무거운 짐을 져 나르고 가파른 얼음을 내려오는 고된 작업을 해야 했다. 로체 등반에서 이 두 가지는 필수였다. 그런데 문제가 더 생겼다. 잉그리드는 목구멍이 아파 고생하고 있었고, 레셰크는 감염을 막으려고 항생제를 먹고 있었으며, 안드제이는 권태의 초기 증상을 보였다. 등의 부상에도 불구하고 그나마 건강하고 체력이 좋은 사람은 크지슈토프였다. 날씨가 좋아진다는 일기예보가 나오자 그는 혼자서 오른다는 아이디어를 꺼냈다. 대원들은 동의했다. 크지슈토프의 말에 따르면 그것은 완전히 즉흥적인 계획이었다고 한다. "나는 컨디션이 좋았는데, 햇빛이 나면서 날씨도 좋아졌습니다. 산의 위쪽은 분명 바람이 불겠지만, 전형적인 허리케인은 아니었습니다."[10]

그리하여 크지슈토프는 로체를 혼자 오르기 시작했다. 자신 있게 산을 올라갔지만 실망스럽게도 3캠프에서 카메라를 잃어버렸다. 그는 그것을 셰르파들의 '캠프 털이' 탓으로 돌렸지만 꼭 그렇다고 확신하지도 못했다. 이제 그는 자신의 등반과 어쩌면 정상에서의 장면을 기록할 카메라도 없이 움직여야 했다. 그때는 등반가들이 증빙으로 정상 사진을 찍기 전이었지만, 그는 여전히 카메라가 없는 것을 아쉬워했다. "그 당시 우린 셀프 사진을 찍지 않았습니다." 크지슈토프는 설명했다. "우린 보통 파트너나 배낭을 찍었습니다. 이런 걸 할 수 없게 된 나는 내 눈을 이용하기로 했는데, 그것만큼 기록이 훌륭하거나 지형을 구체적으로 기억하는 것도 없었고, 그렇게 하면 정상에 갈 것이냐 말 것이냐 고민스러울 때 해답이 될 수도 있을 것 같았습니다."[11]

그가 정상에 가기로 한 날 출발이 좋지 않았다. 전날 밤 4캠프에서 수면제를 먹은 탓에 늦게 일어난 것이다. 하지만 일단 움직이기 시작하자, 간간이 얼음이 드러난 딱딱한 눈 위를 그는 재빨리 올라갔다. 피켈을 딱딱한 눈에 자신 있게 휘두르고 크램폰을 조심스럽게 디디면서 결코 빠르진 않지만 꾸준한 고소 리듬을 유지했다. 의지가 군건해지자 — 강력하다고 할 정도까지 — 그는 자신의 육체를 위로 몰아붙였다. "마침내, 난 마지막 레지를 지나 정상에 올라설 수 있었습니다. 그곳엔 봉우리가 두 개 있었는데, 큰 것이 왼쪽에, 작은 것이 오른쪽에 있었습니다. 난 그 사이에 있었지만 커니스의 붕괴를 의식해 어느 곳으로도 올라서지 않았습니다."[12]

그 장면을 기억해두고, 정상으로 이어지는 쿨르와르에서 돌멩이 몇 개를 주워 담은 뒤 폴란드 국기를 눈 위에 꽂은 크지슈토프는 모든 기대가 이루어지고 세상이 완벽한 순간에 느끼는 최고의 만족을 정지 화면으로 만끽했다. 하지만 그것도 순간이었다. 늦게 출발하는 바람에 일몰 두어 시간 전에야 정상에 도착해서, 이제는 오직 하나, 즉 3캠프에 있는 텐트만 생각하며 재빨리 내려가야 했다. 이제 크지슈토프는 통증을 느끼기 시작했다. 그의 코르셋은 등반 중 훌륭한 역할을 해냈는데, 그는 이렇게 회상했다. "내려가려니까 딱딱한 사면이 문제가 되었습니다. 내려갈 때는 발을 더 세게 디뎌야 하니까요. 마치 누군가 나를 뜨거운 막대로 때리는 것처럼 골절 주위가 타는 듯한 느낌이 들기 시작했습니다."[13]

그는 겨우 열이나 열다섯 걸음을 내딛고 나서 피켈을 눈 위에 박고 그곳에 기대어 숨을 헐떡거렸다. 그렇게 쉬는 사이 자주 의식이 몽롱해지기도 했다. "믿을 수 없는 느낌이었습니다." 그는 말했다. "잠이 들면 고통이 천천히 사라집니다. 사람은 그런 기분 좋은 감정에 굴복하게 됩니다. 그러면 그건 이제 모든 게 좋아져 고통이 끝난다고 생각하도록 안심시켜 잠에 빠지게 만듭니다. 따뜻하고 부드럽습니다. 사람들이 저체온증으로 죽어갈 때 느끼는 감정과 비슷할 겁니다."[14] 그럴 때마다 그는 피켈로 사면에 매달리며 패닉의 순간에 느끼는 몽상을 떨쳐냈다. 피켈의 손잡이를 단단히 잡은 그는 심연 속으로 미끄러지지 않는 것에 안도했다. 그러자 고통스러운 시련이 처음부터 다시 시작되었다. 열 걸음 더, 표면을 태우는 듯한 고통, 피켈에 기댄 채 잠깐 동안의 휴식, 이번에는 더 길게, 10분 남짓, 그리고 잠이 든다. 아! 달콤한 잠.

크지슈토프의 고통스러운 하산을 지켜보던 1980년의 에베레스트 정상 파트너 레셰크는 그의 느린 속도에 깜짝 놀랐다. 걱정이 된 그는 옷을 입고 크지슈토프를 도우려 3캠프로 올라가기 시작했다. "누군가 올라오는 모습이 보였을 때 난 살았다고 생각했습니다." 크지슈토프가 시인하듯 말했다. "육체적으론 아무런 차이가 없었지만 정신적 효과는 놀라웠습니다."[15] 크지슈토프가 3캠프의 텐트에 도착하자 레셰크는 이미 그곳에서 마실 것을 만들고 있었다. 후에 크지슈토프는 그가 잉그리드이기를 바랐다고 농담조로 말했다. 하지만 사실을 말하자면 크지슈토프에게 레셰크는 큰 위로가 됐다. 그는 침낭 속으로 기어들어가 차 한 잔을 받았다.

"여기, 이거 마셔. 그럼 몸이 따뜻해질 거야." 레셰크가 말했다. 그러나 저체온증의 초기 증상을 보인 크지슈토프는 손을 심하게 떨어 컵을 잡을 수 없었다.

"마실 수 없어. 쏟을 것 같아."

"다시 해봐. 마셔야 해." 결국 그는 떠는 것을 멈추고 레셰크가 지켜보는 가운데 잠에 빠져들었다. 새해 전날 밤이었다.

후에, 크지슈토프의 등정 소식이 신문에 나자, 그의 의사는 그가 자신의 충고를 무시했다는 것을 알게 되었다. 기분이 상한 그는 크지슈토프를 보고 '멍청한 놈'이라고 욕했다. 과거를 회상하던 크지슈토프는 그의 말에 동의하는 것 같았다.

몇 년 후, 그 당시 고소 동계등반의 선구적 전문가였던 이탈리아 알피니스트 시모네 모로는 크지슈토프의 로체 등반과 그 이전 몇 개의 동계등정이 천문학상(절기상)으로 규정한 동계(12월 21일부터 3월 21일까지)를 벗어난 시기에 작업을 했기 때문에 자격이 없다고 단언하며 비판하고 나섰다. 로체의 경우는 11월에 베이스캠프에 도착했다는 것이 그 이유였다. 크지슈토프는 자신의 12월 31일 정상 등정이 겨울이 아니라고 하긴 힘들다고 지적하면서 재빨리 방어에 나섰다.

시모네는 진정한 동계등반으로 인정받으려면 12월 21일 이전에 산에서 활동하면 안 된다고 주장했다. 그의 주장대로라면 폴란드인들이 해낸 마칼루, 다울라기리, 로체와 칸첸중가 동계초등은 모두 자격을 상실하게 된다. 그는 이런 등정들을 '동계 시즌에 완전히 다하지 못한 여행'의 범주에 넣었다. 하지만 시모네는 등반이 이루어진 시기인 1980년대의 맥락적 중요성을 잘 알고 있었으며, 자신이 따르고 있는 '규정'이 고산 동계등반의 '현대' 시기에 맞는 가이드라인이라는 사실을 충분히 인정할 만큼 외교적이었다. 동계의 날짜에만 지나치게 집착하는 것은 등반을 '더 깨끗한' 스타일, 즉 알파인 스타일이냐, 아니면 이전의 원정대들이 흔히 사용한, 고정로프를 설치하고, 셰르파의 도움을 받고, 미리 캠프를 치는 등의 극지법이냐를 따지는 것과 비슷하다.

이 비판을 되돌아보던 크지슈토프는 소규모 팀이 알파인 스타일로 동계등반을 해야 한다는 그의 견해를 존중하긴 하지만, 그 사이에 스타일에서 많은 변화가 있었다고 설명했다. 그런 것 중 하나가 바로 통신수단이었다. 외부 세계와의 믿을 만한 교신과 놀랄 만큼 정확한 기상예보는 고소등반, 특히 겨울 시즌의 물류에 혁신을 가져오면서 산에서 행동에 나설 특정한 날짜 또는 하루 중의 시간까지도 정교하게 정하는 것을 가능하게 했다. 안드제이 자바다가 히말라야 동계등반을 처음으로 이끌었을 때 그는 14명의 대원을 선발했는데, 그들 모두로 정상 공격조를 짜려는 의도가 아니라, 각 캠프에 분산해 있으면서, 궁극적으로는 최종캠프에 적어도 두 명을 올려 좋은 날씨를 기다리도록 할 작정이었다. 그런 접근은 거의 무작위에 가까웠으나, 그때는 날씨가 좋을 때 정상으로 치고 올라갈 수 있는 적정한 자리에 대원들을 대략적으로 배치하는 것이 유일한 방법이었다. 그리고 겨울에는 기회가 적었다. 날씨의 예측 정확도가 개선되자 이제는 베이스캠프에서 비교적 편안하게 쉬면서 좋은 날씨를 기다릴 수 있게 되었다. 이 전략은 훨씬 더 적은 등반가들만이 필요하다는 의미였다.

"시모네는 늦게 태어났습니다. 그래서 그는 차이점을 모르고, 30년 전에 등반된 루트와 오늘날의 루트에 같은 잣대를 들이댑니다." 크지슈토프는 말했다. "그건 의심할 여지없이 반역사적 사고방식의 실수입니다." 그리고 그는 이렇게 덧붙였다. "그가 이렇게 하는 게 언론 플레이라는 걸 완전히 배제할 순 없습니다. 라인홀드 메스너 같은 사람은 더 잘 이해하는데, 그는 종합적으로 생각하고 역사적으로도 준비가 되어 있기 때문입니다."[16] 등산역사를 이해하려면 등반이 행해진 시대, 가능했던 장비와 기술, 그리고 가장 중요하게는 등반 자체에 대한 지식의 부족을 고려하는 맥락적 접근방식이 필요하다. 초기의 동계등정은 모두 커다란 의문부호가 달렸다. 그것들이 정말 이루어졌을까? 아는 사람은 아무도 없었다. 그런 등반들은 모험의 진정한 본질이었다. 미지의 영역 안으로 들어가는 탐험이랄까.

안드제이 자바다는 로체 등정의 유효성을 믿어 의심치 않았고, 1974년부터 자신이 그리기 시작한 둥근 원의 완결로 여겼다. 그의 팀은 로체 정상에 오르는 데 실패했다. 하지만 1988년 그 일이 완성되었다. 그리고 그런 일이 일어나도록 돕는 자리에는 항상 그가 있었다.

━━━

그 후 몇 년 동안, 거의 상상이 안 갈 정도로 가파르고 악명 높도록 어려운 남벽을 단독으로 시도한 두 번을 포함해, 로체에서는 여섯 팀 이상이 동계등반을 시도했다. 프랑스의 단독 등반가 마르크 바타르는 1989년 11월 7,900미터까지 올라갔다가 후퇴했고, 역시 프랑스인인 크리스토프 프로피Christophe

*Profit*도 12월 하순 7,300미터까지 올라갔지만 포기했다. 그들의 목표를 지나친 야망이라 부를 수 있을까? 겉보기에는 무적일 것 같은 1989년의 예지 쿠쿠츠카를 비롯해 많은 사람들이 봄과 가을 시즌에 로체 남벽에 도전했다 목숨을 잃었다. 그 남벽의 높은 곳에서 치명적으로 추락한 예지의 비극은 산악계를 충격에 빠뜨렸으며, 많은 고소 등반가들로 하여금 자신들은 고소에서 죽지 않는다는 생각을 재고하도록 만들었다.

무시무시한 이 벽에서 거의 성공을 거둘 뻔한 팀들은 극지법을 사용한 아시아 팀들이었다. 2001년, 일본의 선구적 고소등반 전문가인 다나베 오사무田邊修가 이끄는 일본산악회 도카이東海 지부 팀은 7,600미터까지 진출했지만, 12월 22일 결국 후퇴하고 말았다. 오사무를 필두로 그들은 2003년에 다시 돌아왔다. 그는 그 벽에서 가장 위험한 것이 낙석이라고 말했다. "가능성이 있는 위험을 피하기 위해 끊임없이 올려다봐도 검푸른 하늘에서 낙석이 총알 같은 소리를 내며 언제나 떨어져 내렸다."[17] 12월 5일 그들은 이전의 최고점을 넘어서 7,850미터에 3캠프를 설치했다. 그들은 그곳에서부터 정상 도전에 나설 수 있기를 바랐다. 기온은 영하 35도였다. 하지만 그들 이전의 많은 사람들이 알아차린 것처럼, 남벽의 하단부도 사뭇 도전적이고 끔찍하게 위험하지만 진정 어려운 곳은 8,000미터 부근이었다. 그곳은 상당한 기술을 요하고, 가파른 데다 바위들이 헐겁고, 노출이 아찔하며 손발이 마비될 정도로 고도가 높다. "그 벽에서 가장 어려운 곳은 사실 그곳부터 시작된다." 오사무는 이렇게 기록했다. "우리는 그 사실을 몰랐다."[18] 그들은 8,250미터까지 도달하는 기염을 토했지만 결국은 돌아서야 했다.

일본인들은 장엄한 그 남벽을 결코 포기하지 않았다. 2006년 겨울, 그들은 한국 팀과 함께 똑같은 루트를 따라 등반하려고 다시 돌아왔다. 그들은 힘을 합쳐 번갈아가며 루트를 치고 올라갔고 고정로프를 설치했다. 그늘에서 작업해야 하는 아침 시간은 참을 수 없을 정도로 추웠다. 매일 정오쯤 되면 태양이 지나가면서 꽁꽁 언 손발에 간절히 필요한 따뜻함을 느낄 수 있었지만, 그런 때는 치명적인 낙석의 일제사격과 위협적인 눈보라의 파도가 일어났다. 게다가 시속 70킬로미터의 강풍은 그들의 균형을 무너뜨리고, 공중으로 낙석을 날리고, 눈사태를 유발했다. 한국 알피니스트 안치영은 그것을 '등반 지옥'으로 묘사했다.

12월 27일, 야마구치 다카히로山口貴弘와 셰르파 펨바 초티Pemba Chhoti와 오사무는 로체의 정상 능선인 남벽의 꼭대기까지 올라갔다. 그곳은 8,475미터였고 시간은 오후 3시 35분이었다. 오사무는 이렇게 썼다. "마침내 우리는 로체 남벽의 동계등반을 완성했다. 그 순간 나는 너무나 감격했다. 나는 내 꿈을 이루었다."[19]

비록 정상은 아니었지만 계속 가는 것은 적절치 않았다. 마지막 41미터의 고도를 올리기 위해서는 능선을 따라 적어도 200미터의 까다로운 구간을 오르락내리락해야 했는데, 그것은 거의 불가능한 일이었다. 고산에서의 인상적인 다른 등반, 즉 벽의 꼭대기에는 도달했지만 실제적으로는 정상까지 가지 않은 등반과 비슷하게 오사무는 자신들이 성공했다고 자부했다. 전설적인 히말라야 등반 기록가 엘리자베스 홀리는 그것을 로체 동계등정으로 인정하지 않았고, 영국의 역사가 린제이 그리핀Lindsay Griffin 역시 그녀의 말에 동의하면서 이렇게 썼다. "2001년과 2003년의 네팔 동계 시즌에 오사무가 이끄는 일본 팀이, 비록 시간이 늦어 정상에서 겨우 41미터 아래에 불과한 정상 능선의 한 지점에서 후퇴할 수밖에 없었지만, 로체(8,516m)의 거대한 남벽을 동계 초등하는 데 성공했다."[20]

8개의 팀이 로체 동계등반에 도전해, 일부는 거의 성공할 뻔하기도 했고, 위험스럽기 짝이 없는 로체 남벽에서 인상적인 등반도 해냈지만, 폴란드의 날쌘 알피니스트 한 사람만이 혼자서 보조 산소도 없이 코르셋을 차고 정상에 올랐다.

이탈리아인

역사는 과거에 일어난 일이 아니다.
그것은 판단과 기회의 난파선으로부터 살아남은 것이다.

마리아 포포바*Maria Popova* 『판단*Figuring*』

시샤팡마 — 8,027m

1988년 크지슈토프 비엘리츠키가 로체를 등정하고 나서, 열여섯 번의 긴 겨울이 지난 후 또 하나의 8천 미터급 고봉이 한겨울에 등정되었다. 그동안 등반가들이 노력을 기울이지 않은 것은 아니었다. 전 세계에서 수십 개 팀이 고산의 겨울에서만 겪을 수 있는 고통을 찾아 히말라야와 카라코람을 여행했다. 어떤 사람들은 동계 초등, 또 다른 사람들은 동계 신루트, 혹은 동계 알파인 스타일이나 동계 단독에 도전했다. 프랑스, 이탈리아, 폴란드, 한국, 일본과 스페인의 우수한 등반가들이 희박하고 차가운 공기와 신체를 약화시키는 바람 속에서 자신들만의 기회를 노렸다. 그들은 스포츠의 상업화로 히말라야 등반이 인기를 끌면서 사람들이 몰려들자 한적한 겨울을 선택했다. 겨울의 그곳은 정말 한적하고 적막하다.

　　그 당시 에베레스트와 안나푸르나는 동계등반 시도로 사람들이 시끌벅적했지만, 해발 8,027미터로 8천 미터급 고봉 중 가장 낮은 시샤팡마는 큰 인기를 끌지 못했다. 유력한 이유 중 하나가 티베트를 통해 접근해야 한다는 것인데, 중국으로부터 허가서를 받는 데 필요한 비용이 만만치 않았다. 그 산의 지형 또한 동계 전문가들의 의지를 꺾었다. 여름에도 많은 등반가들은 8,008미터의 중앙봉을 등정하고 나서 발길을 돌리는데, 고도가 19미터 더 높은 주봉에 가려면 힘들게 2시간을 더 걸어 정상 고원을 가로질러야 하기 때문이다. 여름에도 만만치 않은데 겨울의 울부짖는 고소 바람은 이 정상 고원의 등반을 불가능하게 만들었다. 두 개의 원정대가 시샤팡마를 겨울에 도전하겠다고 나섰는데, 우연의 일치로 그들은 같은 해를 선택했다.

시샤팡마는 산 전체가 티베트에 위치한 유일한 8천 미터급 고봉이다. 그래서 중국-티베트 원정대가 1964년 초등을 하고 나서야 중국은 외국 원정대에 허가서를 내주기 시작했다. 그 산은 넓게 퍼져 있어 북서면에 있는 루트를 통하면 8천 미터급 고봉 중 등정이 가장 쉬운 곳으로 알려져 있다. 그 산의 남벽은 훨씬 더 가파른데, 이탈리아의 알피니스트 시모네 모로의 시선을 사로잡은 곳이 바로 그곳이었다. 그리고 무엇보다 중요한 것이 그곳은 해가 든다는 것이다.

시모네는 아나톨리 부크레예프와 디미트리 소볼레프가 눈사태로 죽은 1997년 안나푸르나의 비극적인 시도에서 동계등반이 어떤 것인지 이미 터득해 알고 있었다. 그리고 그는 동계등반에 대한 가장 확실한 전문지식이 폴란드인들에게 있다는 사실을 인정했다. 사실 한 번에 몇 개월씩 비인간적인 환경을 견디는 그들의 능력을 따라잡을 수 있는 사람은 기의 없었다. 그리하여 시모네는 폴란드인 넷이 포함된 원정대에 참가할 기회를 놓치지 않았다. 표트르 모라브스키*Piotr Morawski*, 다레크 자워스키*Darek Załuski*, 야체크 야비엔 *Jacek Jawien*과 얀 슐츠*Jan Szulc*가 그 넷이었다. 다레크 자워스키는 동계 고소 등반의 경험이 가장 많았다. 1959년생인 다레크는 원조 얼음의 전사 세대와 대부분이 동계등반에 큰 관심을 보이지 않는 폴란드의 젊은 등반가들 사이에서 가교 역할을 했다. 삐쩍 말라 흐느적거리듯 움직이는 다레크는 낭가파르바트에서 안드제이 자바다, 마칼루와 K2 그리고 다시 낭가파르바트에서 크지슈토프 비엘리츠키와 함께 등반하며 촬영을 맡았었는데, 모두가 동계등반이었다. 그는 가셔브룸2봉, 초오유, 로체를 여름 시즌에 등정하기도 했다. 다레크

2004년 시샤팡마 동계등정 첫 번째 시도를 위해 베이스캠프로 향하는 폴란드-이탈리아 원정대
(사진: 다레크 자워스키)

는 고소에서 편안함을 느끼는 인물이었다. 그보다 열일곱 살이나 어린 표트르 모라브스키는 짧은 기간 동안 8천 미터급 고봉 6개를 올랐을 정도로 정신력과 기술을 가진 대단한 경력의 소유자였다. 시모네는 그와 함께 등반하게 된 것을 행운으로 생각했다.

티베트에 도착한 그들은 영국 알피니스트 둘이 11월부터 그 산에 머물렀다는 사실을 우연히 알게 되었다. 빅터 손더스Victor Saunders*와 앤디 파킨Andy Parkin이 6,500미터까지 올라갔지만 발길을 돌렸고, 12월 중순이었던 그때는 이미 고국으로 향하고 있었다. 세부적인 것, 특히 동계등반의 정의에 대해 까다로운 시모네는 주저하지 않고 다음과 같이 판정했다. "그 원정등반을 동계 등반으로 간주하긴 어렵다. 세상이 변하지 않는다면 겨울은 12월 21일부터 시작된다."[1]

* 2020년 영국산악회장에 취임한 산악인 |역주

2004년 폴란드-이탈리아 원정대의 첫 시샤팡마 동계등정 시도 당시 대원들이 베이스캠프에서 크리스마스를 즐기고 있다. (사진: 표트르 모라브스키)

둘씩 짝을 이룬 그들은 번갈아가며 남벽에 고정로프를 설치했다. 그리고 1캠프와 2캠프, 마침내는 3캠프를 7,100미터에 설치했다. 1캠프 위쪽은 시종일관 가팔랐다. 2캠프의 얼음 턱은 너무 좁아 텐트의 3분의 1이 허공에 매달렸다. 사실 나머지 3분의 2는 대지에 붙어 있었지만 거의 매달리다시피 한 비박에 그들은 앵커를 설치하지 않았다. 3캠프 역시 위태롭기 짝이 없었고 기온이 영하 40도에 달했지만, 그곳은 시모네와 표트르가 첫 정상 도전에 나설 수 있는 완벽한 발사대를 제공했다. 3캠프 위쪽은 바람으로 반들반들해진 얼음, 굴러 내리는 바위, 작은 눈 조각으로 된 깔때기 모양의 쿨르와르였다. 여기까지 교대로 선등을 선 표트르가 이제 앞으로 나서서 시야에서 사라지더니 시모네의 손에 들린 무전기가 갑자기 살아났다.

"시모네, 올라와요! 마침내 쿨르와르를 벗어나 햇빛이 비치는 능선에 올라섰어요. 이곳은 기가 막힙니다!"

안심한 시모네가 응답했다. "좋아, 올라갈게!"[2]

파노라마는 환상적이었다. 하지만 앞이 넓게 트이자 제트기류에 노출되었다. 그들은 시속 150킬로미터의 바람과 영하 52도까지 내려간 기온 속에서 여전히 500미터를 더 가야 했다. 표트르와 시모네는 바람을 버티며 힘겹게 싸웠다. 7,750미터에서 시모네는 시계를 들춰 보았다. 오후 3시 30분. 그리고 정상까지는 270미터. 시간을 확인하면서도 아무 말도 하지 않는 그를 표트르가 쳐다보았다.

"1시간 반이면 어두워질 거야." 시모네가 말했다.

그러자 둘 중 경험이 더 적은 표트르가 질문으로 응답했다. "어떻게 하지요?" 시모네는 정상을 올려다보았다.

그런 다음 표트르를 되돌아보았다. 표트르는 애원하다시피 말했다. "난 정말 저 위로 올라가고 싶어요. 거의 다 끝냈잖아요." 하지만 이성과 경험의 목소리가 더 컸다.

"우린 즉시 돌아서야 해." 시모네가 말했다. "우린 쿨르와르 전체를 내려가야 하는데, 아마 어둠 속에서 해야만 할 거야."**3**

그들은 그곳에서 서로를 껴안고 축하를 나누었다. 그리고 헤드램프에서 나오는 작고 동그란 불빛을 따라 조심스럽게 긴 하산을 해나갔다. 그들이 텐트로 돌아왔을 때는 사방이 컴컴한 암흑이었다. 표트르는 그다음 날 베이스캠프로 내려갔고, 다레크는 시모네와 함께 정상 도전에 나섰다. 하지만 그 시도 역시 폭풍이 몰려와 헛수고가 되었다. 그들은 아주 감질이 날 정도로 정상 근처까지 올라갔지만, 원정등반은 그렇게 끝나고 말았다.

1년 후 같은 팀이 사샤팡마로 돌아왔다. 한 번 더 시모네는 비 폴란드인으로 그 등반에 참가했다. 다레크는 세계적으로 유명한 '외국인'이 팀에 있는 것을 좋게 생각했다. "시모네가 동계등반을 시작해 다들 반기는 분위기였습니다."

그는 자신들이 폴란드인이기 때문에 폴란드인들에게는 자신들의 업적이 대수롭지 않게 받아들여지는 경향이 있다고 말했다. 시모네는 자신이 '외국인'의 지위라는 것을 잘 알고 이렇게 썼다. "사실대로 말하면, 8천 미터급 고봉의 동계등반에서 비 폴란드인 등반가가 수직의 역사라는 이 작은 페이지를 장식할 여지는 여전히 있었다."[4] 그리고 시모네는 그 페이지를 장식하고 싶어 했다.

그 팀은 네팔에서 트레킹을 하며 고소적응을 하고 나서 티베트의 시샤팡마 밑으로 천천히 들어가 진정한 동계등반의 규정을 따르기 위해 12월 21일 이후부터 등반을 시작하기로 했다. 네팔에 있을 때 그들은 프랑스의 엘리트 알피니스트 장-크리스토프 라파이유*Jean-Christophe Lafaille* 역시 그 산을 동계 등정할 계획을 세우고 있다는 사실을 알게 되었다. 그것도 혼자서.

JC로 알려진 그는 뛰어난 솜씨를 가진 올라운드 플레이어였다. 국제적으로 인정받는 등산 가이드, 최고 수준의 암벽 등반가, 실력을 유감없이 드러내는 고소 산악인이었다. 그중 가장 유명한 것이 1992년의 안나푸르나 등반이었는데, 그때 그는 그 남벽에서 팔이 부러진 채 홀로 탈출해 세계 산악인들로부터 특별하고 별난 사람이라는 취급을 받았다. 키가 150센티미터를 조금 넘을 정도로 작달막한 JC는 결코 어설픈 사람이 아니었다. 그리하여 폴란드-이탈리아 팀은 그 산의 동계 초등을 그에게 빼앗길까 봐 불안해했다.

그들은 JC가 11월 말 그 산에 도착해 12월 초에 단독등반을 감행할 계획이라는 것도 알게 되었다. 한 번 더 시모네는 동계의 규정을 들먹였다. "만약 겨울이 12월 21일에 시작된다면, 난 적어도 그 이전엔 베이스캠프에 들어가지 않을 겁니다." 그는 말했다. "그건 단지 날짜에 대한 문제가 아닙니다. 실제로 12월의 첫 두 주까진 날씨가 아주 좋습니다." 만약 12월 초에 도착하면 캠프나 고정로프의 설치 등 모든 것을 아주 긍정적인 조건 속에서 할 수 있다는 점을 분명히 한 것이다. "그 후가 되면 모든 게 거의 지옥이라 할 수 있을 정도로 복잡해집니다. 눈이 쌓여 작업을 제대로 할 수 없고, 추위로 손발이 꽁꽁 얼어붙고, 바람으로 베이스캠프를 설치하는 것조차 모험이 되고 맙니다." 그는 이렇게 설명했다. "그래서 12월 21일이라는 문제는 노이로제에 걸린 완벽주의의 경우가 아닙니다. 오히려 그건 존중받고 받아들여만 하는 실제적 사실입니다."[5] 폴란드 파트너들도 그의 주장에 동의해, 그들은 그 산으로 재빨리 들어가 JC와 경쟁하기보다는 자신들의 최초 계획을 고수하기로 했다.

JC 역시 마찬가지였다. 그는 11월 14일 베이스캠프에 도착해 12월 8일까지 고소적응을 한 후 다음 날 등반에 나섰다. 그는 12월 11일 오전 11시 30분 정상에 올라섰다. 그는 이렇게 회상했다. "나는 기고만장하는 대신, 손과 온몸에 파고 든 추위와 내 앞에 놓인 하산에 집중해야 했습니다."[6] 이전의 완벽한 날씨가 변해 산이 어둡고 두꺼운 구름에 휩싸였다. 눈이 내리고 바람이 불더니 마치 JC의 하산을 시험이라도 하려는 듯 눈이 더 내렸다. 그는 다운클라이밍을 하고 로프 하강을 하면서 수천 미터를 재빨리 내려와 12월 12일 베이스캠프에 도착했다. "내 프로젝트는 시작할 때와 마찬가지로 무한한 고독 속에 끝났습니다." 그는 말했다.[7]

훌륭하긴 했지만, 그의 부인 카티아Katia를 제외하고 그것을 동계등정으로 여기는 사람은 거의 없었다. 그것은 크지슈토프 비엘리츠키의 분노를 불러일으켰고, 그는 JC의 주장을 논박하는 글을 『아메리칸 알파인저널American Alpine Journal』에 실었다. 그의 관점 역시 시모네의 주장과 매우 비슷했다. 그는 자신의 글을 이렇게 마무리했다. "그리하여, 나는 라파이유가 진정한 겨울의 조건보다는 훨씬 더 좋은 가을의 조건 속에서 등반했다고 생각한다."[8] 사실은 사실이고, 겨울은 겨울이다.

시모네와 3명의 폴란드인들은 12월 23일 베이스캠프에 도착해, 그 전해와 마찬가지로 둘씩 짝을 이루어 교대로 작업했다. 다레크와 야체크, 시모네와 표트르. 그들은 다시 위로 올라가 ABC와 6,500미터에 1캠프, 7,000미터에 2캠프를 설치했다. 이때가 되자 산은 잔혹한 겨울 속으로 빠져들었다. 그리고 강풍이 불어 몹시 추운 날을 더욱 비참하게 만들었다. 구원의 자비는 태양이었지만 높이 올라갈수록 바람이 더욱 거셌다. 가파른 상단부 사면에 설치할 로프를 구겨 넣어 흉측한 모습으로 변한 배낭의 무게와 싸우면서 그들은 한 발을 내디딜 때마다 균형을 잡는 데 온 신경을 집중해야 했다. 한 번에 100미터씩, 크램폰으로 바위를 긁어대고 얼음덩어리에 피켈을 내리칠 때마다 그들의 거추장스러운 옷은 움직임을 방해했고, 커다란 고글은 시야를 제한했으며, 폐는 희박한 공기를 들이마시느라 들썩거렸다. 시모네가 표트르를 촬영하고 있을 때 그의 외침이 들렸다. "시모네, 올라와요. 마침내 능선에 도달했어요!"[9]

두 번째로, 그 둘은 시샤팡마의 정상 능선 위에 있었다. 하지만 이번에는 그들에게 텐트가 있었다. 그 전해의 교훈으로부터 깨달은 그들은 정상까지의 거리와 시간을 줄이기 위해 7,350미터의 능선 위에 텐트를 치기로 계획했다. 그러나 바람이 문제였다. 텐트를 겨우 일부만 펼친 후, 표트르는 망각의 세계로 날려가지 않기 위해 안으로 기어 들어갔고, 시모네는 조금이라도 더 단단히 하기 위해 배낭을 집어던졌다. 그들은 텐트를 최대한 안전하게 한 후 그날 밤을 보내기 위해 그 안에 자리 잡았다. 다음 날 아침에 베이스캠프로 내려가 마지막 정상 도전을 앞두고 휴식을 취할 작정이었다.

시모네도 표트르도 잠을 자지 못했다. 쉬지 않고 불어대는 바람에 텐트 천이 파닥거렸다. 불면증에 시달린 시모네는 상체를 일으켜 한 손을 따뜻한 침낭에서 빼낸 다음 텐트의 지퍼를 조금 열고 밖을 내다보았다. 별이 총총히 박힌 하늘이 희미하게 빛났고, 비록 여전하긴 했지만 견딜 수 있을 만큼 바람이 잠잠해진 것 같았다.

"표트르, 자고 있니?"

"아니, 왜 그래요?"

"하늘에 별이 보이고, 바람이 여전히 강하긴 하지만 더 세질 것 같지 않은

데… 내일 정상 도전에 나서면 어떨까? 어떻게 생각해?"

"나도 혼자서 그렇게 생각하고 있었어요." 표트르가 대답했다. "나도 잠을 자지 못했어요. 그런 생각으로 머릿속이 복잡해서."[10]

이제 침낭에서 일어나 앉은 그들은 조금 흥분한 상태로 머리를 맞댔다. 6시에 일어나 카메라와 비디오 레코더만 달랑 들고 가면 어떨까? 그렇다면 배낭의 무게로 짓눌릴 일도 없을 터였다. 고소적응이 완전히 끝나지 않아, 정상에 오른 후 어둡기 전에 텐트로 돌아오려면 서둘러 움직여야 했다.

다음 날 아침, 그들은 오전 6시에 능선을 출발해 번갈아 가며 길을 뚫고 앞으로 나아갔다. 그들이 고도를 높여갈수록 몹시 찬 공기가 쪼그라든 폐를 태우다시피 했다. 그리고 숨을 몰아쉬기 위해 피켈 위로 몸을 구부릴 때마다 쉬는 시간이 길어졌고, 다음번까지의 발자국 수가 줄어들었다. 그들 앞에 완만하게 솟아오른 능선과 그 위에 불쑥 튀어나온 봉우리가 보였다. 정상인가? 힘이 난 그들은 그곳으로 올라갔지만 능선이 계속되고 있다는 사실만 알게 되었다. 정오에 바람이 더 세지더니 돌풍으로 변하면서 능선을 강타해 하얀 눈처마 위에서 소용돌이를 일으켰다. 그들은 이제 강한 돌풍이 불면 쉬고, 소강 상태로 접어들면 움직이는 리듬을 따랐다. "위를 올려다보지 않고 고개를 숙인 채 우리는 마지막 발걸음을 옮겼습니다." 시모네가 그때를 회상하며 말했다. "우리는 갑자기 우리 앞에 펼쳐질 광경을 즐기고 싶었습니다."[11]

1월 14일 오후 1시 15분, 표트르와 시모네는 영하 52도와 시속 115킬로미터의 돌풍 속에 시샤팡마 정상에서 서로를 끌어안았다. "그토록 명백하게 쓸모없고, 그토록 위험하고, 그토록 어리석은 어떤 행위가 주는 커다란 기쁨이 이루 말할 수 없었습니다." 시모네는 말했다. "우리를 둘러싼 건 아스라이 펼쳐진 수많은 산들과 무한한 힘과 고요였습니다. 첫 번째 돌풍에 지워질 발자국과 희박한 공기 속으로 사라질 눈물과 결코 세상을 바꾸지 못할 이야기들. 이런 봉우리들을 오른다는 게 너무나 불합리하고, 겨울에 이런 행위를 하

2005년 시샤팡마를 동계 초등할 때 정상 직전의 시모네 모로 (사진: 표트르 모라브스키)

[위] 폴란드의 히말라야 등반가 표트르 모라브스키. 그는 2005년 1월 14일 시모네 모로와 함께 시샤팡마를 동계 초등했다. (사진: 다레크 자워스키) [아래] 2005년 1월 14일 표트르 모라브스키와 시샤팡마를 동계 초등한 시모네 모로가 정상에서 포즈를 취하고 있다. (사진: 표트르 모라브스키)

는 게 정신 나간 짓처럼 보였습니다. 하지만 난 이 놀라운 등정을 통해 내가 생생하게 살아 있으며, 필연적으로 내가 내 인생의 주인공이라는 사실을 느꼈습니다. 나는 죽다가 살아나고, 노예에서 해방된 사람이 되었습니다. 알피니즘이 나를 함정으로 몰아넣었는데, 내가 그것으로부터 가까스로 탈출한 것처럼."[12] 뼛속을 파고드는 추위에도 불구하고, 그들은 정상에서 사진과 영상을 찍고, 무한히 펼쳐진 광경을 음미하며 15분간 머물렀다.

정상을 떠나기 전 그들은 베이스캠프와 무전을 시도했지만 신호가 너무나 약해 그대로 내려왔다. 사실 그들은 뛰다시피 했다. 텐트에 도착한 후에는 그 속으로 쓰러지듯 들어가 곧바로 눈을 녹여 따뜻한 액체를 몇 모금 마셨다. 그것은 그날 아침 일찍 그들이 텐트를 떠난 후 처음 마시는 것이었다. 그때 무전기가 지지직거렸다. 다레크였다.

"오늘 어땠나? 무얼 했어?" 다레크가 물었다.

"오늘은 아주 좋았습니다. 우린 정상에 갔습니다." 표트르가 명랑하게 응답했다.

"뭐라고? 그게 사실인가?" 다레크가 소리쳤다. "끝내주는군. 축하한다. 대단해. 놀랍다. 놀라워!"[13]

다레크와 야체크는 다음 날 정상 도전에 나설 계획이었다. 그리하여 시모네와 표트르는 그들과 6,700미터 부근에서 만났다. 둘은 정상에 가기를 희망하면서 올라가고, 다른 둘은 지친 몸을 이끌고 아래로 내려가면서. 그런데 날씨가 나빠지고 있었다. 눈과 진눈깨비와 더 거세진 바람. 정상은 곧 구름의 장막 속으로 모습을 감췄다.

그날 밤 다레크와 야체크는 7,350미터에서 텐트를 덮친 난폭한 폭풍으로부터 생명을 부지하기 위해 싸워야 했다. 그 폭풍은 물리적 공격에 나선 것 같았다. 그들은 자신들의 텐트가 폭풍에 휩쓸려 나간 다음 능선에서 날아갈 것으로 확신했다. 너무나 확신한 나머지 침낭 안에서 부츠를 신고 옷을 전부 입은 다음, 만약 텐트가 미끄러지기라도 하면 즉시 뛰쳐나갈 준비를 했다. 그들은 추위와 더불어 공포와도 싸워야 했다. 아침이 되자 밤새의 시련으로 너무나 지친 그들은 자신들이 어느 방향으로 가야 하는지 분명하게 알 수 있었다. 의심의 여지가 없었다. 하산. 미처 날뛰는 고소의 폭풍으로 시계가 제로인 상태에서 그들은 자신들이 돌아갈 수 있게 안내해줄 고정로프에 의지해 산을 조금씩 또 조금씩 내려왔다.

원정등반은 끝이 났다. 다레크와 야체크는 그들의 인생에서 최악의 고소 폭풍을 뚫고 살아남은 반면, 표트르와 시모네는 시샤팡마 동계 초등에 성공했다.

그 이전의 17년 동안 8천 미터급 고봉의 동계등반 시도가 거의 없었는데, 그것은 폴란드의 얼음의 전사들이 산에서 많이 죽은 탓이기도 했다. 시련의 17년 끝에 이 성공적인 시샤팡마 등정은 고통의 예술에 대한 흥미를 다시 불러일으켰다. 그런 흐름에 자신을 잘 표현하고 미디어 앞에서 수줍어하는 이탈리아의 유명한 알피니스트 하나가 올라탔다고 해서 문제가 되진 않았다. 훗날 시모네는 그 등반의 중요성을 이렇게 회상했다. "알피니즘은 미술이나 음악처럼 예술의 한 장르입니다. 그곳엔 캔버스 위에 놀라운 풍경을 그려 넣고, 멋진 음표를 써 넣는 사람들이 있으며, 전혀 다른 영역 안으로 들어가 모험을 벌이는 사람들이 있습니다. 그건 창조의 영역으로, 훨씬 더 복잡해서 예술의 장르로는 기꺼이 이해될 수 없는 것일지도 모릅니다. … 모든 장르는 나름대로의 아우라가 있습니다."**14**

시모네의 파트너 표트르 모라브스키는 알피니즘의 예술을 계속 추구해 8천 미터급 고봉 5개를 더 올랐다. 하지만 다른 사람들처럼 그의 경력은 비극으로 끝이 났다. 2009년 4월 8일 그는 다울라기리에서 크레바스에 빠져 서른 두 살의 나이로 세상을 떠났다.

시샤팡마에서 성공을 거둔 시모네는 자신에게 꼭 맞는 자리를 찾았다. 동계등반. 폴란드 산악인들은 그의 성공에 다양한 반응을 보였다. 다레크와 같은 일부는 비 폴란드인의 8천 미터급 고봉 동계등정을 기뻐했다. 이상하게도, 그것은 그들의 이전 동계등정 7개를 모두 존경할 만한 것으로 만들었다. 시모네의 등정을 일회성으로 치부하는 사람들도 있었다. 어쨌든 그는 폴란드인들과 함께 움직였고, 그들은 시모네가 추구하는 방향에 더 이상의 기대를 걸지 않았다.

과연 그들의 생각이 맞을까?

바람에 맞선 두 사람

산에 오르고 싶으면 올라라.
하지만 용기와 체력은 신중함이 없으면 아무 소용이 없으며
한순간의 불찰이 일생의 행복을 망칠 수 있다는 점을 잊어서는 안 된다.
서둘지 말고 한 걸음 한 걸음 조심하고
결과가 어떻게 될 것인가를 미리 생각하고 행동하기 바란다.

에드워드 윔퍼Edward Whymper, 『알프스 등반기Scrambles Amongst the Alps』의 마지막 문장

마칼루 — 8,485m

코르셋을 벗어버린 크지슈토프 비엘리츠키는 흥미로운 계획을 하나 생각해
냈다. 1988년 로체를 겨울에 외롭게 등정하고, 그다음 여름에 다울라기리를
단독 등정했는데, 마칼루의 장엄하고 어려운 서쪽 필라를 과연 한겨울에 혼자
오를 수 있을까? "그때 난 생각보다 훨씬 더 큰 꿈을 꿨습니다. … 나에겐 분명
타고난 승운이 있었습니다." 그는 훗날 웃으며 이렇게 말했다. "일이 잘 풀려,
난 한 걸음 더 앞으로 나아갈 수 있다고 생각했습니다. 그리고 그 필라를 무척
좋아했습니다. 로체 남벽에서 바라본 그 모습이 너무나 아름다웠습니다."[1] 사
실, 이목을 잡아끄는 그 필라는 장엄한 마칼루를 서벽과 남서벽으로 가른다.
하지만 겨울에? 그것도 혼자서?

　　네팔과 티베트 국경에 위치한 마칼루는 8,485미터로 세계 제5위의 고봉
이며 가파르고 아름다운 사각형 피라미드이다. 그 봉우리는 인근의 에베레스
트가 동계 초등된 이후 얼음의 전사들의 시선을 끌었다. 그리고 그 전사들의
대부분은 여성이었다. 첫 도전은 이탈리아 알피니스트 레나토Renato와 고레
타 카사로토Goretta Casarotto가 이끄는 국제 팀에 의해 1980~1981년 겨울에
이루어졌다. 그들은 주로 강풍에 무릎을 꿇었다. 1년 후 린다Linda와 론 러틀
랜드Ron Rutland가 이끄는 영국 팀이 도전에 나섰지만, 그들 역시 7,315미터

에서 시속 160킬로미터에 이르는 강풍으로 후퇴했다.

그해 프랑스 알피니스트 이반 기라르디니*Ivan Ghirardini*가 어려운 서쪽 버트레스에서 단독등반을 시도했지만, 시속 200킬로미터의 강풍과 영하 50도까지 곤두박질치는 기온 탓에 그 역시 돌아서고 말았다. 1985년 강력한 일본 팀이 7,520미터에 도달했지만, 강풍으로 캠프가 난장판이 되는 바람에 살아남기 위해 탈출할 수밖에 없었다. 다음이 유명한 라인홀드 메스너였다. 1985~1986년 시즌에 그는 당시 자신의 파트너였던 한스 카머란더*Hans Kammerlander*와 함께 도전에 나섰지만, 히말라야의 그 두 슈퍼스타들조차도 바람으로 물러서고 말았다.

1986년 훨씬 더 강력한 일본의 한 팀이 알파인 스타일로 동계등반을 시도했다. 전설적인 등반가 야마다 노보루와 사이토 야스히라는 '이른 겨울'에 어프로치에 나서 12월 9일 최고점인 7,500미터에 도달했지만, 역시 바람이 그들을 제압했다. 주로 폴란드인으로 이루어진 또 하나의 팀이 1988년 1월 7,500미터에 도달했지만, 악명 높은 마칼루의 시속 100킬로미터 바람이 그들을 돌려세웠다.

바람, 바람, 바람! 마칼루의 바람이 누그러지긴 할까?

2년 후, 크지슈토프 비엘리츠키는 친한 친구이자 이전의 팀 동료였던 벨기에의 잉그리드 베이옌스, 폴란드의 선구적 여성 고소 산악인 안나 체르비인스카*Anna Czerwińska*, 그리고 리샤르드 파블로브스키를 불러 4명으로 팀을 구성했다. 리샤르드의 대단한 회복력은 실레시아 지방의 광산에서, 그다음 카토비체의 하늘 높이 치솟은 굴뚝에서, 그리고 마침내는 히말라야에서 단련되었다. 크지슈토프의 첫 번째 난관은 자금이었다. 폴란드의 공산정권이 붕괴되면서 원정등반에 대한 정부의 전통적인 지원이 푼돈 수준으로 쪼그라든 것이다. 그는 이 문제를 벨기에에서 현금을 가져온 잉그리드 덕분에 해결했다.

'서쪽 필라'라는 자신만의 아젠다를 간직한 크지슈토프는 나머지 사람들

1990~1991년 마칼루 폴란드-벨기에 합동 동계 원정대가 베이스캠프에서 크리스마스이브를 즐기고 있다. (왼쪽에서 오른쪽으로) 안나 체르비인스카, 잉그리드 베이엔스, 리샤르드 파블로브스키, 크지슈토프 비엘리츠키 (사진: 크지슈토프 비엘리츠키 아카이브)

이 북서릉을 통해 등정할 수 있도록 그들과 함께 고소적응 훈련을 했다. 그들은 서로 잘 어울렸지만 잉그리드가 폴란드어를 하지 못해 종종 혼자 고립되는 상황이 벌어졌다. 저녁을 먹기 위해 매일 저녁 주방텐트에 모여도 그들의 대화는 보통 길게 이어지지 못했다. 그러면 그들은 곧 각자의 텐트로 돌아갔다. "분위가 아주 좋진 않았습니다."[2] 크지슈토프가 말했다. 크리스마스이브 날 그들은 트리를 거꾸로 매달아놓은 것처럼 연출하기 위해 텐트 천장에 밀감을 매달아놓고 맥주를 조금 마셨다. 그것은 동계등반에서 베이스캠프다운 '축제'처럼 보였다.

크지슈토프가 서쪽 필라를 올라가는 첫 번째 시도를 감행했지만 5,800미터에서 바람이 그를 쓸어버렸다. 두 번째 시도에서는 더 높이 올라가 6,600미터의 크레바스 안에서 비박했다. 다음 날 그는 텐트를 포함한 모든 것을 가지고 올라갔지만, 이번에는 비박지가 나타날 가능성이 훨씬 적었다. 결국 그

2000~2001년 마칼루 동계 원정 당시 1캠프에서 내려가고 있는 다레크 자워스키 (사진: 크지슈토프 비엘리츠키 아카이브)

는 7,300미터의 바위가 살짝 들어간 곳에서 밤을 보냈다. 그가 작은 비박텐트를 치려 하자 바람이 그것을 낚아채더니 바위에 그대로 내동댕이쳐 텐트 폴을 부러뜨렸다. 이제 그는 텐트도 없이 비박색에 의존해야 했다. "하지만 시간상으로 보면 텐트 폴이 부러진 게 오히려 잘됐습니다." 그는 후에 이렇게 말했다. "만약 내가 어려운 정상의 돔 위에 올라선다면 등반이 어떻게 끝날지 예단하기가 어려웠습니다. … 신이여, 난 기도했습니다. '저에게 따뜻함을 조금 베풀어주시고 교훈을 주십시오.'"[3] 정상까지는 여전히 1,200미터에, 지형은 가파르고 기술을 요했다. 만약 계속 올라갔는데 시간이 부족하다면 그는 정상을 넘어 반대쪽으로 내려가야 할 터였다. 로체에서는 마지막 1,200미터를 혼자 올라갔지만 아래쪽에 텐트가 있다는 사실에 위안을 받았었다. 여기서는 텐트도 없고, 산에서 훨씬 벗어난 측면에 숨겨둔 식량과 장비 덩어리만 있을 뿐이었다. 그는 후퇴했고, 원정등반은 그대로 끝이 났다.

크지슈토프는 얼음의 전사들 세대인 — 어떤 사람들은 '그의' 세대라고 말하는데 — 일단의 폴란드인들을 데리고 2000년 겨울에 마칼루로 돌아왔다. 그 당시 쉰 살이었던 크지슈토프는 자신과 자신의 팀이 그런 야심찬 프로젝트를 수행하는 데는 이미 늙었다는 사실을 잘 알고 있었다. 하지만 공산주의 이후의 폴란드는 생활이 바뀌었다. 많은 사람들이 직업 활동을 했다. "1990년대의 젊은 클라이머들은 한 걸음 뒤로 물러나 가족을 돌보고 일을 해야 했습니다. 그래서 긴 원정등반은 그들에게 맞지 않았습니다." 크지슈토프가 설명했다.[4] 그의 마칼루 팀은 '구식'이었다. 그래서 원정등반을 위해 누군가 부르면, 이유를 대지 않고, 얼마나 오래 걸리느냐에 상관없이, 그냥 배낭을 꾸려 달려왔다. 그들은 폴란드의 히말라야 등반에서 격의 없는 형제처럼 지냈다. 그런 사람 중 하나가 바로 바르샤바 출신의 다레크 자워스키였다. 다른 사람보다 여덟 살 정도 어렸어도 다레크는 동계등반 경험을 놀라울 정도로 많이 쌓아가고 있었다. 그는 뚝심 있게 일하는 사람으로, 언뜻 보기에는 말라 보일지 몰라도, 짐을 져 나르고 고정로프를 깔고 텐트를 치며 누구 못지않게 고통을 이겨내는 사람이었다. 다레크는 결국 지구상에 있는 가장 높은 산으로 가는 동계 원정 등반에 아홉 번이나 참가했기 때문에 크지슈토프와 함께 가는 마칼루는 보통과 다르지 않았다.

그 팀은 처음부터 초점을 잃어, 서쪽 필라에서 일본 루트로, 그리고 다시 노멀 루트로 이동했다. 그들은 소중한 시간을 낭비했고, 그 과정에서 힘만 쏟았다. 마칼루와 그곳의 바람은 그들을 아래로 내쫓았다. 거의 20년이 지난 후 다레크는 그 바람을 이렇게 묘사했다. "베이스캠프에서부터 거대한 산이 우리 머리 위로 치솟아 있었다. 그런데 바로 그곳에 그 바람이 있다고 상상해보라. 나는 그 이상한 소음이 계곡물이 흘러내리는 소리인 줄 알았다. 하지만 그것은 아주 높은 곳을 할퀴는 바람소리였다. 그 소리는 쉬지 않고 우리 쪽으로 내려왔다. 마치 모르도르Mordor(어둠의 땅)처럼. 언제나. 그 소리는 전혀 멈추지 않았다."

산 위쪽은 훨씬 더 끔찍했다. 팀이 점차 약해지자 그들의 의욕도 서서히 줄어, 40일이 지나자 집으로 돌아가고 싶어 했다. 크지슈토프는 놀랐다. 3개월의 동계등반은 보통이었는데, 어떻게 된 거지? 마침내 그는 자신들의 늙은 신체, 고소캠프에서의 제한으로 인해 더 오래 걸리는 회복 시간, 끔찍하고 끊임없고 몹시 성가신 바람을 탓했다. 후에 그는 이렇게 말했다. "나는 재빨리 우리들의 실패와 화해하고 나서, 이 봉우리에서 벌써 두 번이나 실패했으니 초등의 영광을 다른 이들에게 넘겨주어야 한다고 결론지었습니다."**5**

자신이 마칼루에서 두 번이나 실패해서, 아니면 순수한 폴란드 팀이 8천 미터급 고봉의 동계등정을 성공한 지 너무 오래되어서인지 몰라도 크지슈토프는 그다음 해에 유명한 '동계 선언'을 발표했다. 그는 그 선언을 행동에 옮기자고 주장할 자격이 있는 사람이었다. 1980년 그는 레세크 치히와 함께 에베레스트 동계 초등에 성공했다. 고소 동계등반의 주창자인 안드제이 자바다를 흠모했으며, 안드제이가 꿈꾼 세계를 결코 잊지 않았다. 하지만 어느덧 오십 대 초반이 된 크지슈토프는 이제 그 동계등반의 유산이 전적으로 젊은 클라이머들에게 달려 있다고 생각했다.

그는 '젊고 활기차고 야망 있는' 폴란드의 알피니스트들을 불러내 남은 봉우리들을 끝내라고 요구했다. "영국인들이 우리에게 붙여준 '얼음의 전사들'이라는 별명이 히말라야 등반역사에 영원히 새겨지도록 하라." 그는 폴란드 젊은이들을 노골적으로 자극했다.

전통에 따라 너희들은 자신이 가장 잘할 수 있는 일을 해야 한다. 우리는 고산 동계 탐험에서 성공을 거두었다. 그리하여 8천 미터급 고봉 14개 중 반이 우리들에 의해 등정되었다. 그 봉우리들을 발밑에 두는 데는 8년(1980~1988)밖에 걸리지 않았다. 6개의 미등봉이 우리를 기다리고 있다. … 우리는 이 일을 반쯤 해냈다. 이제는 너희들이 나서서 그것을 끝내야 한다. 너희들은 젊고 활기차고 야망이 있다. 8년이라는 시간을 주겠다. 우리에게 필요했던 바로 그 시간이다. 그러면 공정하지 않은가? 만약 너희들이 이 일을 끝낸다면 위대하지 않겠는가? 상상해보라. 8천 미터급 고봉이 모두 폴란드인들에 의해 초등된다는 것을. 성공의 기회가 남아 있다. 이것은 시간과 돈과 노력을 바칠 가치가 있는 게임이다. 이제 결단을 내릴 시간이다. … 너희들은 우리의 세대, 우리의 도움, 심지어는 우리의 적극적인 참가에도 의지할 수 있다. 선택은 너희들 몫이다! … 유럽에 합류하자. 자긍심으로 고개를 높이 들고. 시간이 얼마 남지 않았다![6]

장-크리스토프 'JC' 라파이유가 2005~2006년 마칼루에 갔을 때, 그는 시간이 얼마나 부족한지 전혀 알지 못했다. 조용하고 젠체하지 않고 온순한 성격으로 잘 알려진 마흔 살의 이 프랑스 알피니스트는 마칼루 동계 초등을 노리고 단독등반을 시도하던 중 2006년 1월 27일 실종되었다. "그는 작지만 놀랍도록 강인하고 몹시 빠르며, 절대적으로 재능이 뛰어났습니다." 그의 로프 파트너 중 하나였던 미국 알피니스트 에드 비에스터스*Ed Viesturs*가 그를 추억하며 말했다. "그는 세계에서 기술적으로 가장 뛰어난 재능을 가진 올라운드 클라이머였습니다. 그는 어떤 것이든 오를 능력이 있었습니다."[7]

그 산에서 6주가 지난 후인 마지막 날 밤, JC는 빨간색의 작은 텐트 하나를 7,600미터에 쳤다. 그리고 새벽 5시에 일어나, 물을 끓여 조금 마시고 나서 짐을 꾸렸다. 어둠에 싸인 텐트 밖은 영하 30도에 약한 바람이 불고 있었다. 마칼루 정상까지는, 그가 거의 초자연적인 속도를 낸다 해도, 여전히 10시간의 어렵고 위험한 등반이 남아 있었다. 비행기가 날아다니는 곳으로부터 그렇게 멀리 떨어지지 않은 고도에서 희박한 공기를 가쁘게 들이마시며 가파른 얼음을 등반해, 크레바스가 널린 빙하를 건넌 다음 바위지대를 올라야 했다. 그는 정상으로 향하기 전 위성전화로 아내 카티아를 불렀다. 그런 다음 그녀에게 고도와 추위로 인해 잠을 잘 자지 못했지만 컨디션이 아주 좋다고 말했다. 낮 동안 확인을 할 것이며, 자신의 진도를 계속해서 알려주겠다고도 했다. 그것이 그의 마지막 전화였다.

2월 4일, 카티아와 그녀의 남동생 그리고 JC와 함께 등반한 적이 있고 루트를 알고 있는 핀란드 알피니스트 베이카 구스타프손*Veikka Gustaffson*으로 구성된 구조대가 마칼루에 도착했다. 그들은 헬기를 타고 산으로 날아올라가 JC의 작은 텐트를 육안으로 확인했다. 하지만 더 이상 아무것도 없었다. 배낭도 옷도, 그리고 JC도, 그들은 그가 어떻게든 살아서 돌아올지도 모른다는 절박한 심정으로 베이스캠프에 식량과 옷 등 물품을 남겨놓았다. 하지만 베이카는 그런 일이 일어나리라고 생각하지 않았다. 그는 그 루트에 불안정한 히든 크레바스가 널려 있다는 것을 알고 있었다. 10년 전 그 봉우리를 등정할 때 그는 세 번이나 그 속에 빠졌었다. 하지만 두 명의 동료가 내려준 로프를 타고 올라와 살아날 수 있었다. JC는 혼자였다. 그 좁은 구멍에서 그를 꺼내줄 사람은 아무도 없을 터였다. 외롭고 긴 등반 도중 그는 분명 그렇게 목숨을 잃었을 것이라고 베이카는 확신했다. 진정으로 위대한 히말라야 알피니스트 하나가 사라졌다. 슬퍼하는 미망인과 아버지를 잃은 아들과 딸을 남겨놓은 채.

　하지만 이 미망인이 누구였던가? 많은 사람들이 카티아 라파이유에게 강렬한 인상을 받았다. 샤모니의 공식적인 일기 예보자 얀 게이젠다네르*Yann Geizendanner*는 그녀를 JC의 매니저, 스폰서를 연결해주는 사람, 미디어 전문가로 묘사했다. 그들은 하나의 팀이었다. 등반가와 후원자. JC가 산에서 믿을 수 없는 업적을 이룬 것은 카티아 덕분이었다. "JC가 무리들이나 비판 또는 질투에 방해받지 않고 오직 훈련에 집중하길 카티아는 원했습니다." 얀은 말했다. "그녀는 그가 말을 듣는 유일한 사람이었습니다. 카티아는 혼자라면 아무것도 할 수 없었을 겁니다. JC는 혼자서도 훌륭한 알피니스트였습니다. 그러나 그 둘이 하나로 뭉쳐 전설이 되었습니다."[8]

카티아와 장-크리스토프 라파이유 (사진: 카티아 라파이유 아카이브)

카티아는 산에 대한 JC의 열정을 이해했다. 그녀 역시 클라이머여서, 그가 다른 어떤 것보다도 산의 아름다움과 순수성을 좇았다는 것을 알고 있었다. 어떤 사람들은 카티아가 JC를 라인홀드 메스너, 에드 비에스터스, 크지슈토프 비엘리츠키와 비슷하게 8천 미터 고봉 수집자가 되도록 몰아붙이려 한다고 비난했다. 그녀는 어쨌든 그는 그 산들을 등정할 것이며, 그것을 제대로 하는 것이 뭐 어떠냐며 자신을 방어했다.

자신의 방식으로, 카티아는 마칼루의 JC와 함께했다. 그들은 위성전화로 자주 대화를 나누었다. 그녀는 그의 목소리로 그가 느끼는 감정과 어느 순간에 그가 얼마나 강한지 알았다. 그녀는 그가 등반하는 동안 충고했고, 심지어는 지도하기도 했으며, 가끔은 동기를 부여하면서도 경우에 따라선 후퇴하도록 격려했다. 그들의 관계는 드물게 가까웠는데, 그런 토대의 하나가 위험에 대한 완전한 이해였다. 그렇다 해도 그것은 어려웠다. "그가 죽으면 어떻게 될까를 여러 번 생각했습니다. 물론 난 결코 허무나 공허 같은 걸 상상하진 않았습니다." 그가 죽고 한 달 반이 지난 후 카티아가 입을 열었다. "공허는 끔찍합니다. 우린 너무 앞서나갔습니다."[9]

겨울에 난공불락처럼 보이는 마칼루는 여성을 계속 끌어들였다. 고레타와 린다, 잉그리드와 안나, 그리고 카티아까지. 2007년 또 다른 여성들이 그 산에 도착했다. 이탈리아-슬로베니아 팀의 일원으로 니베스 메로이*Nives Meroi*와 그녀의 남편 로마노 베네트*Romano Benet*가 또 다른 이탈리아인 루카 부에리치*Luca Vuerich*와 함께 온 것이다. 8천 미터급 고봉 수집을 하고 있던 니베스와 로마노는 동계 초등에 진지한 도전장을 내밀었다. 그들만이 아니었다. 그곳에는 아무도 막을 수 없는 데니스 우루브코*Denis Urubko*와 그와 마찬가지로 강력한 파트너인 세르게이 사모일로프*Serguey Samoilov*가 포함된 4명의 카자흐스

탄 육군 산악인들도 있었다.

1973년 러시아의 네빈노미스크*Nevinnomyssk*에서 태어난 데니스는 어린 시절 심각한 천식을 앓아 곧 가족과 함께 산으로 이루어진 섬인 사할린으로 갔다. 그는 시베리아의 블라디보스토크에서 고등학교에 다닐 무렵 등산에 입문했고 자연스럽게 스포츠를 좋아하게 되었다. "마치 한 방울의 물이 저절로 굴러 떨어지는 것처럼 난 등산이라는 세계 안으로 들어왔습니다."[10] 곧 이어 1991년 소비에트연방이 붕괴되자, 그는 새로 독립한 카자흐스탄공화국의 수도 알마티*Almaty*로 가서 군에 입대했다. 등반가로 군에서 '스스로 소멸되는 지점'까지 훈련한 데니스는 그대로 알피니스트로서의 경력을 이어갔다. 2007~2008년 겨울 마칼루에 도전하기 전까지 데니스는 10개의 8천 미터급 고봉을 모두 무산소로 올랐다. 하지만 마칼루는 그렇게 호락호락하지 않았다.

데니스는 시속 200킬로미터의 강풍과의 투쟁을 모아, 러시아의 등반 관련 미디어에 주기적으로 보고했다. 때때로 그들이 마치 그를 미쳐가도록 만드는 것처럼 보이기도 했다. 그러던 1월 24일 그들은 잠깐 숨을 죽였다.

"안녕하십니까! 태양이 마칼루 위로 떠오르고 있습니다. 에우게니*Eugeny*, 세르게이와 내가 내일 정상에 도전합니다. … 면도를 하고 깨끗한 옷을 입었습니다. 난 싸움에 나설 준비가 되었습니다."

대기의 고요는 오래가지 않았다. 7,400미터에 이르자 바람이 폭주 기관차처럼 으르렁기리며 그들을 패대기쳤다. 그들은 도망쳐 내려올 수밖에 달리 도리가 없었다.

"2월 3일. 위기였습니다. 우린 실제로 바람에 날려갈 뻔했습니다. 사모일로프가 날아가는 모습을 본 적 있습니까? 심장이 덜컥 내려앉는 광경이었습니다. 동상에 좀 걸리긴 했지만 우린 살아 있었습니다. 그래서 아직 기회가 있다고 생각했습니다. 내일이면 집으로 돌아가는 여정이 시작될 테니까요."[11]

그것은 그 당시 고산에서 활동하던 히말라야 등반가들 중 최강자가 패배를 인정한 드문 이야기였다. 데니스 우루브코는 결코 물러선 적이 없는 사람이었다. 그 팀에 조언을 해준 인스부르크 기상학자 카를 가블은 마칼루의 풍속이 평균적으로 시속 135킬로미터였고, 기온이 영하 35도였다고 확인해주었다. 그 제트기류는 그들을 곤충처럼 들어 올려 사방으로 패대기치며 바람으로 딱딱해진 눈 위에 내동댕이쳤다.

마칼루에서 또 한 번의 겨울 시즌에 또 한 번의 싸움이 바람으로 주저앉고 말았다.

하지만 데니스의 마칼루 싸움이 끝난 것은 아니었다. 어느 날 그의 전화기가 울렸다. 시모네 모로였다.

"데니스, 어떻게 지내?"

"잘 지내고 있어, 친구. 무슨 일이야?"

"마칼루. 마칼루로 돌아가고 싶지 않아? 2008~2009년에 동계등반을 계획하고 있는데, 나와 함께 가지 그래."

"좋은 아이디어야. 다른 사람은 누구지?"

"우리 둘만. 빠르고 가볍게."

데니스는 그 제안을 받아들였다. 갚아야 할 빚도 있었고 시모네와 함께 등반하는 것도 좋아했기 때문이다. 그는 시모네의 '불 같은' 성격을 재미있어 했고, 시모네를 존경했다. "우린 서로의 기술적인 경험과 프로정신, 인내심에 대한 믿음이 있었습니다." 데니스가 말했다. "더불어, 우린 서로의 능력을 알고 있었습니다. 그리고 무슨 일이 일어나도 서로를 버리지 않을 것이라고 확신했습니다. 우린, 만약 해야 한다면, 기어갈지언정 구조를 당하더라도 도전에 나설 작정이었습니다."[12]

그해 겨울 시모네의 첫 번째 선택은 사실 마칼루가 아니었다. 그는 세 번째 동계등반을 시도하기 위해 카라코람의 브로드피크로 돌아가고 싶어 했다. 하지만 폴란드 팀이 그곳에 갈 것이라는 소식을 듣고 계획을 바꾸었다. 그토록 위험한 스포츠에서 실시간으로 경쟁할 필요는 없었다. 더구나 마칼루에서는 데니스와 다시 한번 로프를 묶을 수 있을 터였다. 그들은 로프로 묶인 형제애brotherhood of the rope*를 대단하게 생각했다. "그와 나는 평행선을 달리지 않는 아주 특별한 관계였습니다." 시모네가 말했다. "함께하면 우린 더 잘합니다. 난 우리의 등반 파트너십이 능력과 성격 그리고 공동의 꿈을 좇는 상상력에서 완벽하게 들어맞는 두 개성이 하나가 된 것으로 기억되기를 바랍니다. 성공을 함께 나누는 건 중요합니다. 그건 인생과 공존의 주춧돌입니다."[13]

그렇듯 한껏 높아진 서로에 대한 신뢰를 바탕으로, 그들은 이 베헤못behemoth**을 겨울에 둘이서 알파인 스타일로 가능하면 빨리 시도하기로 결정했다. 베이스캠프에 소중한 짐을 내려놓고 나서 하루가 지난 후 그들은 캠프 바로 위쪽에서 시작되는 마칼루의 긴 능선 중 하나를 뛰듯이 올라가 짧게 고소적응 훈련을 했다. 5,300미터까지 올라간 다음 발길을 돌린 그들은 마칼루의 바람에 예나 다름없이 시달리긴 했지만 자신감을 가졌다. 그들은 다음 날 산 위로 장비를 올려다 놓고 베이스캠프로 돌아올 계획이었다. 날씨는 놀라웠다. 파란 하늘에 해가 나고 바람도 불지 않았다. 하마터면 침착성을 잃을 뻔했다. 시모네의 마음이 요동쳤다. "데니스, 계획을 바꿔야 할 것 같은데. 날씨가 완벽해. 장비를 올려다 놓는 대신 배낭을 꾸려 삼사일 동안 그냥 치고 올라가면 어떨까? 어떻게 생각해?"

* 세계 산악문학에 종종 등장하는 이 표현은 1953년 미국 K2 원정대장 찰스 휴스턴Charles Houston이 한 말이다. 그는 원정등반이 끝나고 이렇게 말했다. "우리가 산으로 들어갈 때는 낯선 사람들이었지만 나올 때는 형제가 되었다." 하루재클럽에서 발간한 『Fallen Giants』 '10장 극한 등반의 시대' 575쪽 참조. [역주]

** 『성경』에 등장하는 거대한 요괴 [역주]

"믿을 수 없네. 나도 똑같이 생각하고 있었거든." 데니스가 활짝 웃는 얼굴로 화답했다. 그리하여 그들 파트너십의 동시성이 불붙기 시작했다.

그들은 5,400미터까지 올라가 야영했다. 다음 날 아침도 날씨가 완벽하자 5,650미터까지 계속 올라가 전진 베이스캠프(ABC)를 설치했는데, 하필 여름 원정대가 남겨놓은 화장실 위였다. 그들은 코를 막고 버티기로 했다. 사흘째도 훌륭한 날씨가 계속되자 6,100미터까지 올라가 그곳에 1캠프를 설치했다. 시모네가 카를 가블을 위성전화로 불렀고, 그들의 기상학자는 좋은 날씨가 하루 더 이어질 것이라고 장담했다.

21세기 고소 등반가들은 너나없이 카를의 예보에 의존한다. 그는 지구의 표준적인 날씨 모델에 더해, 스리나가르와 인도, 티베트의 인근 지역에서 띄워 올린 풍선을 바탕으로 한 기구에서 보내오는 데이터는 물론이고, 아프가니스탄의 칸다하르Kandahar와 카불Kabul에 있는 다국적군의 정보까지 수집한다. 스스로 파괴되는 이런 풍선들은 30,000미터까지 날아올라, 대기의 온도와 습도, 기압을 바람의 방향 및 속도와 함께 전송한다. 그는 원정대를 위해 매일 수많은 숫자 기둥으로 된 폴더를 만든다. 이런 숫자를 바탕으로 그는 8,000미터의 상황을 예측한다.

좋은 날씨가 하루 더 지속될 것이라는 카를의 장담과 함께 계속 나아가 정상에 도전하자는 유혹이 압도적이었다. 하지만 시모네와 데니스는 둘 다 자신들의 컨디션을 알고 있었고, 고소등반이 보통 어떻게 진행되는지도 알고 있었다. 부적절한 고소적응은 재앙으로 가는 지름길이다. 여전히 정상이 손짓했다. 그들은 장비를 매달고 크램폰 끈을 조인 후 로프를 묶고 위로 향했다.

6,400미터에서 일련의 크레바스들이 빙하를 교차해 로프를 바싹 묶고 지그재그로 전진해야 했다. 눈은 딱딱했고 그들은 건강했다. 그래서 자신 있게 움직였는데, 숨이 가빠지자 심장박동이 빨라졌다. 6,750미터에 있는 기존의 2캠프 자리에 도착했을 때도 그들은 여전히 좋았다. "우리가 아주 쉽게 하고 있다고 해서 이 고도에 너무 욕심내지 않게 되기를 바랐습니다." 시모네가 말했다. "조만간 날씨가 바뀔 것이고, 따라서 등반을 그냥 즐기는 게 더 좋을 것 같았습니다."[14] 그들은 조금 더 올라가 6,913미터에서 밤을 보내기로 했다.

파내고 긁어내어 평탄한 자리를 간신히 만든 그들은 텐트를 세우고 그 안으로 쓰러지듯 들어갔다. 수분을 보충하는 것은 이제 긴급한 필요사항이 되었다. 5일 동안 산을 뛰어서 올라왔기 때문이다. 그들은 물을 끓이고 차를 마셨는데 메스꺼워서 그것도 멈추어야 했다. 다음은 걸쭉한 수프 안의 토르텔리니와 그 위에 얹은 큼지막한 파르메산치즈 한 덩어리, 그리고 진갈색 초콜릿 한 조각이었다. 배가 부른 그들은 잠을 청했다. 그러나 시모네는 제대로 잠을 이룰 수 없었다. 5일 만에 1,800미터나 올린 고도가 그와 맞지 않은 것이다. 다음 날 아침 부종으로 시모네의 눈이 부어올랐지만, 그들은 물을 더 마시고 약간의 음식을 먹은 다음 계속 올라갔다.

그들의 계획은 7,000미터까지 올라가, 하산을 할 때 화이트아웃 상태에 빠질 경우에 대비해 루트를 익히고, 정상 도전에 나설 때 필요한 기존의 고정 로프를 찾는 것이었다. 시모네는 무거운 발걸음을 옮기며 헛구역질을 하고 가쁜 숨을 몰아쉬었다. 데니스는 기계같이 등반했다. 7,050미터에서 그들은 발길을 돌려 내려가면서 캠프를 철수하고 눈 속에 장비를 묻은 다음 막대기로 표시해놓았다. 그들의 전략 일부는 산에 텐트를 남겨놓지 않는 것이었다. 난폭한 마칼루 바람에 텐트가 찢겨나갈지 모른다는 사실을 잘 알고 있었기 때문이다. 이것은 짐이 더 무거워지고, 그들이 올라갈 때 매일 밤 텐트를 쳐야 한다는 것을 의미했다. 하지만 이런 식으로 해야 피난처를 보장받을 수 있을 것 같았다. 그들은 어느 것도 운에 맡기지 않았다. 게다가 카를로부터 그다음 며칠 동안 시속 150킬로미터의 강풍이 불어 닥칠 것이라는 말을 듣지 않았나? 여전히 헛구역질을 하던 시모네는 데니스를 따라 가능하면 빨리 산을 내려가 고도를 낮추었다.

비록 화장실 위쪽에 있긴 해도 ABC는 반가웠다. 날씨가 너무 추워서 악취는 텐트의 벽을 뚫고 들어오지 못했다. 그들은 배가 터져라 먹었다. 이탈리아인으로서 시모네가 메뉴를 결정했다. 그는 맛있는 음식을 많이 먹지 못하면 살 수 없는 것처럼 보였다. 그들의 고소 전력질주는 스파게티와 토마토소스, 그리고 큼지막한 파르메산치즈로 보상받았다. 다음 날 밤은 기름에 튀긴 통닭 한 마리가 메인 메뉴였다. 날씨가 변하긴 했지만 상관없었다. 그들은 캠프에 있어서 안전했고 챔피언처럼 먹었다. "그날부터 바람이 계속 불기 시작했습니다. 그리고 그 소리가 우리 원정등반의 배경에 깔린 소음이었습니다. 마칼루 능선에서 들려오는 거칠고 요란하고 끊임없는 그 소리는 그 위쪽의 돌풍이 얼마나 센지 알 수 있는 단초였습니다."[15] 시모네가 말했다. 그것은 몇 년 전 다레크의 묘사를 연상시켰다. 모르도르!

폭풍이 계속 으르렁거렸다. 카를은 산을 올라가봐야 아무 소용이 없을 것이라고 일러주었다. 바람이 무엇이든 간단히 날려버릴 거라면서. 시간이 흘렀다. 그들은 캠프에 함께 머물고 있는 네팔인들과 잡담을 나누었다. 시모네는 ABC에서의 자신의 생활을 보여주기도 하면서 스카이프Skype로 딸인 마르티나Martina와 대화를 나누었다. 그들은 블로그에 글을 올리고 음악을 들었다. 그리고 책도 읽었다.

2009년 마칼루 동계 원정 당시 세상과 소통하고 있는 시모네 모로와 데니스 우루브코 (사진: 시모네 모로)

마침내 그들에게 약간 움직일 수 있는 기회가 찾아왔다. 그들은 다시 2캠프를 향해 올랐고 정오에 그곳에 도착해, 숨겨둔 장비를 파낸 다음 작은 캠프를 설치했다. 그날 밤은 고통스러웠다. ABC에서 지낸 일이 생각나지 않을 정도로 추웠다. 다음 날 아침, 그들은 이전의 최고점보다 높이 올라갈 작정을 하고 배낭도 없이 계속 위로 올라갔다. 7,100미터의 쿨르와르에서 고정로프 조각을 발견하고, 피켈로 눈과 얼음에서 그것을 파냈다. 바람이 거세게 불어 신체적으로 그리고 정신적으로도 균형감각을 잃었다. 7,300미터에서 전진을 멈추고 발길을 돌려, 더 많은 공기, 더 따뜻한 공기, 더 고요한 공기를 찾아 뛰듯이 산을 내려왔다. 몇 시간 후 그들은 안전하게 ABC로 복귀했다.

캠프를 지나가는 바람이 무거운 돌멩이들을 들썩거리고 버팀줄과 로프를 벗겨내며 으르렁거리는 동안 그들은 기다리고 또 기다렸다. 바람은 정말 위협적이었다. 카를 가블은 허리케인급 위력을 가진 바람이라고 묘사했다. 하지만 그는 좋은 소식도 알려주었다.

"아주 좋은 날씨가 사흘 동안 계속될 것으로 보이는데, 바람은 점점 더 세질 거야." 그는 말했다. "내일은 시속 40킬로미터, 다음 날은 70킬로미터, 사흘째는 90킬로미터. 그런 다음 제트기류가 다시 지나갈 거야. 너희들이 그것을 어떻게 부르든, 허리케인."

"와, 대단해. 고마워, 카를!"

"시모네, 잠깐만. 사흘이라는 시간이 지나면 1캠프로 내려오겠다고 약속해. 나에게 말이야. 들어봐. 그런 바람이 부는 가운데 산 위에 있으면 넌 죽고 말 거야."

"좋아, 카를. 약속할게. 더 높은 캠프에서도 매일 전화할게. 그러면 날씨가 어떻게 변하는지 나에게 알려줄 수 있을 거야."

"좋아, 시모네. 차우*ciao*. 행운을 빈다."**16**

날씨의 창문이 열렸지만, 그것은 시속 90킬로미터의 바람이 부는 '창문'이었다. 제3의 파트너 카를이 대기하고 있는 가운데, 그들은 7,400미터의 마칼루 라*Makalu La*를 목표로 다음 날 아침 출발하기로 했다. 장비와 촬영장비, 약간의 식량, 가스카트리지 하나, 고소복과 여벌 옷 그리고 2인용 초경량 텐트로 짐을 꾸렸다. 그들은 오전 10시 위로 올라갔다. 시간이 똑딱똑딱 흘러갔다. 그들에게는 오직 72시간이 남아 있었다.

이 단계에서, 고소적응이 완전히 끝난 그들은 여전히 매우 건강했다. 4시간도 안 걸려 6,900미터에 도달했고 그곳에 텐트를 쳤다. 그날 밤의 메뉴는 파르메산치즈로 속을 채운 토르텔리니와 살라미, 치즈, 크래커 그리고 차였다. 그들은 식욕이 좋았는데, 그것은 몸이 잘 적응하고 있다는 신호였다.

다음 날 아침, 하루 중 가장 춥다고 할 수 있는 아침 7시 25분 그곳을 떠났다. 고소복을 입고 바라클라바를 쓰고 다운 장갑을 끼고 특수 울 양말을 신은 그들은 고정로프 구간을 각자 오른 다음 그 끝에서 서로 로프를 묶었다. 그런 다음 동시 등반을 하면서 함께 움직였다. 그런 상황에서는 한 사람이라도 추락하면 치명적인 결과를 초래한다. 바람이 마구 불어대 사람을 패대기칠 정도로 위협적이었지만, 그들은 마칼루 라에 안전하게 도착했다. 그곳은 햇빛이 가득해 조금이나마 심리적인 따뜻함을 느낄 수 있었다. 올라가야 할 높이는 또다시 1,100미터. 그들은 마칼루 라에 캠프를 치기로 했었지만, 너무 이

2009년 마칼루 동계 원정 당시 마칼루라를 향해 오르는 시모네 모로 (사진: 데니스 우루브코)

른 데다 컨디션이 여전히 좋다는 느낌도 있었고 의욕도 넘쳐서 7,700미터까지 계속 올라간 다음, 그곳에 초경량 텐트를 쳤다. 이제 고도를 800미터만 올리면 정상이었다.

그날 밤 텐트 안의 기온이 영하 40도를 기록했다. 다운 옷을 입고 부츠의 내피를 신은 채 침낭 속으로 기어들어가 잠을 자야 했다. 그들은 음식을 만들어 먹고 잡담을 나누고 사진을 찍고 계획을 짰다. "너무 추워서 마치 우주에 있는 것 같았습니다." 데니스가 그때를 회상하며 말했다. "밤새 손가락과 발가락이 고통스러울 정도로 얼어붙었습니다. … 숨을 한 번 쉬는 것조차 고문이었습니다. … 정상까지 마지막 루트를 치고 올라가기 위한 준비를 하려면 지옥의 모든 고리를 통과해야 할 것 같았습니다."[17] 알람을 3시로 맞춰놓았지만, 텐트 문을 여니 눈발과 함께 돌풍이 불고 있었다. 날씨가 나빠지기 시작한 것 같았다. 그들은 몸을 숙여 크램폰 끈을 묶은 후, 7밀리미터 직경에 25미터 길이의 로프를 서로 연결했다.

"차가운 기온에 따뜻한 호흡이 밖으로 빠져나갔습니다." 시모네가 말했다. "얼어붙은 근육을 푸는 데 엄청난 노력이 들어갔지만, 결국 리듬을 찾았습니다. 걸음을 스무 번 남짓 걷고 나서 호흡을 가다듬기 위해 쉬는 겁니다. 우린 마치 로봇처럼 이 과정을 계속 반복했습니다."[18] 스키고글을 쓰고, 바라클라바로 얼굴 전체를 가리고 부풀어 오른 고소복으로 몸을 감싼 그들은 꼭 우주 여행자, 우주인, 외계의 생물체 같았다. 바람은 그들을 찢어놓고 균형을 깨뜨리고 귀를 괴물 같은 포효로 채우며 울부짖었다. 그들은 말 대신 상황에 따라 서로에게 몸짓을 하며 마치 하나의 생물체인 것처럼 함께 움직였다. 그러다 8,000미터에서 잠시 쉬었다.

"어때, 시모네?" 데니스가 물었다. 그것은 몇 시간 만에 말로 하는 대화였다.

"좋아, 난 좋아. 젠장, 엄청 춥네. 이 바람은 지옥이야. 그렇지만 난 괜찮아. 난 아직 힘이 남아 있어."

"좋아. 나도 그래. 우린 8,000미터에 있어. 그런데 아직도 오전 중반이니 우린 잘하고 있는 거야."[19]

더 이상의 대화는 없었다. 데니스와 시모네가 정상으로 향하는 것은 이제 분명했다. 여전히 로프를 함께 묶은 그들은 돌풍에 맞서 싸우며 간헐적으로 움직였다. 어느덧 8,200미터의 북서릉에 도착했다. 그곳은 바위처럼 단단했다. 그런데 후에 그들이 지나가야 하는 필라는 실제로 바위였다. 버트레스 밑에 이르자 눈이 달라졌다. 단단하지 않아 자꾸 무너졌다. 그들은 발을 디딜 때마다 뒤로 밀려나 전진이 느렸다. 시모네는 눈 밖으로 삐져나온 기존의 고정로프 조각을 손으로 붙잡았다. 이제 능선이 날카로워져, 이전 팀이 남긴 썩은 피톤을 앵커 삼아 서로를 확보해주면서 한 번에 한 사람씩 조심스럽게 움직였다. 추락을 잡아줄지는 알 수 없었다. 사실 그것은 '심리적 확보'였다. 파트너가 추락하면 함께 추락할 것 같았다. 이제 데니스가 앞장섰다. 그는 멈추어서 시모네에게 오라고 손짓했다. 정상까지 5미터의 트래버스는 아찔하게 노출된 칼날 같은 능선이었다. 그곳의 커니스는 두루마리 휴지처럼 주욱 풀려 있었다. 울부짖는 바람 속에서 데니스와 시모네가 멈춰 서서 상의했지만, 이 마

마칼루 정상에 접근하고 있는 시모네 모로 (사진: 데니스 우루브코)

지막 5미터를 누가 먼저 갈 것이며, 누가 촬영을 할 것인가를 놓고 거의 싸우다시피 했다. 마침내 데니스는 시모네가 먼저 가도록 설득하는 데 성공했다. 2009년 2월 9일 오후 1시 53분, 시모네는 뾰족한 마칼루 정상에 올라섰다.

정상에서의 순간은 사람마다 다르다. 어떤 사람들은 희열을 경험하고, 어떤 사람들은 고마움을 느낀다. 하지만 거의 모든 사람들은 탈진과 함께 내려가야 한다는 본능적인 반사행동에 압도된다. 재빨리. 살아남아야 한다는 강박관념이 사람을 접수한다. 마칼루 정상에서 시모네의 언행은 특이했다. 눈이 덮인 정상에 그는 있는 힘껏 피켈을 휘두른 다음 무릎을 꿇었다. "난 그 동작에 모든 걸 쏟아부었습니다. 노력과 기쁨과 에너지와 분노까지도." 그는 말했다. "그 동작은 지난 몇 년간 내가 왜 공유하는지, 내가 왜 말하는지, 내가 왜 쓰는지, 내가 왜 등반하는지, 내가 왜 나는지, 왜, 왜, 왜… 라는 물음으로 날 귀찮게 했을 뿐 아무것도 하지 않은 사람들에 대한 어떤 것이었습니다."[20] 이

MAKALU

211

2009년 2월 9일 데니스 우루브코와 함께 마칼루 동계 초등에 성공하고 정상에서
포즈를 취한 시모네 모로 (사진: 데니스 우루브코)

멋진 산, 이 고적한 정상에서조차, 친구를 바로 옆에 두고도, 시모네는 반대자와 경쟁자와 미디어와 중상모략자의 백색 소음을 차단할 수 없었다.

잠시 후 그는 데니스에게 내려갔고, 그들은 서로 자리를 바꾸었다. 이제 데니스 차례였다. 잘 단련되고 군에서 훈련받은 운동선수인 그는 꼭대기로 간단하게 올라갔다. 그는 팔을 들어 올린 다음 미소를 짓고 파트너가 있는 곳으로 즉시 내려왔다. "됐어, 시모네. 내려가자. 앞장서."[21]

햇빛이 사그라질 즈음 그들은 텐트에 도착해, 그 안으로 기어 들어가 서로를 처다보았다. 마침내 해낸 것이다. 다음 날 산을 내려올 때는 눈과 바람과 추위 탓에 악몽 같았다. 그들은 얼음을 발로 차고, 고정로프가 있는 곳에서는 그것을 손으로 잡고, 조심스럽게 피켈을 휘두르며 조금씩 또 조금씩 내려왔다. 2캠프의 작은 텐트에 도착해서는 이미 꽉 찬 배낭에 그곳의 물건들을 있는 대로 쑤셔 넣고 계속 내려왔다. 이제 아래로 내려오자 바람이 조금 약해지면서 기온도 그다지 혹독하지 않았다. 6,200미터에서 자가트*Jagat*와 밍마*Mingma*를 만났는데, 그들은 차와 쿠키를 가지고 올라오고 있었다.

ABC는 전처럼 냄새가 났다. 오, 이런! 하지만 아주 달콤한 냄새였다. 달콤한 위로, 달콤한 안전. "미치도록 힘들었습니다. 마치 우리의 우정을 시험이라도 하는 것처럼." 데니스는 이렇게 말하며 그때를 회상했다. "마칼루 정상을 되돌아본 난 불가능은 없다는 걸 깨달았습니다. 간절히 바라면 무엇이든 할 수 있습니다. 우리는 목표를 좇아야 합니다."[22]

마칼루에서 동계등반이 처음 시도된 후 29년이라는 세월이 흐르는 동안 13개 팀이 도전에 나섰다. 그리고 데니스와 시모네는 베이스캠프에 도착한 지 20일 만에 빠르고 가볍게 아주 훌륭한 스타일로 등정에 성공했다. 그들은 보조 산소도, 고소 포터도 이용하지 않았으며, 산에 아무것도 남겨놓지 않았다. 그들의 발자국조차 거의 곧바로 지워져버렸으니까.

그리고 이제 카라코람이 기다리고 있었다.

눈사태

경계선… 그곳이 어디인지 진정으로 아는 사람들이 사라져버려
그것을 설명할 솔직한 방법이 없다.

헌터 S. 톰슨Hunter S. Thompson,
『지옥의 천사들―이상하고 끔찍한 모험담Hell's Angels: A Strange and Terrible Saga』

가셔브룸2봉 — 8,034m

"약간 불길한 느낌이 들었습니다." 가셔브룸2봉 정상에서의 순간을 회상하던 코리 리처즈*Cory Richards*는 이렇게 말했다. "우리가 올라온 산이 성난 것 같았습니다. 그러더니 모든 게 지옥으로 변했습니다." 가슴속에 똬리를 틀고 숨어 있던 공포가 스멀스멀 밀려나오자, 그는 소리를 질렀다. "이런 제장, 여기를 벗어나야 해!"

파키스탄 카라코람산맥의 겨울은 결코 가볍게 여길 수 없다. 그곳은 히말라야보다 훨씬 더 북서쪽으로 치우쳐 있어, 기온이 보통 10도 정도 더 떨어진다. 그곳의 산들은 북쪽에서 사납게 불어오는 제트기류의 길목에 있다. 이런 정보는 주로 조종사나 등반가들이 관심을 갖겠지만, 바람은 히말라야보다 평균적으로 시속 40킬로미터가 더 세다. 따라서 히말라야의 봉우리들이 하나만 빼고 모두 등정된 상황에서 카라코람의 8천 미터급 고봉의 동계등정이 하나도 되지 않았다는 것은 전혀 놀랍지 않다. 그 하나가 바로 낭가파르바트였는데, 히말라야산맥의 서쪽 끝자락에 위치해 있으며 베이스캠프가 악명 높도록 낮은 그 산은 동쪽에 있는 산보다는 카라코람의 기후적 특성을 가지고 있다.

얼음의 전사인 아르투르 하이제르조차 카라코람에 대해서는 의구심을 나타냈다. "카라코람의 8천 미터급 고봉을 동계 등반하는 건 불가능할지도 모릅니다." 그는 그곳을 염두에 두는 사람에게 이렇게 충고했다. "데니스 우루브코의 체력이 아니라면 거들떠보지도 마세요. 죽을 수도 있다는 사실을 인정하고 받아들여야 합니다. 마음을 단련하고, 큰 위험을 감수하고, 기상예보를 믿지 말고 등반해야 합니다."[1] 그가 농담을 한 것일까? 초청장을 내던져버리라고? 하지만 적어도 이탈리아 알피니스트 한 사람은 그것을 직접적인 도전으로 여겼다. "불가능하다고? 그건 안 되지."[2]

가셔브룸2봉은 가셔브룸 남쪽 빙하로 둘러싸인 가셔브룸 산군의 6개 봉우리 중 하나이다. 해발 8,034미터로 6개 중 두 번째로 높은 그 산은 기하학적으로 완벽히 뾰족한 덩어리이다. 그곳의 정상 피라미드는 깎아지른 빙벽들, 굴러 떨어지는 세락들, 입을 쩍 벌린 크레바스의 미로들로 보호받으며 위로 치솟은 긴 바위의 등뼈 같은 모양이다.

이제 8천 미터급 고봉 두 개를 동계 초등한 시모네 모로는 몇 가지 이유에서 2010~2011년 겨울 시즌의 대상지로 가셔브룸2봉을 선택했다. 동계등정이 되지 않은 8천 미터급 고봉은 여전히 5개가 남아 있었다. 가셔브룸2봉, 가셔브룸1봉, 브로드피크와 낭가파르바트 그리고 K2. 그는 가셔브룸2봉과 K2를 제외한 모든 곳에 원정대가 간다는 사실을 알았다. K2는 훨씬 더 높고 악명 높을 정도로 어려워 선택에서 제외했다. 하지만 가셔브룸2봉은 희미하게나마 성공의 가능성이 남아 있었다.

노스페이스 스포츠 팀 멤버인 시모네는 남들이 부러워할 만큼 넉넉한 지원을 받는 프로 알피니스트이다. 노스페이스는 — 그를 후원하고 지원하는 다른 업체들과 함께 — 매년 그가 원정등반을 몇 번씩 갈 수 있도록 도와준다. 유일한 제약은 그의 몸 상태와 하루 중 움직일 수 있는 시간이다. 훈련 스케줄을 유지하기 위한 낮 시간의 햇빛이 충분치 않은 경우, 시모네는 밤에 훈련을 하므로 큰 문제가 되지는 않는다. 그의 철학은 간단하다. "훈련을 한다고 모든 시간을 쏟아붓지 말고 남는 시간은 경쟁자에게 주어라."[3]

데니스 우루브코를 가셔브룸2봉에 초청한 것은 필연적 결정이었다. 그 전해에 초오유를 등정해, 마칼루 동계를 포함해 14개를 모두 오른 그는 파미르에서 동계등반을 한 경험이 많았다. 그는 피도 눈물도 없는 등반가였다. 그 둘은 하계와 동계에 히말라야, 카라코람, 파미르, 천산산맥에서 이미 여러 번 함께 등반한 경험이 있었다. 따라서 각자의 능력과 성격과 힘을 어떻게 하나로 녹여 막강한 팀을 만들 수 있는지 잘 알고 있었다. 그들은 결코 깨질 것 같지 않아 보이는 유대관계를 구축했다.

시모네가 두 번째로 초청한 이는 미국의 등반가이자 사진작가인 코리 리처즈였다. 1981년에 태어난 코리는 데니스보다는 여덟 살, 시모네보다는 열네 살 아래로, 8천 미터급 고봉을 하나(로체, 여름 시즌, 보조 산소 사용) 올랐으며, 네팔에 있는 6천 미터급 봉우리 두 개를 동계에 오른 경험이 있었다. 그는 윌 개드Will Gadd, 배리 블란샤드Barry Blanchard, 스티브 스벤손Steve Swenson, 라파엘 슬라빈스키Raphael Slawinski 같이 허튼짓을 하지 않는 로컬들과 함께 캐나다 로키에서 몇 번의 겨울 시즌 동안 빙벽등반 기술과 카메라 다루는 방법을 익혔다. 코리는 훌륭한 등반가이지만, 그의 말마따나 '위대한 등반가'는 아니었다. 로키에서 그는 자신의 능력에 비해 너무 어려운 곳을 무작정 밀어붙이는 것으로 유명했는데, 가끔 뜻밖의 '비행'을 해서, 블란샤드는 그에게 애정을 섞어 '천방지축으로 휘젓고 다니는 어린 놈'이라는 별명을 붙였다.

코리는 그런 놀림도 아랑곳하지 않았다. 겨울에 로키를 자주 다닌 그는 단순히 청소년기의 혼란에서 벗어나고 싶어 했다. 그의 소년시절은 왜곡하게 말하면 문제가 좀 있었다. 유타의 스키 집안에서 둘째로 태어난 그는 솔트레이크시티에서 자랐다. 그가 침울해 보이자 그의 어머니는 그가 겨우 한 살배기 아이였을 때 그를 심리학자에게 데려갔다. 그가 6학년이었을 때 의사는 그에게 심각한 우울증이 있다며 프로잭Prozac(우울증 치료제)을 처방했다. 약물치료에 만족하지 못한 코리는 곧 환각제를 복용하기 시작했다. 청소년기를 끔찍스러울 정도로 불안하게 보낸 그는 집에서 가출해 등반을 하고 스키를 탔고, 친구들의 집에서 쫓거나 공원 벤치에서 친척들에게 마약을 팔았다. 그 모든 것이 순전히 반항심에서였다.

열일곱 살에 그는 마침내 집으로 돌아왔지만, 그것은 심리병동으로 돌아온 것이나 마찬가지였다. 하지만 이번에는 결과가 조금 좋았다. 놀랍게도 코리에게는 창조적인 재능이 있었다. 구성과 색깔과 균형과 질감. 그는 이 모든 것을 카메라로 표현하는 실험을 했다. 머지 않아 그는 패션 사진작가 빌 캐논 *Bill Cannon*의 조수로 일하게 되었고, 자신의 사진 두 장이 『클라이밍*Climbing*』 잡지에 실리자, 자신의 작품이 호소력이 있다는 것을 깨달았다. 그 사진들은 시모네 모로가 누군가를 가셔브룸2봉의 세 번째 대원으로 초청해, 함께 등반도 하고 스틸과 영상 이미지로 원정대를 기록하고자 할 때 코리를 선택하게 만들 정도로 훌륭했다.

시모네 모로가 팀을 발표하자 비판이 일었다. 코리 리처즈? 가셔브룸2봉 동계등반에? 보조 산소도 없이? 정신이 있는 거야? 시모네는 코리가 등반도 할 수 있고, 완벽한 구도를 잡고, 그 완벽한 사진을 찍을 수 있는 위치로 이동해, 실제로 그런 사진을 찍을 수 있다고 믿으면서 비판론자들을 무시했다.

코리는 초청의 중요성을 이해했다. "시모네와 데니스는 산악계의 아이콘입니다. … 산악인들은 자신의 파트너를 신중하게 선택합니다. 이 두 전설적인 산악인이 내게 원정대에 합류하라고 한 건 사제에게 성직을 맡긴 것이나 다름없습니다."**4** 하지만 그 역시 의구심을 품은 사람들을 잘 알고 있었다. "신경이 아주 거슬리진 않았습니다." 몇 년이 지난 후 회의론을 되돌아보던 그가 말했다. "아직도 '젠장, 지켜보란 말이야.'라고 말할 정도로 난 자존심이 강합니다."

시모네는 3명의 작은 팀이면 코리와 데니스가 잘 어울릴 것으로 확신했다. 하지만 코리가 데니스의 신뢰를 얻는 것은 쉬워 보이지 않았다. 타고난 회의론자이며, 어느 정도는 방어적이고, 나약한 낌새를 전혀 보이지 않는 데니스는 어려운 상대일 수 있었다. 코리가 미국인이라는 것도 도움이 되지 않았다. 시모네는 이렇게 설명했다. "데니스는 일종의 '소비에트 신드롬'을 겪고 있습니다. 다시 말하면, 그는 미국인과 포옹하거나 키스하지 않습니다."[5] 실제로 포옹이나 키스는 필요 없지만, 신뢰를 어느 정도 수준으로 구축하는 것은 필요했다.

그리하여 트리오가 구성되었다. 불완전 연소된 듯한 모습과 타는 듯한 응시는 바위도 뚫을 수 있을 것 같은, 군에서 단련된 무뚝뚝한 러시아인과 활짝 웃는 얼굴로 끊임없는 대화를 즐기는 대담하고 활기찬 이탈리아인, 그리고 헝클어진 머리에 키가 크고 당당한 체구에 어딘가 슬픈 듯한 눈을 가진 미국인으로.

2010년 크리스마스가 지나 이슬라마바드에 도착한 그들은 며칠 동안 파키스탄산악회 사람들을 만나기도 하고 짐도 다시 꾸린 후 1월 초에 스카르두로 날아갔다. 스카르두에서 아스콜리로 지프를 타고 가, 6,400미터의 코사르 강 *Kosar Gang*에서 고소적응 훈련을 할 작정이었다. 그들이 인도와 파키스탄의 분쟁지역으로 다가가자 험상궂은 파키스탄 보안군이 그들을 둘러싼 후 계획을 캐묻고 그 말이 진실인지 확인했다. 베이스캠프로 걸어 들어가는 동안 시모네는 자신의 몸에 남은 스트레스를 느낄 수 있었다. 1년에 수십 번씩 강연을 하고, 스폰서들을 위해 지구를 여행하고, 정기적으로 산악영화축제에 모습을 드러내고, 최근에는 헬기 조종사 자격증을 따느라 바쁜 나날을 보낸 사람이 어깨에 배낭을 걸쳐 메고 한 걸음 한 걸음을 내디딜 때마다 가쁜 숨을 내쉬는 장면을 상상하긴 그리 어렵지 않을 것이다.

4일 후, 코사르 강의 5,800미터에서 코리는 발에 감각을 느낄 수 없었다.

데니스는 떨떠름한 표정을 지었지만 시모네는 철수를 선언했다. 데니스는 추위도 느끼지 않고 지치지도 않았다. 더구나 정상이 빤히 보였다. 이것은 훈련을 시작한 팀에 좋은 조짐이 아니었다.

1월 10일, 그들은 스카르두에서 군용 헬기에 올라타 5,000미터에 있는 가셔브룸2봉 베이스캠프로 향했다. 카라코람의 첨봉들로 둘러싸인 그곳은 거칠고 아름다운 곳이었다. 파키스탄 군인들이 인근에 주둔하고 있어, 그곳에는 다른 사람들이 있을 것 같지 않았다. 더럽고 악취 나는 플라스틱 원통형 막사에서 근근이 지내는 그 군인들은 이 고소의 게토ghetto(고립 지역)에서, 수십 년간이나 교착상태에 빠진 인도와의 국경을 지키며, 6개월 교대로 군복무를 하고 있었다.

군인들의 공손하고 예의바른 방문으로 하루 저녁을 보낸 시모네와 데니스와 코리는 얼음으로 된 일련의 첨봉과 빙하 사이에 있는 걸리 안에 위치해서 바람으로부터 보호를 잘 받을 수 있는 곳에 베이스캠프를 쳤다. 그곳은 개인용 텐트가 있고, 열과 빛과 통신수단의 허브가 되는 발전기가 주방텐트에서 멀리 떨어져 있어 시끄러운 소리도 잘 들리지 않는 상당히 안락한 캠프였다.

순수주의 등반가들이 위성기술 이용이나 외부 세계와의 통신을 인정하지 않는 것을 시모네는 안쓰럽게 생각하고 있었다. 그는 그들의 위선적인 태도를 비난했다. "이런 사람들은 이야기를 밝히지 않고, 조용하고 고통스럽고 용맹스럽게 그리고 거의 연극같이 탐험했을 겁니다." 그는 이렇게 불평했다. "그들이 글을 쓰고 말을 하는 동안은 엉덩이가 안전하고 따뜻하지 않을까요? 그들은 블로그와 다양한 포럼에서 시끄럽게 떠들고 계속 지껄이며 남들을 가르치려 합니다."**6** 그는 가족과 스폰서, 그리고 누구보다도, 정확한 날씨예보를 제공해줄 인스부르크의 기상학자 카를 가블과는 계속 접촉할 작정이었다. 게다가 뜻밖의 보너스는 군인들과의 교류였는데, 그들은 어슬렁거리며 다가와 이메일을 확인하고 가족들과의 통화를 엿들었다.

이틀 후, 그 트리오는 가셔브룸2봉으로 가는 길을 가로막는 발토로 빙하의 크레바스 지역을 정찰하러 떠났다. 그들은 빨간 깃발이 달린 대나무 막대기를 꽂아 크레바스 지역의 구불구불한 길을 표시했다. 그리고 가파른 구간에 고정로프를 설치한 다음 5,500미터에 식량과 장비를 숨겨두었다. 그들 앞에는 비교적 쉬워 보이는 평탄한 빙하 지역이 놓여 있었지만, 사실 그곳은 눈이 얇게 깔린 구멍의 미로였다. 이 산에서는 어느 구석도 곧바로 나아갈 수 있는 곳이 없다는 사실이 점차 분명하게 드러났다. 위험은 도처에 도사리고 있었다.

코리가 몸이 안 좋아 베이스캠프에서 쉬고 싶어 해서 그다음에 빙하를 따라 올라간 사람은 시모네와 데니스였다. 몇 년 후 코리는 이렇게 회상했다. "뻔뻔스러울 정도로 정직하게 말한다면, 난 그 어느 때보다도 무서웠습니다. 하지만 둘 중 어느 누구에게라도 구차한 말을 하기보단 그냥 몸이 안 좋다고 말했습니다. 난 아래로 내려가 쉬고 싶었습니다." 부드러워서 푹푹 빠지고 곳에 따라선 허리까지 빠지는 눈을 헤치고 위로 올라가며 시모네와 데니스는 잠시 노동 같은 전진에서 벗어나 위를 쳐다보았다. 자신들을 둘러싼 가셔브룸 산군의 환상적인 산들이 눈에 들어왔다. 이제 5,700미터에서, 그들은 빙하의 구멍이 뻥뻥 뚫린 한가운데에 작은 노란색 텐트를 쳤다.

다음 날 아침 새벽이 밝아왔을 때 그들은 재빨리 전진할 수 있는 딱딱한 눈사태 잔해의 긴 띠를 발견했다. 여전히 50~100미터마다 대나무 막대기를 박아가며 6,000미터에 도달한 그들은 커다란 세락 위에 텐트를 쳤다. 그곳이 1캠프였다. "여름엔 1캠프까지 5시간도 안 걸립니다." 데니스는 말했다. "즐겁게." 그 말은 보통 때는 즐거웠다는 의미였다. "2011년 1월, 우린 이틀이 걸렸습니다. 하나도 즐겁지 않게."[7]

1월 20일 시모네와 데니스는 코리가 파키스탄 막영지에 있는 군인들과 점점 더 친하게 된 베이스캠프로 돌아왔다. 아주 특별한 신뢰관계가 형성되자

2011년 가셔브룸2봉 동계 원정 당시 데니스 우루브코 (사진: 코리 리처즈)

군인들은 막영지에서의 생활을 사진 찍어도 좋다고 허락했다. 이 우연한 발전은 결국 코리에게 『내셔널지오그래픽*National Geographic*』에서 경력을 쌓을 수 있게 한 특별한 이미지 몇 장을 만드는 결과를 가져왔다. 하지만 이제 동료들보다 고소적응이 덜 된 코리는 곧바로 위험에 처할 수 있었다. 시모네는 카를가블로부터 날씨 정보를 받아 그 지역의 동계 원정대에 무전으로 알려주었다. "카를은 가셔브룸2봉에서 네 번째 등반 파트너였습니다." 시모네가 설명했다. 산에서 등반하는 사람들처럼, 카를은 고소등반의 언어(코드)로 대화를 했다.

    며칠 휴식을 취한 그들은 빙하로 다시 올라갔는데 이번에는 일행이 셋이었다. 데니스는 몹시 사교적인 자신의 파트너가 컨디션이 좋았다고 비꼬듯 말했다. "그는 에너지가 넘쳤는지 영웅주의가 발동해 전 세계와 온라인으로 대화를 나누었습니다."[8] 그들은 처음에 이틀이 걸린 1캠프에 반나절 만에 도착했다. 그곳에서 가셔브룸2봉의 숄더에 이르는 가파른 쿨르와르 밑에 있는 콘

2011년 가셔브룸2봉 동계등반 중 영하로 떨어진 텐트 안 장면 (사진: 코리 리처즈)

모양의 눈덩어리를 볼 수 있었다. 그 구간을 오를 때 시모네는 5센티미터 얼음 밑에 파묻힌 선홍색 로프 조각을 발견했다. 올라갈 때, 그리고 더 중요한 것은 내려올 때인데, 고정로프로 사용할 수 있다는 확신을 가진 그는 그 로프 조각을 얼음 밖으로 잡아 끄집어냈다. 선홍색의 그 로프는 시계가 나쁜 상황에서 소중한 단서를 제공해줄 수도 있을 터였다.

그날 밤 그들은 '바나나 능선'으로 알려진 칼날 같은 얼음과 눈 밑에 임시 캠프를 설치했다. 그 능선은 그들이 잘 아는 지형이었다. 텐트가 너무 작아 세 사람은 안으로 조심스럽게 기어들어갔다. 추위로부터 그들을 막아주는 것은 얇은 천뿐이었다. 그들은 늘 하던 대로 행동했다. 즉, 한 사람이 부츠와 다운 옷을 벗고 침낭을 꺼내 텐트의 구석으로 바싹 붙는 동안 나머지 둘은 참을성 있게 기다린다. 이렇게 두 사람까지 하고 나면, 운이 나쁜 세 번째는 다운 옷을 입은 채 그대로 남아서 스토브로 눈을 녹이고 음식을 만들고 나서야 고소용 부츠를 벗고 양말과 옷을 말린 다음 침낭 속으로 파고든다.

그들은 기분이 좋았다. 텐트 안에서의 스틸과 영상 이미지는, 추위까지도 모든 것이 상대적이어서 그랬는지, 웃고 떠들며 아주 쾌활한 승무원 같은 모습을 보여주고 있다. 데니스는 모스크바에 있는 안나 피우노바*Anna Piunova*에게 기온에 대해 농담했다. "아파트는 몇 도야? 25도 넘지? 그럼 길거리는? 영하 16도? 그럼 41도가 차이 나네. 텐트는 영하 20도야. 산은 영하 40도고. 봤지? 그럼 겨우 20도가 차이 나. … 그러니까, 아마도 네가 훨씬 더 힘들지 몰라. :)"**9**

코리는 가끔 우스갯소리를 하며 데니스의 기분을 맞추었다. "데니스와 나의 관계는 코믹했습니다. 그가 나를 신임하지 않는다는 게 명백했으니까요." 코리가 말했다. "시모네와 텐트 안에서 나에 대해 의논할 정도로, 내 앞에서. 그것도 영어로! 내가 할 수 있는 것이라곤 그저 웃으면서 '이봐, 내가 여기 있잖아!' 하고 말하는 것뿐이었습니다."

바나나 능선으로 올라가는 것은 얼음이 대리석처럼 단단해 조심스러웠다. 위로 팔을 쭉 뻗어 피켈을 한 번 휘두른 후 또다시 휘둘러야 피크가 얼음에 단단히 박힌다. 두 번째 피켈이 얼음에 깊이 들어가 확실히 박혔는지 확인한 다음, 한 발을 위로 올려 프런트포인팅으로 얼음을 찍는데, 이때도 한 번 더 차야만 확실하다. 그런 후에 체중을 옮기고 균형을 잡아가며 두 번째 발을 밀고 프런트포인팅으로 세게 찍는다. 그러면 성공. 하지만 그래봐야 30센티미터를 오를 수 있을 뿐이다.

무거운 짐을 메고 장딴지 근육이 비명을 지르는 상황에서 250미터의 얼음을 오르는 데 하루 종일이 걸렸다. 바나나 능선에 올라서니 보상이라도 하듯 2캠프까지 완만하고 넓은 사면이 펼쳐졌다. 그날 밤 그들은 굴라시(고기 스튜)와 폴렌타(옥수수 수프)로 등반을 자축했다. 시모네는 원정등반에서 고급 요리를 먹는 것을 사양하지 않았다. 맛없는 독이나 다름없는 냉동 건조식품을 그는 싫어했다. 대신 토르텔리니, 살라미, 프로슈토(햄), 치즈, 초콜릿, 캔디, 웨이퍼 과자와 잼을 좋아했다. 하지만 굴라시는 아주 특별했다. 원정등반을 떠나오기 불과 이틀 전에 그는 250명이 사는 남티롤의 작은 마을 안테리보 *Anterivo*에 있는 정육점에 처남과 함께 갔다. 그는 그곳을 좋아했다. 주인인 마티비 씨*Mr. Mattivi*는 '풍미 있는 스테이크와 같은 장밋빛 뺨, 그라파(포도로 만든 독한 이탈리아 술)를 좋아하는 사람의 코와, 마지막으로 그러나 앞에 언급한 것 못지않은, 로미오처럼 윙크하는 눈을 가진 사람'[10]이었다. 그는 장밋빛 뺨을 가진 그 정육점 주인으로부터 그곳에서 기르고 도축한 굴라시용 고기를 3킬로그램이나 샀다. 그의 부인 바르바라*Barbara*는 굴라시를 만든 다음 냉동으로 포장해, 신이 난 트리오가 가셔브룸2봉의 바나나 능선 꼭대기에서 입맛을 돋우게 만들어주었다.

다음 날 그들은 휴식을 취하기 위해 발자국을 따라 베이스캠프로 내려왔다. 1월 26일 외부 세계로 나온 그들은 브로드피크의 폴란드 팀이 극도의 추위와 잔혹한 바람에 휘말렸다는 사실을 알게 되었다. 실제로 브로드피크가 바로 옆에 있어서 놀라긴 했지만, 가셔브룸2봉의 날씨는 춥고 바람이 불긴 해도 그런 대로 견딜 만했다. 그것은 날씨 패턴이 — 특히 산에서는 — 한쪽 계곡은 온화한 반면 다른 쪽은 허리케인급 바람이 휘몰아치는 등 지역에 따라 얼마나 다른지를 여실히 보여주었다.

그 바람이 곧 캠프에도 들이닥쳐 텐트를 계속 때리자, 그들은 텐트 폴이 휘어지거나 부러지지 않도록 있는 힘을 다해 꽉 붙잡았다. "공포가 등반을 모두 중단시켰습니다." 코리는 말했다. "이런 공포에 대해 말해도 난 문제가 없습니다." 사흘 동안 바람과 싸운 그들은 카를에게 전화했다.

"안녕, 카를. 무슨 소식 있어?"

"시모네, 하루 동안 날씨가 좋아질 것 같은데. 30시간. 반복한다, 30시간. 지금부터 3일 후에. 그 전후는 지금과 같을 거야. 사실, 그 후는 점점 더 나빠질 거고."

"날씨가 또 좋아질 가능성은? 그 후라도 말이야."

"알다시피, 난 5일에서 7일 이상은 예보하지 않아. 그것도 믿을 수 없잖아. 게다가 숫자는 전혀 도움이 안 돼."[11]

대단하진 않아도 결정적인 정보였다. 만약 그들이 가셔브룸2봉을 오르고자 한다면, 2캠프까지 폭풍 속에서 등반해야만 30시간의 좋은 날씨가 시작되는 때를 만날 수 있을 터였다. 30시간이 그들에게 허용된 전부였다. 30시간 내에 정상에 오른 후 2캠프까지 내려와야 한다. "8천 미터급 고봉을 겨울에 등정하고 싶다면, 호랑이처럼 먹이를 마구 쫓을 것이 아니라, 설원의 표범이 되어야 합니다." 시모네는 이렇게 말하고 설명을 덧붙였다. "설원의 표범은 기회가 올 때까지 기다린 다음 덮치거든요."

잠시 상의를 한 그들은 설원의 표범처럼 접근하기로 했다.

1월 30일 그들은 '정신 나간 바람과 추위' 속에 베이스캠프를 떠났다. 코리는 카메라를 작동시킬 때마다 벙어리장갑을 벗은 다음 손가락장갑을 끼고 작업을 해야 했다. 물론 그럴수록 동상의 위험도 커졌다. 오후 2시 그들은 1캠프에 도착했다. 그날 밤은 돌풍에 가까운 바람으로 잠을 제대로 자지 못했지만, 다음 날 아침은 익숙한 패턴으로 움직였다. 차를 마시고, 옷을 입고, 짐을 꾸리고, 부츠를 신고, 크램폰을 차고, 캠프를 철수하고, 등반을 하는…. 그들 앞에는 크레바스가 널린 빙하, 램프, 쿨르와르, 마지막으로 2캠프에 이르는 날카로운 '바나나 능선'이 차례대로 놓여 있었다. 코리는 형벌 같은 그날 내내 촬영을 이어갔다. 만약 데니스가 코리의 등반 능력에 대한 불신을 조금이라도 마음속에 담아두고 있었다면, 아마 그것은 그 과정에서 다 떨쳐졌을 것이다.

그날 밤 그들은 카를에게 정보를 업데이트해달라고 요구했다.

"여긴 2캠프." 시모네가 말했다. "우린 좋아. 잘하고 있고, 말한 대로 지옥 같은 이틀이었지만 말이야."

"잘했어! 전화를 기다리고 있었네. 내일 아침부터 날씨가 좋아질 거야. 잘 들어, 잊지 말고. 30시간뿐이야. 그 후에는 시속 140킬로미터의 무시무시한 돌풍이 불어 닥칠 거야."[12]

그 트리오는 전략을 조정했다. 다음 날 아침 해가 텐트에 비칠 때 밖으로 나가기로 했다. 너무 이르지 않게. 몹시 추워서. 그리고 정상으로 치고 올라가는 길을 1,200미터 남겨둔 6,800미터쯤에 최종캠프를 치기로 했다. 무엇보다 마지막 1,200미터가 그들에게 완전한 미지의 세계여서 그것은 대단히 야심만만한 계획이었다.

다음 날, 그들은 하늘을 조심스럽게 쳐다보면서, 깊은 눈을 헤치고 크레바스를 건널 수 있는 스노브리지를 찾고, 기울어진 세락을 피하고, 바람이 만든 검은 얼음을 프런트포인팅으로 오르며 꾸준히 등반해나갔다. 등반의 형태가 다양해 집중력을 한껏 높여야 했는데, 그러다 보니 시간이 자꾸만 흘러갔다. 그것도 너무나 빠르게. 6,820미터에서 그들은 그 위에 텐트를 겨우 칠 수 있는 세락을 만났다. 카를에게 마지막으로 전화해보니, 다음 날 정오경 날씨가 급변할지 모른다고 알려주었다. 그는 산에서 시간을 너무 많이 보내지 말라고 애원하듯 말했다.

2월 2일 새벽 1시 30분 그들은 잠자리에서 일어나 3시에 텐트를 빠져나왔다. 암흑 속의 차가운 공기가 날카롭게 얼굴을 때렸다. 그들은 헤드램프를 켜고 등반을 시작했다. 불행하게도, 루트는 곧바로 전진하는 곳이 거의 없었다. 입을 벌린 크레바스는 헤드램프의 불빛이 비추는 거리가 한정적이라 언제든 경고 없이 나타날 수 있었다. 바위의 성벽은 그들의 전진을 훨씬 더 느리게 만들었으며, 기술이 요구되는 구간은 세심한 주의가 필요했다. 그래도 바위를 따라 길게 사선으로 올라가자 검푸른 하늘이 눈앞에 보였다.

7,450미터에서, 지평선 위로 떠오른 태양의 첫 햇살이 그들이 있는 곳을 황금빛으로 물들였다. 그들 위에 있는 산들도 밝아졌는데, 처음에는 푸른빛의

가셔브룸2봉의 동계 등반 (사진: 코리 리처즈)

2011년 가셔브룸2봉 동계등반 중 영상을 촬영하는 코리 리처즈 (사진: 코리 리처즈)

그림자가 들더니 점차 연한 오렌지색으로 변했다. 초골리사, 브로드피크, K2, 가셔브룸 산군, 마셔브룸이 하늘을 떠받친 텐트의 펙과 같이 카라코람산맥 전체를 마치 생명의 불꽃처럼 물들였다. 계곡이 그림자로 출렁이고 기온이 영하 35도에서 50도까지 떨어졌다. 그들은 따스함을 느꼈다. 코리가 잠깐 멈추라고 소리쳤다. 그는 고도도 잊은 채 그들보다 먼저 사면을 올라가 무릎을 꿇고 카메라를 꺼냈다. "좋아, 계속해." 코리가 소리쳤다. 그러자 선명한 원색의 옷을 입은 두 생명체가 불을 밝힌 유도등처럼 카라코람의 광활한 공간 위로 서서히 모습을 드러냈다.

7,700미터에 이르자 바람이 거세져 태양의 따스함이 사라졌다. 아직도 350미터를 더 가야 하는데, 그렇게 하는 데만도 4시간이 걸릴 것 같았다. 그들은 피켈을 번갈아 찍고, 크램폰을 한쪽은 티베트에 다른 쪽은 파키스탄에 디디며 능선 위를 꾸준히 올라갔다. 등반이 어렵지 않고 조금 단조롭고 끝이

정상으로 향하는 날인 2011년 2월 2일 새벽의 여린 빛. 이날 데니스 우루브코와 시모네 모로와 코리 리처즈는 가셔브룸2봉 동계 초등에 성공했다. (사진: 코리 리처즈)

없을 것만 같은 곳에서는 마음이 허공을 맴돌았다. 등반가는 너무나 지루한 이 시간을 다양한 방법으로 다룬다. 훈련기간 동안의 기억으로 시작된 시모네의 생각과 감정은 바람의 방향과 하늘을 끊임없이 주시하는 격렬한 마음으로까지 내달았다. 코리는 두 채널로 작동되고 있었다. 등반가 코리와 사진작가 코리. 빛은 은은했다. 그런 순간이 얼마나 빨리 사라지는지 아는 그는 앞으로 재빨리 나서고, 쪼그려 앉고, 카메라의 초점을 맞추고, 촬영을 하고 다시 또 앞으로 나서며 자신의 임무를 계속해나갔다. 능선은 끝없이 이어졌다. "나는 다르게 느꼈습니다." 데니스가 당시를 회상하며 말했다. "깊은 절망감에서 이상한 황홀감까지. '우린 올라가는 게 아니야. … 얼음이 있을 텐데. … 벌써 7,800미터네! … 우와, 200미터가 수직이야. … 여기서 죽을 것 같은데. … 두려워하지 마, 넌 군인이잖아! 여기서 어떻게 내려가지? 너무 위험해! 발사!'"[13]

데니스가 기존의 고정로프를 발견했다. 그는 그곳에 멈추어 카라비너를 통과시켰는데, 뜻밖에도 그것은 이제 분명한 모습을 드러낸 정상까지 곧장 이어져 있었다. 고정로프는 정상 10미터 아래에서 끝났다. 그는 카라비너를 빼고 천천히 위로 올라갔다. 그가 가셔브룸 정상으로 한 발 한 발 올라갈 때 날카로운 얼음의 수정들이 회오리바람을 타고 그의 얼굴을 때렸다. 그는 하늘을 향해 두 손을 들어올렸다. "그러자 생각이 떠올랐습니다. 믿을 수 없는 얼음의 수정처럼. 얼어붙은 푸른빛처럼. '됐어. 내가 여기 있잖아. 발사!'"**14** 뒤따라온 시모네는 정상에 쓰러져 기침과 헛구역질을 연신 해댔다. 코리가 카메라를 천천히 돌려 그 순간들을 기록하며 마지막으로 올라왔다. 2011년 2월 2일 오전 11시 35분, 얼굴을 눈에 박고 엎어진 시모네를 데니스가 팔로 감싸 안고 위로하는 이미지는 그들이 쏟아부은 노력을 적나라하게 보여주었다. 가셔브룸2봉 동계 초등. 알파인 스타일.

훗날 데니스는 그 순간을 감사하는 방법이 서툴렀다고 고백했다. "난 내 마음의 스위치를 끌 수 없었습니다. 그곳 정상에서 보낸 시간은 누군가의 목숨이 될 수도 있었습니다." 그들은 25분 후에 돌아서기로 하고 내려갈 준비를 했다. 하지만 그 전에 데니스는 '러시안클라임닷컴*RussianClimb.com*'의 레나 라레티나*Lena Laletina*에게 간단한 문자를 보냈다. "11시 35분 정상. 7,800미터로 내려감. 어둡기 전에 텐트에 도착했으면"

코리의 정상 사진에서는 사악한 구름이 몰려드는 것을 분명하게 볼 수 있다. "우린 고소적응이 완전하지 않은데 날씨마저 끔찍했습니다." 코리가 말했다. 그는 어떤 위협을 느꼈다. 그리고 그 느낌은 심장 박동이 빨라지게 하면서 모든 것을 규정했다. "내려가고 싶었습니다. 난 서두르고 싶었는데 그들은 그 위에서 오히려 마음이 더 차분한 것 같았습니다. 난 정상에서 마음의 평화를 느껴본 적이 없습니다." 그가 동료들에게 소리쳤다. "빌어먹을, 이곳에서 빨리 내려가야 해!"

카를의 예측대로 몰려드는 구름에 휩싸인 그들은 하산을 하기 시작했다.

2011년 2월 2일 가셔브룸2봉 정상에 올라선 시모네 모로 (사진: 코리 리처즈)

그러다 7,700미터에서 오버행 밑으로 피신했다. 시모네는 위성전화로 아내 바르바라에게 소식을 전했다. 그다음은 폴란드의 얼음의 전사이며 자신의 멘토인 크지슈토프 비엘리츠키였다. 그런 다음 그는 베이스캠프에 자신들이 하산하고 있다고 알렸다.

몸을 휘청거리게 하는 돌풍의 폭풍설이 이제 완전히 그들을 덮쳤다. 무엇을 조금 먹거나 마신 지도 어느덧 13시간 전이었다. 목표는 3캠프. 하지만 지형이 가파르고 기술을 요해서 폭풍설에도 불구하고 고도의 집중력을 발휘해야 했다. 어느 지점에서 시모네는 자신들이 얼마나 내려왔는지, 또는 텐트까지 얼마나 남았는지 전혀 알지 못했다.

"텐트가 보여." 데니스가 위로 소리쳤다.

"뭐라고?" 시모네가 비명을 지르듯 물었다.

"텐트가 보인단 말이야. 확실해. 그런데 색깔이 이상하네."

"걱정하지 마." 시모네가 되받았다. "그런 건 문제가 아냐. 계속 가."

"친구들, 저건 노란색이야." 코리가 소리쳤다. "나도 보여. 노란색. 우리 텐트야."

얼굴이 온통 얼음으로 뒤덮인 그들은 크램폰을 벗고 쓰러지듯 안으로 들어갔다. 텐트 안에서는 정상 등정과 3캠프까지 무사히 내려온 것을 축하하는 안도의 소리가 넘쳐났다. 오후 5시쯤, 시모네는 유럽의 언론과 위성전화 인터뷰를 진행했다. 라인홀드 메스너는 그에게 축하의 인사를 전했다. 그들이 느끼는 유포리아euphoria(극도의 행복감)에도 불구하고 성난 돌풍이 텐트를 두드리며 폭풍이 날뛰자 긴장감이 높아졌다. 그들은 돌아가면서 물을 끓여 가능한 한 많이 마셨다. 그렇게 수분을 보충하고 거의 다 소진해버린 칼로리를 채우기 위해 음식을 조금 먹었다. 이제 그들의 침낭은 얼음으로 된 관처럼 딱딱하고 따뜻함도 거의 느낄 수 없어 아무 쓸모가 없었다. 데니스는 멀뚱멀뚱 누운 채 살아서 내려갈 탈출 루트만 계속 그려보았다. "밤새 마음이 산란했습니다." 그가 말했다. "어떻게 하지? 어떻게 하지? … " 그들은 다운 옷을 입은 채 날이 밝아오기를 기다렸다.

오전 8시, 캠프를 해체했다. 시계가 3~4미터로 줄어들고, 고글에 얼음이 마구 달라붙었다. 그들은 고글을 벗고 얼음을 떼어냈는데, 고소에서는 설맹에 걸릴 수도 있어 몹시 위험스러운 행동이었다. 흰색과 회색의 소용돌이 세계를 눈을 가늘게 뜨고 쳐다보던 그들은 기억해둔 지형을 간신히 찾아냈다. 거의 기적적으로, 올라올 때 설치한 로프가 그들의 발에 걸렸다. 그래서 가파른 세락을 로프로 하강해 크레바스를 건넌 다음 계속 내려갔고, 다시 급경사면을 로프로 하강했다. 그러자 2캠프가 마침내 눈에 들어왔다. 이제 그들은 자신들이 있는 곳을 정확하게 알았다. 바나나 능선과 쿨르와르를 내려가니 빨간색 로프가 그들을 기다리고 있었다. 그들은 가셔브룸2봉을 탈출했다. 승리는 그들의 것이었다. 이제 남은 것은 가셔브룸1봉과 2봉 사이의 긴 빙하를 내려가는 것뿐이었다.

빨간색 깃발이 달린 대나무 막대기가 길을 안내했다. 하지만 짙은 안개와 휘몰아치는 눈은 다음 막대기까지의 시계를 떨어뜨렸다. 그들은 빙하를 빨리 내려가려다 방향을 잃어 시간을 허비했다. 베이스캠프까지 곧장 내려갈 계획이었지만, 1캠프에 이르자 어느덧 저녁이 된 데다 그들은 몹시 지쳐 있었다. 이제는 어쩔 수 없이 하룻밤을 그곳에서 더 보내야 했다. 서로를 껴안고 하룻밤을 더 보내야 하는 그들은 침낭을 걸친 채 수분을 섭취하고 먹고 추위에 떨었다. 후에 카를은 하룻밤을 캠프에서 더 보내기로 했다는 시모네의 전화를 받고 그들이 살아남을 수 있을지 몹시 걱정했다고 시인했다.

다음 날 아침, 무너져버린 날씨가 그들을 해머처럼 두드렸다. 고산의 난폭한 바람이 그들이 내려갈 빙하 바로 위에 있는 사면에 눈을 쏟아부으며 능선의 상단부를 휩쓸었다. 코리는 걱정했다. "난 눈사태에 대해 항상 건강한 공포가 있었습니다. 캐나다 로키에서 시간을 보낸 덕분이기도 했고, 스키를 타며 자랐기 때문이기도 했습니다. 이 친구들이 나에겐 낯설었습니다. 나한테 문제가 있는 건가요? 아마 이런 등반은 그럴지도 모릅니다." 허리까지 빠지는 눈을 헤치며, 그들은 크레바스 밭을 지나는 가장 안전한 방법으로, 즉 로프를 묶고 번갈아 앞장서며 막대기와 막대기 사이를 기다시피 했다. 그런데 깊은 눈으로 인해, 언제든 떨어져 내릴 수 있는 눈사태에 완전히 노출된 지역에서 너무 많은 시간을 쓰고 말았다. 운명이 잔인하게 꼬이는 바람에, 등반이 거의 끝나는 시점에 가장 위험한 순간과 맞닥뜨렸다. 동물처럼 위험의 냄새를 맡았지만, 그것으로부터 벗어날 수 없었다. 그들은 마치 오리처럼 공격당하기 쉬운 대상이었다. "난 속에서부터 기분이 몹시 나빴습니다." 코리는 그때를 떠올리며 말했다. "우린 가셔브룸 산군에서 너무 많은 시간을 보내고 있었습니다. 그건 아주 전형적인 지형의 함정이었습니다. 갑자기 무언가 갈라지는 커다란 굉음이 들려왔습니다. 구름을 뚫고 들려온 그 소리는 상상을 초월했습니다.

그 소리는 너무나 컸습니다. 본능적으로 난 우리가 죽는 줄 알았는데, 아마 모두가 그렇게 생각했을 겁니다."

그들 위의 눈을 머금은 사면에 있는 세락이 무너졌다. 두 번째 굉음은 그들을 극도의 공포로 몰아넣었다. 지구상에 눈사태와 비교될 만한 소리는 없을 것이다. 사면이 붕괴되면서 그들 쪽으로 처음에는 서서히, 그런 다음 맹렬한 속도로 무너져 내려왔다. 생각할 시간도, 어떻게 할 도리도, 어디로 도망칠 곳도 없었다.

눈사태가 덮치자 코리는 팔다리를 움직이려 몸부림쳤다. 하지만 곧 몸이 미친 듯이 돌았다. "그런 끔찍한 경험의 공포는 어떻게 말로 표현할 수가 없습니다. 원시적인 괴물의 이빨에 먹이로 걸려들어 허리뼈가 바스라지기를 기다리는 동안 의식이 가물가리며 산이 삼켜버리는 것 같은…. 파란 하늘이 언뜻 흐릿하게 보이더니, 어두운 색으로, 파란색으로, 다시 어두운 색으로 그리고 검은색으로 변했습니다. 내 입과 코에 가루눈이 들어왔고, 다운 옷 속에도 눈이 들어찼습니다. 굉음이 깊은 정적으로 바뀌었습니다. 그리고 차디찬 추위가 몸에 배어들었습니다."[15] 숨을 쉴 수 있다는 생각이 맨 먼저 들었다. 그러고 나서 든 생각은 자신이 유일한 생존자라는 것이었다. "젠장, 난 여기서 빠져나가 혼자라도 내려가야 해. 친구들이 죽었으니까."

상황이 끝나자 시모네가 정신을 차렸다. 그리고 이어지는 순간이 오랫동안 계속되었다. 그는 살아 있었다. 그런데 다른 사람은? 눈에서 거의 다 빠져나온 그는 코리와 데니스를 미친 듯이 찾았다. 안나푸르나에서의 아나톨리와 디미트리에 대한 생각이 빠르게 뇌리를 스쳤다. 그는 그 생각을 떨쳐버리고, 배낭을 벗어 던진 다음 코리의 얼굴과 상체가 드러난 곳으로 달려가 눈이 시멘트처럼 굳기 전에 힘껏 파냈다.

하지만 데니스는 어디에 있지? 시모네가 데니스의 이름을 부르자 그가 소리쳐 대답했다. "오케이, 오케이, 시모네. 난 괜찮아. 천천히 해." 그래서 그는 코리를 계속 파냈고, 마침내 한 팔이 나오자 다른 팔도 빠져나왔다. 비록 충격에 빠졌지만, 코리는 본능적으로 다운 옷의 지퍼를 열고 카메라를 꺼내 촬영을 하기 시작했다. 시모네가 데니스에게 달려가 그의 얼굴 주위를 파내는 동안에도 코리는 촬영을 계속했다. 턱까지 묻힌 데니스는 어떻게든 침착함을 유지했다. "감정에 치우치지 않았습니다." 데니스가 기억을 떠올렸다. "차분하게 대응한 것뿐입니다." 데니스는 팔이 자유로워질 때까지 아무것도 할 수 없었지만, 곧 시모네를 따라 눈을 긁어내어 10분 후에는 자유의 몸이 되었다.

이제 패닉에 빠진 코리가 소리쳤다. "친구들, 탈출하자. 가자고. 계곡 쪽으로! 빨리. 지금."[16] 그는 재빨리 떠났지만 엉뚱한 방향으로 가고 있었다. 데니스가 소리를 쳤고, 시모네도 고함을 질렀다. 하지만 코리는 그들의 소리를 듣지 못하고 계속 달려가다가 그만 히든 크레바스에 빠지고 말았다. 천만다행으로, 그들은 여전히 서로 로프를 묶고 있었다. 15분 후, 코리는 주마와 푸르지크 매듭을 이용해 시커먼 구멍에서 빠져나왔다.

아이러니컬하게도, 그들을 거의 죽일 뻔한 눈사태가 이제는 그들의 고속도로가 되었다. 쏟아져 내린 후 곧장 얼어붙어 그들이 내달릴 수 있을 만큼 표면이 딱딱해진 것이다. 빙하의 거의 끝 지점에서 그들은 잠시 멈추어 휴식을 취했다. 그러자 아드레날린 분비가 잦아들면서 피로가 몰려왔다. 탈진으로 앞이 거의 보이지 않는 데니스가 위를 쳐다보더니 소리쳤다. "사이이드 잔! 사이드 자아아아안!"

그날 아침 10시 15분, 그들의 쿡 사이드 잔*Saeed Jan*과 조수 하산 줄란 *Hassan Zhulan*은 주방텐트에서 스토브 주위에 몸을 웅크리고 앉아 있었다. 검은 까마귀 한 마리가 깡충깡충 뛰어다니며 살짝 열린 텐트 문 사이로 안을 기웃거렸다. 그놈은 뒤뚱거리며 텐트 안으로 들어와 대가리를 뒤로 젖히고 크게 깍깍거리며 울더니 한 번인가 두 번쯤 쳐다보고는 그대로 나가버렸다. 불길한 느낌이 든 하산은 자리를 박차고 일어났다. 대원들에게 무슨 일이 일어난 것이 틀림없었다. 그들은 차와 먹을 것을 싸들고 빙하로 향했다.

대원들을 만난 그들은 서로 껴안고 안도의 눈물을 흘렸다. 사이드 잔은 군인들로부터 간신히 얻은 콜라 한 병과 차와 과자를 내놓았다. 그는 시모네의 배낭을 빼앗아 들고 코리의 배낭을 어깨에 걸쳐 맸다. 데니스는 날렵한 몸매에 여전히 흐르는 힘, 또는 자존심, 또는 훈련의 잔류물을 약간 내보이며 그 제안을 거절했다. 그들은 베이스캠프로 내달렸다. 안전하고 안락하고 집 같은 곳으로.

그날 밤, 데니스도 시모네도 잠을 이루지 못했다. "시모네가 내게 물었습니다. '데니스, 왜 안 자?' 내가 대답했습니다. '미안해, 시모네. 나도 몰라. 왜 잠이 안 오는지….' 그리고 내가 시모네에게 물었습니다. '왜 안 자?' 그러자 시모네가 말했습니다. '살아 있다는 게 너무 기뻐서.' 그래서 나도 그 순간에 살아 있다는 게 너무 기쁘다고 그에게 말했습니다."[17] 두 사람이 그러는 동안 코리는 깊은 잠에 빠져 있었다.

등반의 여파는 서로 달랐다. 그것은 시모네의 세 번째 8천 미터급 동계 초등이었다. 2005년 폴란드 등반가 표트르 모라브스키와 오른 시샤팡마, 2009년 데니스와 함께한 마칼루, 그리고 이제 가셔브룸2봉까지. 그것은 데니스의 두 번째 동계등정 승리였다. 그는 8천 미터급 고봉 등정만 스무 번이라는 놀라운 기록에 다가가고 있었다. 시모네와 데니스에게는 통상적인 강연과 축제 참석, 블로그 업데이트와 스폰서에 대한 책임 등 일상적인 일이 계속되었다. 그 둘은 눈사태에서 살아남은 것이 기적이라고 말했는데, 시모네는 이렇게 설명했다. "위대한 모험치고 호의적인 별이 입맞춤하지 않은 것이 없습니다. 우리 역시 마찬가지였습니다."[18]

코리에게 그 경험은 너무나 달랐다. 그들을 거의 죽일 뻔한 눈사태를 헤

가셔브룸2봉에서 하산하던 중 거대한 눈사태에 휘말리고도 극적으로 살아난 코리 리처즈의 셀프 사진 (사진: 코리 리처즈)

치고 나오자마자 찍은 셀프 사진이 바이러스처럼 번져, 『내셔널지오그래픽』의 표지에 실렸고, 포스터와 광고에 등장하면서 인터넷을 타고 빠른 속도로 퍼졌다. 고통과 공포와 안도를 놀랍도록 강렬하게 묘사한 그 이미지는 마치 그의 주위를 살금살금 돌아다니는 퓨마처럼 코리의 '브랜드'가 되었다. 긍정적인 면으로 본다면 그것은 많은 강연 계약을 이끌어내기도 했다. 하지만 그는 이렇게 말했다. "그 사진이 전하는 얘기는 — 죽음을 속인 영웅적 산악인에 관한 — 나를 몹시 괴롭혔습니다."[19] 영웅적 활동으로 보는 알피니즘에 대한 인식이 그에게는 공명을 일으키지 않았다. 그는 이렇게 덧붙였다. "영웅주의의 행동은 정상에 올라갈 수 있는지 알기 위해 생명의 위험을 무릅쓰라고 하기보다는 더 높은 목적의 어떤 종류를 요구한다고 난 늘 생각해왔습니다."[20]

코리에게 등반은 영웅주의보다는 자기보존에 관한 문제였다. 알코올과 마약과 현실도피에 빠졌던 젊은이에게 그것은 집중과 치료를 제공한 구원이었다. 하지만 가셔브룸2봉에서의 그의 경험은 그를 건강하게 만들지 못했다. 그것은 오히려 그를 괴롭혔다. 그들을 파묻은 눈사태처럼 공포의 파도가 갑자기 그를 덮치곤 했기 때문이다. 그는 땀에 흠뻑 젖은 후에야 그런 상황에서 벗어났고, 화가 나고 짜증스러웠으며 혼란스러웠다. 청소년기의 카오스가 다시 살아났는데, 이번에는 훨씬 더 위협적이었다. 심리적 블랙홀에 빠진 그는 도움 받을 곳을 찾았고, 마침내 자신이 PTSD*로 고통 받고 있다는 사실을 알게 되었다. 치료는 도움이 되었지만 코리는 그 사진에서 벗어날 수 없었다. "이전의 내가 유령이 되어 내 주위를 맴도는 것 같았습니다. 마치 내가 정말 얼마나 나약한지, 우리가 얼마나 나약한지 알려주기라도 하는 것처럼."[21]

그럼에도 불구하고 그들의 등반은 중요했다. 4반세기의 시도 끝에 마침내 한 팀이 카라코람의 8천 미터급 고봉 동계등정에 성공한 것이다. 그 원정

* 심적 외상 후의 스트레스 장애(Post Traumatic Stress Disorder) [역주]

등반은 22일밖에 걸리지 않았다. 그리고 그들은 좋은 날씨가 이어진 30시간이라는 짧은 기회를 이용해 정상까지 치고 올라갔다. 시모네는『알파인저널 Alpine Journal』에 이런 회고담을 실었다. "그 등반, 그리고 우리가 해낸 스타일은 전 세계 산악계의 것이다. 그것이 전하는 메시지는 다음 세대 등반가들에게 향한다. … 그들의 선배들은 계속해서 알피니즘의 경계를 밀어붙여 왔다. 카라코람의 역사에서 8천 미터급 고봉 초등은 국가나 개인 간의 경쟁이나 시합이 아니었다. 또한 어쨌든 조만간에 달성될 기록을 세우기 위한 경쟁은 더더욱 아니었다. 그것은 오히려 전통적인 원정대 스타일에서 다른 형태로 전환되는 무대를 제공한 것이었으며, 고산 등반에서 추세와 기술 그리고 철학을 더 적극적으로 채택한 것이었다."[22]

가셔브룸2봉 동계등정 성공의 결정적 요인이 속도와 전술과 소규모 팀이었다는 것은 사실이다. 여기에 하나를 더한다면 아주 훌륭한 기상 캐스터이다. 시모네는 이런 전략, 즉 알파인 스타일 또는 적어도 가볍고 빠른 스타일이 동계 원정등반에서 성공의 가능성을 높였다고 절실히 느꼈다. 1974년 8천 미터급 고봉의 최초 동계등반 시도에 참가했던 폴란드 여성 안나 오코피인스카도 시모네의 주장에 동의했다. "구시대의 대규모 원정등반은 이제 더 이상 좋은 아이디어가 아닙니다. 사이가 아주 좋아 친구처럼 지내는 작은 팀이 더 나은 희망을 보장합니다."

세월이 흘러가면서 가셔브룸2봉 알피니스트들 셋은 뿔뿔이 흩어졌다. 매년 2월 초가 되면 여전히 그들은 서로 싫은 소리를 거의 하지 않고, 그 산에서 함께 보낸 시간을 추억하며 서로에게 축하 인사를 건네는데, 때로는 의미 없는 작은 제스처를 취하기도 한다. '사이가 아주 좋아 친구처럼 지낸' 그 등반가들은 각자의 꿈과 대상을 추구했다. 시모네가 내뱉은 말은 그와 데니스 사이의 관계를 악화시켰다. "불행하게도, 우리의 관계가 나빠졌습니다. 그는 방향을 잃은 것 같습니다." 그는 데니스의 배경을 언급했다. "그는 러시아 군인의 정신을 갖고 있습니다. 나는 그걸 생각하면서 행동해야 했습니다. 그리고 결과는 좋았습니다. 그는 매우 강하며 두려움을 모릅니다. 이건 우수한 자질이지만, 그는 어리석어지거나 치명적인 위험을 범하지 않도록 올바르게 관리되어야 합니다. 우린 함께 잘했습니다. 하지만 그 리더십은 언제나 분명했습니다."[23]

파트너십을 회상하던 코리는 '관리'의 분명한 신호를 기억해내지 못했다. 대신, 그 트리오 중에서 막내였던 그는 우정이 퇴색한 실제적 이유가 있었는지 의구심을 품었다. "결국 일어날 게 일어났다고 생각합니다. 내 경험으로 보면, 스트레스를 받는 상황에서 마치 결혼생활처럼 너무 많은 시간을 보냈습니다. 그래서 나빠진 거죠. 성격과 감정상의 차이로 인해 서로에게 싫증이 났습니다. 처음엔 아름다웠지만 죽음이나 이별, 이혼에서 그러는 것처럼 점차 마음이 떠났습니다. 우린 각자의 입장을 정당화하는 데 도움이 되는 신화적인 상황을 만들어냈습니다. 문제는 우리의 얘기가 밖으로 흘러나가 서로에게 상처가 되었는데 그게 사실과 달랐다는 겁니다." 그러면서 그는 이렇게 덧붙였다. "그들의 관계에 대해 이러쿵저러쿵 말할 입장이 아닙니다만, 데니스는 고집이 아주 센 사람입니다. 그래서 만약 사람들이 그를 관리하려 한다 해도 그는 자신의 주장을 굽히지 않을 겁니다."

코리는 시모네에게도 가끔 짜증을 느꼈다고 털어놓았다. 그가 느끼기에는 가셔브룸 등반에 시모네가 자신의 경력을 너무 내세웠다는 것이다. 코리는 그것이 하나의 요인이긴 했지만 어디까지나 하나의 요인에 불과했다고 느꼈다. 하지만 코리에게 이것은 사소한 문제였다. 가셔브룸 경험이 인생에 대한 그의 관점을 근본적으로 바꾸어놓았다는 사실이 훨씬 더 중요하기 때문이다. "눈사태는 가장 큰 선물이었습니다. 직업적으로, 개인적으로, 감정적으로, 육체적으로." 그는 말한다. "왜냐하면 그게 스스로 목숨을 끊거나, 아니면 진화할 수밖에 없는 완전한 암흑의 세계로 나를 밀어 넣었기 때문입니다. 그건 대

단히 충격적인 경험에서 비롯되는 아름다움입니다. 그건 성장의 기회를 부여합니다."²⁴

눈사태와 트라우마, 그리고 망가진 우정보다도 훨씬 더 중요한 것이 그런 극한 상황 속에서 다져진 유대감이었다. "그건 내 인생에 가장 큰 영향을 끼친 경험이었습니다." 코리는 말한다. "그리고 난 언어를 뛰어넘는 사랑 같은 방식으로 그 두 친구들에게 영원히 빚을 졌습니다. 그들은 믿을 수 없을 정도로 친절하고 관대하고 아름다운 사람이었습니다. 그리고 전체적으로 그들은 뛰어났습니다. 살아가면서 어떤 일이 일어나든 상관치 않습니다. 그들이 놀라운 사람들이고, 그들과 함께 환상적인 시간을 보냈기 때문에 난 그들을 계속 존경할 겁니다. 우린 그런 경험을 했는데, 나에겐 오히려 잘된 일입니다." 친구처럼 지내는 작은 팀이 더 나은 희망을 보장한다는 안나의 말이 결국은 옳았을까.

사라져버린 아버지들

우리는 홀로 태어난다. 우리는 홀로 죽는다.
이 둘 사이의 가치가 믿음과 사랑이다.

루이즈 부르주아*Louise Bourgeois*,
『아버지의 파괴/아버지의 복원*Destruction of the Father/Reconstruction of the Father*』

가셔브룸1봉 — 8,080m

시모네와 그의 동료들이 가셔브룸2봉에 있을 때 또 다른 국제 팀이 그 산군에서 가장 높은 가셔브룸1봉(8,080m)에 도전하려고 그곳에 왔다. 히든피크로도 불리는 그 봉우리는 1958년 초등되었지만, 그 지역은 인도와 파키스탄 사이에 국경분쟁이 일어난 1965년부터 오랫동안 원정등반이 금지되었다. 동계등반에 도전장을 내민 이들은 캐나다 등반가 루이 루소*Louis Rousseau*, 오스트리아 알파니스트 게르프리트 괴쉴*Gerfried Göschl*, 바스크 출신의 알렉스 치콘*Alex Txikon*이었다. 그들은 작지만 강력한 팀이었다. 루이는 겨울이 몹시 추운 퀘벡 출신으로 빙벽등반 전문가였다. 추위를 이겨내는 그의 능력은 주로 야외에서 단련되었다. "내 고향이 바로 겨울입니다." 그는 이런 농담을 했다.[1] 게르프리트는 가셔브룸1봉의 하계 등정을 포함해 8천 미터급 고봉 7개를 손에 넣은 사나이였다. 그와 루이는 낭가파르바트를 함께 등반했다. 그리하여 그들은 검증된 로프 파트너였다.

루이와 게르프리트는 산에 대한 열정과 충실한 가정생활 사이에서 어떻게든 '균형'을 유지하는 가장이었다. 게르프리트의 부인 하이케*Heike*는 그들의 삶을 이렇게 설명했다. "우리가 사랑에 빠졌을 때 그는 산악인이었습니다. 그래서 난 처음부터 그의 열정을 알고 있었습니다. … 그가 1년에 두 달 정도만

괴쉴의 가족. (왼쪽부터) 하이케, 헬레나*Helena*, 한나*Hannah*, 게르프리트 (사진: 괴쉴 가족 아카이브)

산에 가기 때문에 난 괜찮았습니다. 그 밖의 시간은 아주 좋았습니다. 우린 함께 시간을 보내며 등반과 하이킹도 했습니다. 후에 아이들이 생기자, 겨우 두 달인데도 견디기가 몹시 힘들었습니다."

열세 남매 중 막내로 태어난 알렉스 치콘은 세 살이었을 때 바스크에서 처음 산을 올랐다. 루이, 게르프리트와 힘을 합치기 전에 그는 8천 미터급 고봉 7개를 비롯해 히말라야의 많은 고봉을 열정적으로 오른 경험자였다. 검은 갈기 머리에 가무잡잡한 알렉스는 고향에서 열린 통나무 패기 대회에서 우승을 차지했을 정도로 팔이 굵었다. 그들에게는 각자의 기술이 있었다. 알렉스의 힘은 전설이었고, 게르프리트의 체력은 타의 추종을 불허했으며, 루이는 기술이 좋아 이 어려운 벽에 있는, 손가락처럼 가는 수직의 얼음 걸리에서 동료들을 이끌 수 있을 터였다.

그들은 건너편의 가셔브룸2봉에 있는 사람들과는 다르게 가난했다. 그들은 헬기 비용이 없어, 아스콜리부터 그전 가을에 장비를 숨겨놓은 5,100미터

2011년 겨울 가셔브룸1봉 베이스캠프까지 고달픈 트레킹을 할 당시 무거운 짐들 (사진: 루이 루소)

의 베이스캠프까지 7일 동안 고달픈 트레킹을 했다. 2011년 1월 31일 그곳에 도착하자 밤의 기온이 영하 20도에서 30도까지 떨어졌다. 그들의 야심찬 계획은 두 개의 기존 루트를 연결하는 일부 신루트를 통해 가셔브룸1봉을 동계 초등하는 것이었다.

그 시도는 50일 이상이 걸릴 것 같았다.

베이스캠프에서 바라보는 가셔브룸1봉의 남벽은 한마디로 장관이다. 가파르고 복잡한 바위 피라미드들, 커다란 곡선을 그리며 뻗어 내린 설원과 낙석의 통로인 쿨르와르. 처음 며칠 동안 그들은 그런 실상을 똑똑히 볼 수 있었다. 2월 10일 그들은 등반에 나서 루트를 개척하기 위한 로프와 장비를 져 날랐다. 기온이 영하 25도였는데, 등반을 하면서 몸이 따뜻해지는 대신 위로 올라갈수록 점점 더 추웠다. 전진에 만족한 그들은 5,800미터에서 등반을 멈췄다. 그리고 며칠 후 다시 돌아와, 바람으로 날린 눈에 묻힌 고정로프를 파내며 이전의 최고점에 도달한 다음, 가파른 지형을 통해 계속 위로 올라갔다.

루이가 처음으로 앞장섰다. 위태로운 바위와 70도 경사의 얼음이었다. 알렉스와 게르프리트가 확보를 봤다. "그토록 추운 날 확보를 보는 게 얼마나 비참한지 압니까?" 루이가 말했다. "선등이 분명 더 위험하긴 하지만 적어도 몸은 따뜻해질 수 있습니다."[2] 그들은 6,100미터에서 발길을 돌려, 희미한 달빛 아래 베이스캠프로 돌아왔다. 12시간의 사투였다.

그 트리오는 한 번에 로프 하나 길이만큼 조금씩 산을 계속 올라갔다. 군데군데의 얼음은 대리석처럼 단단해 확보용 아이스스크루를 제대로 박을 수 없었다. 지형은 처음부터 끝까지 가팔랐다. 어둠 속에서 시작해 어둠 속에서 끝내며, 하루에 12~13시간씩 3주 동안 온전한 노력을 기울인 끝에 그들은 6,300미터의 능선에 올라섰다.

루이는 그리스 신화에서 바위를 굴려 올리는 유명한 캐릭터 시시포스에 대한 알베르 카뮈의 말을 떠올렸다. 시시포스가 바위를 굴려 올리면 바위는 자꾸 굴러 떨어졌다. "고도를 향한 투쟁은 사나이의 가슴을 채우고도 남는다." 라고 카뮈는 주장했지만, 루이는 그 말을 확신하지 못했다. "카뮈가 그 책을 썼을 땐 우리 같은 사람을 생각하지 않은 게 분명합니다. 8천 미터급 고봉에서 영하 40도의 날씨에 고도를 향한 투쟁을 벌이면 가슴에 채울 게 아무것도 없습니다."[3]

그들은 계속 위로 올라갔다. 하지만 고정로프를 이용해도 전진은 느렸다. 모든 동작은 미리 계산되고 정확해야 했다. 6,600미터까지 올라갔지만, 3월 9일 그들은 자신들의 대상지가 겨울에는 너무 어렵다는 사실을 인정해야 했다. 얼음은 제대로 찍을 수조차 없었다. 결국 베이스캠프로 철수해 모든 장비를 내려놓았다. 지친 그들은 이제 쉬면서 먹고 놀고 음악을 들으며, 자신들의 노력으로부터 몸을 회복했다. 그러면서도 등반을 세밀하게 분석했다. 악천후 속에서 몇 주 동안 등반을 한 그들은 기적적으로 나타난 태양 아래 얼어붙은 몸을 녹였다.

[위] 가셔브룸1봉 동계 등정 시도에서 입을 떡 벌린 크레바스 건너편으로 짐을 옮기는 알렉스 치콘과 게르프리트 괴실 (사진: 루이 루소) [아래] 2011년 겨울 가셔브룸1봉에서 세락 사이를 오르는 알렉스 치콘과 게르프리트 괴실 (사진: 루이 루소)

2011년 겨울 가셔브룸1봉의 가파른 혼합 등반 구간 (사진: 루이 루소)

해가 나서 움직여야 했던 그들은 기상 캐스터 카를 가블에게 전화했다. 그러자 카를이 잠깐 동안 날씨가 갠다는 좋은 소식을 전해주었다. 그러면 어떻게 하지? 그들의 본래 루트는 날씨가 좋다 해도 너무 어려웠다. 그리하여 그들은 일본 쿨르와르를 통해 알파인 스타일로 그 산을 동계 초등하기로 했다.

3월 13일 새벽 5시, 4일분의 식량과 장비를 잔뜩 메고 베이스캠프를 떠났다. 그들의 목표는 파키스탄과 중국을 가르는 가셔브룸 라*Gasherbrum La* 고개까지 올라가는 것이었다. 그곳에서는 산의 북서쪽에 있는 일본 쿨르와르로 갈 수 있을 터였다. 3월 14일 오후 5시, 쿨르와르를 올라서서 7,050미터에 텐트를 쳤다. 정상이 손에 잡힐 듯 가까이 보였다. 하지만 날씨가 급변하더니 바람이 거세지기 시작했다. 그들은 정신없이 펄럭이고 흔들리는 텐트를 붙잡고 사투를 벌였다. 카를에게 전화를 하니, 밤새 바람이 잠잠해질 것이며 다음 날은 날씨가 좋을 것이라고 확인해주었다. 몹시 추운 날씨에도 그들은 희망의

2011년 겨울 가셔브룸1봉에서 부분적으로 신루트를 시도하다 실패한 후 극심한 피로감에 빠져 있다. (사진: 게르프리트 괴실)

끈을 놓지 않았다.

　그들은 새벽 2시에 일어나 물을 끓였다. 바람은 적어도 시속 80킬로미터 는 되는 듯 여전히 울부짖었다. 정상은 1,000미터 위라서 그곳의 바람이 훨씬 더 셀 터였다. 그들은 차를 마시며 기다렸다. 오전 9시. 하지만 날씨는 전혀 변하지 않았다. 몹시 좌절한 그들은 산을 내려가기 시작해 밤늦게 베이스캠프 에 도착했다. 그리고 봄이 막 시작되는 3월 21일 집으로 향했다.

　시간이 흘러 실망이 가라앉자, 루이는 자신들의 야심만만했던 시도를 대 수롭지 않게 받아들였다. 그들은 젊고 순진했으며, 스폰서와 외부 세계의 현 실과 동떨어진 기대에서 완전히 자유로웠다. 물론 대부분의 관심이 바로 옆 의 가셔브룸2봉에 쏠려 있었기 때문이기도 했다. 그들은 아마추어로 그 산에 가서 모험을 즐겼다. 그리고 시시포스처럼, 루이는 마침내 목표보다는 과업을

겨울의 가셔브룸1봉 (사진: 루이 루소)

수행하는 과정에서 어느 정도 평온과 행복을 찾았다.[4]

———

그다음 겨울, 두 팀이 가셔브룸1봉으로 향했다. 그들 중 하나가 2012년 1월 12일 아내 하이케, 두 딸 헬레나와 한나 곁을 떠난 게르프리트였다. 그가 가셔브룸1봉을 찾은 것은 한 해에만 벌써 세 번째였다. 그가 자신의 과업을 끝내기 위해 그 산으로 돌아가고 싶다고 했을 때 하이케는 전혀 놀라지 않았다. "그럴 만했습니다." 그녀는 말했다. 게르프리트는 한 번 더 국제 팀을 조직했다. 그는 루이를 불렀다. 하지만 루이는 그 전해 카라코람에서 6개월을 보냈다는 이유를 댔다. 만약 그가 한 구성원으로서 가족과 함께 즐기기를 기대한다면, 집에서 더 많은 시간을 보내야 할 터였다. 하지만 이런, 그는 그곳에 몹시 가고 싶어 했다. "난 카라코람에서 살고 싶어. 가셔브룸1봉에서 친구를 도와주면 더욱 좋지 않을까?" 그는 말했다. "그런데 사실은 기분이 좀 이상해!"[5]

루이가 참가를 꺼린 또 다른 이유는 목표의 야심적 특성이었다. 게르프리트는 그 전해 시작한 루트를 끝내는 동시에 그 산을 횡단하고 싶어 했고, 그 도전의 규모를 이해한 루이는 걱정이 되었다. 너무 무리하는 것 아냐?

게르프리트에게 함께 가겠다고 나선 사람 중에는 알렉스도 있었다. 그는 자신의 파트너 카를로스 수아레스*Carlos Suarez*와 주로 등반하고 있었다. 그리고 폴란드의 동계등반 전문가 다레크 자워스키와 그의 파트너 타마라 스티시*Tamara Styś*, 스위스 출신의 세드리크 할렌*Cedric Hählen*과 파키스탄의 프로 산악인으로 성공을 거둔 니사르 후세인 사드파라*Nisar Hussain Sadpara*가 합류했다. 세드리크의 포트폴리오에는 K2와 칸첸중가가 있었고, 니사르는 고국에 있는 8천 미터급 고봉 5개를 모두 오른 경력을 자랑했다. 다레크는 그 팀에 최고의 동계등반 경험을 가져왔고, 타마라는 여름에 가셔브룸2봉을 등정하

[위] 2012년 가서브룸1봉 국제원정대에 참가해 동계 초등 도전에 나선 폴란드의 알피니스트 타마라 스티시 (사진: 다레크 자워스키) [아래] 2012년 가서브룸1봉 동계등반에 참가한 니사르 사드파라 (사진: 다레크 자워스키)

고, K2와 가셔브룸1봉을 아주 높은 곳까지 오른 경험이 있었다. 그녀는 겨울의 카라코람을 경험해보고 싶어 했다. "고산 동계등반은 폴란드의 지배 아래에 있었습니다." 그녀는 말했다. "그래서 난 실제로 그렇게 어려운지, 겨울에 8천 미터급 고봉을 오르는 게 실제로 미친 짓인지 확인해보고 싶었습니다."

다레크는 그 전해 여름 K2 등정(그리고 촬영) 과정에서 입은 동상으로 여전히 고생하고 있었다. 하지만 그는 구세대였다. 동계등반에 초청받으면 무조건 좋다고 대답하는. 언제나. 심지어는 동상이 있어도. "동상이 처음은 아닙니다." 그는 말했다. "자르진 않았습니다. 살점이 좀 떨어져나가긴 했습니다만, 뼈는 남아 있습니다. 그리고 불편하긴 하지만 아프진 않습니다." 그래서 살점이 조금 없는 그는 원정에 동의했고, 타마라에게 함께 가자고 했다. 후에 밝혀진 바와 같이 그것은 직관에 따른 결정이었다. 그는 1캠프까지 올라가 촬영을 하겠다고 약속했다.

니사르는 스카르두의 남쪽 마을 사드파라Sadpara 출신이었다. 그는 7남매 중 맏이였고, 아버지가 만성질환을 앓고 있어 가족을 책임져야 했다. 십 대 때부터 도로 건설 등 힘든 노동을 마다하지 않은 그는 '저소低所 포터'를 끝내고 수익성은 좋지만 훨씬 더 위험한 '고소高所 포터'가 되었다. 그는 가셔브룸2봉에 네 번, 가셔브룸1봉에 세 번, 그리고 브로드피크와 낭가파르바트, K2에 한 번씩 가서, 고국에 있는 8천 미터급 고봉 5개를 모두 오른 세 번째 파키스탄인이 되었다.

그해 겨울 폴란드 원정대도 일본 쿨르와르로 가셔브룸1봉을 오르고자 했다. 그들은 원조 얼음의 전사들과 직접적인 관계가 있었는데, 그들의 대장이 바로 아르투르 하이제르였다. 전설적인 예지 쿠쿠츠카와 함께 안나푸르나를 동계 초등한 아르투르 하이제르는 폴란드에서 고소 동계등반을 다시 불붙인 인물이었다. 그의 목표는 원조 얼음의 전사들이 시작한 8천 미터급 고봉의 동계등정을 폴란드의 젊은 클라이머들이 끝내도록 하는 것이었다. 2009년 그는 이렇게 말했다. "그땐 폴란드가 히말라야 동계등반에서 선도적인 역할을 했습니다. 하지만 러시아, 오스트리아, 캐나다, 카자흐스탄, 스페인 등 몇몇 원정대가 그다음 시즌을 노리고 있어서, 우리 폴란드인들은 위상을 잃지 않기 위해 즉시 행동에 들어가야 했습니다." 그는 '목표를 위해 대원들을 독창적으로 육성하는 다년간의 스포츠 프로그램'을 발표했다.[6]

야심적인 그 프로그램을 추진하려면 공산주의 시절에 존재했던 정부의 지원이 절실했다. 그와 크지슈토프 비엘리츠키는 그런 계획의 일환으로 폴란드 체육부를 상대할 다수의 대표단을 구성했다. 분위기는 무거웠다. 모두가 검은 옷을 입고 진지한 표정이었다. "그때 대표를 맡고 있던 아르투르가 말했습니다. '장관님, 러시아가 우릴 넘보려고 합니다.' 상황을 절묘하게 표현한 이 한 마디에 이후 회의는 화기애애한 분위기 속에서 진행됐습니다." 크지슈토프는 익살맞게 웃으며 말했다.[7] 뻔뻔스럽긴 했지만 그의 접근은 효과가 있었다. 아르투르는 자금을 끌어 모으는 데도 재능이 있었다. "필요한 곳에선 반다, 쿠쿠츠카, 자바다의 성공 스토리를 들려주며 애국자의 어조로 설득했습니다."[8]

하지만 8천 미터급 고봉의 동계등반을 위해서 아르투르는 클라이머들이 간절히 필요했다. 선배들은 가버리고 없었다. 그들 대부분은 산에서 죽었다. 그리고 신세대는 카라코람에서 겨울을 고통스럽게 보내며 한 번에 여러 달씩 집을 비울 생각이 없었다. 그들은 등반을 잘했다. 하지만 그들의 무대는 시간을 많이 들이지 않고도 등반할 수 있는 가파르고 기술을 요하는 지형, 즉 5,000~6,000미터급 봉우리에 있는 거벽이었다. 아, 정말 시대가 변한 것이다. 아르투르는 이렇게 말했다. "자바다가 에베레스트 동계 원정대를 조직할 때는 폴란드에 있는 산악회들에 연락해 70명의 경험 많은 히말라야 등반가들로부터 긍정적인 대답을 들을 수 있었습니다. 난 25명에게 연락했는데, 그들 중 7명은 그해에 다른 목표가 있었습니다. 그리고 그들 중 6명은 경험이 충분치 않아, 후보자로 이름을 올린 사람들이었습니다. 그들은 등반을 많이 하지 않았습니다."[9]

아르투르는 동계 프로그램을 끝내기 위해 폴란드의 젊은 세대를 불러 모아 훈련시킬 필요가 있었다. 그래서 그는 하계 원정대를 조직해 동계등반 이전에 고소에서의 경험을 축적시키기 시작했다. 처음은 브로드피크와 낭가파르바트였는데, 어느 곳에서도 성공을 거두지 못했다. 사람들은 아르투르가 야심찬 이 프로젝트를 왜 하려는지 의아하게 생각했다. 그는 1980년대 후반에 혜성처럼 등장했지만, 1989년 로체 남벽에서 자신의 파트너 유레크 쿠쿠츠카가 죽자 고소등반을 멀리했었다. 아르투르와 야누시 마이에르Janusz Majer는 성공과 실패를 거듭하다, 지속 가능한 사업으로 재탄생한 의류와 장비의 아웃도어 회사를 운영해왔다. 아르투르는 가정을 꾸렸고 안정적인 생활을 영위했다. 어떤 사람들은 그가 '뚱뚱해졌다'고 말하기도 했다. 유머감각만 살아 있을 뿐 그는 분명 젊은 시절의 체력이 아니었다. 고소 게임으로 돌아가려는 동기가 무엇이냐는 질문을 받은 그는 짓궂은 표정으로 이렇게 말했다. "중년의 위기였죠. … 명성과 여자들. 이런 원정등반이 끝나면 부인이 남편을 더 사랑한다는 사실을 아십니까? 그리고 쓰레기를 치우라거나 잡다한 일을 하라고 성가시게 굴지 않습니다. 의사 앞에 줄을 서면 사람들이 자리를 양보합니다. 삶의 질이 높아지는 거죠."[10]

그는 자신에 대한 농담도 서슴지 않았지만, 주제를 재빨리 다른 곳으로 돌렸다. 참견하고 촉구하고 가끔은 모욕하는 것으로, 사람들은 막다른 상황으로까지 내몰린 그의 회사를 좋아하거나, 아니면 그를 멀리했다. '알피누스Alpinus'에서 아르투르의 사업 파트너였던 야누시 마이에르는 아르투르가 그냥 지루해서 산으로 돌아가는 것이 아닌가, 하는 의구심을 품었다. "아르투르에게 알피누스는 정상적인 일상생활을 영위할 수 있는 기회였습니다. 자본주의가 모두에게 큰 기회를 준 셈이죠." 야누시는 말했다. "그는 성공했습니다. 하지만 회사는 정점에 오른 뒤 정체되어 있었고, 그는 권태를 느꼈습니다. 그는 새로운 게 필요했습니다. 도전을 불러일으키는 어떤 것 말이죠. 그가 산으로 돌아간 게 바로 그 시절이었습니다." 그것은 더 깊은 어떤 것이었는지도 모른다. 등반으로 돌아가고자 하는 욕구. 황금시대에 산에서 모든 일의 중심에 있었던 확실한 어떤 것.

아르투르는 자신이 이제 더 이상 스물다섯의 젊은이가 아니라는 사실을 알 만큼 현명했다. 만약 고소 게임으로 돌아가고자 한다면 자신의 몸에 투자할 필요가 있었다. 그는 개인 트레이너를 고용해 러닝을 하면서 체중을 줄였다. 그의 야망은 베이스캠프에 머무는 것이 아니었다. 둥지를 박차고 나갈 수 있는 알피니스트가 되는 것이었다. 그는 '구식'이 되려는 유혹을 떨쳐버렸다. 나중에 동계 프로그램에서 큰 역할을 하는 아르투르 마웨크는*Artur Małek*는 그 과정을 이렇게 평가했다. "어떤 선배들은 새로운 기술을 사용하는 것에 반대했는데, 아르투르는 달랐습니다. 그게 아르투르의 본성이었습니다. 그는 과거와 현재 사이의 중재자였습니다."

가셔브룸1봉에 대한 아르투르의 선택 중 하나가 마흔네 살의 야누시 고왕프*Janusz Gołąb*였다. 금발에 푸르고 날카로운 눈을 가진 야누시는 그린란드든 알래스카든 폴란드든 인도든 간에 수직이나 오버행 바위에서 오히려 편안함을 느끼는 거벽 클라이머였다. 그는 폴란드에서 가장 유명한 기술 클라이머였지만 가셔브룸1봉은 그의 첫 8천 미터급 고봉이었다. 그와 함께 가는 사람이 말총머리에 강렬한 눈빛, 그리고 어머니가 손수 떠준 삼색 모자가 인상적인 스물여덟 살의 아담 비엘레츠키*Adam Bielecki*였다. 아담은 다채로운 성격의 소유자였다. 그는 심리학자였지만 고소 산악인이 되고 싶어 했다. 2011년 그는 마칼루로 가는 폴란드 추계 원정대에 참가시켜 달라고 아르투르에게 졸랐다. 자랑할 만한 자신의 업적을 목록으로 만들어 편지를 보낸 것이다. 포베

다봉, 레닌봉, 칸텡그리 최연소 단독 등정과 그런 종류의 등반들. 그는 속도를 비롯해 자신의 힘을 강조했다. "전 두 번이나 최종캠프에서 24시간 만에 데날리를 올랐습니다. 마터호른은 혼자 5시간 만에 끝냈습니다."[11] 6,000미터를 고소적응 없이 오를 수 있다며, 그는 자신을 '고소적응의 돌연변이'로 아르투르에게 홍보했다.

그 편지를 읽은 아르투르는 전형적인 방식으로 대응했다. "네가 열거한 등정 횟수는 나에 비하면 새 발의 피야. 분명히 말하는데, 대단히 평범해. 하지만 기본은 좋아. … 나에게 정보를 준 순간 넌 마칼루 원정등반의 자격을 잃었어. 내가 크레바스에 빠지면 넌 나를 끄집어낼 수 없다고 생각했거든. 넌 경력을 조금 더 쌓는 것이 좋겠어. … 행운을 빈다. 아르투르."[12]

아담은 자존심을 접고 훈련을 시작했다. 아르투르가 추천한 루트들을 등반하고, 마음속으로 그리는 위대한 클라이머가 되기 위해 노력했다. 자신의 발전에 고무된 그는 고된 훈련의 결과를 상세하게 나열하며 다시 한번 아르투르에게 편지를 썼다. 아르투르는 마지못해 동의했고, 아담은 '하이제르의 유치원생들'이라는 별명이 붙은 폴란드의 젊은 알피니스트 그룹의 하나가 되었다. 그는 결국 마칼루 추계 원정대의 한 자리를 차지했다. 그리고 정상에 올라 실력을 입증했다. 그의 첫 8천 미터급 고봉이었다. 아르투르는 아담의 등반 속도를 인정했다. 고소적응도 아주 빨랐다. 아담은 이제 동계 프로그램의 일원이 될 자격이 있었다. 기회를 잡은 아담은 흥분했지만, 훗날 그는 자신의 고산 경력이 너무나 초라해 겨우 구두를 닦을 정도였다고 고백했다.

야누시와 아담과 더불어 아담의 누나인 아그니에슈카Agnieszka가 베이스캠프 매니저로 합류했다. 그리고 파키스탄 산악인 알리 사드파라Ali Sadpara*와 샤힌 바이그Shaheen Baig가 고소포터로 고용되었는데, 그들은 8천 미터급

---

* 알리 사드파라는 동료 둘과 함께 K2 동계등정을 시도하던 중 2021년 2월 5일 8,200미터의 보틀넥 근처에서 마지막으로 목격된 후 실종되었다. [역주]

고봉을 올랐을 정도로 경험이 풍부했다. 알리와 샤힌은 단순히 짐을 나르기 위한 포터가 아니었다. 그들의 역할은 팀을 확장하는 것이었다. 1980년대에 폴란드 팀이 고산에 처음 왔을 때 그들은 한 무리를 이루었었고, 많은 사람들이 루트를 뚫고 고정로프를 깔고 캠프를 설치하며 등반을 끝내기 위해 에너지를 쏟아부었었다. 알리와 샤힌은 기본적으로 셋으로 된 한 팀을 다섯으로 늘렸다. 아르투르는 다레크 자워스키도 초청했는데, 그는 아주 기뻐했다. "파트너로 초청해서 친밀감을 느꼈습니다. 늙은이 둘과 젊은이 둘이었으니까요." 다레크는 말했다. "아르투르에게 처음으로 그런 감정을 느꼈습니다. … 그가 나를 자신의 파트너로 여기는 게 내겐 중요했습니다. 난 감동받았습니다." 하지만 다레크는 이미 게르프리트의 국제 팀에 합류한 터라 그의 요청을 받아들일 수 없었다.

폴란드와 국제 팀은 그 산의 반대쪽에서 각자의 목표를 향해 움직이고 있었지만 베이스캠프는 함께 썼다. 그들은 함께 먹고, 함께 체스게임을 하고, 함께 날씨 정보를 분석하고, 함께 꿈을 꾸었다. 결국 그들은 최우선의 야망을 포함해 훨씬 더 많은 것을 공유했다. 다레크에 의하면 두 팀의 리더는 성격이 조금 달랐다고 한다. "게르프리트는 정상을 향해 함께 노력을 기울이는 데 더 관심을 가진 반면, 아르투르는 경쟁자의 정신이 있었습니다. 그는 자신을 위해, 그리고 폴란드를 위해 그걸 원했습니다."[13] 알렉스는 그렇게 확신하지는 않았다. 후에 그는 게르프리트가 폴란드 팀보다 하루 먼저 정상으로 출발해 먼저 등정하기를 원했다고 주장했다.

1월 2일 폴란드 팀은 위로 올라가기 시작했다. 베이스캠프 위쪽 빙하는 어렵고 위험했다. 기울어진 세락과 입을 떡 벌린 크레바스 천지에 스노브리지는 축 늘어져 있었다. A에서 B에 도달하려면 X, Y, Z를 둘러가야 해서 미칠 지경이었다. 그들은 순간적으로 구멍에 빠지지 않기 위해 등반하는 내내 로프를 함께 묶어야 했다. 그리고 루트를 표시하기 위해 대나무 막대기를 꽂아 놓았지만, 움직이는 얼음덩어리들이 소리를 내고 스노브리지를 무너뜨리고 크레바스를 넓히거나 좁히고 세락을 무너뜨렸다. 빙하를 무난히 넘어가리라는 그들의 기대는 악몽이 되었다. 산의 위력에 기가 꺾인 그들이 6,000미터의 1캠프 터에 마침내 도착하기까지 사흘이 걸렸다. 아담은 기분이 상한 듯 이렇게 말했다. "우린 잘했지만 완전히 무용지물이 되고 말았습니다. 등반은 무상의 행위입니다. 아무런 의미가 없습니다. 히말라야 등반을 추구하는 내 선택은 내가 인생을 보내는 방법입니다. 하지만 그렇게 시간을 보내는 게 재미있는 방법이라고 다른 사람을 설득하고 싶은 생각은 추호도 없습니다."[14]

아담과 그의 파키스탄 파트너들은 다음 날 베이스캠프로 내려갔고, 아르투르와 야누시는 1캠프로 올라갔다. 오후에 아르투르가 아담을 무전으로 불렀다. "길을 찾을 수가 없어." 그는 좌절 섞인 목소리로 말했다. "완전히 사라졌고 막대기도 끝났어."

오후 4시 아르투르가 다시 무전기를 켰다. "여전히 찾을 수가 없네. 어느 방향으로 가야 할지 모르겠다."

"GPS를 써요." 아담이 말했다. "그게 정확할 겁니다."

"방법을 몰라 작동시킬 수가 없다." 아르투르가 실토했다.

겨울의 낮은 짧다. 오후 5시, 해가 지는 상황에서 그 기구에는 그들이 1캠프 '근처에' 있는 것으로 나타났다. 그들은 줌인을 하려고 애썼지만, 곤두박질친 기온 속에서 감히 벙어리장갑을 벗을 생각을 하지 못했다. 피켈의 피크를 이용해 줌 기능을 재설정했다. 하지만 그것은 작동하지 않았다. 5시 30분 사방이 이제 완전히 어두워졌다. 그들은 걸음을 멈추었다. 서리가 끼어 GPS 화면이 보이지 않았다. 그리하여 1캠프로 가는 것은 생존을 위한 투쟁으로 변했다.

"겨울에 8천 미터급 고봉을 오르는 건 NASA의 지원 없이 다른 행성으로 여행하는 것과 같습니다." 아담이 설명했다. "원정등반에서 우린 전문가들이 아니었습니다. 우린 장비의 선택, 물류, 보험 그리고 마지막으로 등반까지 모든 걸 스스로 해야 하는 보통 사람들이었습니다. 따라서 잡다한 일도 많았고, 즉흥적인 일을 피할 수도 없는 상황에서 전문가가 되긴 힘들었습니다. GPS 문제가 좋은 예입니다."[15] 야누시는 그날 밤을 위해 설동을 파자고 주장했다. 하지만 아르투르는 포기하지 않았다. 그리고 저녁 7시 20분, 그들은 마침내 캠프를 찾았다.

그다음 2주 동안 그들은 가셔브룸 라로 올라갔고, 일본 쿨르와르 밑으로 가서 3캠프를 쳤다. 알리 사드파라는 캠프를 치며 발가락에 심한 동상을 입었다. 그에게 원정등반은 끝난 것이나 다름없었다.

———

게르프리트 팀의 역동성은 이상적이지 않았다. 알렉스와 카를로스는 별동대로 기능했고, 그들과 리더 사이에 마찰이 일어났다. 게르프리트의 리더십과 팀의 전진에 좋은 인상을 받지 못한 알렉스는 폴란드 팀을 부러워했다. "아르투르 원정대와 비교하면 우리 팀은 완전히 재앙 수준이었습니다. … 그의(아르투르의) 조정 능력은 정말 뛰어났습니다."[16]

2월 중순, 그들의 이전 경험을 모두 뛰어넘을 정도로 강력한 폭풍이 산을 덮쳤다. 어쩌면 아르투르의 경험만 예외였을지 모른다. 베이스캠프에 시속 120킬로미터의 바람이 불어 닥쳤다. 끔찍한 사흘 동안, 그 팀은 원정등반을 유지하기 위해 사투를 벌였다. 바람에 텐트 네 동이 흔적도 없이 사라졌다. 자신의 텐트 안에 큰대자로 드러누워 있던 야누시는 공중으로 4미터나 붕 띄워진 다음 그대로 내동댕이쳐졌다. 바람이 너무 강해 인근 군사기지의 7톤 반짜리 헬기가 20미터나 밀려갔다.

2012년 겨울 동안 가셔브룸1봉 베이스캠프를 주기적으로 강타한 폭풍설. 그곳에는 게르프리트 괴쉴이 이끄는 국제 팀과 아르투르 하이제르가 이끄는 폴란드 팀이 있었다. (사진: 다레크 자워스키)

가셔브룸1봉은 아담의 예상대로였다. 어쨌든 그는 세계 제5위의 고봉인 마칼루에도 가보지 않았나. "하지만 카라코람에서 내가 경험한 건 세상 끝이었습니다." 아담은 말했다. "폴란드에선 영하 40도가 어떤지 상상은 할 수 있습니다. 하지만 영하 60도는 상상의 영역 밖입니다."[17] 거벽 클라이머인 야누시는 끈질기게 기다리는 아르투르의 능력에 혀를 내둘렀다. 그는 이런 종류의 인내심을 본 적이 없었다.

마냥 기다리는 것이 타마라에게는 끔찍했다. "마침내, 난 동계등반을 일종의 고통의 예술, 기다림의 미학으로 이해했습니다." 그녀는 후에 이렇게 말했다. "몇 주씩이나 좋은 날씨를 기다리는 동기를 잃지 않기 위해선 동기부여가 정말 잘 되어 있어야 하고, 정신적으로 아주 강해야 합니다."

아르투르의 인내심과 베이스캠프에서의 도전적인 생활은 경험에서 나온 것이었다. 성공을 거두지 못한 75일간의 브로드피크 동계등반 시도(이 이야기는 다음 장에 나온다) 후에 그는 '훈련을 지나치게 많이 했고, 지나치게 체력이 좋았으며, 지나치게 무익했고, 마지막으로는 충분히 편하지 않았다'는 평계로, 베이스캠프에 더 많은 술을 가져가겠노라고 다짐했다. 심지어 그는 동기와 공포의 요인을 다룰 '정신과 의사'를 베이스캠프로 데려갈까도 고민했다. 늘 농담을 즐기는 아르투르는 겨울에는 훨씬 더 재미있어야 한다고 결론지었다.

2월 25일, 예보된 이틀 동안 단 하루만 날씨가 좋아도 정상으로 치고 올라갈 생각으로 폴란드 팀이 다시 출발했다. 하지만 그들이 2캠프에 도착했을 때 그곳에는 아무것도 남아 있지 않았다. 캠프가 흔적도 없이 사라진 것이다. 그들은 그날 밤 1캠프로 철수했는데, 그곳에서 아르투르는 2캠프를 건너뛰어 곧장 3캠프로 올라가서 정상 도전에 나설 만큼 바람이 잠잠해지기를 기다리자고 제안했다. 야누시는 3캠프까지 계속 올라갈 경우, 정상 도전에 나서기에는 자신들이 너무 지칠 것이라고 생각했다. 아담은 야누시의 생각에 동의하지 않았다. 그들은 언쟁을 벌였다. 결국, 아담과 샤힌은 위로 올라갔고, 아르투르와 야누시는 아래로 내려갔다.

아담과 샤힌은 위로 올라가며 난폭한 바람과 맞닥뜨렸다. 돌풍이 하도 강해서 그들은 일본 쿨르와로 '위로' 날아갔다. 방향감각을 완전히 잃고 균형이 깨진 그들은 루이와 게르프리트가 그전 여름에 설치해놓은 고정로프 덕분에 가까스로 아래로 내려올 수 있었다. 도중에 그들은 원래 2캠프에 있었던 텐트와 장비를 발견했다. 그것은 300미터나 끌려와 있었다. 그들은 장비를 수습해 아이스스크루로 고정시켜놓았다. 이번에는 조금 더 확실하게.

게르프리트의 팀 역시 기회를 노리며 위로 향했다. 모두가 1캠프로 올라갔는데, 그 전해 침낭도 없이 다운 옷만 가지고 K2를 등반한 다레크는 가셔브룸1봉의 상황이 '절대적으로 경계선'에 있다는 사실을 깨달았다. 그 팀에서 업적

2012년 가셔브룸1봉 국제원정대 대장인 게르프리트 괴실 (사진: 다레크 자워스키)

이 가장 뛰어난 기술 클라이머인 세드리크가 2010년의 최고점을 간신히 넘었지만 전망이 좋지 않았다. 가파른 헤드월이 설탕같이 가벼운 눈으로 뒤덮여 있어, 등반이 믿을 수 없을 정도로 어려웠으며, 아이스스크루를 박기에는 너무나 불안했다. 그날 밤 베이스캠프로 돌아온 게르프리트는 좌절감을 토로하는 짧은 영상을 찍었다. "결국 집으로 돌아가서 딸들을 만나게 되면 기쁘겠지만 당연히 실망스럽습니다. … 상황을 지켜보면서 우린 또 다음 기회를 노릴 겁니다. 하지만 끔찍하게도 우울하네요!"[18]

후에 이 영상을 본 게르프리트의 대원들은 원정등반이 끝나가고 있다고 느꼈다. 게르프리트의 삐쩍 마른 얼굴에 피로와 스트레스가 뚜렷이 나타나 있었기 때문이다. 동료들은 그의 2월 18일 블로그를 상기했다. "사랑하는 가족과 헤어져 이 추운 날씨에 여기서 조바심을 내고 싶어 하는 사람이 누가 있겠습니까? 귀여운 딸들과 이젠 엄청 불안에 싸여 있을 인내심 많은 나의 여인이

아담 비엘리츠키, 야누시 고왕프, 아르투르 하이제르가 가셔브룸1봉 정상 도전에 대한 전략을 짜고 있다. (사진: 다레크 자워스키)

그럽습니다. 언제 집으로 돌아오느냐고 끊임없이 묻는 큰딸 한나의 전화를 받을 때마다 가슴이 메어집니다. 딸의 목소리를 듣는 건 행복하지만, 그 애의 희망을 채워주자니 절망스럽습니다. … 모험에 대한 갈증과 '평범한' 가정생활에 대한 그리움을 화해시키는 게 과연 가능할까요?"[19]

　　베이스캠프는 행복한 곳이 아니었다. 아르투르와 함께 내려오던 야누시는 크레바스에 빠져 부상을 당했다. 샤힌은 심각한 소화성 궤양을 앓아 몸이 좋지 않았다. 아담과 야누시는 전략에 대한 생각이 서로 달랐다. 모두가 함께 올라가거나 내려오는 거벽 팀에 익숙한 야누시는 겨울의 가셔브룸에서 그가 '누구든' 하나라도 정상에 올라가면 성공한 것으로 간주하는 아담의 개념을 받아들이지 못했다. 그들은 관계가 소원해졌다. 텐트 안에서 공중으로 붕 뜬 경험이 다시 살아나고, 참고 견뎌온 부상이 여전히 욱신거리는 야누시는 실제로 베이스캠프에서 하네스를 텐트 바닥에 아이스스크루로 고정시킨 다음, 그것을 차고 잠을 잤다. 악천후가 계속되면서 바람이 텐트를 마구 흔들었다. 이런 상황에서 위로 올라가는 것은 아무 의미가 없을 것 같았다.

동계 알피니즘은 기다림의 미학이다. 하지만 날씨가 좋아지는 날이 드물고 짧아, 기다린다고 해도 느긋하게 쉬지 못한다. 대신 끝없이 준비해야 하고, 하루나 이틀 잠잠하고 햇빛이 조금이라도 나는 등 변화의 기미가 있는지 주시해야 하기 때문에 팽팽한 긴장감이 감돈다. 어떤 변화가 일어나면 위로 올라갈 수 있다는 약간의 희망을 가질 수 있기 때문이다. 국제 팀은 기다렸다. 폴란드 팀도 기다렸다. 그들은 책을 읽고 먹고 잠을 잤다. 그리고 여러 명의 기상 캐스터에게 날씨 전망을 확인했다. 어느 하나라도 희미하게나마 긍정적인 소식을 전해주리라고 희망하면서…

그들의 하루는 이중 천으로 된 주방텐트에서 8시쯤 아침을 먹는 것으로 시작된다. 텐트 안의 기온은 영하 5도에서 10도 사이를 맴돌지만, 가끔은 영하 15도까지 떨어질 때도 있다. 점심은 매일같이 발전기와 씨름을 벌인 후 2시에 제공된다. 그것이 돌아가도록 잘 구슬리는 데 성공하면, 그들은 저녁까지 전기를 쓸 수 있다. 그렇지 않으면 하루 종일 전기도 없이 지내야 한다. 그러면 어느덧 저녁시간이다. 그들은 영화를 보고 책을 읽고 고국의 가족과 친구들에게 메시지를 보낸다. 용감한 영혼 몇몇은 목욕을 하는데, 그 과정은 얼음을 깨서 녹인 다음 물을 끓여 양동이에 쏟아붓고 나서 마침내 몸을 닦는 것이다. 하지만 그때쯤 물은 이미 차갑게 식어버린다. 동계 원정등반은 아주 긴데, 아담은 목욕을 세 번 한 것으로 기억했다. 추위와 고도로 인해 그들의 몸과 양말의 '향기'는 그런 대로 견딜 만했던 것 같다.

기상학자 셋이 3월 8일 24시간 동안 날씨가 좋아진다고 예보하자, 모두가 그 마법 같은 날에 '위치'로 가 있기 위해 이틀 먼저 분주히 움직였다. 그것은 날씨의 창이 활짝 열린다기보다는 창틈이 살짝 벌어진다는 의미였다. 폴란드 팀은 북서쪽에서, 게르프리트 팀은 남쪽에서 등반할 예정이었다. 모든 것이 잘되면 그들은 3월 8일 정상에서 만날 수 있을 터였다. 초등을 함께 공유하면서.

게르프리트와 세드리크, 니사르가 타마라, 다레크와 함께 3월 6일 1캠프로 출발했다. 하지만 다레크는 컨디션이 좋지 않아 곧 베이스캠프로 돌아왔다. 타마라는 만약 계속 올라간다면 알렉스가 함께 갈 준비가 되어 있다는 메시지를 다레크로부터 받았다. "컨디션이 좋아서 동의했습니다." 그녀가 말했다. 3월 7일, 게르프리트와 그의 두 파트너가 가셔브룸 남봉 능선을 건너 가셔브룸1봉 위쪽 분지에 도착한 다음 7,100미터에서 비박에 들어갔다. 세드리크는 아내에게 춥지만 잠잠해서 다음 날 정상에 도전할 계획이며, 건강하다는 SMS 메시지를 보냈다. 그날 저녁 게르프리트는 춥고 시계가 불량하지만, 덕분에 바람이 거의 불지 않는다고 위성전화로 알려주었다. 그는 이렇게 말했다. "새벽 3시쯤 출발하면 오후엔 정상에 도착할 수 있을 거야."[20]

폴란드 팀 역시 움직이고 있었다. 아담, 야누시, 아르투르와 샤힌이 3월 6일 오후 1캠프에 도착했다. 다음 날 그들은 2캠프를 건너뛰고 3캠프까지 곧장 올라갈 계획이었지만, 강풍으로 인해 2캠프로 물러선 다음 3월 7일 밤을 그곳에서 보냈다. 베이스캠프의 아그니에슈카와 무전을 주고받은 그들은 3월 9일까지 날씨가 계속 좋아질 가능성이 조금 있다는 사실을 알았다. 그날 저녁 2캠프의 텐트에서 내린 그들의 결정은 결과를 판가름할 만큼 중요한 것이었다. 아르투르는 2캠프에 대기하고 있겠다고 말했다. 아르투르가 정상 공격에서 뒤로 물러난 것은 처음이라 아담은 그의 결정을 존중했다. "마지막 순간에 그는 이렇게 말했습니다. '좋아, 내가 너희들의 걸음을 느리게 할지도 모르니 뒤로 물러설게.' 분명히 맞는 말이긴 했는데 그렇게까지 할 필요가 있었을까요?" 야누시 역시 아르투르의 말에 감명 받긴 했지만 이유가 달랐다. "오히려, 그가 6,000미터에 있다는 게 걱정됐습니다. … 그리고 컨디션이 좋지 않았는지 아침을 먹고 나서 토했는데도 내려갈 생각이 여전히 없는 것 같았습니다.

2012년 겨울 국제 팀이 가셔브룸1봉에서 고정로프를 이용해 오르고 있다. (사진: 다레크 자워스키)

… 그건 믿기 어려운 용기와 강한 정신 상태를 말해주었습니다."**21**

아담과 야누시와 샤힌은 다음 날 아침 가능하면 일찍 3캠프로 올라가기로 했다. 샤힌은 그들이 텐트를 치는 것을 도와주고 나서 2캠프로 돌아올 작정이었다. 아담과 야누시는 그날 오후를 쉰 다음, 3월 8일이나 9일 밤 정상에 도전하기로 했다. 그러면 야간 등정이 될 터였다. 그것도 한겨울에. 카라코람의 야간 기온을 고려하면 그것은 아주 비상식적인 전략이었다. 하지만 그들은 날씨가 좋은 시간을 어떻게든 이용하고 싶어 했다. 시즌이 끝나기 전에 두 번의 기회는 없을 터였다. 그리고 만약 성공한다면, 폭풍이 다가오기 전에 3캠프로 돌아갈 수 있을 것 같았다.

　믿을 수 없을 정도로 불운한 시기와 더불어 지구 자기장 현상이 가셔브룸 산군에 일어났다. 태양의 불꽃이 무선통신을 방해하는 강력한 에너지 입자의 폭풍을 보낸 것이다. 결과적으로, 정상 도전이 이루어지고 있으며 산에 긴장감이 형성되고 있다는 사실은 사랑하는 사람들과 친구들만 알고 있을 뿐 외부 세계는 가셔브룸 1봉에서 벌어지고 있는 일을 전혀 모르고 있었다. 게르프리트의 부인 하이케는 오스트리아의 집에서 지옥 같은 자신의 처지로 인해 받는 고통을 치유하려 몸부림쳤다. 그녀는 자신의 느낌을 써내려갔는데, 전에는 결코 해보지 않은 것이었다. 하지만 그녀는 게르프리트가 돌아오면 그 느낌을 함께 나눠보고 싶었다.

　2012년 3월 8일 목요일. 이곳 시간으로 오전 10시 36분. 라이젠*Liezen*. 나는 헬레나와 함께 소파에 앉아 마음을 다른 곳으로 돌리려 애쓰고 있다. … 어제부터 … 게르프리트에게 무슨 일이 일어날지 모른다는 공포심이 너무나 커서 … 나쁜 생각은 하고 싶지 않다. 하지만 그렇게 되지 않는다. 지금 나는 나의 느낌을 쓰고 있다. 다 쓰고 나면 나는 이 느낌을 떨쳐버릴 수 있을 것이다. 나쁜 시간에 대한 기억이 빨리 사라질 테니까. 게르프리트는 정상 몇 미터 아래에서 힘든 발걸음을 옮기고 있을지 모른다. 나는 18개월 된 딸 옆에 앉아 죽음의 공포와 마주하고 있다. 이런 시간에는 혼자 있고 싶다. … 모든 것이 끝나면 얼마나 좋을까! … 시간이 흘러가지 않는다. … 이제 교회의 종소리가 울린다! 그 소리가 가슴을 찌른다. 나는 나약하고 아프고 무기력해서 어떤 행동도 할 수 없다. … 시계가 재깍거린다. 나는 그 시계를 응시한다. 인터넷을 들여다보니 신경이 다시 날카로워진다. 파키스탄은 벌써 오후 4시 반이다. 시간이 없다. 그들은 내려와야 한다. 마침내 그가 전화를 다시 거는 시간은 언제일까??? 영화

같은 상상 속 장면은 점점 더 상황이 나빠지고 있다. … 그가 아직 살아 있을까? … 나는 안다. 게르프리트가 한 걸음을 옮길 때마다 우리를 생각하리라는 것을. 오! 하나님, 구원의 전화는 언제 올까요?[22]

아담과 야누시가 텐트 안에 자리 잡았다. 그들은 물을 끓여 차를 마시고 음식을 조금 먹었다. 그리고 하나뿐인 침낭 밑으로 굴을 파듯 파고들어 눈을 붙이려고 애썼다. 밤 10시. 그들은 정상 도전에 나설 배낭을 꾸리기 시작했다. 그리고 자정 무렵 구름 한 점 없는 하늘에 쟁반 같은 달이 은은하게 빛나는 밤 속으로 기어 나왔다. 너무나 환해서 헤드램프를 켤 필요도 없었다. 바람은 예상보다 심하지 않았다. 하지만 기온이 영하 35도를 맴돌았다. 그들은 가능하면 빨리 계속 올라가야 했다. 잠시라도 쉬는 것은 생각할 수조차 없었다. 예외는 아담의 말마따나 '비워야 할' 필요가 있을 때였다. 그들은 크램폰과 피켈을 사용해 바람으로 단단해진 눈을 찍으며 빠르게 그리고 자신 있게 움직였다. 해가 아직 뜨지 않아 위로 올라갈수록 더 추웠다. 이제 기온이 영하 40도로 떨어지고 바람이 일면서 시속 40킬로미터의 돌풍이 불었다. "그건 체감온도가 영하 60도쯤 된다는 얘기입니다." 알렉스가 설명했다. "그게 내 한계라는 걸 이제야 깨달았습니다."[23]

새벽 어스름 정상 능선에 가까이 다가가자 반짝거리는 얼음이 거의 100미터나 펼쳐져 있었다. 정상 직전의 마지막 장애물이었다. 아담은 갑작스러운 사고정지思考停止를 일으킨 머릿속 카오스를 이렇게 묘사했다. "8,000미터에서, 나는 컴퓨터 게임에서나 있을 법한 시각적 스테이터스 바status bar를 보게 되었다. 첫 번째는 수분 공급에 대한 것이었고, 두 번째는 배고픔에 대한 것이었다. 산소가 얼마나 필요하지? 잠은 얼마나 못 잤지? … 나는 날씨와 내 등반 파트너에게 일어난 일과 시간의 흐름을 분석하고, 다른 발 앞에 있는 한 발같이 단순한 것에 집중했다. 공포를 느낄 시간이 없었다. 그러지 않으면 모든 것이 무너질 테니까."[24] 그는 거친 숨소리와 고소용으로 입은 옷이 쓸리는 소리, 맥박이 요동치는 소리를 들으며 계속 올라갔다.

3월 9일 오전 8시 아담은 정상에 올라섰다. "무전기로 베이스캠프와 교신하고 사진을 몇 장 찍으며 8분가량 정상에 머물렀다." 아담은 이렇게 보고했다. "나는 또한, 안타깝게도 성공하지는 못했지만, 게르프리트의 국제 팀이 남긴 흔적이 있는지 찾아보았다."[25] 아담의 정상 보고서는 먼저 기쁜 마음을 드러냈지만 이어지는 이야기는 충격적이었다. 게르프리트의 흔적이 없다는 소식에 베이스캠프의 아그니에슈카는 너무 놀랐다. 그때 2캠프의 아르투르가 홍얼거렸다. "비가 와도 눈이 와도 폴란드인들은 기가 꺾이지 않아." 그러자 아그니에슈카의 얼굴에 미소가 돌아왔다.

10분 후, 그녀는 게르프리트 팀으로부터 무전을 받았다. 그들은 정상 300미터 아래쯤 그 산 남쪽의 텐트 안에 있었다. 게르프리트와 세드리크, 니사르는 출발 준비를 하고 있었다. 다레크가 무전기를 붙잡고 소리쳤다. "게르프리트, 소식을 들어 정말 기뻐." 아그니에슈카는 너무나 안도한 나머지 바닥에 털썩 주저앉았다. 태양풍이 끝난 것이다. 그래서 그녀는 하이케에게 전화를 걸어 소식을 알려주었다. 하이케는 안도의 한숨을 내쉬었지만 그것도 오래가지 않았다. "한 인간이 어떻게 이럴 수 있지?" 그녀는 이렇게 썼다. "왜? … 나는 이 불확실성을 견딜 수가 없다. 게르프리트, 당신은 나에게 하는 짓을 절대 모를 거야!"[26]

후에, 다레크는 게르프리트의 말을 곱씹어보았다. 그는 반대편에서 비박에 필요한 모든 것을 집어넣어 자신들의 배낭이 무겁다고 말했었다. 다레크는 그의 말을 선뜻 이해하지 못했다. 본래의 계획은 그들이 하산할 때 폴란드 팀의 텐트를 이용하는 것이었는데…. 어떤 이유로 전략이 바뀌었을까? "알프스에선 3킬로그램 정도 무게가 추가되는 건 별것 아닙니다." 다레크는 말했다. "8,000미터에서, 특히 겨울이라면, 그건 상당한 차이가 있습니다. 우선, 힘을 훨씬 더 써야 하고 … 반면에 … 등에 짐이 많으면 더 안전한 것같이 느껴집니다. 위험을 무릅쓰는 건데, 악천후에선 예비 물품을 더 많이 가지고 있어야 한다고 생각하기 때문입니다. 하지만 이건 기만입니다. 한겨울에 그렇게 고도가 높은 곳에서 머무는 건 거의 불가능합니다."[27]

정상에 거의 다다랐을 때 야누시는 아담보다 20미터쯤 뒤에 있었다. 그런데 몸을 덜덜 떨던 아담은 발걸음을 돌려 강풍에 노출된 가파른 사면을 조심스럽게 크램폰을 찍어가며 될수록 빨리 내려가기 시작했다. 정상 아래에서 야누시를 만난 아담은 잠깐 몇 마디 말을 했다. 그는 빙벽 밑의 안락한 곳에 도착해 배낭을 깔고 앉자, 따뜻한 햇볕을 쬐고 차를 마시면서 야누시가 정상에 오른 후 급경사 구간을 내려올 때까지 기다렸다.

그리고 아담은 쉬운 곳에서 속도를 올려가며 하산을 재개했다. 그는 야누시보다 2시간 먼저 3캠프에 도착해 차를 끓이면서 기다렸다. 야누시가 내려온 후에는 함께 수분을 보충한 다음 정상에서 내려올 게르프리트 팀을 위해 식량과 연료를 남겨놓고 계속 내려갔다. 그들은 날씨가 얼마나 빨리 나빠지고 있는지 거의 알지 못했다. 그때 폭풍의 전단이 이미 그들을 감싸고 있었는데, 그 규모가 세상을 덮을 만큼 거대했다.

게르프리트의 정상 팀과 별도로 움직이고 있던 알렉스와 타마라는 그 전날 7,250미터까지 올랐다가 3캠프로 내려왔다. 이제, 아담과 야누시가 산의 반대편에서 내려가는 동안 알렉스와 타마라는 다시 위로 올라가려 했지만, 곧 그들의 작은 텐트로 돌아와 태양을 기다렸다. 그들이 텐트에 도착한 시간은 오전 11시였다. 정상 도전에서 후퇴한 그들은 대신 인근의 가셔브룸 남봉(7,109m)을 올랐다. 오후 2시, 날씨가 순식간에 변했다. 북쪽에서 허리케인급 바람이 불어 닥쳤고, 기온이 영하 50도까지 곤두박질쳤다. 그들은 바람에 날리는 눈과 영하의 날씨 속에서 사투를 벌이며 아래로 내려갔다. 타마라는 1캠프까지, 그리고 알렉스는 곧장 베이스캠프까지. 역시 베이스캠프에 있던 다레

2012년 겨울 가셔브룸1봉 정상 도전에 실패한 후의 타마라 스티시 (사진: 다레크 자워스키)

크는 타마라의 소식을 애타게 기다렸다. 하지만 그녀는 다음 날까지도 나타나지 않았다. 그녀는 그 산의 7,250미터까지 올라가는 데 성공했고, 동계 카라코람에서 여성 알피니스트가 기록한 그 최고점은 지금까지도 깨지지 않고 있다.

야누시와 아담은 시간이 갈수록 위력을 더해가는 눈보라를 헤치며 계속 내려갔다. 그들은 아무것도 볼 수 없었다. 그리고 산의 높은 곳에서 벌어지고 있는 일은 애써 외면했다. 무언가 문제가 생겨, 손으로 만지거나 느낄 수 없고 탈출이 불가능한 어떤 것에 대해 막연한 두려움을 느끼면서…. 그들은 2캠프로 돌아왔다. 하지만 게르프리트의 메시지는 없었다.

다음 날 폴란드 팀은 모두 베이스캠프로 내려왔다. 아담과 야누시는 둘 다 약간의 동상으로 고통 받고 있었다. 하지만 그들은 살아남았다. 흔치 않은 그들의 야간등반 전략은 잘 맞아떨어졌다. 49일 동안 기다리고, 산에서 작업을 하고, 형벌 같은 바람과 몹시 추운 날씨의 긴 시간을 견뎌내고, 그들은 가

279

서브룸1봉 동계등정에 성공했다. 다른 사람들과 함께 캠프로 걸어오던 아르투르가 말했다. "이들은 대단한 일을 해냈어. 하지만 게르프리트와 세드리크, 니사르는 여기에 없어. 그래서 마냥 기뻐할 수만은 없게 되었어."

오스트리아의 하이케는 아그니에슈카로부터 소식을 기다리고 있었다. 하지만 그 소식은 좋지 않았다. "3월 10일 목요일 오전 10시(중앙 유럽 표준시). 맥이 쭉 빠진다. … 아그나와의 전화는 끔찍했다! 그녀는 어떤 소식도 나에게 알려주지 않았다. 12시 이후 그들에 대한 흔적이나 소식이 전혀 없었다니!"[28]

절망에 휩싸인 베이스캠프는 파키스탄군의 산악구조대인 아스카리항공 *Askari Aviation*에 전화해 게르프리트의 루트에서 어떤 흔적이 있는지 수색할 수 있도록 헬기를 띄워달라고 요청했다. 하지만 악천후로 3월 15일까지 헬기가 뜨지 못했다. 그들은 7,000미터까지 올라갔지만 결국 아무것도 찾지 못했다. 아담과 야누시가 하산할 때 경험한 총알같이 단단한 얼음과 끊임없이 불어 닥치는 폭풍의 속도로 볼 때, 마지막 가정은 게르프리트와 그의 팀이 그 산에서 폭풍에 날려갔거나, 혹은 폭풍을 피하려고 들어간 크레바스에서 얼어 죽은 것이 아닌가 하는 것이었다.

동상으로 고생하고 있던 아담과 야누시는 구조작업이 중단되자 헬기로 베이스캠프를 떠났다. 메마르고 비인간적이고 향기도 없고 단조로운 가서브룸1봉의 세계, 바람이 끊임없이 부는 그 세계에서 60일을 보낸 후 산소가 풍부한 저지대로 내려오니 생물체의 유기적인 세계가 오히려 더 불안해 보였다. "갑자기 푸른 잔디가 보이고, 냄새가 나고, 곤충과 새의 소리가 들려왔습니다." 아담은 말했다. "그 경험은 강렬했습니다. 평소엔 관심을 갖지 않은 모든 사물이 너무나 소중했습니다."[29]

야누시의 기억에 가장 뚜렷하게 남은 것은 바람이었다. "그 바람은 파타고니아의 것만큼 강했지만 더 오랫동안 지속됐습니다. 잠잠한 날이 거의 없었으니까요. 따라서 우린 등반도 하지 못하고 베이스캠프에 몇 주씩이나 갇혀 지냈는데, 그게 가장 어려웠습니다. 등반을 하고자 하는 의욕과 성공할 수 있다는 믿음을 유지하기가 힘들었습니다. 루트는 기술적으로 아주 어렵진 않았지만 단단한 얼음과 그 위에 눈이 거의 없어, 우린 지치고 위험했습니다."[30]

쾌벡의 루이는 함께하고 싶은 마음이 너무나 간절해 정신을 빼놓다시피 하면서 국제 팀의 궤적을 따라가고 있었다. "오해하지 마세요." 그가 말했다. "난 마조히스트가 아닙니다. 히말라야 동계등반은 순수하고 예측이 불가능한 모험이며, 등반을 하는 하나의 독특한 방법입니다. 1920년대의 선구자들도 아마 비슷하게 느끼지 않았을까요? 진정한 고독, 극심한 추위, 기아, 장비의 파손, 해결해야 할 수많은 난제들, 낮은 성공 가능성, 예측할 수 없는 날씨…. 그건 도전과 등산과 생존이 한데 어우러진 겁니다."[31] 동계등반에 대한 사랑에도 불구하고 게르프리트를 비롯한 그 일행의 비극은 루이를 송두리째 흔들었다. 그것은 그의 인생을 바꾸었다. 그는 똑같은 방식으로 위험을, 똑같은 방식으로 가족을 바라보는 대신, 등반과 나머지 인생 사이의 균형을 똑같은 방식으로 추구했다.

아담 비엘레츠키는 동계등반에 관해 실용적인 입장을 취했다. "동계등반? 그건 전혀 즐겁지 않습니다. 보통은 그런데, 난 새로운 경험을 하기 위해 동계등반을 합니다. 그게 주된 이유입니다." 그럼에도 아담조차 어떤 심미적 가치를 인정했다. "산이 아주 극적입니다. 겨울의 카라코람은 믿기 힘들 정도입니다. 극도의 고립감. 산은 오직 나만을 위해 존재합니다. 난 그곳에 있는 걸 좋아합니다. 아주 특별하니까요."[32]

아르투르는 안도했다. 이 등반이 성공하지 못했다면 동계 프로그램 전체가 차질을 빚을 수도 있었기 때문이다. 그는 이렇게 썼다. "각국의 언론을 통해 이 소식을 듣는 것은 기분 좋은 일이다. 그리하여 폴란드인들은 겨울의 왕

좌로 돌아왔다. 이런 일이 과연 일어날까 하는 의구심을 품은 적도 있었다. 하지만 내 친구들은 처음의 실패로 좋지 않은 영향을 받지는 않았다. 그들은 이 정상이 이룰 수 없는 대상이라고 생각하지도 않았다. 그래서 그들은 그곳으로 갔다."**32**

아르투르의 히말라야 스케줄은 곧 젊은 시절 자신의 그것과 비슷해졌다. 1년에 한두 번의 원정등반. 몇 개월간의 계획. 자금 조달과 조직 구성. 게다가 그는 아웃도어 사업도 하고 있었고, 가족도 있었다. 그의 부인 이자*Iza*는 그런 환경을 받아들이는 것 같았다. "아르투르의 겨울 원정은 해야 할 수많은 일들, 언제 고장 날지 모르는 가전도구들, 물론 실제로도 고장 났지만, 눈을 쓸어내야 하는 거대한 자동차 등과 함께 내가 커다란 집에 혼자 남겨진다는 걸 의미했고, 그 사실이 나를 정말 짜증나게 했습니다. … 하지만 이런 것들이 관계를 악화시킬 만큼 중요한 문제는 아니었습니다. 그가 돌아오면 이런 문제는 말끔히 사라졌습니다. 그런 건 이혼 사유가 되지 않았습니다."**33** 폴란드의 일부 사람들은 아르투르가 히말라야 프로그램을 자신의 목표를 위해 이용한다고 비난했다. 등산의 아레나에 다시 들어가기 위해, 그리고 사업적으로 활용하기 위해. 분명, 짧은 기간 안에 여러 개의 원정대를 조직하는 그의 패턴은 절망적이고 비극적 운명으로 끝난 반다 루트키에비치의 계획을 연상시켰다. 그녀가 8개월 안에 8개의 8천 미터급 고봉을 등정하려 했을 때 아르투르는 그 계획을 신랄하게 비판했었다. 하지만 이제 그 역시 같은 길을 걷고 있다.

폴란드의 가셔브룸1봉 팀은 대통령을 만난 것 말고는 일상생활로 돌아갔다. 가족과 친구와 훈련이 있는. 아담은 폴란드 동계등반의 전설인 마치에이 베르베카가 쓴 어떤 글을 읽은 것으로 기억했다. 마치에이는 '거울의 뒷면'에 대해 썼다. 가장자리의 끝까지 가는 순간, 물론 넘지는 않고 아주 가까이 다가가면, 그 뒷면을 볼 수 있다는 것이었다. 유레크와 다레크와 다른 많은 사람들처럼 마치에이 역시 그곳까지 갔었다. "생명이 얼마나 보잘 것 없는지 알지 못한다면, 한계상황을 경험하지 못한다면, 생명의 가치를 결코 제대로 평가할 수 없을 겁니다." 아담은 말했다. "죽음이 한 번 휩쓸고 가면 생명을 훨씬 더 많이 사랑하게 됩니다. 그리고 나서 마침내 여자친구와 피크닉을 즐기며 맥주를 마시면 그 순간을 진심으로 고맙게 여기게 됩니다."[34] 아담은 그 뒷면을 한 번 보았다. 마치에이의 말은 진실이었다. "인생의 진정한 의미는 이런 8천미터급 고봉에 오르는 게 아닙니다. 그건 내가 돌아와야 하는 겁니다." 아담은 말했다. 슬프게도, 게르프리트와 세드리크와 니사르는 돌아오지 못했다.

가셔브룸1봉 이후, 히말라야 등반가의 아내로서 하이케는 홀로 삶을 꾸려가야 했다. 하지만 가장 어두운 순간에도 그녀는 희망을 잃지 않았다. 처음에는 충격에서 헤어나지 못했다. 망연자실한 그녀는 무슨 일이 일어났는지, 무슨 일이 일어나고 있는지, 무슨 일이 '일어날지' 도무지 헤아릴 수 없었다. "올바르게 생각할 수 없었습니다." 그녀는 말했다. "내겐 많은 시간이 필요했습니다." 슬픔이 파고들자 그녀는 맥이 풀렸다고 털어놓았다. 노여움에서 슬픔으로, 걱정에서 수긍으로, 그리고 다시 깊은 절망 속을 헤매는 일이 반복됐다. 그녀는 할렌의 가족과 사진을 주고받으며 꾸준히 접촉했다. 시간이 흐르자 고통도 그만큼 커졌다. "3월 9일쯤이 되면 여전히 슬픔이 몰려옵니다. 하지만 딸들이 스스로 열심히 살아가는 모습은 내게 큰 힘을 줍니다."

미완의 과업

나는 모험을 찾고 내 자신의 한계를 탐험하며,
내 기억 속에 영원히 아로새겨질
너무나 아름다운 세계에 빠져들기 위해 산으로 갔다.

마르크-앙드레 레클레르*Marc-André Leclerc*

브로드피크 — 8,051m

1988년 3월 카라코람. 폴란드의 등반가 마치에이 베르베카가 대장 안드제이 자바다에게 허락을 요구하고 있었다. 등반 파트너 알레크 르보프가 하산하는 동안 브로드피크 정상에 올라갈 수 있도록 해달라는 것이었다.

"안드제이 대장님, 마치에이입니다. 이상"

"그래, 그래. 알레크가 한 말을 조금 전에 들었다. 컨디션은 어떤가? 이상"

"올라가고 싶습니다. 올라가게 해주세요."

"다운 옷은 있나? … 뭐라더라 … 아노락anorak? 이상"

"재킷과 바지가 있습니다. 이상"

"알레크도 가지고 있나? 이상"

"알레크도 같은 걸 가지고 있습니다. 이상"

"그가 혼자 내려올 수 있다는 건 네 생각인가? 이상"

"그렇습니다."

그때 다른 사람이 무전교신에 끼어들었다. 더 높은 곳에 있는 지가 헤인리흐였다. "마치에이를 올라가게 해선 안 됩니다. 능선에 어려운 곳이 있습니다. 그곳을 올라가야 합니다. 능선에 텐트를 치면… 그는 살아남기 힘듭니다. 더구나 하산도 해야 합니다. 허락하지 마세요. 이상"

안드제이가 대답했다. "좋아, 네 말은 잘 알겠다. 할 말이 더 있나? 이상"

"그 고도에선 판단이 흐려집니다. 정상에 매몰되기 쉽습니다." 지가가 말했다. 그리고 이렇게 덧붙였다.

"그들을 통제해야 합니다. 이상"

"좋은 말이다. 고맙다. 이상"[1]

안드제이가 마치에이를 몇 번 더 호출했지만 지지직거리는 잡음만 들릴 뿐 더 이상의 응답이 없었다. 그는 올라가고 있었다.

동계등반의 역사에서 어떤 산과 한 등반가를 영원히 연결한다면, 그것은 브로드피크와 마치에이 베르베카일 것이다. 자코파네 출신의 마치에이는 산악구조 전문가의 아들로 그 역시 구조 전문가였다. 얼음의 전사. 1980년대 안드제이 사단의 일원. 마나슬루와 초오유를 초등한 산사나이. 그가 바로 마치에이였다.

그와 브로드피크의 길고도 곡절 많은 사연은 그 산이 K2와 가까워 우연히 시작되었다. 카라코람의 두 고봉은 서로 이웃해 있다. 브로드피크의 세 정상, 즉 8,051미터의 주봉과 8,011미터의 중앙봉, 7,490미터의 북봉은 10킬로미터의 긴 능선으로 연결되어 있는데, K2의 베이스캠프에서는 그 모습이 또렷이 보인다.

1987~1988년 겨울, 마치에이는 브로드피크를 등반한다는 생각을 전혀 하지 못했다. 그때 그는 안드제이 자바다를 비롯한 15명의 폴란드 최고 산악인들로 구성된 K2 원정대의 일원이었다. 상황은 끔찍했다. 연이은 폭풍이 그들을 강타해 산을 오르는 행위는 영웅적이었다. 2월 중순경, 그들의 기회는 거의 제로에 가까웠다. 마치에이는 팀이 경험한 좌절의 정도를 이렇게 묘사했다. "우리들 가운데 아픈 사람은 아무도 없었다. … 그 산을 저돌적으로 오르

고자 하는 사람이 열다섯이나 있었다. 우리는 모두 암벽등반의 스타로 무한한 잠재력과 능력을 가지고 있었으며, 정상에 오르고자 하는 열망이 대단했다."²

그런데 그때 일이 이상하게 흘러갔다. 그 팀에 있었던 크지슈토프 비엘리츠키는 그런 일이 어떻게 일어났는지 자세히 기억하지 못했다. 갑자기, K2 대신 브로드피크에 대한 이야기가 튀어나온 것이다. 그가 봤을 때는 미친 짓이었다. 두 사람이 여름에도 가보지 못한 8천 미터급 고봉을 겨울에 등정하겠다고 하고 있었다. 터무니없는 이야기였다. 그것은 자살행위였다. 그는 보고서에 이렇게 썼다. "이게 뭐지? … 시간을 최대한 활용하는 것도 아닌 것 같다."³ 알레크 르보프가 그 둘 중 하나였다. "마음속에서 브로드피크를 떨쳐버릴 수 없었습니다." 알레크는 말했다. "(K2) 베이스캠프에서 3개의 정상이 빤히 보였습니다. 그리고 정상으로 올라가는 길은 얼핏 쉬워 보였습니다. 브로드피크는 처음부터 끝까지 날 유혹했습니다. 그 산이 날씨도 더 좋은 것 같았습니다. 600미터나 낮은 그곳은 K2 정상보다도 더 자주 보였습니다."⁴ 대부분은 혼란스러워했고, K2를 명백히 포기하는 것에 화를 내기도 했다. 원정등반에만 90일, 비록 기온이 영하 30~35도를 맴돌고, 시속 100킬로미터의 바람이 규칙적으로 불어오는 베이스캠프에서만 60일을 보냈어도, 그들은 여전히 희망을 품고 있었다.

K2의 고소캠프에서 한 번 더 후퇴하게 된 마치에이는 머리가 헝클어지고 콧수염이 무성한 알레크에게 이번 시즌에 그 산은 불가능할 것 같다고 속내를 털어놓았다. 하지만 브로드피크라면? 그 산은 바로 건너편에 있었다. … 훨씬 더 낮고, 얼핏 보기에는 날씨도 더 좋고, 동계에 여전히 미등으로 남아 있는 곳. 그러자 알레크가 고개를 끄덕였다. 그리하여 그 둘은 안드제이를 찾아갔다. 처음에 그는 그 아이디어에 단호하게 반대했다. 하지만 안드제이는 이상주의자이며 공상가였을 뿐만 아니라 실용적인 사람이었다. 그는 K2에서의 기회가 점점 더 줄어들고 있다는 사실을 잘 알고 있었다. 그것은 터무니없

1987~1988년 폴란드 K2 원정대를 떠나 동계 초등을 위해 브로드피크로 향하는 알레크 르보프
와 마치에이 베르베카 (사진: 알레크 르보프 아카이브)

을 정도로 비용이 많이 든 원정등반이었다. 그리고 그는 성공에 굶주려 있었
다. 브로드피크는 위로의 보상이 될 수도 있었다. 문제는 브로드피크에 대한
허가서가 없다는 것. 그들은 K2 허가서만 가지고 있었다. 그래서 그는 브로드
피크에 대한 동계 허가서를 추가로 요청하는 메시지를 이슬라마바드로 급히
보냈다. 주위에는 아무도 없는 듯했다. 영광스럽게도 그 산은 텅 비어 있었다.

마치에이와 알레크는 결국 허가서가 오리라고 확신했다. 그들은 그 사이
에 출발할 필요가 있었다. 3월 8일, 그 둘은 K2 베이스캠프를 떠나 브로드피
크로 스키를 타고 건너갔다. 그들은 필요한 모든 것을 등에 멘 자급자족 집단
이었다. 마치에이도 알레크도 브로드피크에 가본 적이 없었다. 그들의 시도는
전례가 없었다. 브로드피크만이 아니라 카라코람의 8천 미터급 고봉 중 최초
의 동계등정. 그것도 순수한 알파인 스타일의 온사이트*on sight* 등반.

산 아래에 스키를 숨겨놓은 그들의 첫 번째 난관은 세락과 크레바스의 미

로였는데, 그곳은 눈이 부드러워 걸음을 옮길 때마다 무릎까지 빠졌다. 으스름해질 무렵 그들은 6,000미터에서 멈추었다. 그리고 그날 저녁, 안드제이의 외교적 수완 덕분에 지아Zia 대통령의 사무실이 브로드피크 허가서를 약속했다는 사실을 알았다. 다음 날 날씨가 악화되었지만, 그들은 강풍과 눈보라가 몰아치는 희박한 공기, 그리고 분설눈사태에 맞서며 계속 올라갔다. 짧은 바위지대에 도달한 그들은 처음으로 로프를 함께 묶었다. 그리고 6,500미터에서 두 번째 비박에 들어갔다.

3월 5일, 새벽이 눈부시도록 깨끗하게 밝아왔다. 원정등반 중 가장 아름다운 날이었다. 여기에 그들이, 두 사람이, 이 장엄한 산에 함께, 그러나 다른 사람은 전혀 없이 그렇게 있었다. 까다로운 바위 몇 피치를 지나 설원으로 나오자, 사용해도 충분할 것 같은 오래된 고정로프 일부가 눈에 띄었다. 전진을 상당히 한 그들은 7,300미터에 그다음 캠프를 설치했다. 행운과 성공 가능성으로 인해 저절로 흥이 나는 듯했다. K2에서 몇 주를 보낸 터라 그들은 고소적응이 잘 되어 있었으며, 체력도 컨디션도 좋았다. 모든 것이 완벽했다. 브로드피크의 높은 곳에서, 그들은 본래의 목표를 건너다보며 그곳에 있었다면 어떻게 되었을까 하고 생각했다. 이제 K2 베이스캠프도 분위기가 달아올랐다. 그 팀은 망원경으로 그들의 놀라운 전진을 지켜보며 응원을 이어갔다. 좋아, 계속 가. 너희들은 할 수 있어!

그날 밤은 추웠지만 검은 하늘에 별들이 총총했다. 정상까지 8시간이 걸릴 것이고, 그러면 어둡기 전에 돌아올 시간은 충분하다고 계산하며, 오전 8시 30분 그들은 텐트를 기어 나왔다. 때맞춰 태양이 떠올라, 거추장스러운 다운 옷을 벗어도 될 만큼 몸이 따뜻해졌다. 딱딱한 눈에서 재빨리 움직이자 처음에는 전진이 좋았다. 하지만 더 높이 올라가자 눈의 상태가 나빠졌다. 눈덩어리가 두꺼운 데다 눈발이 심하게 날렸다. 속도가 느려졌다. 정오쯤 되자 알레크가 걱정하기 시작했다. 하지만 마치에이는 아니었다. 오후 2시, 그들은

발토로 빙하의 콩코르디아에서 바라본 브로드피크 (사진: 크지슈토프 비엘리츠키)

무전기로 K2 베이스캠프를 불러 루트의 앞부분이 구체적으로 어떤지 물어봤다. K2 팀 중 몇몇이 그 구간을 알고 있었다. 그 산을 22시간이라는 경이적인 기록으로 홀로 뛰어 올라갔다 온 크지슈토프 비엘리츠키는 그들의 위치에 망원경을 고정시키고 구체적인 정보를 알려주었다.

무전교신이 끝나고 얼마 후에 마치에이와 알레크는 자신들이 오르려는 쿨르와르 전체를 갈라놓는 크레바스에 도착했다. 그곳을 건너는 길을 찾는 것은 불가능해 보였다. 그리고 설령 그렇지 않다 하더라도 시간이 많이 소모될 것 같았다. 알레크는 소중한 시간을 허비하고 있다며 걱정을 많이 했다. 정상에 오른 후 어둡기 전에 캠프로 돌아올 가능성이 점점 더 희박해지는 것 같았다. 한 번의 고소 비박은 확실해 보였다. "난 비박을 하고 싶지 않았습니다." 알레크가 말했다. "어떻게 할지를 놓고 고민하는 동안 마치에이가 날 따라붙었습니다. 우린 크레바스를 따라 왔다 갔다 헤맸습니다. 내가 마치에이에게 걱정을 털어놓자, 그는 우리가 계속 가야 한다는 어조로 말했습니다."[5] 마치에이가 돌아가는 길을 찾아냈지만, 그들은 여전히 콜 300미터 아래에 있었다. 그래도 그들은 계속 올라갔고, 오후 3시 45분에는 콜까지의 거리가 100미터 이내로 줄어들었다.

알레크가 K2 베이스캠프를 무전으로 불렀다. 이어진 (이 장의 서두에 나오는) 그들의 대화는 브로드피크에서의 사건을 결정짓고 마치에이의 운명을 바꾸게 된다. 알레크는 이미 결심하고 있었다. 내려가기로. 조금 더 올라가기로 마음을 굳힌 마치에이는 알레크로부터 무전기를 넘겨받았다. 알레크는 멀리 아래쪽에 있는 작은 점(텐트)에 시선을 두면서 천천히 조심스럽게 내려가기 시작했다. 마치에이는 알레크가 올바른 결정을 내렸다고 생각했다. 그를 위해서가 아니라 자기 자신을 위해서. "정상이 아주 가까웠습니다. 우린 원정등반 내내 많은 노력을 기울였습니다. K2의 정상을 차지하려는 도전은 물론이고, 알레크와 함께 브로드피크 정상에 오르려는 시도에. 한겨울에 알파인 스타일로, 난 이 과업을 완성하지 않을 수 없었습니다."**6**

하지만 날씨가 변하고 있었다. 아주 빠르게. 바람이 거세게 불고, 공중에 눈발이 가득했다. 시계가 20미터로 줄어들었다. 텐트에 도착한 알레크는 몸을 한껏 움츠린 채 그날 밤을 보냈다. 그가 할 수 있는 일이라고는 마치에이가 돌아오기를 마냥 기다리는 것뿐이었다. 무전기가 없어 외부와 완전히 차단된 그는 그날 밤 마치에이와 K2 베이스캠프 간의 대화를 전혀 알지 못했다.

"마치에이, 마치에이, 상태가 어떤가? 이상"

"난… 무전기가 맛이 가고 있습니다. 난 나쁘지 않습니다. 다만 너무 늦었습니다. 이상"

무전기 뒤에서 레셰크 치히의 목소리가 들렸다. "그가 전위봉에 있습니다."

"아직 너무 걱정하지 마." 안드제이가 레셰크를 달랬다. 그리고 다시 마치에이에게 물었다.

"상태가 어떤가? 이상"

"그런대로 괜찮습니다."

"응답하라. 응답하라. 내려올 건가? 내려오기 시작했나? 이상"

"예, 내려가기 시작했습니다. 바람이 계속 불면 구덩이를 파겠습니다. 이상"

"좋다. 사진을 몇 장 찍어라. 정상에서의 사진. 이상"

베이스캠프에서는 그 역사적 순간을 녹음하고 있었다. 그래서 배경에 깔린 질문과 의구심의 목소리들까지도 들을 수 있다. 그는 브로드피크의 진짜 정상에 있었을까, 아니면 전위봉에 있었을까? 그곳은 진짜 정상보다 고도가 17미터 낮고, 거기서 정상까지는 보통 1시간이 걸린다. 하지만 그런 조건이라면 더 걸리지 않을까? 안드제이는 마치에이가 정상에 있다고 말했다며 대원들을 안심시켰다. 그래서 그는 '의심할 여지없이' 정상에 있었다. 크지슈토프는 마치에이가 정상에 있지 않았다고 안드제이에게 말해야 하는 것은 그 지형에 익숙한 사람들의 책임이라고 생각했다. 그리고 후에 그는 그들이 그렇게 말했다고 주장했다. 하지만 안드제이는 마치에이에게 아무 말도 하지 않았다. 이미 늦은 오후여서 그날 진짜 정상까지 가기에는 무리였다. 아마도 안드제이는 알았을 것이다. 마치에이가 그렇게 하다간 죽을 수도 있다는 것을.

저녁 내내 마치에이를 기다린 알레크는 밤을 꼬박 새웠다. 하지만 여전히 어떤 기척도 없었다. 돌풍이 텐트를 마구 뒤흔들어 알레크는 그가 바람에 날려간 것은 아닐까 생각했다. 어둠이 그토록 공격적이고 약탈적인 것은 처음이었다. "어느 순간 난 두려우면서도 더 이상 신경 쓰지 않는 혼란스러운 감정에 빠졌습니다. 냉담하게 두렵다고나 할까. 이런 것이 존재하리라고는 생각지도 못했습니다. … 탈출구가 없는 것 같았습니다."[7] 다음 날 정오, 알레크는 혼자 내려가야 할지도 모른다는 생각이 들었다. 마치에이가 돌아올 가능성은 시간이 지남에 따라 점점 더 줄어들었다. "나 자신에 대해 놀랐습니다. 내가 어떻게 그토록 침착해질 수 있는지. 그리고 내가 비극 앞에서 어떻게 그토록 무감각해질 수 있는지. 무의식적으로, 난 내 위치에서 어떤 도움도 줄 수 없다는 걸 느끼고 있었습니다. 하지만 두렵진 않았습니다. 아마도 선택의 여지가 없는 사람은 두려움을 느끼지 않기 때문인 것 같습니다. 그 상황이라면 쉽게 죽을 수 있지 않을까요? 난 결정했습니다. 아침까지 기다리기로. 그렇지만 그 다음에는 무슨 일이 있어도 구조할 수 있는 것은 무엇이든 구조하기로. 바로 나 자신을 말이죠."[8]

그런 와중에 안드제이는 폴란드에 좋은 소식을 전했다. 마치에이 베르베카가 브로드피크 정상에 올랐다고. 동계 초등. 알파인 스타일. 단독등반. 마치에이의 부인 에바Ewa는 기뻤다. 하지만 그녀는 과거의 사례들을 알고 있었다. 따라서 모든 사람이 베이스캠프로 안전하게 돌아올 때까지는 친구나 친척이나 언론에 전화하지 않을 작정이었다. 몇 시간 후, 그녀는 전화를 다시 받았

마치에이 베르베카와 에바 베르베카 (사진: 마치에이 베르베카 아카이브)

다. 마치에이가 여전히 하산 중인데 베이스캠프 근처에는 없다는 것이었다. 좌절한 그녀는 그가 적어도 텐트에는 돌아왔을지 모른다는 희망에 매달렸다.

그는 그러지 못했다. '자신의 정상'에서 내려오고 있을 때 바람이 너무 강해, 그는 눈보라가 휘몰아치는 가운데 구덩이를 파고 피신했다. 안드제이는 무전기를 다시 켜고, 그에게 끝까지 버티면서 다운 바지를 포함해 가진 옷을 모두 입으라고 지시했다. 마치에이는 고통스러울 정도로 희미한 목소리로 응답했다. "바지를 입을 힘이 없습니다. 너무 힘들어요, 안드제이." K2 팀은, 베이스캠프조차 그런 난폭한 폭풍에 휘말리고 있었기 때문에, 공포에 휩싸였다. 마치에이가 브로드피크의 그 높은 곳에서 견뎌 낼 수 있을까? 그것도 홀로, 텐트도 없이, 비박색도 없이.

몇 시간 후, 마치에이와 베이스캠프 간에 다시 대화가 이어졌다. 이제 마치에이는 자신이 텐트 근처에 있다고 생각했다. 짙은 안개와 눈보라 속에 잠깐 날씨가 좋아졌다. 하지만 금새 사방이 다시 화이트아웃 상태에 빠졌다. 그

1988년 브로드피크 동계 초등을 시도할 때의 마치에이 베르베카 (사진: 알레크 르보프)

는 어디로 가야 할지 확신하지 못해 그 자리에 얼어붙었다. 공포에 빠져, 그의 목소리는 피로로 절망에 찌든 듯 떨리면서 이전보다도 훨씬 더 약했다.

그날 저녁 늦게, 알레크는 머리에 후드를 뒤집어쓰고 침낭 속으로 기어들어갔다. 혼자라는 생각에 한껏 움츠러든 그는 정신이 혼미했다. 그때 어떤 소리가 들렸다. 바람이었나? 부르는 소리였나? 내가 환각에 빠졌나? 그는 침낭에서 반쯤 기어 나와 텐트 문을 열고 헤드램프 불빛을 어둠 속으로 비춰보았다. 오른쪽과 왼쪽으로, 하지만 오직 바람만 불 뿐 아무것도 보이지 않았다. 그가 텐트 안 구석으로 돌아가려 할 때 소리가 또 들렸다. 부르는 소리였다. 그 순간 희미한 불빛이 보였다. 저녁 7시. 마치에이가 비틀거리며 텐트 쪽으로 다가왔다. "그가 나타났습니다. 아무 말도 없이. 텐트의 입구에. 얼음을 온통 뒤집어 쓴 채." 알레크가 그때를 회상하며 말했다. "8,000미터 위에서 허리케인에 맞서며 24시간을 보낸 사람의 모습을 그는 그대로 보여줬습니다. 겨울에. 카라코람에서."[9] 입구에 쭈그려 앉은 마치에이는 안으로 기어들어갈 수 있도록 알레크가 크램폰을 벗겨줄 때까지 기다렸다. 그는 단 한 마디도 하지 못할 정도로 몹시 지쳐 있었다.

"그것은 상식적인 생존의 조건에 배치되는 것 같다." 후에 크지슈토프는 말했다. "그런 조건에서 살아남는 것은 개인적인 능력이다. 가장 중요한 부분이 앉아서 기다리기가 힘들다는 것이다. 심리적으로 그것은 거의 불가능하다. 나는 그런 경험을 해봐서 그것이 어떤 상태인지 잘 안다."[10] 마치에이 역시 죽음에 가깝게 다가갔던 그 하산을 이렇게 회상했다. "그때 내가 견뎌야 했던 시련은… 사실, 난 그때를 거의 떠올리지 않습니다. 산에서 어떻게 천천히 죽어 가는지에 대해 즐겁게 말하는 사람이 없는 것처럼, 그 순간을 이야기하는 걸 좋아하지 않습니다. 그리고 여전히 그렇게 말할 시간이 아니라고 생각합니다."[11]

알레크는 그를 텐트 안으로 끌어들인 다음, 얼어붙은 손에 차가 든 컵을

브로드피크의 높은 곳에서 노천 비박을 하고도 살아남은 마치에이 베르베카가 동료들의 부축을 받으며 캠프로 들어오고 있다. 그는 바위로 된 정상을 동계 초등해, 카라코람에서 8,000미터가 넘는 고도를 처음으로 넘어섰다. (사진: 알레크 르보프)

쥐어주고 얼음이 달라붙은 부츠를 벗긴 다음 침낭으로 감싸주었다. 무전기가 다시 지지직거리며 살아났다. 알레크가 마치에이의 배낭에서 무전기를 꺼내자 안드제이의 목소리가 들렸다.

"알레크 들리나? 알레크 들리나? 마치에이에게 부인이 전화했다고 알려줘라. 내가 뭐라고 전할까? 이상"[12]

마치에이는 무전기 쪽으로 몸을 기울여 쉰 목소리로 덜덜 떨며 대답했다. "아무 문제 없습니다. 이상"

그때서야 알레크와 마치에이는 동료 셋이 자신들을 구조하러 브로드피크로 올라오고 있다는 사실을 알았다. 그들은 다 함께 6,000미터에서 하룻밤을 더 보낸 후, 3월 9일 그 산의 아래로 내려갔다. 브로드피크에서의 서사시로 난파선이 된 마치에이는 제대로 걷지도 못할 정도로 비틀거리고 휘청거렸다. 그는 곧 스카르두로 후송되었다.

브로드피크를 동계 초등했다고 알려진 후 폴란드로 영웅적인 귀환을 한 마치에이 베르베카
(사진: 마치에이 베르베카 아카이브)

크지슈토프는 안드제이가 브로드피크 동계 초등을 해냈다고 알리는 메시지를 폴란드에 왜 그토록 성급하게 보냈는지 그 이유를 알지 못했다. 다만 이렇게 짐작했다. "안드제이에게는 누가 어떻게 올랐는지가 중요하지 않았다. 그에게 중요한 것은 성공이었다. 그것은 히말라야 등반에 대한 군대식 접근 방식 같은 것이었다. 아마도 신세대들은 이해하기가 쉽지 않을 것이다."[13]

그러나 발표는 섣불렀고 전적으로 부정확했다. 마치에이와 알레크를 제외한 사람들은 마치에이가 진짜 정상보다 고도가 17미터 낮고, 거기까지 보통 1시간이 걸리는 전위봉에 올랐다는 사실을 알고 있었다. 마치에이가 '정상'에서 무전했을 때 베이스캠프의 레셰크 치히는 그 교신을 들었다. 브로드피크의 지형을 구체적으로 아는 레셰크는 그가 정확히 어디에 있는지 알고 있었다. 원정대의 녹음테이프를 들어보면 그것을 분명하게 언급하는 것이 또렷이 들린다. 하지만 그는 그 사실을 마치에이에게 말하지 않았다. 그 순간에도, 하산하는 도중에도, 베이스캠프에서도, 마치에이가 치료를 받기 위해 헬기를 타고 스카르두로 향하는 앞에서도, 심지어는 모두가 라왈핀디에 집결했을 때조차도.

어떤 이유에서였는지, K2의 대원들은 단 한 명도 마치에이에게 전위봉에 올랐을 뿐 진짜 정상에는 오르지 못했다고 말하지 않았다. 그가 최악의 고소폭풍을 견뎌낸 것은 그의 발에 동상이라는 상처를 영원히 남겼고, 모든 것을 위험에 빠뜨렸지만, 그는 진짜 정상에 오르지 못했다. 하지만 마치에이는 폴란드로 돌아와 영웅이 되었다. 그는 스포츠 공로메달을 받았다. 그리고 파키스탄으로부터도 8천 미터급 고봉 동계 초등의 업적으로 또 하나의 메달을 받았다. 그는 브로드피크 고소에서 얻은 동상으로 고통 받으며 집 주위를 절뚝절뚝 돌아다녔다. 그리고 발가락 하나를 잘랐다. 감염이 시작되었다. 시간이 흘렀다. 하지만 어느 누구도 한마디도 꺼내지 않았다.

그때 알레크가 입을 열었다. 그는 폴란드의 등산잡지 『타테르니크』에 마치에이가 전위봉에 올랐을 뿐, 진짜 정상에 오른 것은 아니라는 글을 실었다. 반응은 빠르고 격했다. 마치에이는 겁에 질렸고 부끄러웠으며 모욕을 느꼈고 혼란스러웠다. 왜 그들은 마치에이에게 말하지 않았을까? 왜 그들은 이 문제를 고국으로 돌아오기 전 파키스탄에서 조용히 처리하지 않았을까? 그들은 동료가 아니었나? 사실 그들은 가까운 친구들이었다. 그는 그들을 진심으로 대했다. 따라서 그도 자연히 반대급부를 기대했다. "그게 그의 내면으로 깊이 파고들었습니다." 그의 친구인 리샤르드 가예브스키가 증언했다. 글을 쓰기 전에 왜 마치에이에게 먼저 말하지 않았느냐는 질문에 알레크는 이렇게 대답했다. "우린 친한 사이가 아닙니다."[14] 마치에이는 곧바로 더 가혹하게 대응했다. "만약 내가 그곳에 있었다면 난 영웅이 되었을 텐데…."[15] 하지만 그의 말은 비꼬는 것이었을 뿐 아니라, 예언적인 것이기도 했다.

K2 팀은 대부분 알레크의 글에 동의했다. 하지만 그들은 그런 글을 쓴 사

람이 자신이 아니라는 사실에 내심 안도했다. 안드제이 자바다는 화를 냈다. 그의 성공담은 산산이 부서졌다. 그는 알레크의 신뢰성을 문제 삼았다. 공정하게 말하면, 아주 깨끗하진 않다는 것이었다. 어느 정도는 복수 차원에서, 안드제이는 알레크가 히말라야에서 몇 번 '불법적으로' 등반했으며, 국가 차원의 원정대원을 선발하는 데 있어서 그가 항상 'A' 그룹에 들지는 않았다고 폭로했다. 하지만 안드제이는 진실을 놓고 논쟁을 벌일 수 없었다. 마치에이 베르베카는 브로드피크의 전위봉을 동계 초등했다. 순수한 알파인 스타일로, 산에 대한 사전 지식도 없이. 그는 카라코람에서 8,000미터 장벽을 처음 깬 사람이었다. 그것은 의심할 여지없이 대단한 성취였다. 하지만 그는 브로드피크를 오르지는 못했다.

마치에이는 친구들로부터 속임을 당하고, 알레크로부터 배신을 당하고, 자신의 팀으로부터 모욕을 당했으며, 안드제이로부터 이용을 당했다. 그는 고소등반을 포기했고, 안드제이 자바다와 함께 등반하는 것을 거절했다. 대신 자신의 발을 치료하고, 늘어나는 가족을 위해 새로운 집을 짓고, 가이드를 하고, 타트라와 해외에서 등반을 했다. 그는 7대륙 최고봉을 등정했다. 히말라야에서 등반을 하기는 했지만 정부의 지원을 받는 폴란드의 국가적 원정등반은 기피했다. 그의 명성은 공감을 얻었고, 조심스러운 가이드 활동은 그에게 많은 일거리를 안겨주었다. 브로드피크에서의 대실패는 그의 인생을 송두리째 바꾸었다. 그가 산을 버렸기 때문이 아니라, 가장으로서, 지역사회의 일원으로서, 그리고 성당에 봉사하는 사람으로서 자신의 역할을 다한 덕분에.

세월이 흘러갔다. 스페인과 이탈리아 그리고 폴란드 원정대에 의한 브로드피크 동계등반이 다섯 번 시도되었다. 그때 또 하나의 폴란드 원정대가 2012~2013년 겨울 브로드피크에 도전할 것이라는 발표가 나왔다. 마치에이는 어쨌든 갈 의향이 없느냐는 질문을 받고 단호하게 거절했다. "아니오, 전혀. 난 브로드피크를 끝냈습니다."

몇 개월 후, 브로드피크를 동계 등반하고자 하는 폴란드의 국가적 원정대의 최종 명단을 발표하는 기자회견이 바르샤바에서 열렸다. 이때 아르투르 하이제르가 놀랄 만한 선언을 했다. "난 이 (폴란드의 새로운 동계) 프로그램으로 6개의 원정대를 이끌었습니다. 하지만 이번엔 가지 않을 작정입니다. 난 브로드피크를 두 번 도전했는데, 그 봉우리를 등정하고자 하는 내 신념이 조금 시들해졌습니다. 필요한 건 변함없이 확고하고 신선한 용기입니다."[16] 그는 선발된 대원 명단을 읽어나갔다. 대장은 베테랑 얼음의 전사 크지슈토프 비엘리츠키였고, 대원은 아담 비엘레츠키, 아르투르 마웨크, 토마시 코발스키*Tomasz Kowalski*였다. 그리고 그 원정대의 네 번째 대원은 다른 사람이 아니라 바로 자코파네 출신의 쉰여섯 살 마치에이 베르베카였다. 그것은 놀라운 반전이었다.

어느덧 예순 살이 된 크지슈토프는 아르투르가 조직을 맡는다는 조건하에 브로드피크 원정대장이라는 직책을 받아들였다. 아르투르의 입장에서 보면, 이것은 그의 동계 프로그램 중 또 하나의 원정등반에 불과했다. 크지슈토프는 준비 단계에서부터 장비와 식량과 대원 선발에 대해 아르투르를 믿고 한 발 뒤로 물러섰다. 단 마치에이 문제만 빼고. 자신의 오랜 동료이자 친구에게 브로드피크에서 '미완의 과업'을 끝낼 의향이 없느냐며 접근한 사람이 바로 크지슈토프였다. 처음에는 거절했지만 마음이 바뀐 마치에이는 크지슈토프에게 전화를 걸었다. "원정대에 아직도 자리가 있어?" "물론이지." 크지슈토프가 말했다. 그의 결심을 알게 된 에바는 억장이 무너졌다. 하지만 그녀는 남편을 설득하려 하지 않았다. 그녀는 마치에이의 마음속에 깊이 파인 상처가 브로드피크 정상에서만 치유될 수 있다는 사실을 잘 알고 있었다.

그 전해 겨울 가셔브룸1봉에서 성공을 거두고, 같은 해 여름 K2를 오른 아담 비엘레츠키를 선발한 것은 당연했다. 크지슈토프가 원정대를 이끈다는 사실을 알게 된 그는 놀라워했다. "그는 나의 영웅이었습니다." 아담은 말했다. "난 침대 옆에 붙여놓은 그의 사진을 보며 자랐습니다. 그때 누군가 내가 그와 함께 원정등반을 갈 것이라고 말했다면 난 내 귀를 의심했을 겁니다."[17]

카토비체 출신의 젊은 물리치료사 아르투르 마웨크는 그들 중 기술적으로 가장 탁월한 (특히 얼음에서는) 사람이었다. 스물여덟 살로 원정대 막내인 토마시(토메크) 코발스키는 수많은 고산 종주등반에서 강하고 빠른 실력을 입증했다. 스카르두에 도착한 그는 이런 소감을 블로그에 올렸다. "믿을 수가 없다. … 새로 결성된 밴드의 젊은 기타리스트가 된 기분이랄까. 갑자기 롤링 스톤스의 믹 재거Mick Jagger와 함께 웸블리의 만원 관중 앞에서 연주하는 듯한…."[18] 그리고 경험이 아주 많은 파키스탄 산악인 카림 하야트Karim Hayat가 그들을 지원하는 역할로 합류했다.

브로드피크에서 크지슈토프는 자신의 위엄을 찾으려 하지 않았다. 그의 역할은 리더인 동시에 조언자였다. 성공의 기회는 더 젊고 더 빠른 알피니스트에게 주어져야 할 터였다. 그리고 바라건대 마치에이에게도. 그가 젊고 빨라서가 아니라, 성취동기가 타의 추종을 불허했으며 경험이 소중했기 때문에. 팀은 이상적이었다. 경험이 많은 전설적인 히말라야 등반가 둘과 젊고 강하고 의욕 충만한 사나이 셋에 그 지역에 밝은 카림까지. 가장 좋은 날씨가 보통 3월 초에 나타나기 때문에 12월이 아니라 1월 말 현지에 도착하는 것이 아르투르의 전략이었다. 자신의 팀을 베이스캠프에서 6주 동안이나 썩게 만들 이유가 있을까?

처음에는 모든 것이 계획대로 진행되었다. 1월 27일 1캠프가 설치되었고, 2월 16일 4캠프의 준비가 끝났다. 2월 17일과 18일에는 처음으로 알맞은 날씨가 찾아왔는데, 그때 팀은 정상에 대한 일련의 입찰을 시작했다. 하지만 누가 누구와 함께 올라가지? 그 지점까지는 아담과 토메크가 함께 움직였다.

2013년 폴란드 동계 원정대의 일원으로 브로드피크 베이스캠프에 돌아온 마치에이 베르베카
(사진: 크지슈토프 비엘리츠키 아카이브)

그러나 크지슈토프의 제안으로 조 편성이 아담과 아르투르로 바뀌었다. 그러자 지원조로 밀려난 토메크가 불편한 심기를 드러냈다. 명확하게 아담은 그들 중 가장 빨랐고, 마치에이는 가장 느렸다. 마치에이는 경험이 풍부했지만 토메크는 전혀 그렇지 않았다. 이 새로운 공격조는 분명한 장점이 있어서 마침내 모두가 찬성했다. 그리하여 아담과 아르투르가 먼저 올라갔고, 하루 뒤에 마치에이와 토메크가 뒤따랐다. 두 팀은 콜 아래 거대한 크레바스에서 걸음을 멈추었다. 하지만 그들은 4캠프 위쪽의 지형에 대해 소중한 정보를 얻을 수 있었다. 처음부터 무전교신 방법에 문제가 생겼다. 크지슈토프는 그들이 원하는 것보다 더 자주 교신하기를 원했다. 하지만 실망스럽게도, 그런 요구는 원정등반을 하는 내내 그들을 괴롭혔다.

날씨가 악화되어, 어쩔 수 없이 그들은 대기 자세로 들어갔다. 아마도 정확한 일기예보의 유일한 단점은 베이스캠프에서 원치 않게 게으름을 피우게

2013년 폴란드의 브로드피크 동계 원정 당시 2캠프 아래 6,300미터 지점에 있는 마치에이 베르베카 (사진: 아담 비엘레츠키)

되는 것일지 모른다. 빈둥거리며 지내고, 몸이 망가지고, 조바심이 나고…. 이런 것들은 좌절의 수준을 높일 뿐이다. 폭풍은 13일 동안이나 계속 이어졌다.

날씨가 마침내 좋아졌을 때를 대비한 크지슈토프의 계획은 둘씩 짝을 이룬 두 공격조가 이틀 간격으로 등정에 나서는 것이었다. 이것은 첫 번째 조에 문제가 생겼을 때 두 번째 조가 그 역할을 대신할 수 있다는 장점이 있는데, 이 전략은 그가 안드제이 자바다로부터 배운 것이었다. 이것은 원정대에 경험이 풍부한 대원이 10명이나 12명쯤 있던 과거에는 유용한 전략이었다. 그때는 한두 명이 정상에 올라간다는 사실을 모두가 받아들였다. 하지만 이제는 시대가 변했다. 크지슈토프는 이렇게 설명했다. "브로드피크에선 성공에 굶주린 4명의 후보자가 있었습니다. 그리고 누구도 경쟁에서 탈락하고 싶어 하지 않았습니다."[19] 오랫동안 기다린 일기예보는 좋은 날씨가 3월 5일 딱 하루만 지속될 것이라고 알려주었다.

4명의 클라이머들은 크지슈토프의 의중은 아랑곳하지 않고 자신들만의 계획을 세웠다. 그들은 모두 3월 3일 베이스캠프를 떠나, 다음 날 4캠프에 도착한 후, 날씨가 좋은 3월 5일 정상 도전에 나서기로 했다. 둘씩 두 조가 아니라, 넷이 한 조로. "이 원정대에서 난 권위적인 결정을 내리지 않았습니다." 크지슈토프가 설명했다. "우리가 공격 계획을 상의했을 때 난 — 이런 상황에선 — 이 조합이 가장 합리적이면서도 빠르다고 결론지었습니다. 그들 중 어느 누가 안 좋으면 다른 하나가 그를 데리고 내려올 수 있고, 나머지 둘이 계속 올라갈 수 있으니까요. 그래서 난 그들의 동시 공격 계획을 지지했습니다."[20] 지원조로, 그는 카림으로 하여금 산소통을 메고 2캠프로 올라가도록 했다. 만약의 상황에 대비해.

　　3월 4일 오후, 그들 넷은 4캠프까지 올라갔다. 그리고 텐트 두 동을 바싹 붙여 쳤다. 아담과 아르투르가 한 곳으로 들어갔고, 마치에이와 토메크가 다른 곳으로 들어갔다. 차를 끓이면서 정상 공격을 준비하는 동안 그들은 전략을 논의했다. 아담은 가셔브룸1봉에서의 전략을 재현하고 싶어 했다. 즉 한밤중에 텐트를 출발하자는 것이었다. 그는 새벽 2시 출발을 제안했다. 만약 그렇게 하면 자신은 2시간 안에 돌아설지 모른다며 마치에이는 반대했다. 그는 전에 동상에 걸린 발을 걱정했고, 7시 출발을 주장했다. 하지만 아담이 반대해, 결국 5시 출발에 합의했다. 그들은 베이스캠프의 크지슈토프를 무전으로 불렀는데, 그는 5시 출발을 곧장 반대했다. 크지슈토프는 그들이 5시에는 텐트 문을 나서지 못할 것이라고 확신했다. 하지만 마치에이가 그에게 장담했다. 이 등반에서 가장 중요한 결정을 내리는 사람은 마치에이인 것 같았다. 만약 5시에 출발하면 해가 질 때까지 14시간이 있을 것으로 아담은 계산했다. 10시간 동안 올라가고, 4시간 동안 내려오고, 그러면 충분하지 않을까?

　　그들은 새벽 3시에 일어나 눈을 녹여 물을 많이 마시면서 이른 아침을 조금 먹었다. 그리고 말없이 각자의 일에 집중했다. 모두 신경이 날카로웠다. 아

2013년 폴란드의 브로드피크 동계 원정에서 마치에이 베르베카, 토마시 코발스키, 아르투르 마웨크가 4캠프로 올라가고 있다. (사진: 아담 비엘레츠키)

담은 뜨거운 물 반 리터와 함께 에너지 젤 몇 개, 국기 하나, 후원사 배너 하나를 배낭에 집어넣었다. 새벽 5시 15분, 그들은 등반을 시작했다. 그때의 모든 등반은 마치에이의 속도에 맞추어져 있었다. 그가 사면을 올라가는 모습을 지켜본 아담은 이렇게 회고했다. "그는 아르투르(하이제르)와 같은 속도로 걸었습니다. 결코 멈추지 않고. 그의 속도는 베이스캠프에서나 8,000미터에서나 똑같았습니다. 전혀 흐트러짐이 없었고, 느리지만 꾸준했습니다."

지형이 완만해 그들은 서로 로프를 묶지 않았다. "열 걸음 후 난 아침에 먹은 걸 토했습니다." 아담은 말했다. "고소에선 처음 있는 일이었습니다." 그는 고소에서 자주 토하고도 곧바로 등반을 재개하는 아르투르 하이제르를 생각하며 위안을 삼았다. "마치 이를 닦는 것처럼, 그것은 아르투르에게 하나의 의식이 되었습니다." 하지만 아담에게는 드문 일이었다. 그럼에도 그는 그것을 애써 무시했다. 그날은 희망이 보였고, 모두가 위로 올라가고 있었으므로,

아담은 여전히 선두에 선 마치에이의 체력에 감탄하며 그를 슬쩍 올려다보았다. "내가 저 나이가 되어도 그와 같은 체력을 유지하고 싶다는 생각이 들었습니다."[21]

마치에이는 모든 것이 잘되고 있다고 알리기 위해 크지슈토프에게 무전했다.

"발은 어때?" 크지슈토프가 물었다.

"좋아. 이제 곧 해가 날 거야."

"그래, 지금부턴 햇빛을 받을 수 있을 거야. 더 일찍 떠나야 한다고 말했잖아."

"아니, 이게 좋아. 더 일찍 떠났으면 난 돌아섰을지 몰라."

커다란 크레바스에 도착하자, 아담과 마치에이는 스노피켓으로 확보한 후 위태로운 스노브리지 위에 고정로프를 설치했다. 아담은 따뜻한 물을 몇 모금 마셨는데, 곧 그것마저 모두 토해냈다. 이제 탈수증을 걱정한 그는 자신의 몸이 왜 모든 것을 거부하는지 당황스러웠다.

정오에 그들은 브로드피크 정상 능선의 콜에 올라섰다. 아담의 계산으로는 계획보다 2시간 정도 뒤처져 있었다. 출발하기 전에, 그들은 해가 지기 전에 콜로 되돌아와야 한다고 합의했었다. 그것이 여전히 가능할지 모르지만, 시간은 예상보다 빨리 흘러갔다. 그들은 크지슈토프를 무전으로 불렀고, 그는 그들을 격려했다. "이봐, 너희는 해낼 수 있어. 이곳에선 안절부절못하고 있단 말이야. 기억해, 마치에이. 능선에선 서로 로프를 풀지 마. 후배들이 실수하지 않도록 잘 돌봐줘."[22]

크지슈토프는 걱정이 앞섰다. 그들은 너무 느리게 움직이고 있었다. 그는 그들의 속도가 왜 이전보다도 훨씬 더 떨어졌는지 이해하지 못했다. 그는 자신이 올라갔을 때와 계속 비교했다. 하지만 정확하게 말하면, 그것은 여름 시즌의 단독등반이었다. 그는 지형이 겨울에는 더 까다롭고, 얼음과 눈에 더 노

[위] 2013년 폴란드의 브로드피크 동계 원정에서 마치에이 베르베카, 토마시 코발스키, 아르투르 마웨크가 정상 능선의 콜 바로 아래에 있다. (사진: 아담 비엘레츠키) [아래] 2013년 겨울 브로드피크 정상 등정 도중 마치에이 베르베카가 아담 비엘레츠키의 확보를 봐주고 있다. (사진: 아르투르 마웨크)

출되는 것이 아닌가 하는 의구심을 품었다. 분명, 날씨 문제는 아니었다. 바람이 거의 불지 않아 드물게 운이 좋은 날이었다.

능선의 높은 곳에서, 아담과 아르투르는 10미터 높이의 바위 밑에 도착했다. 아담이 그곳을 먼저 올라가, 확보물을 두 개 설치하고 다른 사람을 위해 로프를 고정시켰다. 그러자 지형이 쉬워져 그 둘은 계속 위로 올라갔다. 스무 걸음. 멈추어서 피켈에 기댄다. 열 걸음. 멈추어 쉬면서 숨을 헐떡거린다. 그때 아담은 무전기를 계속 켜놓고 있었다. "크지슈토프가 나보다도 더 그걸 원했습니다." 그는 후에 이렇게 말했다.[23]

"아담, 아담, 나와라. 물어볼 게 있다. 모두 괜찮나?"

"5시간 전이나 지금이나 마찬가지입니다. 계속 위로 올라가고 있습니다. 우린 여전히 위로 올라가고 있습니다."

아담이 전위봉 부근까지 올라갔을 때 크지슈토프가 그를 다시 호출했다. 아담은 멈추어 응답을 하고 나서 잠깐 쉬었다. 그러자 다른 사람이 그를 따라 잡았고, 모두가 함께 멈추었다. 그것은 그날 하루 중 처음으로 맞이하는 진정한 휴식이었다. 아담은 크지슈토프에게 시간을 물었다. 오후 3시. "나는 계산을 했습니다." 아담은 말했다. "내가 계산을 어떻게 하든, 우린 결국 어둠 속에서 돌아올 수밖에 없었습니다."[24] 크지슈토프가 아담과 이야기하기를 원해, 아담은 다른 사람들에게 무전기를 켜라고 말했다. 그는 무전기로 잡담하는 것에 몹시 싫증이 났다.

크지슈토프 역시 계산하고 있었다. 그는 그 지점에서 모두 돌아서는 것이 어떠냐고 물었다. "그렇게 돌아서기 위해서가 아니라 정상까지 가기 위해서 힘들게 그곳까지 올라왔다고 마치에이가 대답했습니다." 크지슈토프는 그때를 되돌아봤다. "마치에이가 그들에겐 절대적 권위자여서, 그의 말은 모두에게 결정적이었던 것 같습니다. 그 후 아무도 이의를 제기하지 않았으니까요. 내 입장에서 보면 … 베이스캠프에서 그들에게 지시하는 게 결코 쉽지 않았습니다."**25**

아담은 어딘가 깊은 곳에서 공포 덩어리가 올라오는 것을 느꼈다. 정상이 가까워졌다는 것을 알았지만, 모두 너무 느리게 움직이고 있었다. 낮 시간에 하산할 것 같지는 않았다. 그는 그곳에서 한 번 더 웩웩거렸다. 내려가야 하지 않을까? 마치에이는 머리를 살며시 들어 아담을 쳐다본 후 위로 올라가기 시작했다. "난 그런 행동이 바보 같다고 느꼈습니다." 아담이 후에 말했다. "그는 내 아버지 또래인데 아주 잘 하고 있었습니다. 그러면 내가 뒤처졌나? 우리는 로프를 풀었습니다. 그리고 거울의 뒷면으로 발걸음을 옮기고 있었습니다. 태양과 경주하기 시작했고, 살기 위해 앞으로 나아갔습니다."**26**

로프에서 자유로워진 아담이 이제 앞장섰다. 공포와 더불어 그때까지 남은 체력, 그리고 훗날 그가 인정한 바와 같이 순전히 고집에 불타올라. 오후 4시, 그는 전위봉에 도착했다. 그러나 앞에 펼쳐진 길이 헷갈려 크지슈토프를 무전으로 불렀다. 크지슈토프는 그를 진정시킨 다음, 능선마루에 바싹 붙어 가라고 지시하고 나서, 진짜 정상이 20분 이내의 거리에 있다고 그에게 용기를 불어넣어주었다. 아담은 자신의 시간에 의구심을 품었지만 능선 위로 향했다. 정상에 도착했을 때 그에게 맨 먼저 든 생각은 이제 한 걸음 더 위로 자신의 몸을 끌어올리지 않아도 된다는 것이었다. 그것은 감격적인 안도감이었다. 그러나 그다음은 두려움이었다. 시간은 어느덧 오후 5시 20분이었다.

자신을 향해 천천히 위로 올라오는 사람들을 지켜보자니 공기가 떨리는 것 같았다. 그는 사진을 몇 장 찍은 후 잽싸게 영상을 촬영하고 나서 무전기로 크지슈토프를 불렀다. 하지만 응답이 없었다. 아담은 자신의 무전기를 만지작거리며 다시 시도했다. 주파수가 틀어져 있었다. 그러면 어떻게 하지? 장갑을 벗고 주파수를 되돌렸다. 그래도 여전히 작동하지 않았다. 이번에는 무전기를 껐다 다시 켰다. 그래도 아무 소용이 없었다. 손가락에서 감각을 느낄 수 없자, 아담은 무전 시도를 포기하고 손가락이 무사하기를 빌며 다운 벙어리장갑

속으로 손을 다시 집어넣었다.

베이스캠프의 크지슈토프는 몹시 초조했다. "오후 5시가 지났는데도 연락이 전혀 없었습니다." 그는 말했다. "무슨 일이 일어났다는 생각에 난 어찌할 바를 몰랐습니다."[27]

아담은 내려가기 시작했다. 그는 아르투르를 만났고, 이어 마치에이를, 그리고 마지막으로 토메크를 만났는데, 모두 비교적 가까운 거리에 있었다. "선배님이 해내서 기쁩니다." 그는 마치에이에게 짧게 말을 건넸다. "선배님만한 사람은 아무도 없습니다."[28] 마치에이는 고개를 끄덕였다. 아담은 모두가 '괜찮아' 보였다고 회상했다. 하지만 두꺼운 다운 옷에 얼굴이 온통 얼음으로 뒤덮인 상대를 정확히 알긴 어렵다. 아담은 마치에이에게, 정상에서 크지슈토프에게 무전해, 자신의 무전기가 고장 났으며 지금 내려가는 중이라고 설명해줄 것을 부탁했다.

크지슈토프는 아담이 모두 정상에 오를 때까지 기다리지도 않았고, 결정적인 순간에 무전을 하지도 않았다며, 뒤늦게 유감을 표시했다. 겨우 20분 차이였지만, 일분일초가 중요했다. 정상은 등정되었다. 그들 넷 모두가 그곳에 올라갈 필요가 있었을까? 그러나 또 한편으로, 크지슈토프는 정상에서 20분 거리에 떨어져 있고, 역사를 쓸 기회가 있는 상황에서 발길을 돌리는 것이 거의 불가능하다는 것을 이해했다. 비록 그 자신이 제안을 했다손 치더라도, 아니 명령을 했다 하더라도, 그들이 동의를 하리라는 것은 장담할 수 없었다. 이제 아르투르가 정상에 도착했다. "태양이 지는 것을 보고, 우리 인생에서 가장 중요한 순간이 시작되고 있다는 사실을 깨달았습니다. 살아남기 위해 힘겹게 하산해야 하는 바로 그 순간이."[29]

정상에서 마치에이가 무전하자 크지슈토프가 응답했다.

"감 잡았다, 마치에이. 제기랄, 어디 있나? 이상"

"정상이다. 정상이다."

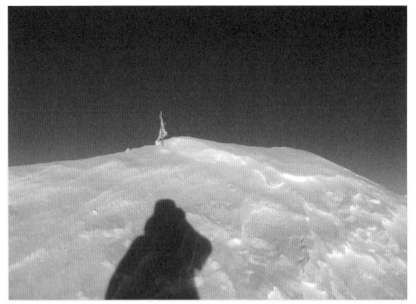

[위] 2013년 3월 5일 오후 5시가 넘은 시각 아담 비엘레츠키가 접근하면서 바라본 브로드피크 정상 (사진: 아담 비엘레츠키) [아래] 2013년 3월 5일 브로드피크 정상에 선 아담 비엘레츠키의 셀프 사진. 그에 이어 아르투르 마웨크, 마치에이 베르베카, 토마시 코발스키가 정상에 올라 대원 넷 모두가 브로드피크 동계 초등에 성공했다. (사진: 아담 비엘레츠키)

2013년 겨울 전위봉에서 바라본 브로드피크 정상 (사진:아담 비엘레츠키)

"하산할 때 조심해라, 마치에이. 축하한다. 대단하다. 하지만 천천히. 서로 확보를 봐주면서."

"알았다, 크지슈토프. 알았다. 안녕."**30**

크지슈토프가 아담에 대해 묻자, 마치에이는 그가 30분 먼저 정상에 오르고 나서 하산 중이라고 설명했다. 그러자 크지슈토프가 이렇게 말했다. "음, 좋아. 바보 같은 녀석, 적어도 무슨 말인가는 할 수 있었을 텐데. 무전을 할 수도 있었고 말이야. 그건 그렇다 쳐도, 그는 너희들을 기다렸어야 했는데…."**31** 그의 말은 태도에서 미묘한 변화를 드러냈다. 마치에이 보고 후배들을 돌보라고 한 것에서부터 아담이 정상에서 다른 사람을 기다렸기를 바라는 마음으로. 그 변화는 리더십에 대한 우려가 아니라 능력에 관한 것이었다. 아르투르는 마치에이가 이미 하산을 시작한 후에 정상 밑에서 그를 만난 것을 기억했다. 마치에이는 토마시가 정상에 갔다 올 때까지 기다린 후 다함께 로프를 묶고 내려가면 어떻겠냐고 제안했다. 아르투르가 거절했는데, 그는 너무 추워서 기다릴 수가 없었다. 아담처럼, 그는 움직여야 했다.

마치에이와 15분간 대화를 나눈 후, 크지슈토프는 폴란드 국영 TV에 정상은 등정되었지만 그들이 여전히 하산 중이기 때문에 완전한 성공은 아니라고 알렸다. 후에 그는 그 순간 자신이 몹시 걱정하고 있었다고 시인했다.

———

아담이 여전히 콜 위에 있는 사이 어둠이 내렸다. 그는 헤드램프를 켜고 계속 내려가다, 쉬기 위해 멈추었다. 하산의 가장 어려운 부분이 이제는 끝났다. 어둠 속에서 능선 위를 올려다본 그는 전위봉에서 불빛 하나가 내려오고 있다는 것을 알았다. 그 불빛은 아르투르일 것으로 짐작되었다. 그는 차를 몇 잔 마셨지만 이내 토했다. 그리고 위를 한 번 더 올려다보았는데, 여전히 불빛이 하나만 내려오고 있었다. 그로부터 10분 후, 그는 참을 수 없을 만큼 몸이 떨려 다시 내려가기 시작했다. 달도 없어 시커먼 하늘을 쳐다본 후 쿨르와르를 내려다본 그는 자신과 텐트 사이에 몇백 미터의 세락과 크레바스가 놓여 있다는 사실을 갑자기 알게 되었다. 내가 어떻게 여기에 있지?

기존의 고정로프를 붙잡고 웩웩거리며 비틀비틀 아래로 내려가다 어둠 속을 응시하던 그의 눈에 갑자기 노란 불빛이 보였다. 도대체 뭐지? 이제 혼란에 빠진 그는 카림이 2캠프에서 위로 올라오고 있는 것이라고 추측했다. 그것은 카림이 틀림없었다. 하지만 헤드램프 불빛에 비친 그것은 이상한 색깔이었다. 진한 노란색이었기 때문이다. 그때 그것이 사라졌다. 충격에 빠진 그는 눈 위로 풀썩 쓰러졌다. 그는 헤드램프의 조도를 최대한 높이고 사면을 위아래로 비춰보았다. 바로 그때 능선 위 높은 곳에서 불빛 하나가 보였다. 아주, 아주 높은 곳에서. 아담은 하산이 계획대로 되지 않고 있다는 사실을 깨달았다. 그때쯤 다른 셋은 콜 위나, 아니면 적어도 그 근처에 있어야 했다. 그 불빛은 콜이 아니라 전위봉 가까이에 있었다. 그는 다시 떨기 시작했다. 움직여야 했다. 그때 희미하게 흔들리는 한 줄기 빛이 보였다. 그는 그것이 텐트의 버팀줄에 헤드램프 불빛이 반사되는 것이라고 생각했다. 하지만 그것은 말도 되지 않았다. 그것은 노란 불빛의 반대쪽에 있었다. 환각에 빠진 걸까? 아니, 그는 그렇지 않았다. 그 노란 불빛은 카림의 헤드램프가 아니라, 베이스캠프의 모닥불이었다. 크지슈토프의 모닥불 아이디어는 어둠속에서 오래도록 하산을 하는 그들에게 심리적인 온기를 불어넣어 동기를 부여하자는 것이었다. 만약 아담이 그 불빛을 따라 계속 하산했다면, 그는 브로드피크의 벽 밑으로 수천 미터를 추락했을지도 모른다.

밤 11시, 아담은 4캠프의 텐트 속으로 기어들어가 그대로 쓰러졌다. 그리고 무전기를 붙잡았다. 버튼을 누르고, 다이얼을 돌리고, 배터리를 바꾸어, 마침내 그것을 작동시켰다. 그가 맨 처음 들은 것은 크지슈토프와 토메크의 대화였다. "지금까지도, 그 일을 얘기하는 게 나로선 괴롭습니다." 아담은 말했다. "크지슈토프는 그에게 최선을 다해 내려오라고 말했습니다. 하지만 토메크는 그럴 힘이 없었습니다."[32] 아담은 그에게 내려오도록 동기를 부여하고 격려하기 위해 그 대화에 끼어들었다. 하지만 크지슈토프와 아담은 상황이 희망적이지 않다는 사실을 깨달았다. 시간도 너무 늦은 데다 토메크는 아주 높은 곳에 있었다. "난 죽음의 운명에 처한 선배와 얘기하고 있었습니다." 아담은 말했다. 마치에이가 어떻게 되었는지 아는 사람은 아무도 없었다. 토메크는 자신이 혼자 있다고 말했다.[33]

아담은 텐트 가까이에 있는 아르투르의 불빛을 볼 수 있었다. 그것은 둥글게 원을 그리고 이리저리 흔들리고 가끔은 사라지기도 했다. 아르투르와는 무전 교신이 없었다. 그의 무전기 역시 작동하지 않았는데, 아마도 언 것 같았다. 그것을 조작하려면 장갑을 벗어야 했지만, 그는 동상의 공포에 떨었다. 마침내 텐트에 도착한 아르투르 역시 탈진으로 쓰러졌다. 토메크와의 무전 교신은 밤새 계속되었다. 그는 크램폰을 잃어버렸다고 말했다. 그래서 사면을 미끄러지며 내려오고 있었다. 손이 시렸지만 벙어리장갑을 찾을 수 없었다. 그의 말이 어눌해지기 시작했다. 그는 자신의 위치가 얼마나 위험한지 모르고 있는 것 같았다. 크지슈토프에게 자신이 여전히 전위봉 근처에 있다고 말하자, 크지슈토프의 심장이 덜컥 내려앉았다. 오전 6시, 토메크는 더 이상 응답하지 않았다.

크지슈토프는 그날 밤의 고통을 이렇게 떠올렸다. "난 살기 위해 몸부림치는 친구와 얘기하고 있었습니다. 그가 생명을 구할 수 있는 가능성은 너무나 희박했고, 내가 할 수 있는 것이라곤 아무것도 없었습니다."[34]

밤새 마치에이와는 교신이 전혀 없었다. 크지슈토프는 그를 계속 호출했다. "마치에이, 마치에이, 어디 있나?" 처음에는 몹시 혼란스러웠다. 토메크가 그는 자신과 함께 있지만 무전기로 대화를 나누고 싶어 하지 않는다고 말했기 때문이다. 그들 둘이 함께 있지 않고, 마치에이에게 무전기가 없다는 사실이 점점 더 드러났다. 하지만 아담은 마치에이가 분명 무전기를 가지고 있지만 작동하지 않는다고 확신했다.

"마치에이는 결코 무전기를 켜지 않았습니다. 나는 그가 무전기에 신경 쓰지 않는다는 사실을 분명히 알 수 있었습니다." 아담은 후에 말했다. "그는 그냥 등반하고 싶어 했습니다."

크지슈토프는 마치에이를 크게 걱정하지 않았다. 경험도 아주 많고 힘과 체력이 넘쳐서 그는 살아날 수 있을 것 같았다. 1988년에도 결국 그렇게 하지 않았던가. 그는 다시 해낼 수 있을 것 같았다. 아담과 아르투르 역시 밤이 지나면 그가 곧 텐트 앞에 나타나리라 기대했다. 그가 다가와 텐트 문을 두드리는 것은 오직 시간문제일 뿐이라고 크지슈토프처럼 확신하면서. 그들이 잊고 있었던 것은 세월이 흘렀다는 것이었다. 마치에이가 브로드피크에서 서사시적 하산을 통해 살아남은 것은 정확히 25년 전의 일이었다.

베이스캠프의 쿡은 다음 날 이른 아침 콜 바로 아래서 사람이 움직이는 것을 얼핏 보았다며 희망을 전해주었다. 카림은 2캠프에서 산소통을 가지고 위로 올라갔고, 크지슈토프는 아담과 아르투르에게 산을 다시 올라가 마치에이를 찾으라고 지시했다. 그들은 너무나 지쳤다며 곧 돌아섰다. 카림이 자신의 고소 기록을 모두 깨뜨리며 텐트에 도착했을 때 그들은 산소를 사용해서라도 더 위로 올라가라고 그를 어떻게든 설득했다. 카림은 자신의 현명한 판단과는 달리 그렇게 했다. "나는 4캠프를 떠났고, 마지막 세락 밑의 은닉처에 도착했을 때 극도의 외로움을 느꼈다. 마음속에서 의문이 생기기 시작했다. 크레바스 속으로 추락하거나 산에서 미끄러지면 나는 어떻게 될까? 이 고도에서는 나를 도와줄 사람이 아무도 없을 텐데. 하지만 나는 가능한 한 높이 계속 올라갔다. 7,700미터, 혹은 그보다 약간 못한 고도까지 올라갔지만 아무도 보이지 않았다."[35] 모두가 이제는 마치에이가 돌아오지 않을지 모른다고 생각했다.

에바 베르베카는 소식을 기다리며 끔찍한 경험을 했다. "난 브로드피크에 있었습니다. 난 마치에이와 함께 죽었습니다. 몸으로 그걸 느꼈습니다. 갑자기 힘이 쭉 빠지더니 입술과 혀에서 짠맛이 느껴졌습니다. … 아주 많은 양의 소금. 바로 그때 내가 마치에이의 마지막 순간을 함께하고 있다는 생각이 들었습니다. 난 그와 함께 고통 받았습니다. 그와 함께 한 걸음 한 걸음을 힘들게 옮겼습니다."[36] 얼마 후 그녀는 그들의 친구인 리샤르드 가예브스키로부터 전화를 받았다. 텔레비전을 끄라는 것이었다. 그녀가 텔레비전을 간신히 다시 켠 것은 그로부터 3개월이 지난 후였다.

귀국은 악몽이었다. 팀이 도착하기도 전에 억측이 난무했다. 폴란드의 등산잡지 『타테르니크』의 편집자 즈비세크 표트로비치Zbyszek Piotrowicz는 그들의 환영을 예견하는 글을 다음과 같이 썼다.

히말라야 동계 프로그램의 숨은 리더인 아르투르 하이제르와 원정대장인 크지슈토프 비엘리츠키에 대해 미디어가 제멋대로 재단할 그날을 생각하고 싶지 않다. 전문가가 나설 것이다. 그리하여 논평과 도덕적 판단이 내려질 것이다. 가장 원칙적이고 가장 빠르게 판단을 내리기 위한 경쟁이 펼쳐질 것이다. 목소리가 큰 사람들은 실제로 일어난 일을 이해할 능력이 거의 없다. … 스스로의 행동에 대한 클라이머들의 결정은 존중받아야 한다. 손가락질은 아무 의미가 없다. 특히 대장에 대해 그렇게 해서는 안 된다.[37]

훗날 아담은 그 기사가 90퍼센트쯤은 맞는다고 말했다. 10퍼센트의 실수는, 사람들이 지적한 바와 같이, 비난을 받아야 하는 사람이 아르투르나 크지슈토프가 아니라 아담이었다는 것이다.

사망사고가 일어난 원정대에 국가적 지원이 있었기 때문에 PZA가 주재

하는 위원회가 열렸다. 보고서는 다섯이 썼는데, 그들 중 둘은 8천 미터급 고봉을 올랐지만 시즌이 여름이었다. 다양한 이야기에서 이상한 불일치가 일어나기 시작했다. 무전교신의 여러 버전, 대화가 녹음된 반대 의견, 테이프가 일부 사라진 이유, 마치에이의 구조에 대한 아담과 아르투르의 무성의, 토메크의 경험 부족, 크지슈토프에서 마치에이로 바뀐 리더십. 비난은 끝이 없었다.

보고서가 언론에 공개되고 나서야 아담은 사본을 하나 받아볼 수 있었다. "난 먼저 소리를 질렀습니다." 그가 기억을 소환했다. "내 두 번째 반응은 폭력적이었습니다. 화가 나서 캐비닛을 부술 뻔했습니다. 그랬더니 모든 게 화에서 공포로 빠르게 바뀌었습니다. 가장 견디기 어려운 감정은 불공정에 대한 것이었습니다. 내가 희생양이 되었다는…."[38]

리샤르드 가예브스키는 보고서에 대체로 동의하며 이렇게 덧붙였다. "아무튼, 너무 약합니다."[39] 그는 아르투르와 크지슈토프가 한 팀에 있어서 오판했다고 단언하며, 아담은 국가적으로 지원받는 원정대에 5년 동안 참가해서는 안 된다고 주장했다. 리샤르드의 의견에 따르면, 아르투르 마웨크도 토메크 코발스키도 브로드피크 동계등반에는 자격이 없었다.

1988년 마치에이와 함께 브로드피크에 도전했던 알레크 르보프도 그 보고서를 똑같이 무시했지만, 그는 전혀 다른 결론을 내렸다. "그 보고서는 전혀 쓸모가 없습니다. 한겨울 7,500미터 위에서의 일반적인 원칙에 기초한 그 보고서는 전혀 유효하지 않습니다." 알레크는 아담에 대한 비난을 자제했다. 그러나 그가 잘못했다고 느낀 몇 번의 결정적인 순간을 지적하면서, 그들 모두에게 책임을 돌렸다. "근본적인 잘못은 넷이 한 팀으로 움직였다는 것입니다. 뒤의 두 사람은 지원조로 움직였어야 했습니다. 두 번째는 시간이 늦었는데도 돌아서지 않았다는 것입니다. 세 번째는 비엘레츠키가 정상에 섰을 때 다른 사람들이 돌아서지 않았다는 것입니다." 알레크에 따르면, 자기보존을 위한 아담의 행동은 현실적인 상황을 반영한 것이었다. "베르베카와 코발스키가 죽은 원인은 자신들의 능력을 오판했기 때문입니다." 그는 또 이렇게 말을 이었다. "그 보고서는 팀과 팀워크에 대해 많은 걸 시사합니다. 그건 어리석은 짓입니다. 만약 팀워크를 깨뜨린 사람들이 있었다면 그건 돌아서지 않은 사람들입니다."[40]

크지슈토프는 자신의 말이나, 혹은 보다 강력하게 말하지 않은 것은 문제가 되지 않았을 것이라고 확신했다. 그들 넷 모두가 정상에 갈 수 있는 상황이었다는 것이다. 더구나 그는 자신도 똑같이 했을 것이라며 그 이유를 이해했다. "기억하세요. ⋯ 우리 집단은 강한 개성을 가진 사람들이 대부분입니다." 그는 말했다. "전위봉에는 서로에게 충고할 수 있는 넷이 있었습니다. 하지만 최종적으로 그들은 각자 결정을 내렸습니다."[41]

아담 역시 전위봉에서의 결정적인 순간을 기억했다. 너무 늦었다고 깨달은 순간 그는 공포에 빠졌다. 그가 내려가야 할지도 모른다고 말했지만 그의 말에 반응한 사람은 아무도 없었다. "정상을 향해 먼저 걸음을 뗀 마치에이가 모두에 대해 결정을 내린 거나 마찬가지라고 난 느꼈습니다." 그는 말했다. "이상한 일이 벌어졌다고 생각합니다. 누군가 돌아서자고 제안하면 보통은 서로 의논하기 마련입니다. 그리고 누군가는 반응합니다. 하지만 난 대답을 듣지 못했습니다. 마치 별것 아니라는 듯이. 난 마치에이의 힘과 경험을 믿었습니다. 그런데 그게 내 실수였습니다. 전위봉에서 우리는 각자 더 깊이 생각하고 스스로에게 물었어야 했습니다. 내가 해낼 수 있을까? 토메크와 마치에이는 자신들의 능력을 과대평가했지만, 그들에 대해 왈가왈부할 수 있는 사람은 아무도 없습니다. 그건 그들의 결정이었습니다. 그들에겐 그런 권리가 있었습니다."

하산할 때 다른 사람을 만난 순간에 대한 아담의 기억은 고통스러울 정도로 생생했다. "난 전위봉에서 일행을 쪼갠 것에 대해 비난받아 마땅합니다. 하지만 정상으로 가는 길에 날 지나친 사람들은 쉽게 돌아서서 나와 함께 내려갈 수도 있었습니다. 원정등반은 이미 성공한 거나 다름없었습니다. 하지만 그들은 내가 자신들을 기다릴 수 없을 거라는 사실을 알면서도 달리 결정했습니다. 그들은 각자 오르기로 했습니다. 산은 우리를 발가벗깁니다. 산은 우리의 가면을 벗깁니다. 허기가 지고, 목숨을 걸고 싸우는 순간에는 사람의 내면이 고스란히 드러납니다. 감출 수 없습니다. 브로드피크는 야망의 대가를 나에게 보여주었습니다. 우리는 모두 정상에 가길 원했고, 각자 그 대가를 지불했습니다."**42**

브로드피크의 비극은 폴란드 산악계를 둘로 갈라놓았다. 아니, 더 정확하게 말하자면 넷으로. 아담과 아르투르를 비난하는 사람들이 있었고, 크지슈토프에게 손가락질하는 사람들이 있었다. 그리고 그 모든 것을 기획한 아르투르 하이제르가 있었다. 많은 비난이 난무했고, 그만큼의 슬픔도 있었다. 그들은 각자의 슬픔과 스트레스를 서로 다른 방법으로 다루었다. 목소리에서 힘을 잃은 아르투르 하이제르는 원정등반에 대한 기사들을 읽으며 침묵을 지켰다. 그는 휘청거리는 감정을 숨기는 유머를 사용하면서도, 감정적으로 절제된 사람의 역할을 해냈다. 하지만 그를 잘 아는 사람들은 그가 겪는 괴로움을 이해했다. 크지슈토프는 책임을 회피했다. 아르투르 마웨크는 충격을 받아 대중 앞에 나서는 것을 기피했다. 아담은 자신이 ─ 특히 마치에이의 고향인 자코파네에서는 ─ 달갑지 않은 사람이라는 것을 알고 은퇴했다. 코발스키의 가족은 아들이 인생의 황금기에 죽었다는 사실을 애써 외면했다. 그리고 세월을 근심 걱정으로 보내던 에바 베르베카는 마침내 미망인이 되었다. "마치에이가 없는 내 인생은 텅 비었습니다. … 애들을 위해서라도 난 강해지고 싶습니다."**43**

파장은 2년도 넘게 계속되었다. 폴란드 동계 프로그램의 메인 스폰서가 떨어져나갔다. 마치에이의 동생은 시신 수색을 위한 브로드피크 원정대를 꾸

브로드피크 정상에서 하산하던 남편이 실종된 후 베이스캠프를 찾은 에바 베르베카 (사진: 마치에이 베르베카 아카이브)

렸지만, 등정 루트에서 약간 떨어진 곳에서 토마시의 시신만 찾아냈다. 에바는 위독한 상태에도 불구하고 마지막 작별인사를 고하기 위해 그 산을 찾았다. 그리고 그녀는 얼마 후에 죽었다. 그다음 해 여름 카라코람으로 돌아온 아르투르 하이제르는 가셔브룸1봉의 일본 쿨르와르에서 추락사했다. 많은 사람들은 그가 브로드피크에서 두 명의 동료를 잃은 충격과 죄의식에서 벗어나지 못했다고 말했다. 아르투르 마웨크는 이렇게 말했다. "아르투르 하이제르에게서 배운 가장 소중한 교훈은 그가 죽은 가셔브룸1봉(으로부터)이라고 생각한다. 그것은 그가 고산에서 보낸 마지막 메시지였다. 최고라 할지라도 사람은 산에서 죽는다."[44] 그리고 나무나 많은 사람들이 죽었다.

훗날 크지슈토프는 브로드피크에서 정상으로 올라가던 날 강력한 허리케인이 불지 않은 것이 못내 아쉬웠다고 토로했다. 만약 그랬다면 그들은 돌아섰을 것이고, 지금은 모두가 살아 있을지도 모른다는 것이었다. 그는 자신의 멘토인 안드제이 자바다의 말을 떠올렸다. "성공적인 원정등반은 정상에 오르는 것이고, 행복한 원정등반은 모두가 집으로 돌아오는 것이다."[45] 2013년 브로드피크 원정등반은 분명히 성공적이었지만 행복했다고 말할 수는 없다.

브로드피크를 겨울에 두 번이나 도전한 시모네 모로는 베르베카의 가족에게 편지를 보냈다. "브로드피크는 꿈을 향한, 그리고 인생 그 자체의 메타포입니다. … 끝내 등정되고 만 브로드피크는 베르베카가 우리에게 가르쳐준 위대한 교훈이었습니다. 꿈을 위해 죽고자 하는 사람은 아무도 없습니다. 우리가 진정으로 원하는 것은 꿈을 강하게 만들어, 그 꿈을 통해 젊음과 활력을 느끼는 것입니다. 마치에이는 이것 역시 우리에게 가르쳐줬습니다. 꿈을 좇는데 결코 너무 늦은 때란 없으며, 너무나 커서 유혹적이거나, 혹은 얼음처럼 차가워 불가능한 꿈은 없다는 사실을 말이죠. 고맙습니다. 마치에이."[46]

마치에이의 아들 스타니스와프는 아버지를 마지막으로 본 순간을 떠올렸다. 아버지는 브로드피크에 가려고 짐을 꾸리고 있었다. 원정등반을 갈 때는 항상 그랬다. 마치에이는 자신의 소중한 물건들을 늘어놓곤 했다. 옷, 장비, 고글, 좋아하는 헬멧, 특별한 식량. 그를 제외한 어느 누구도 그것을 건드릴 수 없었다. 아버지가 장비를 고르고, 또 고르는 모습을 지켜보며, 왜 브로드피크의 첫 여행에 대해서는 말을 하지 않는지, 그 이유가 궁금했다. "전 아버지가 그곳에서 겪은 경험이 몹시 궁금했습니다. 하산하는 동안 어떻게 살아남았는지 말이죠." 스타니스와프는 말했다. "아버지는 무슨 생각을 하고 있었을까요? 그리고 일반적으로, 언제든지 죽을 수 있는 그런 상황에 대해 사람들은 어떻게 생각할까요? 당신은 가정과 가족과 아이들과 아내에 대해 생각합니까? 그들에게 돌아오길 원하나요?"[47] 스타니스와프와 마치에이는 결국 이런 대화를 했을지도 모른다. 마치에이는 자신의 서사시적 생존 이야기와 고소에서의 비박 이야기를 아들에게 들려줄 수도 있었다. 그를 잡아끈 것에 대해서. 텐트로, 폴란드로, 자신의 가족에게로, 그리고 궁극적으로는 브로드피크로 되돌아가게 만든 것에 대해서.

마치에이는 폴란드에서 대단히 존경받는 인물이어서, 많은 사람들이 그에게 일어난 일과 그것이 왜 일어났는지에 대해 이론을 펼쳤다. 그 이론의 대부분은 사실보다는 그의 성격에 기반한 것이었다. 자연과 교감하는 능력, 인내심, 산악인으로서의 성숙한 자세. 모든 이론은 브로드피크에서 죽은 토마시를 그가 보살피고 있었기 때문에 그렇게 된 것이라고 가정했다.

알레크 르보프는 다르게 생각했다. 그리고 가혹한 말일지 모르지만, 사실 마치에이와 토마시는 죽어가는 순간 멀리 떨어져 있었다. "마치에이가 정상 공격을 포기하지 않아서 어떤 잘못을 했다고 말하는 게 아닙니다. 최종 보고서에 추모의 여백이 없다는 게 못내 아쉬울 따름입니다. 코발스키의 시신이 능선에서 발견되었을 때 그의 헤드램프는 분명 콜 어디에선가 보였습니다."[48] 여전히, 살아남기 위해 싸우면서, 홀로 하산하기 전에 마치에이가 토마시를 아주 오랫동안 기다렸을 가능성이 똑같이 존재한다.

아버지에게 일어난 일의 미스터리가 스타니스와프의 머릿속을 떠나지 않았다. 추락했을까? 크레바스 속에서 추위로 죽었을까? 탈진? 마지막 순간은 어땠을까? 마지막으로 무슨 생각을 했을까? 마지막으로 쉰 장소는 어디일까? 하지만 그는 어떤 대답도 들을 수 없었다.

놀라운 집착

이런 사실을 알아야 한다.
악마와 싸울 때는 자신이 악마가 되어선 안 된다.
마찬가지로 심연을 오랫동안 들여다보면 심연 또한 그대를 들여다볼 것이다.

프리드리히 니체*Friedrich Nietzsche*, 『선악의 저편*Beyond Good and Will*』

낭가파르바트 — 8,125m

낭가파르바트. 모든 알피니스트들이 숭배하는 산. 심지어는 그 공포까지도. '벌거벗은 산'이라는 이름이지만, '산들의 왕' 또는 '마의 산'이라는 명성이 오히려 더 어울리는 산.

8천 미터가 넘는 14개의 고봉 중 진지한 동계등반이 낭가파르바트만큼 많이 시도된 곳도 없다. 지금까지 무려 서른세 번. 폭풍설에 휘말린 그 산에서 셋 중 둘이 사라져 비극으로 끝난 1950년의 영국 원정대까지 계산에 넣는다면 서른네 번이다. 사실 그들은 11월 초에 등반을 시작해, 12월 초에 비극을 맞이했기 때문에 추계로 불려야 마땅하다. 그들의 의도가 '동계의 기온과 눈과 눈사태의 조건이 어떤지' 알아보는 것이었을지라도 말이다. 유일한 생존자 리처드 마시Richard Marsh 대장은 이렇게 설명했다. "낭가파르바트가 그 당시 어느 시즌에도 등정되지 않았다는 사실을 감안하면 우리의 노력은 대담했습니다."[1]

히말라야의 서쪽 구석에서 웅장한 자태를 자랑하는 낭가파르바트는 해발 8,125미터로 파키스탄 제2의 고봉이다. 그 산은 3개의 거대한 벽(경사가 조금 약한 라키오트Rakhiot 벽, 가파른 바위로 된 디아미르Diamir 벽, 남향의 거대한 루팔Rupal 벽)으로 이루어져 있어 산악인들에게는 비교적 선택의 폭이 넓은 곳이다. 규모와 높이가 모두 인상적이지만, 정상까지 4,500미터나 곧장 치솟은 루팔 벽은 그 중에서도 특별하다.

1988~1989년 동계 시즌에 자코파네 출신의 폴란드인들을 유혹한 곳이 바로 이 벽이었다. 그 팀의 리더는 마치에이 베르베카로, 그는 그 전해 브로드 피크의 전위봉에 올라, 파키스탄에서 동계 최초로 8,000미터를 돌파한 사나이였다. 폴란드인들은 얼음으로 반짝이는 루팔 벽을 2,200미터까지 올라간 다음 등반을 포기했다. 그로부터 2년 후, 마치에이는 영국인 4명과 폴란드인 7명으로 팀을 꾸려 다시 돌아왔다. 그들의 목표는 중앙 스퍼를 통한 동계등정이었는데, 그 루트는 1970년 라인홀드 메스너가 거대한 루팔 벽을 완등한 루트였다. 1970년 루트에서 성공을 거두지 못하고, 동계 시즌이 막바지에 이르자 마치에이는 전술과 루트를 바꾸는 승부수를 띄웠다. 그리하여 그들은 조금 더 쉬운 셸*Schell* 루트에서 알파인 스타일로 6,600미터까지 진출했지만, 결국 패배를 인정해야 했다. 그들은 대담한 시도를 벌이고도 무사히 빠져나왔다. 그러나 낭가파르바트 같은 산을 경량으로 밀어붙이는 것이 얼마나 위험한(심지어는 치명적인) 짓인지 비슷한 야망을 품고 뒤따르던 팀들에게 일깨워주었다.

1993년 소규모의 프랑스 팀이 셸 루트에 도전했고, 1996~1997년 겨울 안드제이 자바다가 강력한 폴란드 원정대를 이끌고 디아미르 벽을 7,875미터까지 올랐지만 정상 공격조 2명이 심한 동상에 걸려 그대로 포기했다. 그 다음 겨울 다시 돌아온 안드제이는 폭설로 인해 또다시 물러서고 말았다. 크지슈토프 비엘리츠키도 2006~2007년 겨울 도전에 나섰지만, 자신의 계획이 '완전한 공상과학 소설'이었다는 말마따나 처음부터 끝까지 강풍에 시달렸다. 크게 낙담한 그는 한겨울에 낭가파르바트 정상에 서려면 오랜 시간이 걸릴 것으로 예상하면서 '이 산 앞에서 겸손을 잃지 않기'를 바랐다.[2]

그 후 폴란드와 이탈리아, 러시아에서 많은 팀이 몰려들었다. 그리고 2011~2012년 겨울 두 팀이 디아미르 쪽에 도착했다. 아일랜드에 사는 폴란

토메크 마츠키에비치와 안나 솔스카-마츠키에비치 (사진: 안나 솔스카-마츠키에비치 아카이브)

드 클라이머 마레크 클로노브스키*Marek Klonowski*는, 역시 고국을 버리고 아일랜드에 둥지를 튼 토마시 마츠키에비치*Tomasz Mackiewicz*(토메크)와 힘을 합쳤다. 토메크는 살아 있는 것을 생생하게 느낄 강렬한 감정이 필요한 사람이었다. 그는 등반을 알기 전 마약의 유혹에 빠지기도 했다. 그의 부인 안나*Anna*는 이렇게 회상했다. "첫인상은 넘치는 에너지 자체였습니다. 그리고 마치 타오르는 빙하 같은 눈이었습니다. 토메크는 그 에너지로 날 사로잡았습니다. … 그걸 느끼면 누구든 가까이 다가가고 싶다는 마음이 들 겁니다." 그녀는 토메크가 마약중독 치료를 받을 때 만났다. 그 시절 결혼에 성공한 그들은 자신들의 불행으로부터 탈출했고, 결국은 일자리가 더 많은 아일랜드로 이주했다.

토메크는 폴란드의 여느 클라이머들처럼 훈련하지 않았다. 그는 PZA 코스를 밟지도 않았고 타트라, 알프스, 히말라야라는 과정을 거치지도 않았다. 그와 마레크는 캐나다의 최고봉 마운트 로간*Mount Logan*을 횡단했다. 하지만 그의 등반 궤적은 틀에 박히지 않았다. 히말라야에 대해 말하자면, 그는 동계 낭가파르바트에 곧장 달라붙었고, 머지않아 낭가파르바트가 그의 집착이 되었다. 안나의 설명처럼. "그는 낭가에 매달리면서 등반을 익혔습니다. 직업적인 훈련으로." 그는 정규 훈련과정을 받지 않은 약점, 자유로운 영혼과 반항적인 기질로 PZA의 지원을 받지 못했는데, 그것은 히말라야 동계 프로그램이 절정에 달했을 때도 마찬가지였다. 낭가파르바트로의 첫 원정이 끝난 후 토메크는 아르투르 하이제르에게 조언과 정보를 구하는 편지를 썼고, 아르투르는 늘 그렇듯 조금은 빈정대는 투로 답장을 보냈다. "단호하게 말하는 바이지만, 다음과 같이 조언하겠네."

1. 타트라에서 동계등반 코스를 이수할 것. (그 전에 타트라에서 하계등반 코스와 한 시즌의 등반은 알아서 할 것)
2. 타트라에서 두 시즌 동안 동계등반을 할 것. 각 시즌에 5개의 루트, 최소 V급 및 최소 400미터.
3. 비 동계 시즌에 8천 미터급 고봉에 갈 것. 그리고 그전에 파미르에서 7,000미터 이상을 올라간다면 훨씬 더 좋을 것임.
4. 그런 다음 히말라야 동계등반을 고려해볼 것.[3]

토메크는 아르투르에게 다시 편지를 썼지만 이번에는 반응이 전혀 없었다. 그러자 그는 크지슈토프 비엘리츠키를 접촉했다. 하지만 그가 받은 간단한 메시지는 아르투르의 것만큼 멸시적이었다. 토메크를 진지한 알피니스트로 여기지 않은 것이었을까? 적어도 그는 폴란드 산악계와는 잘 어울리지 못하는 확실한 이단자였다. 그리하여 토메크와 마레크는 자신들의 길을 갔다.

그들은 워카시 비에르나츠키Łukasz Biernacki와 함께 두 번째로 낭가파르바트의 디아미르 벽에 도전하기 위해 파키스탄으로 갔다. 아주 적은 예산을 생각하면, 그들의 프로젝트는 야망에 가까웠다. 자유로운 영혼인 둘의 스타일은 그 시즌의 다른 도전자인 시모네 모로의 그것과는 사뭇 대조적이었다. 시모네는 늘 그렇듯 꼼꼼한 계획으로 접근했다. 넉넉한 예산, 좋은 식량, 안락한 베이스캠프, 높은 기대감, 그리고 그가 좋아하는 파트너 데니스 우루브코. 10년 이상 함께 등반해온 그들은 8천 미터급 고봉 두 개를 동계에 초등했다. 『플래닛마운틴*PlanetMountain*』에 실린 기사처럼, 그들은 '자신들의 엔진을 힘껏 가속하며 낭가파르바트에 대한 자신들의 아이디어, 즉 디아미르 벽을 통한 동계 초등을 노리고 있었다.'[4]

폴란드에 있는 사람들은 토메크가 시모네처럼 경험이 풍부하고 유명한 알피니스트와 같은 시기에 낭가파르바트에 도전하는 것을 의아하게 생각했다. 하지만 그는 그들의 의구심을 그냥 웃어넘겼다. 시모네와 데니스는 밀라노에서 초만원을 이룬 기자회견을 한 후 파키스탄으로 향했다. 물론 이전의 수많은 경우처럼, 그들 역시 겨울 폭풍이라는 그 산군의 가혹한 형벌에 시달렸다. 그들은 폴란드의 이단자들보다 200미터를 더 올라갔을 뿐 6,800미터에서 돌아서야 했다.

그다음 2012~2013년 겨울에는 사람들이 기록적으로 몰려들었다. 무려 4개 팀이 동계 초등을 노려, 숫자로 보면 여름보다도 더 많았다. 8천 미터급 고봉 동계 초등이라는 기회가 빠르게 줄어들자 세계적인 고소 등반가들에게 후원이 몰려들었는데, 시모네와 토메크가 낭가파르바트에 있는 동안 가셔브룸1봉이 등정되어 이제는 3개만 남게 되었다. 낭가파르바트에 세 번째로 도전장을 내밀며 다시 돌아온 토메크와 마레크 역시 그런 팀들 중 하나였다. 이번에 그들은 루팔 벽의 셸 루트를 노렸다. 그들은 자신들을 '모두를 위한 정의' 원정대라고 불렀다. 안나는 그들이 (순진하게도) 사람들에게 희망의 메시지를 전달해 세상을 더 나은 곳으로 만들고 싶어 했다고 말했다.

안타깝게도, 그들은 폴란드의 어느 시골 농기계 가게에서 산 로프를 고정시키며 산을 올라가기 시작했다. 그 산의 높은 곳에서, 토메크는 블로그에 자신들이 부분적으로는 신루트에 있는 것 같다는 글을 올렸는데, 이것이 아르투르의 관심을 끌었다. 그는 온라인으로 비난을 퍼부었다. "그들은 자신들이 어디에 있는지조차 모르는 것 같다. 블로그의 사진은 셸 루트에서 찍은 것이다. 의심할 여지가 없다. 그들이 언급한 피톤은 1950년대의 것이라 셸 루트가 분명하다."[5] 폴란드 산악계의 멸시적인 반응에도 불구하고, 그 둘은 자신들의 등반에 집중했다.

환각에 시달린 토메크는 낭가파르바트의 신비한 힘과 교감하며, 4일을 혼자 설동에서 보냈다. 결국 그는 베이스캠프 위에서 21일을 보냈는데, 가장 혹독한 고소에서 살아남은 시간치고는 상당한 것이었다. 폴란드에서는, 보이테크 쿠르티카만이 고통을 감내하는 토메크의 성향을 굳건히 인정하는 유일한 사람이었다. "고통보다 더 강하다는 것을 증명해내는 능력은 커다란 기쁨과 감정적 힘의 원천이다. … 만약 어떤 사람이 자신의 고통보다 강하다면, 그는 고통의 예술을 새로운 차원으로 끌어올릴 수 있다."[6]

다른 사람들 역시 고통의 예술을 끌어올리고 있었다. 토메크와 마레크가 루팔 벽에 매달려 있는 동안, 이탈리아 알피니스트 다니엘레 나르디*Daniele Nardi*는 프랑스 클라이머 엘리사베스 레볼*Élisabeth Revol*과 한 팀이 되어, 아주 위험하고 어려운 머메리 스퍼를 통해 디아미르 벽을 알파인 스타일로 등반한다는 야심만만한 목표를 추구하고 있었다. 8천 미터급 고봉 5개를 올라 고소경험이 많은 다니엘레는 자신의 관심을 사로잡는 것은 정상까지 곧장 이어지는 미등의 머메리 스퍼뿐이라고 선언했다. 그에게 다행이었던 점은 엘리사베스가 자신의 속도와 능력을 따라잡을 수 있는 몇 안 되는 알피니스트였다는 것이다.

엘리*Eli*로 불리는 엘리사베스는 어린 시절에 체조선수였으나 십 대에 알피니즘으로 눈을 돌렸다. 장래성을 보인 이 어린 선수는 곧 프랑스 원정대와

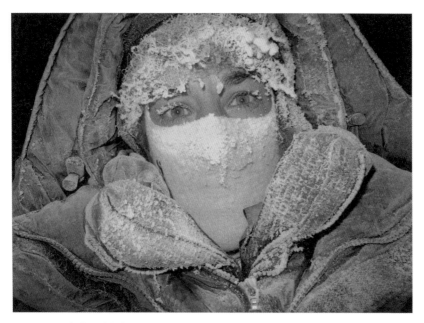

2012~2013년 겨울 낭가파르바트에서 프랑스 알피니스트 엘리사베스 레볼. 그녀는 이탈리아 등반가 다니엘레 나르디와 함께 미등의 머메리 루트를 도전했다. (사진: 엘리사베스 레볼 아카이브)

함께 볼리비아로 갔다. 그곳에서 5개의 초등을 비롯해 9개의 산을 올랐다. 그녀는 고산에 대해 식을 줄 모르는 의욕을 나타냈다. 2008년 카라코람에 첫발을 내디딘 그녀는 16일 만에 브로드피크의 돌로 된 정상과 가셔브룸1봉과 2봉을 무산소로 오르는 기염을 토했다. 그다음 해에는 안나푸르나의 전위봉에 올랐으나, 하산 도중 등반 파트너 마르틴 미나리크Martin Minařík가 고소증과 탈진으로 죽는 비극을 겪었다. 그 비극에 절망한 엘리는 거의 4년 동안 고산을 멀리했다. 그런 그녀가 이제 동계 낭가파르바트로 돌아와, 미등의 루트에 다니엘레와 함께 있었다.

그들의 경험과 체력에 비하면 낭가파르바트는 벅찬 곳이었다. 그들은 마지막 도전에 나섰으나, 시속 100킬로미터의 강풍과 영하 48도까지 떨어지는 추위로 6,400미터 부근에서 돌아섰다. 다니엘레는 산에서 급하게 보낸 메시지를 통해 자신의 실망감을 이렇게 표현했다. "안타깝게도, 머메리 스퍼에서의 낭가파르바트 동계등반 이야기는 여기서 끝이다. 이 산이 그렇게 결정했다. 산은 다시 한번 문을 걸어 잠갔다. 나는 그 결정을 받아들였다. 이것은 내가 지금까지 인간으로서, 또 알피니스트로서 겪은 가장 특별한 경험이었다. … 나의 생명을 구해주었고, 나에게 산의 폭력성과 달콤함을 맛보도록 해주었기 때문에. 산들의 왕 … 마의 산 … 나는 얼마나 많이 배웠나? 한 번에 소화시킬 수 없을 만큼 많이!"[7]

그를 설득해 머메리 스퍼에 대한 꿈을 포기시킬 수는 없었다. 아마도 '집착'이라는 말이 더 어울리지 않을까? 2014~2015년 겨울, 눈사태에 취약하고 매우 위험한 이 루트에 그는 세 번째로 도전했다. 낭가파르바트에 집착한 사람은 다니엘레만이 아니었다. 그 시즌에 엘리는 이제 다섯 번째 도전에 나선 토메크와 팀을 이루었다. 러시아와 이란에서 온 낯선 얼굴들은 놀랍게도 팀의 숫자를 다섯으로 늘렸는데, 그들은 모두 이제 마지막 미등으로 남은 둘 중 하나인 낭가파르바트 동계 초등을 노렸다.

토메크와 엘리는 자신들을 '낭가의 빛'이라 부르며 캠프를 한 번에 하나씩 설치하고 그 산을 조금씩 올라갔다. 의기양양한 그들은 잘 먹고 고소적응도 잘 했다. 결코 서두르지 않고 고립과 추위와 동료애를 즐기는 토메크는 이런 환경에서 더 힘이 넘쳐나는 것 같았다. 그의 부인 안나는 이렇게 회상했다. "토메크는 단순히 산을 오르는 것보다 산에 있는 것 자체를 더 좋아했습니다. 그는 결코 서두르지 않았습니다." 하지만 7,800미터에서 시간에 쫓긴 그와 엘리는 정상을 지척에 두고 발길을 돌렸다.

크지슈토프 비엘리츠키는 낭가파르바트의 상황을 주시했다. "8천 미터급 고봉 하나에 다섯 팀이라…. 이것은 히말라야 동계등반에서 전례가 없는 일이다. 등반하기 좋은 날씨가 찾아오면, 거의 모든 사람이 동시에 올라가리라는 것은 누구나 쉽게 예상할 수 있다. … 내가 틀릴지 모르지만, 올해야말로 낭가가 마침내 수중에 떨어질 것 같다."[8] 하지만 그는 틀렸다. 토메크와 엘리의 도

2015~2016년 낭가파르바트 베이스캠프까지 등반가들을 따라나선 군인들. 그들은 칼라시코프 소총으로 무장했다. (왼쪽에서 오른쪽으로) 시모네 모로, 타마라 룬제르, 성명 미상의 군인 넷, 알렉스 치콘, 알리 사드파라. (사진: 타마라 룬제르 아카이브)

전은 그 시즌의 최고점을 기록하는 것으로 끝이 났다.

그다음 겨울인 2015~2016년에 다섯 팀이 돌아왔는데, 이번에는 팀의 구성이 달랐다. 엘리는 여전히 토메크와 함께했지만, 마레크는 새로운 팀으로 갔고, 다니엘레는 바스크 클라이머 알렉스 치콘과 힘을 합쳤다. 그리고 그 팀에는 여름에 낭가파르바트를 이미 두 번이나 오른 파키스탄 산악인 알리 사드파라도 있었다. 시모네는 새로운 파트너 타마라 룬제르와 함께 왔고, 아담 비엘레츠키는 디아미르 벽의 노멀 루트인 킨스호퍼Kinshofer를 알파인 스타일로 번개처럼 오르고자 야체크 체흐Jacek Czech와 함께 그곳에 있었다. 그리고 모

2015~2016년 겨울 낭가파르바트의 킨스호퍼 벽을 오르고 있다. (사진: 타마라 룬제르 아카이브)

든 팀에는 파키스탄 정부의 배려로 칼라시코프 소총으로 무장한 병사가 둘씩 따라붙었다. 이것은 2013년 산악인 열과 쿡 하나가 피살당한 사고에 대한 대응책이었다.

혼란스럽게 보일지 모르는데, 사실이 그랬다. 그리고 시간이 지나가면서 혼란이 더욱 가중되었다.

다니엘레, 알렉스, 알리는 킨스호퍼 루트에 고정로프를 설치하고 있었고, 아담과 야체크는 그 루트와 가까운 곳에서 알파인 스타일로 등반하고 있었다. 다니엘레와 다른 사람들이 같은 벽에 있었던 반면, 시모네와 타마라는 토메크, 엘리와 마찬가지로 디아미르 벽에서 메스너가 2000년에 시도한 루트를 오르고 있었다. 한편 마레크는 그 산의 루팔 계곡 쪽에 있는 다른 벽에 있었다.

아담과 야체크가 칠레 안데스에서 고소적응을 끝내고 12월 29일 베이스캠프에 도착했을 때, 다른 사람들은 이미 산에 붙어 있었다. 아담과 야체크는 시간을 거의 낭비하지 않았다. 1월 2일 그들은 4,900미터로 올라가 텐트를 쳤다. 다음 날은 킨스호퍼 쿨르와르를 동시 등반해 5,700미터에 장비의 일부를 숨겨놓았다. 하산을 하면서 고정로프를 300미터 설치했고, 밤 9시 베이스캠프로 돌아왔다. 칠레에서의 고소적응은 결과가 아주 좋았다. 하지만 날씨가 악화되자 그들은 그 효과를 상실하기 시작했다. 베이스캠프가 낮은 곳에 있어서, 시간이 지날수록 고소적응과 체력이 둔화된 것이다.

베이스캠프의 분위기는 어수선했다. 시모네의 널찍하고 안락한 텐트는 사람들이 모여들기 좋은 장소였는데, 그것은 타마라의 고급스러운 이탈리아 커피머신 때문이기도 했다. 그들은 커피머신 주위에 둘러앉아 잡담을 나누고, 계획을 짜고, 음모를 꾸미고, 농담을 주고받았다. 시모네가 타마라와 잠자리를 같이 할지도 모르고, 전략적으로 누군가를 산에서 죽게 만들지도 모른다는 가십거리를 보도한 '이탈리아 언론'이 주로 농담의 대상이었다. 시모네는 웃으

2015~2016년 동계 초등을 희망하며 낭가파르바트로 모여든 다섯 팀의 원정 대원들. (맨 윗줄이) 타마라 룬제르, 엘리사베스 레볼, 다니엘레 나르디. (가운뎃줄이) 시모네 모로, 야체크 체흐, 아담 비엘레츠키, 알리 사드파라. (맨 아랫줄이) 알렉스 치콘, 토마시 마츠키에비치. (사진: 타마라 룬제르 아카이브)

며 그 시즌의 부제목이 '경쟁, 섹스 그리고 죽음'이어야 한다고 말했다.[9]

그럼에도 모두의 마음이 편치는 않았다. 알렉스는 평소보다 시무룩했다. 그와 그의 등반 파트너 다니엘레는 서로 사이가 좋지 않았는데, 그들이 끊임없이 올리는 SNS 때문이기도 했다. 사람들은 시모네 텐트로 몰려와 다른 사람의 행동에 대해 험담했다. 하지만 그들 앞에 놓인 등반을 생각하면 그것은 좋지 않은 신호였다. 토메크와 엘리도 시모네 텐트에서 항상 환영받지는 못했다. 타마라는 토메크의 '경량' 스타일을 존중하긴 하지만, 종종 '너무' 가볍다고 불평했다. "그들은 산을 오를 수 있는 물자가 충분치 않았습니다." 그녀는 말했다. "그래서 우리가 많은 걸 주었습니다. 발전기, 가스, 식량. 한데도 그들은 매일같이 다른 걸 요구했습니다."

교착상태에 빠진 아담과 야체크는 알렉스 팀과 힘을 합쳤다. 결국은 같은 루트에 있었으니까. 하지만 그들이 협력의 조건에 대해 합의를 본 것은 아니었다. 알렉스는 아담이 자신의 장비 비용과 포터 임금은 물론이고, 자신이 이미 설치한 300미터의 고정로프 사용료도 지불해줄 것을 원했다. 그들은 협상과 논쟁을 벌였지만, 마침내는 어느 쪽도 만족하지 못하는 선에서 타협을 보았다. 아담과 다니엘레는 고정로프를 더 설치하려고 위로 올라갔다. 베이스캠프를 떠나기 전, 아담은 알렉스가 건네준 로프를 힐끗 쳐다보았다. "이게 도대체 뭐지? 이걸 등반 로프로 쓰라는 거야?" 그는 비웃었다. [10] 다니엘레도 그 로프가 적합하지 않다는 데 동의했다. 로프는 여전히 둘둘 말려 있었는데, 최대하중이 118킬로그램으로 표시되어 있었다. 고정용 등반로프로 쓰기에는 대단히 부적합했다.

그들은 계속 올라갔다. 5,700미터에서 확보를 하고 나서, 아담이 스페인 로프를 고정시켜가며 등반을 하기 시작했다. 60미터를 전진한 후, 그는 두 개의 아이스스크루를 박고 둘둘 말린 로프가 다 될 때까지 55도의 사면을 내처 올라갔다. 아담은 그다음에 벌어진 일을 이렇게 묘사했다. "내가 아래쪽에 있는 다니엘레에게 소리쳤습니다. '왜 안 올라와요? 우린 동시 등반할 수 있는데.' 다니엘레가 앵커를 회수하고 첫 번째 아이스스크루까지 올라왔습니다. 그곳은 15미터 아래였습니다. 우리 사이엔 항상 두 개의 확보물이 있어야 가장 이상적이었기 때문에 난 등반을 멈추고 피톤 하나를 단단히 박고 나서 그곳에 고정로프를 통과시켰습니다. 난 쉬고 싶어서 피톤의 내 쪽에 있는 고정로프에 매듭을 하고, 그것을 하네스 고리에 걸었습니다. 내가 그 로프에 매달리자, 그것이 그만 끊어져버렸습니다." [11]

아담은 공중으로 날았다. 그는 얼음에 부딪쳐 순간적으로 의식을 잃었다. 의식이 돌아왔을 때 그는 여전히 거꾸로 떨어지고 있었다. 70미터를 추락한 후 그는 멈추었다. 하네스에 거꾸로 매달려 보니 손에 상처가 났는데, 아마도 추락할 때 로프를 잡아서 그런 것 같았다. 여전히 어떻게 된 일인지 영문도 모른 채 그는 자신의 하네스 고리에 걸린 카라비너를 쳐다보았다. 그곳에는 고정로프의 끊어진 조각이 있었다. 처음에 그는 화가 치밀었다. 부적합하다고 생각한 로프를 사용한 자신에 대한 화, 형편없는 것을 가져온 알렉스에 대한 화, 그리고 자신의 등반이 끝나버린 것에 대한 화. 손에 화상을 입은 그는 피켈을 거의 잡을 수 없었다.

알렉스와 알리는 고정로프를 설치하고 캠프를 더 위쪽으로 옮기며 킨스호퍼 루트에서 작업을 이어갔다. 그러는 동안, 토메크와 엘리는 메스너 루트의 7,400미터에 도달해 정상에 도전할 태세에 들어갔다. 그날 밤 텐트 안의 기온이 영하 50도로 떨어졌다. 토메크가 엘리의 얼굴에서 두려움을 본 것은 그때가 처음이었다. 다음 날의 정상 공격을 어떻게 할 것인가를 놓고 상의할 때 엘리는 이렇게 인정했다. "우리가 돌아오지 못할 가능성이 너무 높아."[12] 그들은 난폭한 바람이 곧 불어 닥칠 것이라는 시모네의 일기예보 전달에 더욱 의기소침했다. 그때 산에 있었던 다니엘레는 며칠 동안 비교적 고요할 것이라는 자신만의 일기예보로 혼란스러웠다. 하지만 그는 아무 말도 하지 않았다.

일기예보와 극심한 추위로 토메크와 엘리는 하산하기로 했다. 그들의 등반은 끝이 났다. 하지만 후퇴한 후에 불신과 후회로 옥신각신하는 바람에 그들은 관계가 나빠졌다. 날씨가 좋지 않다는 예보를 지나치게 과장해 자신들이 하산을 결정할 수밖에 없었다며 토메크는 시모네를 비난했다. 시간이 다 된 엘리는 프랑스로 돌아갔고, 토메크는 다시 한번 도전에 나서기로 했다. 그는 길기트로 가서 허가서를 연장하고 미처 지급하지 못한 원정비용을 충당하고자 돈을 모았다. 혼자서 오를 작정으로 그가 베이스캠프로 돌아왔을 때, 그와 시모네는 모욕적인 언사를 주고받았다. 각자의 보고서는 상대방의 주장을 반박하는 것이어서 진실이 무엇인지는 알기 어렵다. 하지만 베이스캠프에 있던 사람들은 토메크가 등반할 몸이 아니었다는 것에 대체로 동의한다. 마르고, 쇠약해지고, 탈수증에 시달리고, 고소적응이 둔화된 상태에서 낭가파르바트를 등반하고자 하는 그의 결심은 합리적이지 않은 다른 이유에서 불타올랐다. "이 산에서 벌어지고 있는 개 같은 쇼에 끼어들었다는 것을 깨달았다." 그는 이렇게 최종 결론을 내렸다.[13] 실패를 거듭해 의기소침해진 그는 베이스캠프를 떠나 집으로 향했다.

메스너 루트의 하단부에서 등반하던 시모네와 타마라도 세락의 위험으로 등반을 포기했다. 마레크 팀은 루팔 쪽에서 7,000미터를 가까스로 넘어섰지만, 그들 역시 후퇴했다. 그리하여 알렉스, 다니엘레, 알리의 팀만 디아미르 벽에서 동계등반을 계속 시도할 것처럼 보였다. 그때 재미있는 상황이 벌어졌다. 타마라에 의하면, 알렉스가 시모네와 자신에게 힘을 합치자고 제안했다는 것이다. "처음에는 응하고 싶지 않았다." 타마라가 설명했다. "그들이 고정로프를 많이 설치한 상태에서 우리가 합류하는 것이 그리 고상해 보이지 않았으니까. 그들은 무척 애를 썼다." 그런 말을 사전에 귀띔 받지 못한 다니엘레는 화가 났다. 베이스캠프에서의 대화를 몰래 녹음한 그가 다른 시나리오를 폭로했는데, 그에 의하면 협력을 제안한 사람은 다름 아닌 시모네였고, 협력의 대가로 비용을 지불할 의사까지 내비쳤다는 것이다. 배신감을 느낀 다니엘레는 산을 떠났다.

이제 넷이서 새로운 팀을 구성했다. 그리고 불안정하게 보였을지 모르지만, 각자는 협력 관계에 가치를 더했다. 알렉스 팀은 힘든 작업을 거의 다 했고, 시모네는 특히 동계의 전략적 경험을 많이 보탰다. 그들은 일기예보가 한줄기 희망의 빛을 줄 때까지 기다린 후 넷이 한 팀이 되어 위로 올라갔다.

그들은 곧 서로 잘 어울렸다. "이 팀과는 집처럼 편안한 느낌이 들었습니다." 타마라는 이렇게 회상했다. "난 그들의 일부 같았습니다. 뒤따라 다니는 여성이 아니라, 한 사람의 클라이머였습니다." 3캠프에서의 밤은 꿈만 같았다. 몹시 추웠지만 보름달이 텐트를 천상의 빛으로 물들이고, 정상을 은은하게 수놓았다. 2월 25일 그들은 7,100미터의 4캠프에 있었다. 모두 역사를 만

들려고 하는 것이 분명했다. 낭가파르바트 동계 초등, 그리고 파키스탄 8천 미터급 고봉의 여성 최초 동계 초등. 알렉스와 알리가 먼저 출발했다. 타마라는 1시간 뒤에 떠났고, 다시 15분 뒤에 시모네가 그녀를 뒤따랐다. "텐트를 떠날 때 몸이 이상했습니다." 타마라는 말했다. "실제로 아팠는지는 잘 모르겠습니다. 생리주기였으니까요. 하지만 시모네가 추월했을 때 난 그날따라 몸이 안 좋다는 걸 느꼈습니다." 시모네는 스물다섯 걸음을 걸은 후 쉬었지만, 타마라는 가까스로 스무 걸음을 뗐다.

    베이스캠프에서 그들을 지켜보던 알렉스의 등반 파트너 이고네 마리에츠쿠레나*Igone Mariezkurrena*가 격려의 메시지를 보냈다. 정상에서 200미터, 정상에서 150미터, 정상에서 100미터!

    정상을 100미터 남겨두고 타마라는 잠시 걸음을 멈추었다. 그날 하루 종일 토한 터라 이제 그녀는 몹시 지쳐 있었다. 그녀는 자신 위의 사면에 흩어져

[위] 2015~2016년 겨울 낭가파르바트에서 구름 위의 캠핑. (사진: 타마라 룬제르 아카이브) [아래] 2015~2016년 겨울 낭가파르바트 정상 등정을 위해 새롭게 최종 팀을 구성한 네 명의 등반가들. (왼쪽에서 오른쪽으로) 시모네 모로, 타마라 룬제르, 알렉스 치콘, 알리 사드파라 (사진: 타마라 룬제르 아카이브)

있는 동료들을 올려다보았다. 알리는 정상에 있는지 손을 흔들었다. 다른 둘은 멈추어 서서 피켈에 기대고 있더니 다시 올라가기 시작했다. 신앙심이 깊은 타마라는 예수 그리스도와 대화를 나누었다. "난 산을 올라갈 때마다 그리스도와 대화를 나눕니다." 그녀는 설명했다. "극한의 상황에서 내 곁에 있는 분은 그리스도가 유일합니다. 그리스도는 내게 무엇이 필요한지 압니다. 내가 4캠프에서 위로 올라갈 때 난 그리스도와 끊임없이 대화를 나누었습니다. '이 바람을 잠재워주세요. 바람을 견딜 수가 없습니다.' 시모네가 쿨르와르로 진입한 지점에 이르렀는데, 그는 더 이상 보이지 않았습니다. 힘이 쭉 빠졌습니다. 난 그리스도에게 말했습니다. '바람을 잠재울 시간을 5분 더 드리겠습니다. 만약 당신께서 그렇게 하지 않는다면 틀림없이 이유가 있을 터이고, 그러면 전 발길을 돌려야 합니다.'" 그리스도는 바람을 잠재우지 않았다.

타마라는 위험을 감지했다. 그녀는 죽음의 냄새를 맡았다. "그 느낌이 너무 강해, 살기 위해 난 내려가야 했습니다." 그녀는 위를 올려다보았다. 그런 다음 아래를 내려다보았다. 그녀는 좌절의 눈물을 흘렸다. 정상에 오를 수 있다고 너무나 자신했었는데…. 그러나 그만큼 그녀는 내려갈 수밖에 없다고 확신했다. 동료에게 부담을 줄 수는 없었다. 내려가기 시작하자마자 그녀는 탈진으로 고꾸라졌다. 그곳에 누워 죽음을 기다리던 그녀는 놀라운 광경을 목격했다. 그토록 장엄한 장소에서 스스로 죽으려는 의지. 하지만 살고자 하는 의지가 더 강했다. 그리하여 그녀는 가엾은 몸을 들어 올려 피켈에 기대어 섰다. 타마라는 다른 사람들이 정상의 알리에게 합류하는 동안 혼자 4캠프로 계속 내려왔다. 2월 26일 오후 3시 17분이었다. 정상에 오른 클라이머들은 그날 밤 8시 4캠프로 돌아왔고, 2월 27일 모든 사람이 베이스캠프로 귀환했다.

찬사가 쏟아졌다. 낭가파르바트가 마침내 한겨울에 등정되자 언론은 그들의 극적인 이야기에 열광했다. 알렉스, 시모네, 알리는 영웅이 되었고, 현명한 판단을 내린 타마라는 전 세계로부터 박수갈채를 받았다. 처음의 낙담에도

2016년 2월 26일 낭가파르바트 정상에서 포즈를 취한 시모네 모로와 알리 사드파라. 그들은 알렉스 치콘과 함께 낭가파르바트 동계 초등에 성공했다. (사진: 타마라 룬제르 아카이브)

불구하고, 후에 그녀는 그것이 올바른 판단이었다고 회상했다. 그녀는 이렇게 썼다. "원정등반이 끝난 지금에서야, 우리가 맞닥뜨린 어려움들이 나를 상당히 변화시켰다는 사실을 깨달았다. 나는 더 성숙해지고 더 용감해진 새로운 타마라가 되었다. 자신의 목소리를 들어준 그리스도에게 감사하며 정상을 포기하는 올바른 결정을 내린 어떤 여성을 아는 타마라. 죽음을 목격하고도 여전히 살아남았고, 극심한 추위를 느꼈지만 이제는 그것을 다룰 줄 아는 타마라. … 이제 나는 확실히 내 진정한 고향이 … 그곳, 아주 높은 산들의 한가운데 있는 고독하고 단순한 곳이라는 사실을 알 것 같다."[14]

세계 산악계는 당연한 자격이 있는 그들에게 존경을 바치면서 축하해주었다. 시모네는 의기양양하게 말했다. "어떤 점에서, 이것은 내 경력의 정점입니다. … 과업 그 자체 때문이 아니라, 지금 이 자리에 내가 있도록 한 모든 요소를 대표하기 때문입니다. 통찰, 인내, 개척정신, 끈기, 도전, 우정, 그리고 고통을 감내하는 능력."[15] 타마라도 똑같이 만족했다. "낭가파르바트는, 비록 목숨을 잃을 뻔했지만, 내 생애에서 가장 중요한 원정등반이었습니다."

하지만 동계 낭가파르바트의 무용담이 완전히 끝난 것은 아니었다.

━━━

알렉스 치콘, 시모네 모로, 알리 사드파라의 낭가파르바트 동계 초등 성공에 모두가 기뻐한 것은 아니다. 알렉스가 자신을 배신했다고 생각한 다니엘레 나르디는 너무나 실망한 나머지 자신만의 세계로 파고들었고, 현실적인 엘리는 다시 돌아가기로 했다. 그녀는 낭가파르바트를 동계 알파인 스타일로 등반하고 싶어 했다. 여성 동계 초등이라는 영광은 여전히 기회로 남아 있었다.

토메크는 그대로 무너져 내렸다. 낭가파르바트에 대한 그의 꿈은 악몽으로 변했다. 그는 여섯 번째 도전이 행운이 될 것이라고, 자신이 초등자가 될 것이라고 확신했었다. 그 당시 그것은 그의 존재 이유였다. 그는 엘리라는 완벽한 등반 파트너를 찾아냈다. 하지만 이제는 그 꿈이 끝나고 말았다. 토메크는 시모네의 주장을 공개적으로 비판했고, 그의 정직성에 의심의 씨앗을 뿌리며 증거를 요구했다. 정상에서 찍은 영상 내놔 봐. 시모네는 토메크가 낭가파르바트 동계 초등을 두고 자신의 계속되는 집착을 정당화하기 위한 유일한 방법으로 다른 사람의 성공을 반박하고 있다고 말하며, 똑같은 방법으로 응수했다. 그들은 모욕적인 언사를 주고받았고, 인터넷에서 비방을 일삼았다. 그리하여 전 세계가 그 사실을 알게 되었다. "2016년 시모네는 토메크를 망가뜨렸습니다. 그는 토메크를 별 볼 일 없는 인간으로 치부했습니다." 엘리는 이렇게 말하며, 토메크의 편을 들었다. 폴란드로 돌아온 토메크는 예전에 자신을 죽음 직전으로 몰아넣었던 자기파멸의 패턴 속으로 다시 빠져들었다. 술과 마약과 비탄으로.

그의 부인 안나는 그가 결코 쉬운 사람이 아니라는 것을 기꺼이 인정하면서도, 그의 행동에 깔린 배경을 납득시키려 애썼다. 하지만 그녀 역시 — 토메크의 치료사처럼 — 알피니즘이 그의 마약중독에 대한 치료라는 것을 알고 있었다. "그와 함께한 내 인생 얘기는 결국 낭가 얘기입니다." 그녀는 말했다. "난 낭가와 결혼한 것이나 마찬가지였습니다. 그건 내 선택이었습니다. 난 그걸 압니다. 낭가에 대한 그의 사랑을 전적으로 이해하는 건 아니지만, 난 그걸 받아들였습니다." 하지만 해가 바뀌어도 그의 낭가파르바트 여행이 계속되자 그녀는 의구심을 품었다. "나로부터 그리고 우리의 생활로부터 그가 탈출하려 한다는 느낌이 내 깊은 곳 어디로 스며들었습니다. 마음이 아팠습니다. 하지만 난 그가 이것 없이는 살 수 없다고 이해했습니다. 이게 그의 생활이었기 때문에 그에게 하지 말라고 할 수 없었습니다. 그에겐 이게 절대적으로 필요합니다." 등반하는 동안 그는 아내와 아주 가깝게 접촉했다. 전화를 하고, 인상과 감정을 공유하고, 질문을 하고… 루트에 대한 것까지도. "아마도 그는 내가 자신에게 얼마나 필요한지 알기 위해, 그리고 자신이 날 얼마나 사랑하는지 알기 위해 멀리 달아날 필요가 있었나 봅니다." 엘리가 토메크에게 낭가파르바트에 다시 가려 한다고 말하자, 그도 함께 가겠다고 나섰다. "올해는 가지 말아야 하는데…'라는 느낌이 들었습니다." 안나는 이렇게 후회했다. 하지만 그녀는 남편을 단념시킬 말을 한 마디도 하지 못했다.

그리하여 2017~2018년 겨울 엘리와 토메크는 낭가파르바트로 다시 돌아왔다. 그것은 엘리에게 네 번째, 토메크에게는 일곱 번째 도전이었다. 그들은 아주 이상한 팀이었다. 훈련이 잘된 선수 같은 엘리는 작고 적절하게 행동하고 빠르고 집중력이 있고 조금 조용한 반면, 자유로운 영혼의 토메크는 이야기하기를 좋아했다. 엘리가 토메크보다 훨씬 더 빨라, 그들이 로프를 묶지 않을 때는 서로 어느 정도 떨어져서 등반했다. 안나는 이렇게 설명했다. "그는 결코 빨리 가고 싶어 하지 않습니다. 그런데 그녀는 날아다닙니다. 작고 빠르니까요."

안전문제로 그들은 기존의 베이스캠프보다 400미터 낮은 여름철 거주지에 베이스캠프를 쳐야 했다. 그 지역에 다른 클라이머들이 없어 그곳은 행복에 넘칠 정도로 고요했다. 초등이 이루어지자 낭가파르바트 동계등반의 매력이 신기할 정도로 줄어들었다. 어쩔 수 없이 더 낮은 곳에 쳐야 했던 베이스캠프가 그들의 유일한 문제는 아니었다. 엘리는 이렇게 설명했다. "그해는 제대로 되는 게 하나도 없었습니다. 우린 진정한 베이스캠프를 세우지 못했습니다. 쿡도, 발전기도, 전기도 없었습니다. 우린 가져온 기구들을 위해 에너지를 아껴야 했습니다. 위성전화는 이내 쓸모가 없어졌습니다."[16]

그들은 베이스캠프에서 4시간 반 떨어진 벽 밑으로 장비와 식량을 나르며 고소적응 훈련을 했다. 언제나처럼, 엘리는 체계적인 고소적응 프로그램

[357쪽] 2018년 겨울 낭가파르바트에서의 폴란드 등반가 토메크 마츠키에비치 (사진: 엘리사베스 레볼)

에 대해 토메크보다 더 신경을 기울였다. "우리 몸이 다르게 반응한다는 걸 그에게 설명하려면 시간이 많이 걸렸습니다." 그녀는 말했다. "난 그보다 체중이 훨씬 더 적게 나가 고소에 대한 반응이 무척 예민했습니다. 나에겐 베이스캠프 위의 모든 게 커다란 에너지 소모인 반면, 산에서의 토메크는 그 반대인 것 같았습니다."[17]

그들이 메스너 루트를 올라가기 시작했을 때 엘리는 토메크에게 변화가 생겼다는 것을 알았다. 그는 원정등반 중 처음으로 담배를 피우지 않았다. 그리고 보통 때보다도 몸이 훨씬 더 가벼워 보였다. 그는 이 등반을 위해 실제로 훈련을 했다고 털어놓았다. 훈련을 경멸하는 그로서는 아주 드문 일이었다. 하지만 그녀의 이목을 가장 많이 끈 것은 그의 태도 변화였다. "그해 토메크는 달랐습니다. 그는 오직 시모네에 대해서만 얘기했습니다." 그녀가 그때를 회상하며 말했다. "그는 시모네가 정상에 오르지 못했으며 증거도 없다고 말했습니다. 그는 시모네에게 집착했고, 그게 산에서의 그를 사로잡았습니다. 비극이었죠."

그들은 루트의 기술적인 세락 구간 근처 6,000미터에 2캠프를 설치했다. 그리고 등반과 루트 파인딩으로 힘든 하루를 보낸 후에 바람을 피할 수 있는 피난처라고 생각한 크레바스 안으로 캠프를 옮겼다. 이곳에서 그들은 정상으로 이어지는 마지막 루트를 놓고 두 가지 선택을 상의했다. 엘리는 7,500미터 부근까지 올라간 다음, 정상 파라미드 밑의 킨스호퍼 루트 꼭대기로 이어지는 넓은 설원을 횡단하고 싶어 했다. 토메크는 북봉을 먼저 오른 후에 정상까지 1953년의 헤르만 불 루트를 따라가는 더 길고 야심찬 루트를 선호했다. 엘리는 그 아이디어를 걱정했다. "전설적인 루트를 자신이 한겨울에 오를 수 있다는 걸 사람들에게 보여주는 게 토메크에겐 가장 중요했습니다. 그와 같은

[359쪽] 토메크 마츠키에비치가 2018년 겨울 낭가파르바트 메스너 루트의 세락 구간을 등반하고 있다. (사진: 엘리사베스 레볼)

2018년 겨울 낭가파르바트에서의 토메크 마츠키에비치와 엘리사베스 레볼 (사진: 엘리사베스 레볼)

도전을 다른 사람은 결코 하지 못할 것이라고 그는 확신했습니다."[18] 결국 그녀는 7,400미터까지 함께 등반해, 마지막 텐트를 치고 난 후 각자 등반하자고 제안했다. 그는 그 제안에 동의했지만, 엘리는 걱정을 많이 했다. 만약 둘 중 하나에게 무슨 일이 일어나면, 그들은 서로를 돕지 못하게 될 터였다.

악천후가 닥치자 그들은 텐트를 걷어 크레바스 안에 넣은 후 눈삽으로 고정시키고 베이스캠프로 하산했다. 그런데 그로부터 20일간 강풍이 분다는 일기예보가 나왔다. 그 기간 동안 억지로 쉬게 되자, 고도가 너무 낮아 그들은 고소적응을 유지할 수 없었다. 토메크가 안나에게 전화했는데, 그녀는 그가 비록 기다리는 일에 조바심을 내긴 했어도 놀랄 정도로 침착하고 기분이 좋았던 것으로 기억했다. 그는 베이스캠프를 찾아온 지역 주민에게 자신의 이전 도전, 그해의 성공에 대한 결심, 그리고 시모네의 정상 등정 주장에 대한 의문점을 들려주어 그들을 즐겁게 해주었다.

1월 18일, 토메크와 엘리는 산으로 돌아가기로 했다. 출발 전의 대접으로, 쿡이 그들에게 신선한 빵을 준비했다. 한데 그것을 먹은 토메크가 갑자기 토하기 시작했다. "이놈들이 독약을 넣었어." 그가 엘리에게 소리쳤다. "이 빵 조각을 폴란드로 가져가 화학적으로 분석할 거야. 이놈들이 날 죽이려고 해!"

"진정해, 토메크." 엘리가 대답했다. "빵은 아무 문제 없어. 날 봐. 난 괜찮잖아?"

안나는 그런 사건에 전혀 놀라지 않다. "심리적으로 불안해지면 그는 안절부절못하고 정말로 고통스러워하며, 자신이 겪는 환상을 통제하지 못합니다." 그녀는 설명했다. "그는 의심이 많은 사람으로 변합니다."[19]

좋은 날씨의 창이 훨씬 더 작아진다는 일기예보가 나오자, 토메크는 엘리가 선택한 루트에서 그녀와 합류하기로 했다. 그곳은 더 짧고 빨라, 정상에 오른 다음 최종캠프로 안전하게 돌아올 수 있는 보다 좋은 기회를 제공해줄 터였다. 하지만 산을 올라가는 마지막 여행은 그가 계속 토하는 바람에 끔찍하게 시작되었다. 그의 속이 좋지 않았지만, 그들은 3캠프로 계속 올라가, 크레바스 속에 숨겨둔 작은 텐트를 찾아냈는데, 눈삽이 온데간데없었다. "페리*Feri*가 틀림없어." 토메크가 말했다. 페리는 현지 목동들에게 전설적인 생명체로, 유령 같은 카멜레온이며 사람, 악마, 산령의 다양한 모습으로 출현한다. 그녀는 선이나 악의 힘을 발휘하는데, 낭가파르바트가 바로 그녀의 집이다. 엘리에 의하면, 그 산으로의 다섯 번째 원정등반에서 그녀의 존재를 처음 알게 된 토메크가 그녀와 아주 가까운 사이로 발전했다는 것이다. 그는 그녀와 자주 대화를 나누었지만, 언제나 그가 혼자 있을 때였다. 엘리는 이것이 그가 느린 걸음으로 산을 오르기 좋아하는 이유가 아닐까 하는 궁금증을 가끔 가졌다.

그들은 강풍에 쫓겨 6,600미터로 내려온 후 1월 22일을 텐트에서 지냈다. 하루 종일의 휴식은 토메크의 속을 진정시키는 데 도움이 되었다. 그들은 이전처럼 이야기를 주고받고 함께 웃었다. 적어도 그 순간에는 그가 시모네를 잊었다. 다음 날 그들은 6,900미터에 도달했지만, 곧장 위쪽으로 7,000미터에 있는 마제노 안부를 넘나들며 울부짖는 난폭한 바람소리만 들렸다. 엘리는 그다음 날의 등반이 꿈만 같았던 것으로 기억했다. 모든 것이 완벽했다. 그들은 7,300미터에서 숨어들 수 있는 크레바스를 발견했고, 오후 늦게 정상 공격을 위한 준비에 들어갔다.

1월 25일, 그들은 아침 6시에 텐트를 기어 나왔다. 추위에 몸이 금세 얼어붙었지만, 기적적으로 바람이 불지 않았다. 그럼에도 불구하고, 얼마 후 토메크는 사지에서 감각을 느낄 수 없었다. 그리하여 할 수 없이 텐트로 돌아와 스토브로 손발을 녹였다. 오전 7시 30분 그들은 등반을 재개했다. 적어도 딱딱한 눈은 이상적인 조건이었다. 그들은 넓은 플라토를 건너 정상 피라미드 밑으로 다가간 다음 정상으로 마지막 등반을 시작했다. 엘리와 토메크의 사이의 거리가 벌어졌다. 그녀는 기다리기 위해 멈추었다. 페리와 대화를 나누고 있는 걸까? 그녀는 카메라를 꺼내 자신의 발밑에 펼쳐진 광대한 파노라마를 촬영하기 시작했다. 왼쪽에서 오른쪽으로, 그리고 그녀는 자신을 향해 한 발 한 발 위로 올라오는 그에게 렌즈를 고정시켰다.

이제 드디어 태양이 떠올랐다. 엘리는 선글라스를 낀 다음 토메크가 도착하자 이렇게 말했다. "토메크, 눈에 뭔가를 써야 해. 햇빛이 너무 강해. 조심해야 해."

"고마워. 난 괜찮아." 그가 대답했다.

"알아서 해." 그녀가 말했다.[20]

잠시 후 엘리는 얼굴에 햇빛 차단제를 발랐다. 다시 한번 토메크는 그것이 필요 없다고 말했다. 8,035미터에서 그녀는 걸음을 멈추고 토메크를 기다렸는데, 그는 15분쯤 뒤처져 있었다. 그녀는 자신을 향해 천천히 올라오는 그를 사진으로 찍고 나서, 위치를 추적하고 메시지를 보낼 수 있는 위성 추적 기구로 시간을 확인했다. 오후 5시 15분, 그들은 정상에서 100미터 떨어진 곳에 있었다.

토메크가 다가오자 엘리는 마제노 리지를 넘어 빠르게 피어오르는 구름을 가리켰다. 토메크가 고개를 끄덕였다. "좀 어때?" 그녀가 물었다.

"좋아, 오늘은 좋은데. 난 계속 올라갈 거야."

6개월 후, 엘리는 이 짧은 대화를 매우 평범하게 받아들였다고 털어놓았다. "평소처럼 우린 함께 결정을 내렸습니다. 그는 한마디 불평도 하지 않았습니다. 호흡도 괜찮았고, 속도 나쁘지 않았습니다. 빠르진 않았지만 평상시보다 느리지도 않았습니다."[21]

쿨르와르를 50미터 더 올라 정상 능선에 도달하자 바람이 무지막지하게 불었다. 정상 파라미드에서 무방비로 노출된 그들의 몸은 빠르게 식어갔다. 엘리는 멈춰 서서 얼굴 마스크를 썼다. 하지만 토메크는 그렇게 하지 않았다. 그는 이전부터 훨씬 더 느려져서, 그녀는 몇 번이나 그를 기다려야 했다. 저녁 6시 15분, 엘리는 빛이 사그라지는 가운데 정상에 도착했다. 곧이어 토메크가 올라왔을 때는 주위가 완전히 캄캄해졌다.

그녀가 토메크에게 어떠냐고 물었다. "네가 전혀 안 보여. … 헤드램프 불빛을 볼 수가 없어. 엘리, 네가 안 보여." 그가 대답했다.

엘리는 그를 안심시켰다. "걱정 마. 내 어깨를 잡아. 우린 내려갈 거야."[22] 처음에, 그녀는 그가 설맹에 걸렸다고 생각했다. 하지만 그는 고소증과 동상에 시달리고 있는 것이 분명해 보였다. "주위의 모든 게 위협적으로 느껴지기 시작했습니다." 그녀는 이렇게 회상했다. "난 훨씬 더 집중해야 했고, 발을 조심해서 디뎌야 했습니다. 토메크가 내 발자국을 따라 디뎌야 했으니까요. 우린 한 쌍의 로봇같이 걸었습니다. 바위에 가까이 붙어 피켈로 몸을 끌어올리며 고양이처럼 조심스럽게 움직였습니다."[23]

토메크의 상태를 확인하기 위해 몸을 돌린 그녀는 추위로부터 그의 얼굴을 보호하기 위해 간신히 설득해 쓰게 만든 얼굴 마스크를 그가 벗어버린 것을 알고 깜짝 놀랐다. 그녀는 다시 쓰라고 그를 압박했지만, 그것을 입과 코위에 쓰면 숨을 쉴 수 없다며 그는 끝끝내 거절했다. 그의 말은 엘리에게 훨씬 더 큰 경종을 울렸다. 그리하여 그녀는 고소증을 완화시킬 목적으로 그에게 스테로이드 덱사메타존*steroid dexamethasone*을 주사하기로 했다. 하지만 두꺼운 옷 위로 주사를 놓으려고 할 때 그만 바늘이 부러지고 말았다. 여분의 바늘이 없던 그녀는 알약에 의존했지만, 그것이 효과가 있을지 자신하지 못했다. 그녀는 토메크의 주의를 분산시킬 셈으로 그에게 계속 말을 걸었다. 안나에 대해, 어린 아이들에 대해, 아일랜드에 대해, 그를 계속 움직이게 할 수 있는 것이라면 무엇이든지. 하지만 그녀는 그가 말을 들을 수 있는지 어떤지조차도 알지 못했다.

토메크는 곧 혼자 걸을 수 있는 능력을 상실했다. 엘리는 그의 팔을 어깨 위에 걸치고, 그의 몸을 자신의 작은 체구 쪽으로 상당히 기울이게 한 다음 내려갈 수 있도록 그를 도와주었다. "난 밀고 또 밀었습니다." 그녀는 말했다. "그렇게 하는 게 몹시 싫었습니다. 좀 잔인했으니까요. 하지만 그를 계속 움직이게 하려면 별 수 없었습니다." 마침내 토메크가 입을 열었다. "다른 약들을 먹을 수 없어? 작은 배낭에 있는 아주 조그만 것들."[24] 처음에 그녀는 어떤 약을 원하는지 잘 알지 못했지만, 만약 죽음이 임박했다는 느낌이 들면 이 약들을 먹어야 한다고 토메크가 한 말이 기억났다. 그 약을 먹으면 계속 움직일 수 있다는 것이었다. 그녀는 그에게 20밀리그램짜리 약을 두 개 주었는데, 나중에 알고 보니 그것은 중추신경 자극제인 에페드린*ephedrine*이었다. 그것은 절망에 가까운 수단이었다. 그는 그녀에게 손과 발에서 감각을 전혀 느낄 수 없다고 말했다.

7,280미터 부근의 크레바스에 도착했을 때 토메크가 이제는 더 이상 갈 수 없다고 선언했다. "그래서 난 로프 조각을 꺼내 크레바스 안에 그를 위한 확보를 만들었습니다." 엘리가 설명했다. 토메크는 가쁜 숨을 내쉬며 입에서 피를 흘렸다. 그의 코는 동상으로 하얗게 변해 있었다. 밤 11시 10분, 엘리

는 위성 추적 기구를 이용해 문자 메시지를 보냈다. 자신의 남편 장-크리스토프에게, 토메크의 부인 안나에게, 그리고 가까운 친구 루도비치 지암비아시 *Ludovic Giambiasi*에게. 메시지는 간단했다. 토메크에게 문제가 생겼다. 그는 더 이상 움직일 수 없다. 후송이 필요하다.

엘리의 메시지는 국제 산악계가 서로 연결된 사이버 공간을 통해 외부 세계로 급속히 퍼져나갔다. 그리고 필연적으로 이 소식은 200킬로미터도 안 떨어진 K2 베이스캠프로 날아들었는데, 그곳에서는 폴란드의 엘리트 팀이 마지막 동계 미등으로 남은 8천 미터급 고봉인 그 산을 공략하고 있었다.

그 팀의 리더는 원조 얼음의 전사 중 하나인 크지슈토프 비엘리츠키였다. 그 소식을 들은 그는 고소적응이 충분히 되어 있고 토메크와 엘리를 구조할 수 있을 만큼 가까이 있는 사람이 전 세계에 몇 명 있다고 생각했다. 그런데 하필 그들 모두가 K2에 있었다.

크지슈토프는 자신의 팀을 향해 등반을 중단하고 낭가파르바트로 가서 구조를 도울 의향이 있는지 물었다. "단 한 사람도 빼놓지 않고 모두가 좋다고 대답했습니다." 그는 이렇게 회상했다. 그는 아담 비엘레츠키와 데니스 우루브코, 표트르 토말라*Piotr Tomala*와 야로스와프 보토르*Jarosław Botor*를 선발했다. 가벼운 결정이 아니었다. 그들 넷은 모두 K2 팀의 핵심 멤버였다. 아담과 데니스는 정상을 위한 최상의 희망이었다. 따라서 아담과 데니스를 낭가파르바트로 보내면 K2의 노력에 큰 지장을 초래할 것이 뻔했다.

아담 비엘레츠키는 몇 가지 이유에서 첫 번째 정상 공격조로 확실한 선택이었다. 그는 여름에 이미 K2를 올랐고, 가셔브룸1봉과 브로드피크를 겨울에 초등했는데, 이 모두가 1년 안에 해낸 것이었다. 그는 젊고 빨랐으며, 동계 고소등반에 필수인 고통에 무감각했다. 낭가파르바트의 상황을 처음 알았을 때 아담은 충격에 빠졌다. 위험천만한 동계 상황에서 몇 번이나 살아남은 그는 그것이 얼마나 심각한지 충분히 이해했다. 그래서 구조를 도울 기회가 생기자

K2에서의 자신의 기회에 잠재적인 영향이 있다는 것을 뻔히 알면서도 전혀 망설이지 않았다. "그 순간 K2를 생각하지 않았습니다." 아담은 말했다. 그는 브로드피크 동계 등정에 이어진 비난을 생각했는지도 모른다. 그때 마치에이 베르베카를 포함한 정상 등정자 넷 중 둘이 사망하는 비극이 일어났다. 아담은 비난의 예봉을 피하지 못했는데, 그 경험을 되풀이하고 싶지 않았다.

군에서 훈련된 러시아 알피니스트로 두 번의 동계를 포함해 8천 미터급 고봉을 열여덟 번이나 오른 데니스 우루브코는 K2 팀을 위한 화살통 안의 화살이었다. 모든 사람이 그 사실을 알고 있었다. 많은 폴란드 산악인들과 가까운 친구 사이인 데니스는 그들과 함께 등반했으며, 그들과 함께 어울렸다. 그리하여 그도 그들처럼 K2 등정에 깊이 헌신했다. 그의 명성은 나무랄 데 없었다. 그는 정상을 등정했거나, 아니면 정상에 도전하는 사람들을 구조했다. 로체에서 안나 체르비인스카의 극적인 구조, 안나푸르나에서 이냐키 오초아 *Iñaki Ochoa*의 구조, 그리고 가셔브룸2봉에서 몇 번의 성공적인 구조는 전설이었다. 데니스는 자신의 동료 클라이머들을 돕기 위해 적어도 잠깐 동안 K2에서 등을 돌리는 것에 대해 양심의 가책을 느끼지 않았다.

___

낭가파르바트의 높은 곳에서, 엘리는 토메크를 계속 살아 있게 하면서, 데리고 내려오느라 사투를 벌이고 있었다. "시간의 흐름을 잊어버렸습니다." 그녀는 자신의 생존 투쟁을 이렇게 표현했다. "우린 밤새 싸웠습니다. 날씨가 너무 추웠습니다. 내 생전에 이런 일은 처음이었습니다. … 그는 몸은 나와 함께 있으면서도 생각은 딴 데 가 있었습니다. 페리와 대화하려고 했는지도 모릅니다. 난 잘 모르겠습니다." 그녀는 크레바스 근처의 비좁은 얼음 동굴을 피난처 삼아 그를 그곳으로 데려간 다음 그의 다리를 배낭 위에 올려놓았다. 처음에, 그녀는 온기를 불어넣기 위해 그를 껴안았다. 하지만 동굴이 너무 작아 그녀는 메시지를 보내고 생각에 잠기며 밖에서 몇 시간이나 앉아 있었다. "잠이 오지 않았습니다. 배낭 위에 앉아 하늘의 별들을 바라보았습니다. 어떻게 해야 하지? 할 수 있는 게 뭐지?" 안나로부터 메시지를 받았을 때 엘리는 잠시나마 위안을 얻었다. "걱정 마세요. 토메크는 강합니다. 그런 상황에서도 그는 살아남을 겁니다. 우린 구조대를 조직하고 있습니다. 그럼 아무 문제도 없을 겁니다."[26]

오전 6시, 그녀는 올라갈 때 침낭을 숨겨둔 크레바스를 찾아 나섰다. 하지만 2시간이 지난 후 그녀는 빈손으로 돌아왔다. 토메크는 자신을 설동에서 햇빛 속으로 꺼내달라고 애원했다. 그의 손과 발은 꽁꽁 얼어 있었다. 따라서 그가 할 수 있는 것이라고는 엘리의 도움을 받아가며 무릎을 질질 끄는 것뿐이었다. 마침내 그녀는 그를 간신히 끌어내 햇빛이 비치는 고정로프의 한 구간에 붙들어 맸다.

엘리는 이제 자신의 인생에서 가장 힘든 결정을 내려야 하는 상황과 맞닥뜨렸다. 그날 오후 늦게, 그녀가 토메크를 따뜻한 옷으로 감싸자, 그는 그녀에게 혼자 내려가라고 고집을 부렸다. "토메크가 날 살리기 위해 내려가도록 강요했는지는 잘 모르겠습니다." 후에 그녀는 말했다. "그를 구하려면 내려가야 한다고 생각했습니다. 킨스호퍼 루트를 따라 3캠프까진 무사히 갈 수 있습니다. 그곳은 크레바스도 없고 아주 쉬우니까요. 하지만 3캠프를 지나선 더 이상 내려갈 수 없다는 사실을 난 알고 있었습니다. 3캠프는 감옥이나 마찬가지였습니다. 그곳에선 나도 구조를 기다려야 할 것 같았습니다. 따라서 그건 정말 위험천만한 결정이었습니다."

그녀는 3캠프에 도착했다. 하지만 그날은 구조 헬기가 뜨지 못한다는 사실을 알고 충격에 빠졌다. 루도비치는 그녀에게 무전을 해 3캠프에 있으면 아침에 구조대가 도착할 것이라고 말했다. "그러면, 난 토메크에게 올라가야 해." 그녀가 응답했다. "안 돼, 엘리. 헬기가 아침 일찍 올지도 몰라. 꼼짝하지 말고 그대로 있어." 그녀는 좌절감에 빠지고 화가 났다. 그녀는 후에 이렇게 회상했다. "그 시점에서 내가 하는 모든 것은 내 의지에 반하는 것이었습니다. 끔찍했습니다. 혼자서 산에 가면 위험을 받아들이고, 그런 조건들에 동의합니다. 하지만 구조작업이 진행되면 다른 사람에게 의존해야만 합니다. … 내가 통제할 수 있는 건 아무것도 없습니다. 내 생명조차도 말이죠."[27]

태양이 지평선 아래로 떨어지자, 엘리는 뼛속까지 파고드는 극심한 추위를 느꼈다. 그런데 시간이 얼마간 흐르고 나니 이상하게도 따뜻하고 안전하다는 느낌이 들었다. 아주 평화롭기까지 했다. 산에서의 많은 경험을 통해 그녀는 저체온증으로 죽음에 고통 없이 굴복하는 유혹을 떨쳐버릴 수 있었다. 그녀는 따뜻하다는 환상과 싸웠지만 곧 환각에 빠졌다. 한 여인이 그녀에게 상당한 대가를 요구하며 뜨거운 커피를 건넸다. 엘리는 부츠를 줘야 할 것 같았다. 의식이 오락가락한 그녀는 깨어보니 부츠를 옆에 벗어놓고 있었다. 그녀는 발이 얼마나 오랫동안 추위에 노출되었는지 알지 못했다. 다음 날 하루 종일 엘리는 헬기 소리를 기다렸고, 그들이 올라오고 있다고 알리는 메시지를 기다렸다. 그 어떤 것이든.

그녀는 이제 거의 패닉에 빠졌다. 전화기의 배터리가 다되기 시작했고, 밤이 점점 다가왔다. 오후 5시 28분, 그녀는 루도비치에게 메시지를 보냈다. "베터리가 다되고 있어. 구조대가 오지 않으면 죽을지 몰라." 저녁 6시 07분, 그녀는 마지막 메시지를 보냈다.

"내려가고 있음."[28]

엘리는 두 번의 고소 비박을 견디어냈다. 한 번은 부츠를 신지도 않고. 그리고 이제는 어둠 속에서 70도 경사의 얼음을 혼자 내려가려는 위험천만한 하산을 시도하고 있었다. 토메크에게 벗어준 따뜻한 벙어리장갑 대신 얇은 손가락장갑만 낀 채.

기존의 고정로프가 얼음과 눈에 묻힌 곳들에서 그녀는 카라비너를 빼고,

미끄럽고 부서지기 쉬운 얼음 위를 크램폰과 피켈로만 균형을 잡으며 천천히 조심스럽게 다운 클라이밍으로 내려갔다. 그녀가 물을 한 방울이라도 마신 것은 어느덧 60시간 전이었다. 그때 그녀의 헤드램프가 나갔다.

극도로 지친 그녀는 간간이 멈추었고, 피켈에 기대어 타오르는 갈증을 달래기 위해 눈과 얼음을 조금 핥았다. 하지만 바람이 불어와 체온을 재빨리 빼앗아가서 오래 쉴 수도 없었다. 구름 사이로 비치는 창백한 달빛에 의지해, 그녀는 아래로 또 아래로 계속 내려갔다. 천천히. 조심스럽게.

"여기에 있고 싶지 않아.'라고 나 자신에게 말했습니다. 난 그곳에 버려지고 싶지 않았습니다. 그 구간을 확보 없이 내려가자니 한 걸음 한 걸음에 집중해야 했습니다. 내 뇌는 포기하고 싶어 하지 않았습니다. 난 살아남고야 말겠다는 생각으로 그걸 터득했습니다." 그녀는 이렇게 회상했다. "난 내 몸 깊숙한 곳에 있는 에너지의 마지막 조각들을 찾으려고 노력했습니다."[29]

엘리가 혼자 외롭게 하강하며 사투를 벌이는 동안, 토메크는 산의 높은 곳에 남아 있었고, 네 명의 구조대원들은 두 대의 헬기에 나눠 타고 K2 베이스캠프를 떠났다. 1월 27일 오후 5시 10분, 조종사가 낭가파르바트 1캠프 100미터 아래 작은 바위 터에 구조대원들을 내려주었다. "헬기 조종사들은 대단히 위험한 이 작전을 위해 생명을 거는 위험을 무릅썼습니다." 데니스는 말했다. "덕분에 나와 아담과 다른 구조대원들은 대략 대여섯 시간을 절약할 수 있었습니다."[30] 그들은 재빨리 전략을 짰다. 그리하여 표트르와 야로스와프가 착륙 지점에서 지원조로 대기하는 한편 아담과 데니스가 킨스호퍼 루트를 올라갔다.

헬기에서 내린 지 20분이 지난 후 아담과 데니스가 그 산을 뛰듯이 올라갔다. 저녁 6시 22분 그들은 5,219미터에 도착했다. 밤 9시에는 5,670미터,

그리고 9시 44분에는 5,814미터. 그들은 계속 위로 올라가 6,100미터에 도달했다. 하산하는 엘리를 비춰준 그 달빛을 이용해 그들은 8시간 만에 무려 1,200미터를 올랐다. 데니스는 자신들의 놀라운 속도에 대해 이렇게 설명했다. "아담과 나를 비롯해 우린 K2 원정등반 이전에 훈련을 아주 많이 했습니다. 물론 고소적응도 이미 끝난 상태였고요. … 그게 짧은 시간 안에 많은 노력을 쏟아붓는 데 도움이 됐습니다." 그 둘은 이전의 등반으로 이미 그 루트를 알고 있었다. 하지만 그곳을 밤에 오르는 것은 전혀 다른 게임이었다. 그들은 될수록 가볍게 올랐다. 침낭도 없이, 먹을 것과 마실 것 약간, 비박색과 스토브, 가스, 여분의 벙어리장갑만 가지고.

그렇게 올라가면서, 그들은 기존의 고정로프는 잡지 않는다는 등산의 기본원칙을 깼다. "난 기존의 고정로프를 잡지 않고 등반한다는 나름대로의 원칙을 갖고 있었습니다." 아담은 말했다. "그리고 난 이곳에서, 내가 거의 목숨을 잃을 뻔했던 바로 이곳에서 야간등반을 하고 있었습니다. 유일한 도움이 고정로프였습니다. … 야간등반은 흔치 않습니다. … 우린 방법을 알고 있었지만, 너무나 추운 5,000미터 위 고소에서의 겨울에는 보통 그렇게 하지 않습니다. 우린 사실 선택의 여지가 없었습니다."

새벽 2시쯤 데니스가 엘리에게 도착했다.

"어느 순간, '아담, 그녀의 목소리가 들려!' 하고 데니스가 날카롭게 외치는 소리를 들었습니다." 아담은 말했다. "그리고 잠시 후 그가 다시 소리쳤습니다. '아담, 그녀야! 그녀!'"

데니스는 엘리를 아담에게 데려왔고, 아담은 그녀의 상태를 확인했다. "그녀는 심각한 동상에 걸려 있었고, 손을 움직이지 못했습니다. 카라비너를 열고 닫을 수조차도 없었습니다." 엘리는 아담과 데니스보다 더 가볍게 떠돌아다니고 있었다. 헤드램프도 없이, 배낭도 없이, 침낭도 없이. 동상에 걸린 손에 얇은 손가락장갑만 낀 채.

그들은 함께 걸터앉을 수 있는 턱으로 그녀를 옮긴 후, 손가락장갑을 따뜻한 벙어리장갑으로 바꿔 끼워주었다. 그런 다음 물을 조금 만들어 혈액순환을 도와줄 약을 주었다. 엘리는 자신의 외로운 하산, 환각 증세, 따뜻한 커피한 잔과 바꾸자고 요구한 환영의 여인에게 부츠를 벗어준 이야기를 들려주었다. 그녀는 그들에게 토메크에 대해 말했다. 그의 끔찍한 상태에 대해.

그들은 비박색을 펼치고 엘리를 가운데에 두어 바람을 막으려고 노력했다. "그녀는 다리를 내 위에 올려놓고 아담 쪽으로 누웠습니다." 데니스가 설명했다. 그들은 그녀가 잠드는 모습을 지켜보면서 어떻게 할 것인가를 조용히이야기했다. 그녀를 안전한 장소로 데려가 산에 묶어놓고 토메크에게 올라가야 하나? 엘리는 토메크가 움직일 수 없을 것이라고 말했었다. 들어서 데리고 내려와야 한다는 것이었다. "엘리를 두고 토메크에게로 계속 올라가면, 그녀는 죽을지 모른다고 생각했습니다." 아담은 설명했다. 그들은 둘이서 토메크를 데리고 내려올 수 없다는 것을 알고 있었다. 그리고 토메크는 헬기가 닿을 수 없는 높은 곳에 있었다. 그들은 토메크가 도저히 도와줄 수 없는 곳에 있다는 사실을 서서히 깨달았다. "곧바로 그런 생각이 들진 않았습니다." 아담이말했다. "누구나 잠시 고민하게 됩니다."[31]

"엘리사베스를 구조해야 해." 데니스가 말했다.

그녀는 손을 쓸 수 없어, 그들 밑에 있는 가파른 지형을 로프로 하강할 수 없었다. 다행히, 그녀의 다리가 여전히 어느 정도는 움직일 수 있었다. 그래서 완만한 지형에서는 혼자서 움직일 수도 있었다. 그들은 동시 하강을 하면서 번갈아 그녀를 내려 설원으로 옮겼다. 오전 11시 30분, 그들은 동료와 헬기가 있는 1캠프에 도착했다. 그들은 응급처치를 위해 우선 그녀를 베이스캠프로 이송했다. 그런 다음 스카르두의 병원으로, 다음 날에는 이슬라마바드로. 1월 30일 그녀는 동상을 치료 받기 위해 프랑스로 돌아왔다. 그러는 동안 엘리는 토메크에 대한 구조작업이 계속 진행되고 있다고 생각했다. "내가 프랑스로

낭가파르바트에서 극적인 구조에 성공한 데니스 우루브코와 엘리사베스 레볼, 아담 비엘레츠키
(사진:아담 비엘레츠키)

돌아오는 동안 그가 죽어가고 있었는지 (아니면 이미 죽었는지) 난 알지 못했습
니다." 그녀는 후에 이렇게 말했다. "난 그가 살아날 수 있다고 믿었습니다. 그
는 언제나 살아났으니까요. 난 그가 살아 있다고 너무나 확신했습니다."

엘리는 그레노블에 있는 재활센터에서 2개월을 보내기 전에 발가락 네
개와 손가락 일부를 잘랐다. 그리고 오랫동안 천천히 고통스러운 회복 과정을
거쳤다. 엘리는 선수다. 그래서 그녀는 신체적 재활을 이겨낼 수 있었다. 그녀
는 필요한 시간에 해야 하는 자기 규율을 지키고, 기대를 다루고 합리적 목표
를 설정할 수 있을 만큼 총명했다. 하지만 감정적 치유는 전혀 다른 문제여서
몹시 힘들어했다. 구조를 당한 지 2주 후 페이스북에 올린 메시지에서 그녀는
자신의 감정을 이렇게 표현했다.

토메크와 나는 정상이 쉽지 않다는 것을 알았습니다. … 토메크에게 정말 감사하고 싶습니다. 이 산에 대한 놀라운 집착에 … 이 산의 동계등정이 평생 그를 신명나게 해왔다는 사실을 다른 사람들은 이해하기 어려울 것입니다. … 토메크의 부인 안나와 세 자녀가 생각납니다. 아마도, 그들은 아빠의 죽음과 관련된 정상의 과업이 말도 안 된다고 생각할지 모릅니다. … 이 딜레마를 어떻게 풀어야 할까요? 내가 견해를 밝힐 입장은 아닙니다. … 그들의 아버지의 열정이 너무나 고상해 어느 누구든 '올바른' 답에 이르기가 쉽지 않을 것입니다.

토메크에 대해서는 모두 서로 다른 의견을 가지고 있는 것 같았다. 명성 있는 많은 폴란드 클라이머들에게 그는 조롱의 대상이었다. 훈련도 하지 않고, 규율도 없고, 교육도 받지 못하고, 장비도 열악하고, 고상한 환상만 가지고 있는… . 하지만 거친 정신을 가진 이 사람에 대해 보이테크 쿠르티카는 달리 생각했다. "그의 행동에는 예술성이 있습니다." 그는 말했다. "그의 죽음은 대단히 슬픈 일입니다."[32] 아담 역시 그를 관대하게 평가했다. "그는 프로였습니다. 그는 낭가파르바트를 한겨울에 올랐습니다. 그건 믿을 수 없는 성취입니다. 토마시는 자신의 규칙에 따라 이 게임을 할 권리를 갖고 있었습니다."[33] 하지만 아담처럼 친절한 사람은 많지 않다.

훗날 안나는 엘리와 토메크에 대해 이렇게 언급했다. "이 얘기는 한 남자와 한 여자에 대한 것이기 때문에 위대합니다. 그녀는 매우 섬세한데, 그는 그런 점에 매료됐습니다. 그녀가 여자였다는 사실을 난 좋아합니다. 그들은 대단한 팀이었습니다. 그들은 힘이 서로 달랐지만 공통의 열정을 갖고 있었습니다." 슬픔을 가누지 못하면서도 안나는 상실을 정당화하기 위한 어떤 의미를 찾으려고 노력했다. "그럴 수밖에 없었다는 느낌이 듭니다. 어떤 면에선 우리의 운명이었습니다. 이유는 잘 모르겠지만, 아마도 그게 그의 죽음을 이해하는 한 방법이 아닐까요. 일종의 운명 말입니다." 자유를 사랑하고, 자신의 인생을 선택할 권리를 가지고, 그렇게 끝낸 한 사람. 죽을 때까지의 자유. 이런 생각을 위해 죽을 수 있는 권리. 그는 자신의 길과 그것을 끝낼 권리를 선택했다. 그녀는 한숨을 내쉬며 이렇게 덧붙였다. "난 어떻게든 이 죽음을 더 좋은 의미로 이해해야 합니다."

엘리에게, 슬픔과 동시에 혼자만 살아남았다는 죄의식은 견딜 수 없을 만큼 컸다. "우린 처음 만난 순간부터 잘 어울렸습니다." 그녀는 말했다. "나만큼 자유롭게 얘기할 수 있는 사람이 이 세상에 아무도 없었다고 그는 말했습니다. 그는 나에게 모든 걸 얘기하고 또 얘기했습니다. 자신의 인생에 대해, 자신의 감정에 대해, 낭가에 대한 자신의 사랑에 대해. 산에 있으면 우린 텐트 안에서 시간 가는 줄 모르고 얘기를 나눴습니다. … 쉬지 않고 얘기하고 웃었습니다. 그는 안나에 대한 모든 것도 들려줬습니다. 그녀는 아름다운 사람이고, 자신의 앵커로 균형을 잡아준 사람이라고. 자신으로부터 그녀를 보호해주기를 원하는 만큼 그는 그녀를 극진히 생각했습니다." 비극이 일어난 후에야 비로소 안나를 처음 만난 엘리는 그 만남을 이렇게 묘사했다. "안나를 처음 만났을 때 토메크로부터 들은 얘기가 있어서 난 그녀의 모든 걸 알고 있었습니다." 그녀는 웃으며 말했다. "그녀는 그가 말한 것과 똑같았습니다. 아름답고, 평화롭고, 친절하고, 강하고, 누구나 돌봐주길 원하는…. 그녀는 놀라운 사람이었습니다."

토메크와의 마지막 몇 시간을 되돌아보던 엘리는 슬픔의 감정을 주체하지 못했다. "돌아오지 못하는 순간을 그가 언제 넘었는지 잘 모르겠습니다. 그걸 전혀 알아채지 못했으니까요." 그녀는 말했다. "우린 언제나 각자 등반했습니다. 우린 속도가 달랐습니다. 난 훨씬 더 빨랐고, 게다가 페리와 얘기를 나누려면 그는 혼자 있을 필요가 있었습니다. 그는 언제나 자신만의 페리에게 '손짓'했습니다. 한데 그건 혼자 있을 때만 가능합니다. 나 역시 혼자 있길 좋아합니다." 2018년 낭가파르바트 정상에 오르던 날이 꼭 그랬다.

PTSD로부터 여전히 끔찍하게 시달리는 엘리는 마침내 토메크에게 작별의 편지를 썼다.

오늘 나는 당신께 작별의 편지를 씁니다. 하지만 안녕이라는 말로 이 편지를 끝내고 싶지는 않습니다. 그것은 여전히 불가능합니다. 당신과 함께한 순간은 참 특별했습니다. 나는 놀라움을 느꼈습니다. 우리는 함께 아름답고 실제적인 어떤 것을 해냈습니다. …

당신은 위대한 사람, 기념비적인 사람, 신화, 겨울의 천재였습니다.

당신이 언제 극한의 선을 넘었는지 나는 알지 못합니다. 그 징후를 알았더라면 얼마나 좋았을까요. 언제 당신을 잃기 시작했는지, 언제 당신이 돌아오지 못하는 선을 넘어섰는지 나는 알지 못합니다. 당신은 그것을 느꼈나요?

당신과 같은 사람과의 만남은 드물고 특별합니다. 당신은 낭가의 신사였습니다. … 당신은 꿈을 꾸고 그 꿈의 끝자락까지 갈 수 있는 에너지와 힘을 가지고 있었습니다.

낭가는 당신의 글, 당신의 영감, 당신 인생의 책이었습니다.

…

자신이 이제껏 살아온 존재로 남아준 토메크, 당신께 감사드립니다.

구조가 이루어지고 몇 개월 후, 데니스와 아담, 표트르, 야로스와프에 대한 자코파네, 롱데크Lądek, 크라카우의 폴란드 산악축제에 모인 일반 대중들의 반응은 뜨거웠다. 2천 명의 사람들이 그들에게 공경과 감사를 표시했다. 여전히 PTSD로 끔찍하게 시달리는 작고 연약하고 감정적인 엘리는 무대에 올라 데니스와 아담의 포옹의 포로가 되었다. 그리고 마침내 토메크의 미망인 안나는 남편의 마지막 파트너였던 엘리와 궁극적으로는 꿈에 그리던 산에 남편을 그대로 내버려둘 수밖에 없었던 구조대원들에게 다가갔다. 가슴에 사무친 그 많은 애정과 감사와 비통으로 가득 찼다. 그리고 그것은 슬픔의 순간들에 대한 치유였다.

미국산악회가 구조대원들에게 '다른 사람을 도운 행위'로 데이비드 소울스 상David Sowles Award을 이례적으로 수여하자, 아담이 팀을 대신해 소감을 발표했다. "비록 우리가 위험을 추구하기 위해 산에 가는 건 아니지만, 위험은 항상 그곳에 있습니다. 우린 위험을 껴안아야 합니다. 우린 그걸 받아들여야 합니다. 우린 그걸 온전히 자각해야 합니다. 등반의 목표를 달성하는 과정에서 우린 공포를 마주하며 한계를 시험합니다. 하지만 가끔 우린 잘못된 한계 상황으로 우리 자신을 밀어 넣습니다. 이때야말로 우리가 동료 클라이머들을 도와야 하는 순간입니다."

몇 개월 후, 프랑스 정부는 구조팀에 시민으로서는 최고의 영예인 '레지옹 도뇌르the Legion of Honour' 훈장을 수여했다.

———

1년 후, 드라마가 다시 펼쳐졌다. 다니엘레 나르디가 낭가파르바트의 머메리 스퍼로 돌아온 것이다. 벌써 다섯 번째였다. 그의 파트너는 영국의 젊은 알피니스트 톰 볼라드Tom Ballard였다. 1995년 K2에서 사망한 앨리슨 하그리브스 Alison Hargreaves의 아들인 톰은 클라이머로 태어났다. 그는 태어나기도 전에 이미 클라이머였다고 농담을 하곤 했는데, 그의 어머니가 1988년 임신 6개월의 몸으로 아이거 북벽을 등반했기 때문이다. 하지만 다니엘레가 톰을 먼저 초청한 것은 아니었다. 퀘벡 출신의 루이 루소에게 미등으로 남은 낭가파르바트의 이 루트에서 열정을 함께 나눠보자고 설득하는 데 성공해 그를 먼저 초청했다. "머메리 스퍼의 등반선을 사랑해. 그곳을 여러 번 시도했는데, 그곳의 등반에 필요한 것이 무엇인지 아는 경험을 쌓았기 때문에 한겨울에 신루트를 개척하고자 해. 따라서 네가 이 위대한 모험에 참가해 그곳으로 다시 가서 머메리의 발자국을 따라 고소등반의 중요한 페이지를 쓴다면, 그건 정말 환상적일 거야."

루이는 거절했다. 그의 대답은 사려 깊고 예언적이었다. "낭가는 산악인들에게 최면을 거는 산이야. 나 역시 최면에 걸렸었는데, 낭가에 도전하는 사람은 누구나 그 대가를 치른다는 사실을 이제야 알게 됐어. 내가 알고 있는 사람 중 그 최면에 걸린 사람은 누구나 결과적으로 죽거나, 아니면 신체의 일부를 잃었어. … 마의 산의 저주를 난 믿어. 낭가는 다른 산과는 달라. …" 루이는 다니엘레를 단념시키려고 노력했다. "이봐, 친구. 만약 내가 네 입장이라면, 난 낭가의 동계등반을 고집하지 않아. 매력적이라는 건 알아. 하지만 넌이미 몇 번이나 그곳에 갔었어. 진정한 모험은, 이게 훨씬 더 어려운데, 그걸포기하고 다른 꿈을 좇는 거야. … 머메리 스퍼는 언제나 너의 아이디어, 너의비전, 너의 영감이야. 하지만 이 페이지를 영원히 넘겨버리면 넌 전혀 다른 사람이 된다는 사실을 받아들여야 해. 우리의 커다란 꿈 안에는 최악의 악몽이숨어 있어, 다니엘레. 이걸 난 낭가에서 배웠어. 낭가파르바트 동계등반이 나의 다음 꿈이 되진 않을 거야. 미안해."

다니엘레는 그의 결정을 받아들였다. 하지만 그의 충고를 무시하고 이렇게 말했다. "난 머메리 스퍼를 등반하고 싶어. 그래서 이 장章을 끝낼 거야. … 난 다른 생각보다는 그냥 세상을 바꾸고 싶어."

2019년 2월 24일, 다니엘레와 톰은 마지막 무전을 보냈다. 그들은 머메리 스퍼의 6,200미터에 있었다. 인도와 파키스탄 사이에 긴장이 일어나 파키스탄

영공이 폐쇄되는 바람에 항공 수색이 지연되었다. 3월 4일 파키스탄 육군이 헬기를 K2 베이스캠프로 보내, 알렉스 치콘과 그의 동료들을 낭가파르바트로 데리고 가서 그 산을 수색하도록 했지만, 그들은 아무것도 찾지 못했다. 머메리 스퍼와 인접한 킨스호퍼 루트를 따라 12번이나 훑었지만, 그 둘에 대한 어떤 흔적도 찾을 수 없었다. 발로, 헬기로 그리고 드론까지 동원해 며칠 동안 수색이 이어졌다. 마침내, 3월 9일 톰과 다니엘레의 시신이 머메리 스퍼의 3캠프 위 5,900미터 부근에서 망원경에 포착되었다. 시신을 회수하자는 논의가 있었지만, 볼라드의 가족이 어느 누구도 더 이상의 위험을 무릅쓰지 말라고 요청했다. 수색은 그대로 종결되었다.

그때 시모네 모로가 머메리 라인은 '자살 루트'이며, 동계에 머메리 스퍼를 시도하는 것은 러시안 룰렛 게임을 하는 것이나 마찬가지라고 말하며 끼어들었다. "어려운 루트가 있고, 위험한 루트가 있습니다. 머메리 스퍼는 125년 동안 미등으로 남아 있다는 사실로 보아 위험한 루트입니다." 후에 그는 이렇게 자신의 발언을 완화했다. 그는 다리오 로드리구에스*Darío Rodríguez*와의 인터뷰에서 이렇게 이어갔다. "왜, 나르디는, 다섯 번을 시도하는 동안, 다른 파트너와 갔을까요? 다시 돌아가고 싶어 하는 사람이 아무도 없었기 때문입니다."

이탈리아의 산악 작가 비니치오 스테파넬로*Vinicio Stefanello*는 다니엘레의 머메리 스퍼에 대한 열정을 이렇게 추억했다. "매년 다시 시도하기 위한 힘과 일관성을 찾는 것은 … 어떤 일이 일어날지 정확히 아는 상황에서 … 일반적이지 않습니다. … 동계 낭가파르바트는, 전설적인 머메리 스퍼 역시, 나르디가 명백하게 그것 없이는 할 수 없는 어떤 것이었습니다."

다니엘레는 진정으로 역사적인 등반을 갈망했다. 히말라야 역사의 연대기에 기록될 등반, 그의 말마따나 '세상을 바꿀 만한' 등반. 슬프게도, 이 모든 것은 그의 가족, 톰의 가족, 그들의 친구들, 그리고 그들을 걱정한 산악계를 바꾸고 말았다.

훗날 다니엘레의 가족은 낭가파르바트로 떠나기 전에 펜으로 쓴 그의 메모를 공개했다. 그는 이렇게 썼다. "나는 놀랍고 불가능한 어떤 것을 하려고 노력한 젊은이로 기억되고 싶다. … 만약 내가 돌아오지 못한다면, 나는 내 아들에게 이런 메시지를 남기고 싶다. '멈추지 마. 포기하지 마. 네가 하고 싶은 것을 해. 이 세상에 평화를 실현하려면 단지 아이디어만이 아니라 더 훌륭한 사람이 있어야 해. … 이것은 그럴 만한 가치가 있어.'"

과연 그의 말에 모두가 동의할까?

순혈종을 위한 산

이곳에서 나는 다른 종류의 고도를 찾는다.
기본적으로 땅에 바탕을 둔 등반의 양상을 인식하는 겸손이랄까. …
정신의 고도와 육신의 한계에 대한 가혹한 노력을 나는 추구한다.
미세한 차이에서, 현미경으로밖에 볼 수 없는 당혹스러운 수준으로,
오래전 얼핏 봤을지 모르는 유령의 정상을 나는 찾는다.
그것을 시야에서 놓친 적이 결코 없어서, 이제는 더 이상 바랄 것이 없다.

피터 빌Peter Beal 『탈출 루트Escape Route — 카오스, 캐니언, 콜로라도Chaos, Canyon, Colorado』[1]

K2 — 8,611m

K2는 산악인의 산이다. 압도적이고, 위엄이 있고, 복잡하고, 가파르다. K2는 지구상에서 가장 극적인 산군이라고 할 수 있는 카라코람의 이웃한 산들 가운데서도 그 위용을 뽐낸다. 너무나 거대해서 날씨를 스스로 만들어내는 그 산의 정상은 믿기 어려운 제트기류에 의한 차가운 수평 구름 속에서 마치 화환을 두른 듯하다. 끔찍한 눈사태는 우르르 쏟아져 내리면서 수백만 개의 조각으로 폭발해, 얼음과 눈의 가루로 된 안개를 자욱이 만들어낸다. 그 남벽은 신비할 정도로 완벽한 자태를 뽐내는데, 버트레스와 능선들이 마지막 정상 피라미드를 향해 사정없이 치고 올라간다. 남서벽은 검푸른 하늘을 가르며 송곳니처럼 위로 치솟는다. 그리고 동벽은 축 처진 얼음의 담요를 두른 듯하며, 서벽은 발가벗겨져 뼈만 남은 산의 앙상한 구조를 드러낸다. 1990년 이곳을 등반한 미국 알피니스트 스티브 스벤손은 이 산을 이렇게 묘사했다. "무질서와 질서 사이의 절대적 대칭 … 날카로운 능선과 깎아지른 벽은 거대한 수정의 면들처럼 교차해, 알파인 꿈의 완벽한 형상화 같은 외형을 만들어낸다."[2]

'무자비한 산'으로 알려진 K2는 파키스탄 최고봉이며, 세계적으로는 두 번째로 높다. 사방이 깎아지른 그 산은 'K 봉우리들' 중 하나로, 기호로만 지명된 초창기부터의 신비한 아우라를 고스란히 간직하고 있다. 그러나 영국 작가

로버트 맥팔레인Robert Macfarlane이 주목한 바와 같이, 신비한 그 산은 사람을 유혹했다. "미지의 세계야말로 상상력을 자극한다. 왜냐하면 그것은 상상력을 구사해 두들겨 팰 수 있는 공간이기 때문이다. 그곳은 문화나 개인이 공포나 영감을 투영할 수 있는 화면이다. 메아리가 울리는 동굴처럼, 그 미지의 세계는 무슨 소리를 지르든 그대로 되돌려줄 것이다."[3]

하지만 기하학적으로 완벽한 이 수정의 산에 가장 큰 반향을 불러일으킨 사람은 이탈리아의 작가이자 사진가이고, 학자이며 산악인인 포스코 마라이니Fosco Maraini일 것이다. "K2라는 이름은 우연히 붙여졌다. 그런데 놀라운 독창성 중 하나가 바로 그 이름으로, 판타지를 살짝만 건드려도 예언적이며 신비하다. 짧지만 순수하고 단호한 그 이름은 황량한 음절을 꿰뚫을 만큼 기억의 환기로 가득 차 있다. 그리고 동시에, 그 이름은 신비와 암시가 넘치고, 경쟁과 종교, 역사, 과거를 한낱 휴지조각으로 만든다. 어느 나라도 그 산의 소유를 주장하지 않으며, 그 산은 위도도 경도도 지형도 사전적 의미도 없다. 아니, 그 산의 이름을 발가벗겨보면 온통 바위와 얼음과 폭풍과 심연이다. 그리하여 인간다운 인간은 감히 꿈도 꾸지 못하게 한다. 그것은 원자이며 별이다. 그것은 최초의 인류 앞에 나타난 세계의 민낯을 그대로 간직하고 있다. 그것이 아니라면, 종말 끝에 오는 재로 된 지구의 모습이다."[4]

히말라야 동계등반의 원조인 안드제이 자바다는 언제나 K2 동계등반을 노려 왔다. 그는 그것이 어려울 것이고, 치밀한 계획을 필요로 할뿐더러 날씨의 운도 많이 따라야 한다는 것을 잘 알고 있었다. 그리고 물론 자금에 대한 것까지도. 다만 그는 이 모든 요소를 하나로 묶는 것이 너무나 어렵다는 것만 알지 못했다.

K2와 폴란드 산악인들의 인연은 깊다. 반다 루트키에비치는 1986년 여

성 최초로 그 산을 오른 폴란드 알피니스트였다. 같은 시즌에, 유레크 쿠쿠츠카와 타데크 표트로브스키는 그 산의 남벽에서 재등이 되지 않은 과감한 신루트를 개척했고, 야누시 마이에르는 미래지향적인 '매직 라인'을 등반한 팀을 이끌었다. 폴란드 알피니스트들이 지구상에서 두 번째로 높은 그 산을 동계에 초등하는 것은 당연한 것처럼 여겨졌다. 1980년 그들은 최고봉 에베레스트를 첫 번째 시도 만에 신속하게 해치웠다. 하지만 카라코람의 서쪽 오지에 자리 잡은 K2는 에베레스트보다 훨씬 더 북쪽에 있으며, 난폭한 시베리아의 겨울 폭풍으로 공격 받는 직선상에 있다. 그 상단부 사면은 서쪽에서부터 으르렁거리며 달려드는 제트기류에 무방비로 노출된다. 이런 조건에서 텐트를 치는 것은 불가능하며, 하나를 겨우 친다 해도 거센 바람이 텐트 옆을 마구 때려 들썩거리게 만든다.

보다 북쪽에 자리를 잡는 것은 또 다른 문제를 일으키는데, 처음에는 그것이 분명하게 드러나지 않는다. 지구의 대기압은 적도에서부터 거리가 멀어질수록 줄어든다. 북위 36도의 K2는 가장 북쪽에 위치한 8천 미터급 고봉이며, 따라서 적도에서 가장 멀리 떨어져 있다. 카라코람의 기상이변을 심도 있게 연구한 미하우 피카Michał Pyka는 이렇게 설명한다. "적도의 두꺼운 대류권은 대략 14킬로미터이다. 반면 북극의 겨울에는 그 두께가 6킬로미터밖에 안 된다. K2의 지리적인 위치와 그 고도로 인해 7,500미터 위는 대기압이 몹시 낮은데, 특히 겨울에 더욱 그렇다. 그것은 에베레스트나 더 남쪽에 위치한 어떤 8천 미터급 고봉의 비슷한 고도보다도 훨씬 더 낮다. 간단히 말하면, 산소를 찾을 수 있는 대기가 적다는 것이다." 더불어 피카는 낮은 기압이 상당히 불안정한 상태를 연출해, 기압이 갑자기 떨어질 가능성을 높인다고 주장한다. "나의 견해로 보면, K2의 높은 곳을 올라가려는 사람들은 대기압과 기온을 마치 우주 비행사처럼 아주 면밀하게 자주 확인해야 한다." 카를 가블은 이 이론을 완전히 무시한다. 그는 8,000미터에서는 기압의 감소가 가능하지만, 그렇다 해도 클라이머들의 행동에 크게 영향을 줄 만큼은 아니라고 주장한다.

이런 모든 도전적인 요인에도 불구하고, 안드제이 자바다는 여전히 그곳의 동계등정을 꿈꾸고 있었다.

1981년, 안드제이는 강연을 하기 위해 몬트리올을 방문했다. 그런데 그가 캐나다에 머무르고 있는 동안 폴란드에서는 계엄령이 선포되어 전국이 혼란에 빠졌다. 안드제이는 소비에트 치하의 폴란드를 맨발로 탈출해 캐나다로 이주한 후 자신과 가족을 위해 새로운 삶을 개척해나가고 있는 폴란드 산악인 자크 올레크Jacques Olek의 집에서 등걸잠을 자며 계속 머물렀다. 자크는 퀘벡의 젊은 클라이머들을 주시하고 있었고, 안드제이는 폴란드에서 같은 일을 하고 있었기 때문에 그들은 자연스럽게 친구가 되었다. 우정이 깊어지자, 안드제이는 자크를 자신의 K2 꿈에 끌어들였다. 첫 번째 단계는 그 산에 대한 정찰이었다. 그리하여 1983년 안드제이와 자크는 그 산을 둘러보러 발토로로 여행을 떠났다.

처음에 파키스탄 정부는 K2에 대한 동계등반 허가서 발급을 머뭇거렸다. 하지만 안드제이가 자신의 이전 8천 미터급 고봉 동계등정으로 당국을(그리고 지아 대통령을) 감동시키자, 그들은 마침내 동의했다. 애정을 담아 '백만 달러짜리 K2 헬기 원정대'로 불린 1987~1988년 여행은 낭비의 전형이었다. 안드제이는 캐나다 정부로부터 경제적인 지원을 받았고, 아웃도어 회사 카리모어Karrimor로부터도 고소 의류를 후원받았다. 그 옷은 더 이상 플란넬이 아니라, 셔츠 끝까지 버튼으로 채우는 새로운 모델이었다. 원정대는 폴란드인 24명, 캐나다인 7명, 영국인 4명으로 구성되었다. 그해 10월 안드제이는 250명의 포터를 고용해 장비를 베이스캠프까지 나르도록 조치했다. 하지만 폭설로 인해 카라반이 발토로 빙하의 중간에서 발이 묶이자, 포터들이 짐을 버리고 도망갔다. 10월 말 그 팀이 도착했을 때 장비는 발토로 빙하 중간쯤에 그대로 널브러져 있었다. 안드제이는 포터를 20명 더 고용해, 그 짐을 베이스캠프로 나르도록 했지만 그런 노력으로도 충분하지 않았다. 유일한 해결책은 헬기였다. 안드제이의 외교적 수완과 폴란드, 캐나다, 영국 대사들의 노력 덕분에 지아 대통령이 헬기 운송을 지시했다. 그리하여 원정대 비용이 급속히 불어났고, 결과적으로 그것은 안드제이에게 승리의 압박으로 작용했다.

날씨는 협력적인 작업을 방해했다. 간헐적으로 좋은 날씨는 기껏해야 하루나 이틀 정도 지속되었는데, 그 산의 높은 곳으로 올라가기에는 턱없이 부족했다. "밤엔 아름다운 별들이 반짝여 모든 사람이 올라갈 준비를 하지만, 그건 언제나 환상으로 끝나곤 했습니다." 크지슈토프 비엘리츠키는 이렇게 회상했다. "우리가 산에 발을 딛는가 싶으면 날씨가 다시 나빠지곤 했습니다. … 그래도 우린 오래 기다리면 성공할 거라고 믿었습니다."**5**

역경과 싸우며, 그들은 1월 5일 아브루치 능선 6,100미터에 1캠프를 설치하는 데 성공했다. 그리고 며칠 후, 크지슈토프와 그의 에베레스트 동계 등정 동료 레셰크 치히가 6,700미터에 2캠프를 쳤다. 그때 폭풍이 몰려와서 몇 주 동안 꼼짝없이 베이스캠프에 갇혔지만, 마침내 3월 2일 크지슈토프와 레셰크가 7,300미터에 3캠프를 설치했다. "믿을 수 없었습니다. 여름이라면 그 고도까지 4일이면 올라갈 수 있으니까요." 크지슈토프가 말했다. "우린두 달이 걸렸습니다."**6** 3월 6일, 로저 미르*Roger Mear*와 장-프랑소와 가뇽*Jean-François Gagnon*이 그들과 합류했다. 하지만 그날 밤 허리케인급 바람이 캠프를 덮쳐, 동상에 걸린 로저와 장-프랑소와는 다음 날 도움을 받아가며 하산해야 했다.

알레크 르보프는 그 원정등반을 주로 기다리고, 또 기다려야 하는 것으로 기억했다. 그것이 바로, 90일간의 노력을 기울인 후에, 그와 마치에이 베르베카가 또 다른 모험을 찾아 브로드피크로 도망친 이유였고, 먼 훗날 마치에이의 죽음을 가져온 집착의 시작이기도 했다. 안드제이는 브로드피크의 계획을 지지해 팀을 혼란에 빠뜨렸다. 크지슈토프는 — 그리고 다른 사람들은 — K2

1988년 폴란드의 K2 동계등반 시도 중 하우스 침니*House's Chimney*를 오르는 레셰크 치히
(사진: 크지슈토프 비엘리츠키 아카이브)

등정에 결의를 다지고 있었다. "동기를 부여받을 계기가 있었는지도 잘 모르 겠습니다." 그는 빈정대듯 이렇게 덧붙였다. "우린 K2 등반이 일종의 한계점 에 도달하고 있다고 생각했습니다. 모두 손을 모아 돕기를 원했습니다. 그런 데 그때 자바다가 그 두 친구를 브로드피크로 보내려 한다는 사실을 알게 됐 습니다. 마치 우리의 성공을 믿지 못하겠다는 듯이. 위쪽 높은 곳에서 우린 정 말 심각했습니다. 베이스캠프에 있던 친구들도 많이 화가 났습니다."[7]

계획의 변경으로, 석 달이 넘는 동안 '좋은' 날씨를 겨우 열흘만 경험한 K2 원정등반은 그대로 끝나고 말았다. "날씨가 우릴 속였습니다." 후에 안드제이 는 말했다. "하지만 우린 우리가 할 수 있는 것, 인간으로서 가능한 모든 걸 다 했기 때문에 자책하지 않았습니다. … 씁쓸했지만, 동시에 그 원정등반은 나 에게 성공의 유포리아와 달리 나 자신을 되돌아보게 했습니다. 신경을 날카롭 게 하면서 몹시 지치게 만든 베이스캠프에서의 날들이 우리에게 어떤 교훈을 주었나? 베이스캠프 위에서의 날들은 우리에게 무엇을 가르쳤나? 최악의 컨 디션에도 등반을 하려고 한 사람들은 그들이었기 때문에 나는 내 파트너들을 당연하게 받아들일 수밖에 없었습니다. 그들은 결코 유머감각과 미소를 잃지 않았습니다. 그때 그건 내게 아주 큰 의미로 다가왔습니다."[8]

안드제이는 K2 동계등정에 대한 자신의 꿈을 버리는 대신 관심을 중국 쪽으로 돌렸다. 그것은 아주 값비싼 대안이었다. 겨울에 K2에서 또 다른 도전 이 감행된 것은 그로부터 10년이 흐른 후였고, 그 원정등반은 안드제이가 이 끈 것도 아니었다.

K2를 북쪽에서 오르기 위해, 안드제이는 원정대가 겨울에 낙타를 이용해 베 이스캠프에 갈 수 있는지 알아야 했다. 그는 1999년 자크 올레크와 그것을 알 아보기 위해 정찰을 계획했지만 병으로 여행을 갈 수 없었다. 그리하여 다레

크 자워스키가 그를 대신했다. 처음에 중국인은 낙타 이용을 거절했다. 하지만 다레크와 자크가 테이블 위에 4천 달러를 내놓자, 그 중국인은 현금을 잽싸게 서랍에 집어넣었고, 곧 낙타를 데려왔다. 그들은 곧 사실을 알게 되었는데, 낙타가 베이스캠프까지 가는 데는 아무 문제가 없었다.

2000년 2월, 안드제이의 건강이 더 나빠져, 그로부터 6개월 후 사망했다. 폴란드 산악계는 충격에 빠졌다. 불멸의 지도자였던 안드제이가 가버린 것이다. 그는 종종, 길고 지루한 질병으로 죽느니 차라리 산에서 죽겠노라고 말했었다. 그는 자신의 소망을 반쯤 이루었다. 암이 너무 빨리 퍼져 천천히 병약해질 수 없었다. 다레크는 그에게 탄복한 나머지 이렇게 말했다. "자바다와 함께라면 어디든 가겠습니다." 자크도 동의했다. "그는 영혼을 깊이 공경하는 아이디어를 밀어붙이고, 보통을 뛰어넘는 능력을 공유하는 한 인간의 궁극적인 증거였습니다." 섣달 그믐날 밤을 안드제이와 함께 보낸 크지슈토프는 슬픔을 가누지 못했다. "안드제이는 파티의 분위기 메이커였습니다. … 그는 마지막까지 무대에 남아 춤을 추었습니다." 크지슈토프는 이렇게 기억했다. "그는 항상 흥미진진한 얘깃거리를 가지고 있었습니다. 그리고 무엇보다도, 믿을 수 없을 정도로 교양이 있었습니다. 그는 자신의 후배들에게 어떤 상황에서든 최선을 다하도록 영감을 주었습니다. … 특별한 카리스마가 있었고, 하나의 팀에 동기를 부여할 수 있는 능력이 있었습니다."[9]

여전히 자신의 멘토를 애도하는 크지슈토프 비엘리츠키는 2002~2003년 14명의 대원을 이끌고 K2에 가려 했던 안드제이의 책임을 이어받았다. 동구권의 노력으로, 그 팀에 폴란드, 조지아, 카자흐스탄, 우즈베키스탄 출신 산악인들이 합류했다. 그리고 폴란드에서 가장 큰 TV 회사인 네티아*Netia*도 매일같이 황금시간대에 뉴스를 내보내기 위해 그곳으로 갔다. 추가적인 지원조까지 합류하자 그 팀은 30명 이상으로 늘어났다.[10]

키르기스스탄의 수도 비슈케크로 날아간 폴란드인들은 다른 사람들을 만나 함께 카슈가르로 간 후, 그곳에서 다시 지프를 타고 중국인들의 국경 검문소가 있는 일리크로 갔다. 그곳에서부터는 다채로운 색상으로 장식된 70마리의 낙타 카라반이 6톤에 달하는 그들의 장비와 식량을 운반했다. 그들은 4,805미터의 아길 고개Aghil Pass를 넘어, 샥스감강Shaksgam River으로 내려간 다음, 코기르 계곡Qogir Valley까지 계속 올라갔다. 그렇게 해서 12월 30일 5,100미터의 베이스캠프에 도착했다.

그들은 크지슈토프가 이미 여름에 올라 잘 알고 있는 일본의 북서 리지 루트에서 곧바로 작업에 들어갔다. 데니스 우루브코를 비롯한 구소련의 알피니스트들은 맹렬한 힘을 과시하며 6,000미터의 커다란 설동 안에 위치한 1캠프까지 수백 미터의 고정로프를 설치했다. 겨울바람이 산에서 눈을 날려버려, 눈사태의 위험이라는 관점에서 보면 좋은 신호였지만, 콘크리트같이 강하고 점판암같이 검은 얼음이 남아 있었다. 이 루트에서 눈 위를 쉽게 걸어갈 수 있는 곳은 없을 것 같았다. 크지슈토프가 야체크 베르베카Jacek Berbeka(마치에이의 동생)와 함께 바위 장벽에 고정로프를 200미터 이상 설치하자, 2주 동안 폭풍이 주기적으로 몰려왔다. 1월 하순, 파블리코브스키와 다레크 자워스키가 2캠프에서 자고 있을 때 난폭한 바람이 텐트를 부수는 바람에 그들은 동이 트자마자 도망쳐 내려와야 했다. 그리고 날씨가 너무 험악해져 모든 사람이 베이스캠프로 피신했다.

그런데 폴란드인들과 나머지 사람들 사이에 문제가 일어났다. 구소련 출신의 클라이머 셋(기아 토르틀라제Gia Tortladze, 일야스 투흐바틀린Ilyas Tukhvatullin, 바실리 피브초프Vassili Pivtsov)이 원정대를 떠나자 그들은 충격에 빠졌다. "깜짝 놀랐습니다." 크지슈토프는 말했다. "그건 원정등반 참가에 대한 전혀 다른 철학의 결과였습니다. … 비록 그들이 떠난 공식적인 이유는 고기가 부족하다는 것이었지만. 부당했기 때문에 이상했습니다. 그건 그냥 지어낸 말이었습니다."[11] 하지만 데니스는 머물기로 했다. 그의 힘과 의지가 팀에 꼭 필요했던 크지슈토프는 무척 안도했다. "그는 조언을 해줄 수도 있고, 물류를 도와줄 수도 있습니다. … 그는 정말 창의적입니다." 크지슈토프는 설명했다. "그는 진정한 리더십을 보여줬고, 그룹 내에서 일을 아주 많이 했기 때문에 그가 미래에 대단한 전문가가 될 것으로 생각했습니다."[12]

데니스는 7,200미터에 3캠프를, 7,650미터에 4캠프를 설치하는 것을 도와주며, 그 산의 북쪽 리지에서 폴란드인들과 함께 계속 등반했다. 성공의 가능성이 보이기 시작했다. 희미한 기회의 가능성 같은 것…. 하지만 날씨가 다시 험악해져 그들은 베이스캠프에서 몸을 움츠렸다. 그때는 대부분의 대원들이 동상이나 호흡기 질환에 시달리고, 그 산을 높이 올라갈 만큼 고소적응이 충분히 되지 않은 상태였다. 그 등반에 대해 최종 보고서를 작성하고, 훗날 다울라기리에서 죽은 그 당시의 젊은 알피니스트 표트르 모라브스키는 3캠프 위쪽으로 올라갈 수 있을 만큼 체력이 강한 대원은 자신을 포함해 넷뿐이었다고 설명했다. 하지만 원정대 의사가 그에게 동상이 너무 심해 등반을 포기하거나, 아니면 발가락을 자를 위험을 감수해야 한다고 말하자, 그는 아래쪽에 머물렀으며 후에 이렇게 비꼬았다. "그래서 난 등반을 포기했고, 운이 좋게도 발가락을 하나만 잘랐습니다."[13]

마침내 바람이 누그러지자, 크지슈토프는 2월 21일 정상을 공격하겠다고 선언했다. 그의 전략은 예지 나트카인스키*Jerzy Natkański*와 야체크 야비엔 *Jacek Jawien*이 먼저 올라가 위쪽 캠프에 식량을 비축하면, 마르친 카츠칸*Marcin Kaczkan*과 데니스가 그다음 날 뒤따라 올라간다는 것이었다. 3일 후 마르친과 데니스가 4캠프에 도착했을 때 캠프는 고소 바람으로 엉망진창이 되어 있었다. 데니스와 마르친은 그곳에 있어야 할 텐트에서 비교적 안락하게 지내는 대신, 작은 비박텐트 안에서 로프 덩어리 위에 침낭 하나를 펼쳐놓고 그 안으로 비집고 들어가, 그날 밤을 보내야 했다.

마르친은 밤새 뇌수종으로 괴로워했다. 아침이 되자, 그는 움직이지도 못하고 의사소통도 할 수 없는 상태에 빠졌다. 데니스가 베이스캠프로 무전을 보내자 구조대가 위로 올라왔다. 데니스가 옷을 입혀 마르친을 데리고 내려가는 데는 몇 시간이 걸렸다. 하지만 고도를 조금씩 낮추자 그의 상태가 좋아졌다. 크지슈토프는 그들을 3캠프 위에서 맞이했고, 오후에 그들은 마르친을 위해 산소통을 준비해 놓은 2캠프로 내려왔다. 그런 다음 내처 1캠프까지 내려와, 마르친에게 산소를 공급하며 그날 밤을 그곳에서 보낸 후, 다음 날 베이스캠프로 귀환했다. 원정등반은 그것으로 끝이었다.

그들은 그 산을 오르는 데 성공하지 못했다. 하지만 아주 높은 곳까지 올라갔었기에 등정이 가능하다는 확신을 가졌다. 2003년 3월 18일 폴란드로 돌아온 크지슈토프는 언론에 이렇게 발표했다. "잠시 중단되었을 뿐, 그 산을 오르는 과업이 끝난 것은 아니다. 시기를 확정지을 수는 없지만, 단언컨대 나는 다시 K2로 돌아갈 것이다."[14] 크지슈토프는 훗날 이렇게 말했다. "사실 성공의 가능성을 갖고 정상을 공격하려 한다면, 우리에겐 제2의 데니스가 있어야 합니다."[15]

원정대에 파견된 기자 모니카 로고지인스카Monika Rogozińska는 바르샤바 포봉즈키추모공원Powązki Cemetery에 있는 안드제이 자바다의 묘지를 찾은 소감을 이렇게 썼다. "누군가 공책에서 찢은 하얀 종이를 동판 뒤에 놓았다. 거기에 이렇게 쓰여 있었다. '이곳에서 편히 잠드소서. 우리는 K2로 갑니다. 당신의 팀이.'"[16] 그의 팀은 갔고, 노력했고, 그리고 돌아왔다. 이제 그 산은 러시아인들의 차례였다.

———

2011년 12월 말, 빅토르 코즐로프Viktor Kozlov는 산악인 9명, 코치 1명, 의사 1명으로 구성된 강력한 러시아 팀을 이끌고 K2로 날아갔다. 그들은 7,200미터까지 진출했지만 허리케인급 바람 탓에 베이스캠프로 후퇴했다. 그러나 비탈리 고렐리크Vitaly Gorelik에게는 너무 늦은 결정이었다. 그는 그 산의 높은 곳에서 작업하는 동안 동상에 걸렸고, 베이스캠프에 도착했을 때는 폐렴 진단을 받았다. 그는 2월 6일 베이스캠프에서 죽음을 맞이했다. 원정등반은 취소되었다. 비탈리의 죽음은 한겨울에 K2 정상에 오르려는 세 번의 주요한 시도 끝에 처음 일어난 비극이었다.

2014년, 이제 그 산에 익숙해진 데니스 우루브코가 소규모 팀으로 도전하기로 했다. 그는 폴란드의 동계 전문가 아담 비엘레츠키, 바스크 클라이머 알렉스 치콘, 러시아의 아르티옴 브라운Artiom Braun과 드미트리 시니예프 Dmitry Siniew에게 도움을 요청했다. 동계등반으로 데니스는 그 산의 중국 쪽을 선호했는데, 고소 바람으로부터 보호를 더 받을 수 있다는 것이 주된 이유였다. 하지만 출발 며칠 전, 데니스는 중국 당국이 허가서 발급을 거부한다는 사실을 알게 되었다. 그는 포기하는 대신 다른 에이전트를 물색했다. 돌아온 대답은 여전히 불가로, 그들이 통과해야 하는 지역에 테러리스트가 출몰할지 모른다는 것이 그 이유였다. 원정등반은 시작도 하기 전에 취소되었다.

이제 공은 폴란드 진영으로 다시 넘어왔다. 2002~2003년 겨울 K2에서 돌아온 후, 크지슈토프는 자신의 등반을 여러 면으로 분석했다. 한 것과 안 한 것을, 그들의 통제 안에 있던 것과 전적으로 날씨에 달려 있던 것을. 그는 두 갈래의 어프로치가 더 효과적이라는 결론을 내렸다. 두 팀이 함께 움직이는 것이다. 한 팀이 동계 시즌 초에 도착해 7,000미터까지 루트를 뚫는다. 정상 공격조인 두 번째 팀은 전혀 다른 곳, 예를 들면 남미 같은 곳에서 고소적응 훈련을 한다. 그리고 파키스탄 쪽 베이스캠프로 헬기를 타고 날아온다. 고소적응이 완전히 끝난 상태에서. 정확한 일기예보에 따른 시간에 맞추어. "우리가 K2에서 사용한 — 물론 러시아인들도 사용한 — 전통적인 군대식 접근 방식은 시간이 지나면 사람들이 지치기 때문에 성공을 담보해주지 않습니다."

크지슈토프는 말했다. “알맞은 날씨가 찾아오기를 40일 동안 기다리고 나면 모두 진이 빠집니다. 하지만, 만약 산의 상태가 좋을 때 고소적응이 된 팀이 나타난다면… 기회가 훨씬 더 많을 겁니다. 게다가 정상 공격조의 대원이 많을 필요가 없다는 건 덤입니다.”[17]

그럼에도 불구하고 크지슈토프 비엘리츠키가 이끈 2017~2018년 K2 원정대는 전통적인 군대식 접근 방식과 놀랍도록 비슷했다. 그 팀은 폴란드 체육관광성으로부터 백만 즈워티(대략 250,000달러)를 보조받았고, 기자회견과 인터뷰, 텔레비전 출연, 축제 참가 등 사전행사도 어마어마했다. 그러한 과대 선전과 정부의 지원 배경에는 확실한 기대가 있었다. 그런 것 중 하나가 그 산이 마침내 폴란드 산악인들에 의해 정복될 수 있다는 것이었다.

1980년대에 활발하게 활동한 루드비크 빌치인스키는 K2 동계등반에 대한 폴란드의 이런 집착이 위험하다고 생각했다. “폴란드에서는 히말라야 봉우리 수집이 화제의 중심이었다. 얼음의 전사들의 첫 번째 집단, 즉 유레크, 반다, 크지슈토프 같은 수집가들은 뛰어난 산악인들이었다. 이런 범주 안에서 뛰어난 산악인들은 이제 드물다. 평범한 산악인, 아니면 훨씬 더 약한 산악인들이 있을 뿐이다.”[18]

예순일곱 살의 크지슈토프는 1980년대보다 선택의 폭은 좁지만 여전히 강력한 팀을 꾸릴 수 있다고 생각했다. 아담 비엘레츠키와 함께 가셔브룸1봉을 동계 초등했고, 폴란드 전역에서 빅월 클라이머로 알려진 야누시 고왕프 *Janusz Gołąb*가 등반대장이 되어 전략을 돕기로 했다. K2의 여름 등정은 물론이고, 카라코람의 8천 미터급 고봉 동계 초등을 둘이나 해낸 아담 비엘레츠키는 누구나 인정하는 선택이었다. 검증된 다른 동계 등반가는 아르투르 마웨크였는데, 그는 아담과 함께 브로드피크 동계 초등을 해낸 산사나이였다. K2를 포함해 8천 미터급 고봉 5개에서 영상을 찍고 8천 미터급 고봉 동계 원정대에 아홉 번이나 참가한 다레크 자워스키도 다른 일곱 명의 폴란드 히말라야 등반가와 새롭게 폴란드인이 된 한 사람과 함께 초청받았다. 우루브코는 그 직전에 폴란드 시민권을 획득했는데, 폴란드인들은 K2로 가는 폴란드 국가 원정대에 합류하도록 대통령이 그에게 시민권을 허락했다고 농담했다. 데니스와 아담은 K2의 정상에 오를 가장 유력한 두 명이었다. 그 둘은 빠르고, 믿을 수 없을 정도로 체력이 좋고, 동계 경험이 풍부하고, 야망이 있고, 영예를 위해 고통을 감내할 줄 아는 사람들이었다.

그때까지 서른 번도 넘는 낭가파르바트의 시도와 비교해보면, 세 번밖에 시도되지 않은 K2 동계등반이 얼마나 어려운지 쉽게 알 수 있다. 아담은 K2를 올바른 시각으로 보고자 했다. "가셔브룸1봉이나 2봉의 정상에 오르는 것과 같습니다. 캠프를 하나만 치고 K2 정상 공격에 나서는 거죠. 그런데 난 가셔브룸1봉과 브로드피크에서 아무것도 할 수 없었습니다." 크지슈토프는 조심스럽게 성공의 예단을 피했다. 정확한 시간에 날씨가 좋은 날들이 계속되는 엄청난 행운이 있어야 가능할 것 같았다. 그리고 바로 그때 둘이나 넷이 완벽히 고소적응이 되어 있어야 하고, 건강해야 하며, 정상으로 치고 올라갈 수 있는 준비가 되어 있어야 한다.

물론 유일한 문제는 아니었어도 가장 큰 문제는 바람이었다. 그들은 우선 체센Česen 루트를 선택했다. 하지만 그것은 실수였음이 드러났다. 낙석으로 두 명이 심한 부상을 당하자, 그들은 전략을 바꾸어 아브루치 능선으로 이동했다. 처음 몇 주 동안 그들은, 마치 한 달이나 늦게 시작하는 것처럼, 많은 시간과 노력을 기울였다. 아브루치 능선에는 여름 원정대들이 남겨놓은 고정로프가 사방에 널려 있었다. 하지만 야누시는 고정로프를 새로 설치해야 한다고 주장했다.

"새 로프는 필요 없습니다." 데니스가 반대했다. "난 로프가 안전한지 아닌지 구별할 수 있습니다. 그건 헛수고일 뿐입니다."

"아니, 너무 위험해." 야누시가 대꾸했다. "우린 위험을 관리해야 해. 기존

2017~2018년 겨울 폴란드 팀의 동계등반을 위해 K2 베이스캠프로 짐을 나르는 포터들
(사진: 다레크 자워스키)

의 로프는 상태가 좋지 않아." 다레크는 그 언쟁을 이렇게 회상했다. "난 어느 정도 데니스 편이었는데, 훌륭한 알피니스트라면 무엇이 위험하고 무엇이 안 위험한지 알 수 있어서 스스로 결정을 내릴 수 있기 때문이지요. 반면 야누시는 고정로프를 모두 새로 깔아야 한다는 굳은 신조를 가진 사람이었습니다." 그러면서 그는 실용적인 입장을 취했다. "좋습니다. 난 상황을 이해합니다만, 정상에 갈 것이냐, 아니면 전부 새로 깔 것이냐를 선택해야 한다면, 난 정상을 선택하겠습니다." 하지만 등반대장으로 팀을 책임지고 있는 야누시는 그런 선택을 할 만큼 유연하지 않았다.

이런 불화와 다른 일들로 인해 야누시는 그룹 내에서 점차 권위를 잃어갔다. 문제의 일부분은 의사소통이었다. 데니스를 제외한 모든 사람이 폴란드어를 구사해서, 전략에 대한 토의가 자연히 폴란드어로 진행되었다. 하지만 데니스는 그룹 내에서 동계 고소등반의 경험이 가장 많았고, 2002~2003년 겨울에 이미 K2를 7,650미터까지 오른 적이 있었으며, 정상 공격에 나설 유력한 후보였다. 그런 토의에서 배제되자 좌절을 느낀 데니스는 자신과 그 산을 불가피하게 연루시키게 되는 토의의 요약 버전에 의존해야 했다. 그는 그룹 내에서 아주 중요하다고 할 정도로 권위 있는 인물이어서, 결국 견해 차이는 다레크의 말처럼 '등반대장이 없는' 상황을 초래했다. 다레크는 데니스를 토의에 더 적극적으로 끌어들이려는 노력을 했어야만 했다며 자신들의 실수라고 덧붙였다.

정확한 일기예보는 그들을 하나로 묶는 대신 오히려 서로를 갈라놓았다. 크지슈토프는 구세대라서 날씨가 조금만 좋아도 그들이 등반에 나서기를 원했다. 아담과 같은 젊은 알피니스트들은 그런 전략에 동의하지 않았다. 아담에게는 속도와 건강이 중요했다. 그에게는 악천후 속에서 체력과 컨디션을 잃는 것은 우스꽝스러운 짓이었다. 폭풍이 계속되어, 그 팀이 베이스캠프에 진저리나도록 머물게 되자 또 다른 문제가 불거졌다.

그들은 베이스캠프에서 폴란드로 전화를 걸고, 인터넷도 무제한으로 접속했다. 직통 전화뿐만 아니라 후원자들과 미디어의 편의를 위해 바르샤바의 번호도 하나 주어졌다. 하지만 그것은 너무 지나친 것이었다. 대원들은 가족이나 친구들과 연결되자 기뻐했다. 하지만 세계가 자신들의 등반을 어떻게 보고 있는지 알기 위해 소셜 미디어를 끊임없이 확인하는 것은 중독성 있는 산만함이 되었다. 팀의 정신을 형성하는 대신 그들은 자신들의 외부 이미지에 관심을 더 기울였다. 오늘날의 많은 레스토랑 장면처럼, 베이스캠프의 개개인은 서로 어울리는 대신 자신들의 전화기를 붙잡고 앉아 있기 일쑤였다. 낭가파르바트의 사고 소식이 전해지자, 너 나 할 것 없이 그곳으로 가기를 원했다. 엘리사베스와 토메크를 생각해서가 아니라, 그런 동기의 일부는 K2 베이스캠프의 유해한 분위기에서 탈출하고자 하는 것이었을지도 모른다.

구조작업 이후 상황이 더 나빠졌다. 이제 그곳에는 '스타' 팀과 '지원' 팀이 있었다. 네 명의 구조대원이 K2 베이스캠프로 돌아온 직후부터, 그들은 구조의 자세한 사항을 알려달라는 전화, 이메일, 언론의 요청으로 몸살을 앓았다. 인터뷰 요청이 넘치자, 그들의 관심은 눈앞의 과제에서 멀어져갔다. "거의 날마다 난 우리 팀의 역동성에 영향을 미치는 일들로 충격을 받았습니다." 다레크는 이렇게 회상했다. "모두가 폴란드에서 자신들을 어떻게 생각하고 있는지만 얘기했습니다. … 우린 언론의 주요 지면을 장식했습니다. 가끔은 축구보다도 앞에 말이죠. 우린 헤드라인을 장식했습니다. 미친 짓이었죠."

전화가 계속 울렸고, 시간이 지남에 따라 크지슈토프와 데니스 간에 긴장감이 높아졌다. 데니스는 동계 등정의 마지막 날이 2월 28일이라는 정의를 고집했다. 크지슈토프와 나머지 사람들은 겨울에 대한 천문학상(절기) 규정을 찬성했는데, 그러면 겨울의 끝은 3월 21일이었다. 데니스는 아담에게 2월의 마지막 날 빛과 같은 속도로 정상을 공략하자고 설득했다. 하지만 아담은 거절했다. 너무 이른 데다 날씨가 나쁘다는 것이 이유였다. 그러자 마침내

2017~2018년 폴란드의 K2 동계 원정대 (사진: 다레크 자워스키)

인내심을 잃은 데니스는 허락도 없이, 무전기도 없이 베이스캠프를 떠나 혼자서 정상으로 향했다. 크지슈토프는 당연히 잔뜩 열을 받았다. "이기적인 행동이었습니다. 데니스는 자신의 문제라고 생각했겠지만, 그렇지 않았습니다. 그는 우리 모두를 위험에 빠뜨렸습니다. 무언가 잘못되면, 당연히 우리가 그를 구조해야 하니까요."[19] 데니스는 7,600미터까지 올라갔지만, 뜻밖의 강풍과 크레바스 속 추락으로 되돌아서야 했다. 그가 베이스캠프에 도착하자 모두가 부루퉁한 표정을 지었고, 그는 곧 집으로 돌아갔다. 원정등반은 그렇게 실패로 끝났다.

원정등반이 끝나자 말들이 많았다. 아담은 낭가파르바트 구조를 K2의 실패 원인으로 지목했다. 그는 이제 다른 전략이 고려되어야 한다고 믿었다. '등정조'와 '지원조'로 나뉘는 팀보다는 소규모 팀으로, "한편, 난 누군가 그곳에서 지원을 하는 걸 존중합니다. 하지만 반면, 지원 모드는 그 사람 역시 정상에 가기를 원할 때가 더 좋습니다. 같은 자세로 말이죠." 그는 이렇게 결론지었다. "소규모 팀은 작업을 더 많이 해야 합니다. 하지만 동기 부여도 그만큼 좋습니다. 대신 해줄 사람이 없기 때문에 모두가 위로 올라가 고정로프를 설치해야 합니다. K2에선 우리를 대신해줄 사람들이 있었습니다. 그래서 우린 아주 편했습니다."

데니스 역시 같은 생각이었다. 그는 고소 경력을 서서히 줄여갈 생각을 하고 있었지만, K2 동계등반은 여전히 그의 최종 목록에 있었다. 그리고 애초부터 아담은 팀을 위해 자신의 최종 목록에 K2를 올려놓고 있었다. 아담은 여전히 데니스와 함께 K2에 도전하고 싶어 한다. "정신적으로, 그는 내게 도움이 됩니다." 아담은 말한다. "그가 받아들이는 위험의 수준이 아주 높다는 걸 빼고는 말이죠. 그래서 그는 혼자서 올라갑니다. 난 그렇게 할 수 없습니다. 문제는 나이를 먹어간다는 건데, 난 손주가 보고 싶습니다."

폴란드인들이 실패의 요인을 분석하며 미래에 대한 계획을 세우고 있는 동안, 2018~2019년 겨울 두 팀이 그 산에 도전했다. 첫 번째는 바실리 피브초프가 이끄는 러시아카자흐-키르기스 합동 팀이었는데, 그들은 7,634미터까지 오른 후 물러섰다. 두 번째는 바스크 클라이머 알렉스 치콘이 이끄는 소규모 팀이었지만, 그들은 7,000미터까지도 올라가지 못했다. 알렉스 팀은 낭가파르바트에서의 또 다른 구조작업에(다니엘레 나르디와 톰 볼라드에 대한) 참가했는데, 그렇게 함으로써 그들 역시 자신들의 집중력을 잃고 말았다. 데니스는 멀리서 이 원정등반의 진도를 주시하고 있었다. "올해 그들은 K2에서 승리를 거둘 기회를 놓쳤다." 그는 단언했다. "하지만 더 많은 원정대가 몰려들 것이다. 산이 거기에 있으니까."

표트르 토말라와 함께 폴란드 동계 프로그램을 이끄는 야누시 마이에르는 폴란드의 다음 K2 원정등반이 2020~2021년 겨울에 있을 것이라고 선언했다. 그러자 레셰크 치히가 그 팀을 맡을 용의가 있다며 관심을 나타냈다. 그의 에베레스트 등정 파트너 크지슈토프는 만약 요청이 들어오면 자신 역시 팀을 맡는 것을 고려해보겠지만, 강력한 팀이 아니면 물러서겠다고 말했다. 정확한 장담은 아니었다. 하지만 야누시는 이제는 리더십이 더 젊은 누군가에게 넘어가야 할 때라고 생각했다.

한 번 더, 스타일에 의문이 생겼다. 세미-알파인 스타일로 등반하는 엘리트 알피니스트들의 소규모 팀이어야 할까? 두 팀이 있어야 할까? 첫 번째 팀이 4캠프까지 루트를 뚫고, 두 번째 팀이 남미에서 고소적응을 끝내고 날아와야 할까? 어느 루트가 되어야 하나? 파키스탄 쪽의 아브루치 루트? 아니면 그 너머 중국 쪽의 북쪽 리지? 국가적인 팀? 아니면 국제 팀? 야누시는 만약 자금이 폴란드 정부로부터 나온다면, 폴란드 단일팀이 되어야 한다고 언급했다. 그리고 만약 후원이 개인적으로 이루어진다면, 국제 팀이 될 수 있다는 것이다.

그들이 믿는 기상학자 카를 가블은 긍정적이지 않다. 그는 K2가 겨울에 등정되려면 적어도 10년은 기다려야 할 것이라고 내다봤다. 이전의 모든 팀들이 바람과 추위로 등반을 포기했다는 것이 그가 든 합리적인 이유였다. K2에서는 체감온도가 보통 영하 73도까지 떨어진다. 그리고 정상의 풍속은 종종 시속 128킬로미터에 이른다. 하지만 다레크는 동의하지 않는다. "난 그렇게 믿지 않습니다. 이젠 10년 전보다 등반이 훨씬 더 쉬워졌습니다." 그는 말한다. "날씨가 훨씬 좋아졌습니다. K2 베이스캠프에서는 시속 50킬로미터로 바람이 불었는데, 가셔브룸1봉에서는 130킬로미터였습니다." 한겨울 K2의 가장 큰 문제는 날씨가 좋아지는 기간이다. 3일 이상 지속되는 경우가 드물기 때문이다. 3일 안에 상단부를 올라가야 하고, 폭풍이 몰아치기 전에 살아남을 만큼 충분히 아래로 내려와야 한다는 것은 아주 빨리 등반해야 한다는 의미이다.

다레크는 한 팀이 루트를 뚫고, 남미에서 고소적응을 끝낸 두 번째 팀이 정상을 재빨리 공략하기 위해 낙하산을 타고 뛰어내린다는 두 갈래 어프로치를 지지했다. "캠프에서 몇 달이고 계속 죽치는 건 효과가 없습니다." 그는 말한다. 다른 가능성은 K2에서 정상 공략에 나서기 전에 기술적으로 아주 어렵지 않은 브로드피크에서 고소적응을 하는 것이다. 이것은 베이스캠프에서 진저리나게 기다리는 문제를 해결해주지는 못하겠지만, 적어도 약간의 다양성은 제공해줄 수 있다.

2018~2019년의 시도에 대한 결론으로, 알렉스 치콘은 그 산에 대한 자신의 사랑이 계속될 것이라고 말한다. "K2는 우리에게 독특하고 되풀이 할 수 없는 순간들을 경험하게 해주었습니다. … 우린 그곳에 머물렀다는 걸 결코 잊지 못할 겁니다." 그는 또 말한다. "난 원정등반을 서른 번도 넘게 했습니다. 하지만 그 산을 둘러싼 분위기가 날 놀라게 하는 건 결코 끝나지 않을 겁니다."

그 산에 미친 사람이 알렉스만은 아니다. 자신의 아내에게 한겨울의 K2에는 가지 않겠다고 다짐했던 시모네 모로 역시 관심을 나타내기 시작했다. 그러면 그는 4명이 될 자신의 팀에 누가 합류하기를 원할까? 처음에 그는 데니스 우루브코, 아담 비엘레츠키, 야누시 고왕프를 지명했다. 하지만 데니스와의 사이에 균열이 생기자, 그를 가능성에서 제외한 다음, 만약 폴란드 팀이 자신을 초청한다면 함께 가겠다고 선언했다.

2019년에는 더 많은 산악인들이 관심을 나타냈다. 그중에 님스Nims로 알려진 니르말 푸르자Nirmal Purja가 있었다. 그의 언급은 잘난 체 한다고 느껴질 정도로 애매했다. 그는 7개월 만에 8천 미터급 고봉 14개를 모두 오른 자신의 빛나는 왕관에 그 보석을 더 달고 싶어 하는 것 같았다. 밍마 걀제 셰르파Mingma Gyalje Sherpa는 아이슬란드 출신의 존 스노리John Snorri와 중국 클라이머 가오 리Gao Li로 팀을 구성해, 2019~2020년 겨울에 도전할 것이라고 자신의 의중을 분명하게 드러냈다. 이들 셋은 모두 히말라야의 8천 미터급 고봉에서 폭넓은 경험을 쌓았다. 그리고 밍마는 여름에 K2를 두 번씩이나 오르기도 했다. 하지만 이들은 한겨울의 K2가 너무나 가혹해 놀란 나머지 자신들이 육체적으로나 정신적으로 완전히 준비되지 않았다는 사실을 인정해야 했다.*

그때 데니스가 훨씬 더 대담한 계획을 내놓았다. 2019~2020년 겨울에 브로드피크를 등정하고 나서 고소적응이 충분히 되어 있고 힘이 남아 있으면, K2로 넘어가 단 한 명의 등반 파트너인 캐나다 클라이머 돈 보위Don Bowie와 함께 알파인 스타일로 자신의 과제를 끝내겠다는 것이었다. 물론 그의 희망을 만족시키기 위해서는 모든 것이 2020년 2월 말까지 끝나야 한다. 데니스는 한걸음 더 나아가, K2 동계 등정이 자신의 고소등반에서 백조의 노래가 될 것

---

* 2016년 1월 16일, 밍마 걀제 셰르파는 다른 네팔 동료 9명과 함께 K2를 동계 등정하는 데 성공했다.

이라고 선언했다. 그것은 원대한 아이디어였다. 하지만 그는 그해 겨울 시즌 브로드피크도 K2도 오르지 못했다.

어느 팀의 누가 마침내 한겨울의 K2 정상에 올라서든, 그들 앞에 높인 도전은 크나클 것이다. 히말라야 블로거 앨런 아르네트Alan Arnette는 이렇게 내다봤다. "한겨울의 K2 도전에 자격이 있는 사람이라면, 그가 누구든 엄청난 기술과 그에 걸맞은 자아가 있어야 하고, 이런 순혈종(등반가)들을 다루려면 강력한 리더십이 필요할 것이다."[20]

이 글을 쓰는 순간에도, 한겨울의 K2는 여전히 그 순혈종들을 기다리고 있다.

얼음의 전사들

난 이렇게 노래 부를 거야. 우린 널 잊지 않겠다고.
편히 쉬게 해줄게.

모린*Maureen*, 카렌*Karen*과 테레사 에니스*Teresa Ennis*, 「편히 쉬어*Sing You Home*」

에필로그

그래도 의문이 여전히 남는다. 왜? 왜 그 사람들은 가장 잔인한 시즌에 지구에서 가장 높은 산들을 오르려 했을까? 그들은 이 극한의 수준에 내재된 위험을 어떻게 정당화할 수 있을까? 어둡고 춥고 외로운 베이스캠프에서 때로는 몇 주씩이나 기다려야 하는 지루함을 어떻게 견뎌냈을까? 무엇이 그들로 하여금 제트기류의 처분에 몸을 내던지도록 동기를 부여했을까? 그들은 겨울에 대한 열정으로 초래되는 추가적 피해를 어떻게 해명할 수 있을까? 이런 의문에 대한 답은 그 얼음의 전사들만큼이나 다양하다.

　많은 동계 전문가들은 ― 특히 고소 동계등반의 초기에 ― 국가적 자존심을 걸고 등반했다. 안드제이 자바다는 이것이 폴란드 산악인들이 히말라야 무대로 진출할 수 있는 길이라고 판단했다. 이것은 새로운 어떤 것, 그들이 남들보다 잘할 수 있는 어떤 것이었다. 다시 말하면, 히말라야의 등반역사에서 그들이 제대로 자리매김할 수 있는 길이었다. 안드제이가 사망하자, 크지슈토프는 8천 미터급 고봉의 동계등정이라는 '과업을 폴란드의 젊은 산악인들이 완수하는 것'은 선택이 아니라 의무라는 점을 동계 성명에서 분명하게 언급함으로써, 자신의 생각을 가감 없이 드러냈다. 아르투르 하이제르는 국가적 열풍을 일으키는 하나의 방편으로 동계 프로그램에 대한 정부의 지원을 약속받았을 때 훨씬 더 직설적이었다. 그는 러시아인들만을 언급했는데, 그것이 반응을 일으키리라 믿고 있었다. 지원이 결정된 것이다. 한국과 일본, 이탈리아 같은 나라도 겨울 산의 정상에서 국기를 날리긴 했지만, 폴란드만큼 독특한 열정을 보여준 나라는 어느 곳도 없었다.

어떤 사람들은 기록을 말한다. 기록이란 세우기 위해 있는 것이고 깨기 위해 있는 것이라고. 아담 비엘레츠키는 히말라야 동계등반에 대한 동기 중 무엇이 가장 컸냐는 질문을 받고, 8천 미터급 고봉 동계 초등이 가장 큰 매력이었다고 시인했다. 그는 동계 고소등반은 전혀 즐겁지 않다고 말했다. 안드제이 자바다 역시 최초라는 기록을 남긴 1972년의 노샤크 등정부터 1974년 로체에서의 쓰라린 패배까지 기록의 중요성을 깨달았다. 다니엘레 나르디는 낭가파르바트의 머메리 스퍼에 여러 번 도전했는데, 그는 미등의 루트를 통한 동계등반이 '고소등반 역사의 중요한 한 페이지를 장식한다'는 사실을 잘 알고 있었다. 토메크 마즈키에비치는 낭가파르바트 동계 초등을 원했지만 결국 불가능하게 되자, 결코 재등되지 않을 것 같은 혼합루트로 그 산을 동계에 올라 기록을 세우려고 했다. 토메크는 알파인 스타일로 재등하는 것 같은 단순한 행위에는 흥미가 없었다. 유레크 쿠쿠츠카는 같은 동계 시즌에 8천 미터급 고봉 둘을 연달아 등반해 세운 자신의 기록을 잘 알고 있었다.

산에서의 새로운 기준은 얼음의 전사들을 비롯한 진지한 알피니스트들에게 언제나 영감을 불러일으켰다. 초오유 동계 초등에 대한 안드제이 자바다의 비전은 신루트에 의한 것뿐만 아니라, 그 팀의 어느 누구도 보조 산소를 사용하지 않는다는 것이었다. 가셔브룸1봉에 대한 게르프리트 괴철의 꿈은 훨씬 더 야심찼다. 후에 드러난 바와 같이, 그것은 지나친 야망이었는지도 모른다. 그는 동계 초등은 물론이고, 완벽한 종주를 해야 하는 어려운 신루트로 그 등반을 해내고자 했다. 그것 또한 새로운 기준이 될 것이다. 크지슈토프 비엘리츠키와 장-크리스토프 라파이유는 8천 미터급 고봉의 동계 단독등반으로,

데니스 우루브코를 제외하면 도전하려는 사람이 아무도 없을 것 같은, 고독한 새로운 기준을 세웠다. 시모네 모로는 천문학상(절기에 의한) 동계 시즌뿐만 아니라, 가벼운 접근 방식을 엄격하게 고집하는 자신의 스타일을 유지하면서 기준을 밀어붙이는 데 집착했다.

경쟁은 8천 미터급 고봉의 동계등반에 발을 내디딘 모든 얼음의 전사들을 충동질했다. 어떤 사람들은 다른 사람들보다 더 시끄럽게, 그리고 정직하게 떠들어댔다. 유레크는 자신이 같은 동계 시즌에 다울라기리와 초오유를 등정한 것은 라인홀드 메스너와의 경쟁에서 우위를 점하기 위한 것이었다는 사실을 분명히 했다. 아르투르 하이제르 역시 러시아인들과의 경쟁이 동기였다는 사실을 명백하게 밝혔다. 타마라 룬제르는 2015~2016년 겨울 낭가파르바트 베이스캠프에서 있었던 경쟁적인 분위기를 언급했는데, 그곳에서는 5개 팀이 여성 최초의 동계 초등을 포함한 동계 초등 경쟁을 벌이고 있었다고 한다. 그리고 결과적으로, 토메크의 인생은 시모네와의 경쟁으로 파국을 맞이했다.

이런 겨울의 스포츠맨들이 기꺼이 껴안으려 했던 고통의 정도는 이해하기가 쉽지 않다. 타마라 룬제르는 한겨울의 8,000미터에서도 좋은 컨디션을 유지한다. 크지슈토프는 동계등반에 내재된 추가적인 고통이 경험을 키운다고 주장한다. "훨씬 더 매력적이고 흥미진진하죠." 그는 말한다. 아담은, 히말라야 동계등반이 모두를 위한 것이 아니라고 인정하면서도, 그것을 실용적이고 스포츠적인 관점으로 받아들인다. "내가 인생을 보내고 싶은 방법입니다. 그곳에 있으면 행복합니다. 그건 차원이 다른 인간의 활동입니다. 난 세계를 구하려 하지 않습니다. 또한 다른 사람보다 더 월등한 스포츠를 원치도 않습니다. 하지만 내겐 그게 어울립니다."

데니스 우루브코는 더 복잡한 접근 방법을 적용한다. "우선은 스포츠맨으로 산을 받아들입니다. 아름다움은 두 번째입니다. 그리고 난 예술가로서 내

욕망을 탐험합니다. 내 육체와 정신의 성취를 통해 만족을 얻기 위해."[1] 그는 말한다. 알려진 바에 의하면, 데니스는 유네스코UNESCO와 일부 가치를 공유하는데, 최근에 유네스코는 알피니즘이 운동선수의 자질과 전문기술을 요구하는 육체적 활동이며 예술이라고 선언했다. 알피니즘을 인도적·사회적으로 탁월한 보편적 가치를 지닌 '무형문화유산'으로 만든 것은 알피니즘에 내재된 개인적인 약속, 스스로에 대한 책임의식, 산에 대한 존경, 그리고 사회적인 관계의 힘이다.

데니스와 같은 입장은 아니라 할지라도, 가장 현실적인 얼음의 전사들조차 황량한 히말라야 계곡과 바람이 할퀴고 가는 카라코람의 첨봉에서 보내는 겨울은 드물고 아름답고 거칠다고 입을 모은다. 다레크 자위스키는 말한다. "세상의 끝에 있는 겨울 … 이것을 느낄 수 있습니다." 알렉스 치콘은 겨울의 에베레스트가 '자신의 심장을 빼앗아갔다'고 묘사했다. 마나슬루 동계 단독등반에서 녹초가 된 엘리사베스 레볼은 이렇게 말했다. "아주 잔인한 날씨 속에 이 지구의 가장 아찔한 곳을 경험한 다음, 난 히말라야의 위대한 고독을 껴안고 살았습니다. 그건 분명 내 인생에서 매우 소중한 경험이었습니다."[2] 얼음의 전사들이 수준 높은 등반을 펼쳐 보이기 위해서는 고독이 필요한 걸까? 온화한 시즌에 모여드는 사람들은 이제 더 이상 관심을 끌지 못한다.

이런 동계등반의 연대기에는 극적인 순간들이 셀 수 없이 많다. 어떤 사람들이 공포와 고통과 비극의 쓴맛을 보고 있을 때 다른 사람들은 진정한 행복을 누리기도 했다. 비록 성공하지는 못했지만, 2010~2011년의 가셔브룸1봉 동계 초등 시도는, 훗날 루이 루소가 말한 바와 같이, 세 친구들이 벌인 단순한 모험이었는데, 그들은 궁극적으로 목표보다는 과업을 수행하는 과정에서 평화와 행복을 발견했다.[3] 순수한 기쁨의 가장 대단한 순간 중 하나는 1980년

2011년 겨울 가셔브룸1봉으로 걸어 들어가는 카라반 행렬. 이 산의 초등에 나선 국제 팀에는 오스트리아의 게르프리트 괴쉴, 바스크의 알렉스 치콘, 캐나다의 루이 루소 등이 있었다. (사진: 루이 루소)

의 8천 미터급 동계 초등에서 일어났다. 크지슈토프 비엘리츠키는 에베레스트 정상에서 베이스캠프로 돌아왔을 때 느낀 자신의 감정을 곱씹으면서, 다른 원정등반에서는 그런 동료의식과 기쁨과 만족을 느끼지 못했다고 털어놓았다. 1993년 마리안 샤퓌사Marianne Chapuisat가 초오유 정상에 달라붙어 8천 미터급 고봉을 동계에 최초로 오른 여성이 되었을 때 그녀를 그곳에 서게 한 것은 사랑, 즉 자신의 파트너에 대한 사랑이었다. 그 순간에 대한 기억은 그녀의 여생에서 일종의 만트라mantra(기도나 명상 때 외는 주문)가 되었다. "고소의 희박한 공기와 여행의 즐거움이 때로는 너무나 혼란스러운 세상에 친절과 평화, 관용과 온화라는 산들바람을 가져오게 하소서." 그녀는 말했다. "산의 생생한 아름다움이 — 잠시 동안만이라도 — 때로는 삭막한 인간의 정신을 누그러뜨릴 수 있을까?"**4** 적어도 마리안에게는 그랬다.

위기일발의 아찔한 경험은 8천 미터급 고봉의 동계등반 역사에서 너무나 많다. 그리고 비극적인 종말도 적지 않다. 마나슬루와 마칼루와 안나푸르나와 그 밖의 많은 곳에서 비극이 일어났다. 가장 충격적인 사건 중 하나는 브로드피크에서 일어났는데, 그때 크지슈토프는 토마시에게 정상 능선에서 내려오도록 설득했지만 헛수고에 그치고 말았다. 그리고 마치에이의 가슴 아픈 침묵.

얼음장처럼 차가운 이 겨울 모험은 격렬함과 흥분으로 터질 듯하다. 하지만 부차적인 피해는 어떻게 할 것인가? 부상과 죽음과 뒤에 남겨진 가족들. 얼마나 많은 발가락과 손가락을 동상으로 잘라내야 했던가? 얼마나 많은 생명이 요절하고, 폭풍으로 꺼지고, 추락으로 사라지고 눈사태로 묻혔던가? 얼마나 많은 아버지 없는 아이들, 미망인들, 어머니들과 아버지들, 그리고 슬픔을 가누지 못하는 친척들이 뒤에 남겨져, 그들이 어떻게 자신들이 좋아하는 일을 하는 사람들을 도와주었는지에 대해, 그들이 어떻게 자신들의 삶을 이어갈 것인지에 대해 선의의 발표문을 작성했는가? 왜냐하면 그것이 바로 죽은 친구나 연인이 원했던 것이니까. 얼마나 많은 생명들이 고산에서의 이런 동계등반에 대한 집착으로 깊이 상처받고 파괴되기까지 했는가?

마리아 코피*Maria Coffey*는 자신의 책 『산이 그림자를 드리우는 곳—익스트림 어드벤처의 어두운 면*Where the Mountain Casts Its Shadow: The Dark Side of Extreme Adventure*』에서 이렇게 말했다. "세상은 위험을 무릅쓰는 자들을 원한다. 그들은 영감과 도전과 격려를 받는다. 그들은 불꽃을 일으켜 자신들이 죽은 후에도 오랫동안 타오를 불에 점화한다. 그들은 불가능을 무릅쓰지만 대가를 치르고야 만다."**5** 톰 볼라드가 2019년 낭가파르바트에서 죽은 후에 그 가족이 겪은 슬픔을 어찌 상상이나 할 수 있을까? 그들은 며느리를 먼저 잃었고, K2에서 어머니를, 그런 다음 아들과 형제를 잃었다. 카티아 라파이유*Katia*

*Lafaille*는 남편의 동계 단독등반을 전적으로 지원했지만, 그의 죽음이 가져온 허무에 충격을 받았다. "우린 시대를 너무 앞서갔습니다." 그녀는 말했다. 하이케 괴쉴*Heike Göschl*은 남편의 죽음으로 분노와 슬픔, 외로움과 무감각이 반복적으로 찾아오면서 심한 고통을 받았다. 그의 죽음은 파트너 루이 루소에게 깊은 영향을 주어, 루이는 등산과 그의 가족의 관계를 이전과 같은 방식으로 받아들일 수 없었다. 토메크를 잃었다는 슬픔의 와중에서도 안나 마츠키에비치는 어떤 의미, 즉 그 비극을 뛰어넘는 더 높은 목적의 의미를 찾으려고 애썼다.

뒤에 남은 사람들이 슬픔으로 몸부림친 것만은 아니었다. 그들은 여전히 일을 하고, 자식들을 보듬고, 돈을 벌고, 미디어의 질문에 응하면서, 아침에 일어날 때마다 자신들의 인생이 예전과 같지 않다는 사실을 깨달았다. 안나는 이렇게 말했다. "너무나 지쳤습니다. 때로는 받아들일 수 없을 정도로. 그는 내 일부였으니까요. 육체적으로 또 정신적으로. 마치 누군가 내 손과 심장을 도려내어 멀리 내던져버린 것 같았습니다. 텅 빈 듯한 느낌…" 비극으로 인해 뒤에 남겨진 사람들에게는 사랑했던 사람을 잃었다는 예리한 고통이 끝끝내 치유되지 않은 채 남아 있다. 그리고 사랑했던 사람이 남긴 공허가 계속된다. 그들이 겪는 슬픔을 어찌 말로 다 표현할 수 있을까.

고산에서의 동계등반은 기본적으로 위험하다고 여겨지는데, 그런 등반에 아주 열정적인 사람들조차 그렇게 생각한다. 마치 종교처럼, 그곳은 성스럽고 순교적이고 신성하고, 금지된 곳이다. 그렇게 신성한 8천 미터급 고봉 13개가 이제 모두 등정되었다. K2의 동계 등정이 마침내 이루어진다면 고소등반의 이 특별한 장르에 대한 유혹이 사그라질까? 성인聖人들이 자신들의 소파로 물러나고, 순교자들이 역사책 속으로 사라져갈까? 아니면, 더 멋진 등반선, 더

415

빠른 시간, 더 작은 팀을 위한 탐구가 알피니스트들로 하여금 겨울로 되돌아가게 할까? 8천 미터급 고봉에 매료됐지만 사람들이 붐비는 것을 싫어하는 사람들은 점점 더 조용한 시즌을 선택할까?

누군지는 잘 모르지만, 1980년대의 어느 폴란드 산악인은 동계등반에 대해 이렇게 말했다. "마침내 난 이 집착으로부터 벗어났습니다. 그렇게 되기 위해 내게 필요했던 건 계엄령과 아이들과 나빠지는 건강이었습니다." 하지만 이 셋 모두를 경험한 크지슈토프 비엘리츠키의 반응은 사뭇 달랐다. 그는 일시적으로 유목민 같은 이 등반 인생이 자기 자신과 얼마나 잘 맞았는지를 이렇게 설명했다. "그땐 시간이 별 의미가 없었습니다. 우린 우리가 원하는 걸 했습니다. 우린 산악회에서 만났고, 꿈을 꾸었으며, 계획을 짰고, 그런 다음 산으로 갔습니다! 어른이 되자 우린 자본주의가 곧 밀려온다는 사실을 알지도 못한 채 직업을 그만두고 자주 파티를 즐겼습니다." 어느덧 일흔이 다 된 크지슈토프는 자신의 집착에서 여전히 벗어나지 못한 채 K2 동계등반에 대한 꿈을 이어가고 있다. 하지만 배우자 셋과 자식 넷이 집에 거의 붙어 있지 않는 남편과 아버지를 몹시 기다리기 때문에 쉽지만은 않다.

엘리사베스 레볼은 계엄령과 아이들과 나빠지는 건강을 경험하지 못했다. 하지만 그녀는 감정적 트라우마도, 그리고 육체적 트라우마도 잘 안다. 낭가파르바트에서 토메크가 죽은 후에도 — 파트너가 두 번째로 죽은 사건이었는데 — 그녀는 히말라야로 돌아가겠노라고 다짐한다. "언젠간 그곳으로 돌아가야겠지요. 하지만 그땐 혼자일 겁니다." 그녀는 말한다. "두 번 다시 파트너에 대한 책임을 지고 싶지 않습니다. 너무 힘들어서." 2019년 봄, 그녀는 치밀한 계획으로 에베레스트와 로체를 이틀 만에 단독 등정했다. 그리고 그해 가을에 마나슬루까지.

신세대 얼음의 전사들은 훈련과 체력단련에 바쁘다. 그들은 들어올리고, 밀고, 스쿼트와 런지와 달리기와 요가를 하고 균형감각을 다지는데, 그러고 나서도 또 달린다. 강인하고 단단한 그들은 챔피언처럼 움직이며, 철제기구로 몸을 단련해 8,000미터 고소에서 맞이하는 겨울을 모두 견뎌낼 수 있을 만큼 끈질기다.

그렇다면 대담한 생존자가 된 얼음의 전사들의 선구적 세대는 어떨까? 그들의 몸은 무거운 짐을 오랫동안 져 나르느라 굽었고, 바람으로 딱딱해진 눈의 표면에 킥스텝을 수없이 하느라 무릎은 삐걱거리고 시큰거리며, 얼굴에는 루트개념도처럼 줄이 나 있다. 하지만 그들의 심장은 높은 곳에서 보낸 겨울의 추억으로 넘실거리고, 그들의 눈은 숭고한 곳에서 고통을 껴안도록 그들을 내몬 열정으로 여전히 반짝거린다. 산에서 셀 수 없이 많은 나날을 보내며 다듬어진 그들의 생활은 8,000미터에서 겨울의 고독을 발견함으로써 더 풍요로워진다.

그들의 이야기는 완벽하지 않을 뿐더러 끝나지도 않았다. 그 이야기 속에는 곤란한 질문과 어리석은 결정, 불필요한 위험과 끊어진 유대감이 존재한다. 충성, 용기, 야망, 도전과 비전이 있고, 결코 굴복할 수 없는 거친 환경에서 형성된 우정도 있다. 이 불완전한 이야기는 얼음의 전사들과 함께 공유하면서 그들의 영혼을 이해하려고 노력할 때 우리의 것이 될 것이다. 그들이야말로 가장 춥고 짧고 어두운 날들과 한겨울의 가장 잔인한 날들 동안 가장 높은 산에서 대단한 성취를 얻으려고 노력한 사람들이다.

감사의 말씀

이 책의 씨앗은, 원조 얼음의 전사들이 모인 어느 행사에서 안드제이 자바다를 처음 만난, 폴란드 카토비체에서 26년 전에 뿌려졌다. 그 후 세월이 흐르면서 폴란드 산악인들을 많이 알게 되었는데, 동계등반과 고통의 예술에 대한 그들의 집착에 나는 커다란 호기심을 느꼈다. 더불어 극한의 추위에도 불구하고 아주 높은 고도에서 벌이는 그들의 모험담은 가끔 믿기 어려울 만큼 매력적이기도 했고, 비극으로 끝난 그들의 원정등반은 나를 슬프게 만들기도 했다. 글쓰기 과정에서 만난 몇몇 친한 친구들의 격려 덕분에 나는, 이 역사를 견인한 인물들에 초점을 맞춘, 히말라야와 카라코람의 동계등반 역사를 기록해보기로 결심했다. 길고 흥미로운 이 과정 동안 아주 친절하게 나를 지원해준 얼음의 전사들, 살아 있는 가족들과 친구들에게 나는 무한한 고마움을 느낀다. 이 책이 나오게 된 것은 그들의 기록, 편지, 사진, 책 그리고 부엌의 테이블에서 개인적으로 들려준 이야기와 전화와 이메일 덕분이다.

하지만 분명히 밝히건대, 이 책은 8천 미터급 고봉에서 이루어진 동계등반의 최종적인 역사서가 아니다. 봅 A. 쉘프하우트 오베르티진*Bob A. Schelfhout Aubertjin*의 헌신적인 조사와 에베르하르트 유르갈스키*Eberhard Jurgalski*, 후돌프 포피에르*Rodolphe Popier*, 루이 루소*Louis Rousseau*, 리처드 솔즈베리*Richard Salisbury*, 요헨 헴렙*Jochen Hemmleb*을 비롯한 몇몇 다른 사람들의 지원 덕분에, 나는 히말라야 고산에 도전한 200개 정도의 동계 원정대라는 눈사태에 파묻힐 수 있었다. 그 자료는 분명 책 한 권의 분량이 아니라 도서관 그 이상이었다. 나는 이 방대하고 복잡하고 인상적인 역사의 세부적인 내용을 한 권으로 압축하기보다는 특정 인물과 등반에 집중하기로 했다. 따라서 중요한 등정들과 매력적인 인물들을 다 포함시키지는 못했다. 만약 서운하게 생각하는 사람이 있다면 사과를 드리고 싶다.

때로는 며칠씩 시간을 내준 분들께 고맙다는 말씀을 전하고 싶다. 그런 인터뷰는 또 다른 책 『Freedom Climbers』를 준비하고 있었을 때, 그리고 밴프국제산악영화제의 이사를 역임하고 있었을 때인 오래전에 이루어진 것들도 있다. 슬프게도, 그런 인물들 중 많은 사람이 지금은 우리 곁에 없다. 나는 다음 사람들에게 진심으로 감사드린다. 아담 비엘레츠키*Adam Bielecki*, 알렉스 르보프*Alex Lwow*, 알레산드라 카라티*Alessandra Carati*, 알렉스 치콘*Alex Txikon*, 알리 사드파라*Ali Sadpara*, 아나톨리 부크레예프*Anatoli Boukreev*, 안드제이 자바다*Andrzej Zawada*, 안나 체르비인스카*Anna Czerwińska*, 안나 카미인스카*Anna Kamińska*, 안나 밀레브스카*Anna Milewska*, 안나 오코피인스카*Anna Okopińska*, 안나 솔스카-마츠키에비치*Anna Solska-Mackiewicz*, 아르투르 하이제르*Artur Hajzer*, 아르투르 마웨크*Artur Małek*, 바르테크 도브로흐*Bartek Dobroch*, 보그단 얀코브스키*Bogdan Jankowski*, 브라이언 홀*Brian Hall*, 셀리나 쿠쿠츠카*Celina Kukuczka*, 코리 리처즈*Cory Richards*, 다누타 표트로브스카*Danuta Piotrowska*, 다레크 자워스키*Darek Załuski*, 데니스 우루브코*Denis Urubko*, 도미니크 슈체파인스키*Dominik Szczepański*, 피터 해켓 박사*Dr. Peter Hackett*, 엘라사베스 레볼*Élisabeth Revol*, 에라르 로레탕*Erhard Lorentan*, 에바 베르베카*Ewa Berbeka*, 에바 마투셰브스카*Ewa Matuszewska*, 페데리코 베르나르디*Federico Bernardi*, 겔렌데 칼텐브루너*Gerlinde Kaltenbrunner*, 하이케 괴셜-그룬발트*Heike Göschl-Grünwald*, 자크 올레크*Jacques Olek*, 야누시 고왕프*Janusz Gołąb*, 야누시 쿠르차프*Janusz Kurczab*, 야누시 마이에르*Janusz Majer*, 예지 쿠쿠츠카*Jerzy Kukuczka*, 예지 포렝브스키*Jerzy Porębski*, 요헨 헴렙, 존 포터*John Porter*, 카를 가블*Karl Gabl*, 카티아

라파이유Katia Lafaille, 크지슈토프 비엘리츠키Krzysztof Wielicki, 레흐 코르니세브스키Lech Korniszewski, 레셰크 치히Leszek Cichy, 린다 윌리Linda Wylie, 린제이 그리핀Lindsay Griffin, 루이 루소Louis Rousseau, 루드비크 빌치인스키Ludwik Wilczyński, 마치에이 베르베카Maciej Berbeka, 마치에크 파블리코브스키Maciek Pawlikowski, 마리아 코피Maria Coffey, 마리안 샤쀠사Marianne Chapuisat, 모니카 로고지인스카Monika Rogozińska, 펨바 걀제 세르파Pemba Gyalje Sherpa, 표트르 드로지치Piotr Drożdż, 표트르 토말라Piotr Tomala, 프셰미스와프 피아세츠키Przemysław Piasecki, 라인홀드 메스너Reinhold Messner, 로만 고웽도브스키 Roman Gołędowski, 리샤르드 가예브스키Ryszard Gajewski, 리샤르드 파블로브스키Ryszard Pawlowski, 시모네 모로Simone Moro, 스타니스와프 베르베카Stanisław Berbeka, 스티브 스벤손Steve Swenson, 타마라 룬제르Tamara Lunger, 타마라 스티시Tamara Styś, 톰 혼바인Tom Hornbein, 토메크 마츠키에비치Tomek Mackiewicz, 빅터 손더스Victor Saunders, 보이테크 쿠르티카Voytek Kurtyka, 반다 루트키에비치Wanda Rutkiewicz와 보이테크 지크Wojtek Dzik.

만약 예산이 좀 넉넉했더라면, 제공받은 수많은 사진들을 추가할 수 있었을 것이다. 너그러움을 베풀어준 모든 분들께 감사드린다. 코리 리처즈, 엘라 사베스 레볼, 쟈크 올레크, 레흐 코르니셰브스키, 리샤르드 가예브스키, 예지 포렝브스키, 프셰미스와프 피아세츠키, 보그단 얀코브스키, 알레크 르보프, 포트르 드로지치, 레셰크 치히, 마레크 프로노비스Marek Pronobis, 아담 빌체브스키, J. 바르치J. Barcz, 미레크 비시니에브스키Mirek Wiśniewski, 다레크 자워스키, 표트르 모라브스키, 시모네 모로, 데니스 우루브코, 루이 로소, 게르프리트 괴쉴Gerfried Göschl, 아르투르 마웨크, 세르게이 보이코Sergey Boiko, 린다 윌리, 안드제이 자바다 아카이브, 야누시 쿠르차프 아카이브, 마리안 샤쀠사 아카이브, 아르투르 하이제르 아카이브, 카티아 라파이유 아카이브, 괴쉴 가족 아카이브, 타마라 룬제르 아카이브, 안나 솔스카-마츠키에비치 아카이브.

봄 A. 쉘프하우트 오베르티진에게 깊은 감사의 말을 전하고 싶다. 그의 한결같은 히말라야 데이터베이스 덕분에 나는 원고에서 등반역사의 오류를 바로잡을 수 있었다. 만약 오류가 여전히 남아 있다면 그것은 순전히 내 책임이다. 참고자료의 모호한 페이지를 찾는 데 도움을 준 알레산드라 라지오 *Alessandra Raggio*와 요헨 헴렙에게도 고맙다는 말을 전하고 싶다.

초기 원고를 비평적으로 읽어준 보니 해밀튼*Bonnie Hamilton*, 앨런 맥도널드*Alan McDonald*와 제프 파우터*Geoff Powter*에게 감사한다. 그리고 이 프로젝트를 수행하는 데 있어서 나는 아만다 루이스*Amanda Lewis*의 신념을 뛰어넘는 편집에 큰 신세를 졌다. 이 책을 믿고 지원해준 버트브레이트출판사 *Vertebrate Publishing*의 존 바튼*John Barton*과 그의 팀(존 코필드*John Coefield*, 에드 더글러스*Ed Douglas*, 로나 하그리브스*Lorna Hargreaves*, 소피 플레처*Sophie Fletcher*, 캐머런 본서 *Cameron Bonser*, 제인 비글리*Jane Beagley*, 나단 라이더*Nathan Ryder*, 엠마 로클리*Emma Lockley*)에도 나는 신세를 졌다. 그 연못의 반대편에서, 마운티니어스 북스*Mountaineers Books*의 팀과 다시 한번 일한 것은 스릴이 있었다.

세 번째 책을 함께 작업한 줄리아 풀비츠키*Julia Pulwicki*에게도 가슴 깊이 감사의 말을 전한다. 나는 다양한 언어로 된 수십 권의 두꺼운 책을 조사했는데, 그중 몇 권은 폴란드어로 된 것이었다. 그녀는 바쁜 일정에도 불구하고, 흥미진진한 자료들이 있는 수많은 페이지를 번역하느라 몇 달에 걸쳐 많은 시간을 나에게 내주었다. 앤 리올*Anne Ryall*은 프랑스어 번역을 도와주었다. 물론, 이상하고 급한 번역에 도움을 받은 구글 번역기와도 하이파이브를 해야 한다.

이 프로젝트의 다양한 단계에서 아이디어가 갑자기 떠올라 놀랄 때도 있었다. 표지 디자인과 제목의 경우, 내 결심을 이끈 사람들은 엘 포트레로 치코*El Potrero Chico*로 등반 여행을 떠났을 때 같은 방을 쓴 친구들이었다. 마니 *Marni*, 밥*Barb*, 샤론*Sharon*, 슬기로운 충고를 해줘서 고마워.

그리고 마지막으로, 남편 앨런에게도 고맙다는 말을 전해야 한다. 내가 히말라야 동계등반의 춥디추운 세계로 사라졌을 때 나에게 보여준 그의 인내심은 내 가슴을 따뜻하게 해주었다.

2020년 9월, 버나데트 맥도널드 *Bernadette McDonald*

옮긴이의 글

히말라야 8천 미터급 고봉 14개의 초등은 1950년 안나푸르나부터 1964년 시샤팡마까지 14년이 걸렸다. 그리고 이 자이언트들에 대한 동계 초등은 1980년 에베레스트부터 2021년 K2까지 41년이 걸렸다. 단순한 비교이지만, 그동안 장비와 기술이 발전했다는 사실을 감안하면, 이런 수치는 동계 자이언트 정상 등정이 얼마나 어려운지를 단적으로 나타내준다.

고통의 예술 또는 기다림의 미학이라는 히말라야 동계등반은 타트라에서 거칠게 단련된 폴란드 산악인들의 것이었다. 그 중간에 시모네 모로나 데니스 우루브코 같은 쟁쟁한 산악인들이 가세했고, K2는 마침내 네팔 셰르파들에게 함락되었지만, 그렇다 해도 히말라야 동계등반은 결국 폴란드 산악인들의 야망이었다.

그런 야망에 불을 지핀 사람은 폴란드 산악계의 선구자로, 1959년 타트라 동계종주를 해낸 안드제이 자바다였으며, 그 과업을 이어받은 사람은 2001년 유명한 '동계선언'을 발표한 크지슈토프 비엘리츠키였다. 물론 그 무대에 뛰어든 사람들 가운데는 예지 쿠쿠츠카를 포함하여 수많은 얼음의 전사들이 있었지만, 그중에서 가장 인상적인 인물 둘은 이 책 12장에 나오는 브로드피크의 사나이 마치에이 베르베카와 13장에 나오는 낭가파르바트의 사나이 토마시 마츠키에비치였다. (낭가파르바트 이야기는 『Alpinist Korea』 창간호에도 나온다)

마지막 동계 미등으로 K2를 남긴 채, 이 책이 2020년 9월 미국과 영국에서 영어로 발간되었고, 2021년 초에 한국어, 폴란드어, 스페인어, 독일어, 그리고 이어 불가리아어와 프랑스어로 번역 출간되는데, 그 사이에 K2가 등정되었다. 2021년 1월 16일 오후 5시, 10명의 네팔 셰르파들이 마침내 정상에 올라선 것이다. 서로 다른 팀이었던 그들은 정상 10미터 밑에서 다른 사람들을 기다린 후, 네팔 국가를 부르며 함께 올라가는 감동을 연출했다.

2016년 울주세계산악영화제 심사위원장 자격으로 한국을 방문해, 하루재클럽과 인연이 된 버나데트 맥도널드는『엘리자베스 홀리』,『FREEDOM CLIMBERS』,『산의 전사들』,『Art of Freedom』과 어느덧 다섯 번째가 되는 이 책을 통해 우리에게 소중한 산악문화를 알려주었다. 그녀에게 깊은 감사를 드리고 싶은 마음이며, 어려운 환경 속에서도 산서 번역 작업 프로젝트를 이끌고 있는 변기태 대표님, 편집자 유난영 님과 디자이너 장선숙 님에게도 고맙다는 말을 전하고 싶다.

2021년 2월, 김동수

주요 산악인

―――――――

마치에이 베르베카_Maciej Berbeka_(1954~2013)
8천 미터급 고봉 3개(마나슬루, 초오유, 브로드피크)를 동계 초등한 자코파네 출신의 산악인. 브로드피크 정상에서 하산하던 중 사망했다.

아담 비엘레츠키_Adam Bielecki_(1983~)
8천 미터급 고봉 두 개(가셔브룸1봉, 브로드피크)를 동계 초등한 폴란드 산악인. 2018년 K2 동계등반에 실패한 그는 3명의 동료와 함께 낭가파르바트로 날아가 엘리사베스 레볼과 토메크 마츠키에비치에 대한 극적인 구조작업에 참가했다.

아담 빌체브스키_Adam Bilczewski_(1934~1987)
다울라기리 동계 초등을 이끈 글리비체 출신의 폴란드 산악인.

아나톨리 부크레예프_Anatoli Boukreev_(1958~1997)
(기상학상으로) 동계 마나슬루를 포함해 8천 미터급 고봉 9개를 완등한 카자흐스탄 출신의 엘리트 알피니스트. 1997년 크리스마스에 안나푸르나 동계등반을 시도하던 중 사망했다.

마리안 샤쀠사_Marianne Chapuisat_(1969~)
1993년 여성 최초로 8천 미터급 고봉을 동계에 오른 스위스 산악인.

레셰크 치히_Leszek Cichy_(1951~)
크지슈토프 비엘리츠키와 함께 에베레스트를 올라 8천 미터급 고봉의 첫 동계등정을 기록한 폴란드 산악인.

안드제이 초크_Andrzej Czok_(1948~1986)
폴란드 산악인. 예지 쿠쿠츠카와 함께 다울라기리 동계 초등을 기록한 그는 칸첸중가 동계 초등에 도전하다 사망했다.

카를 가블 Karl Gabl(1946~)

히말라야의 많은 동계 원정대에 정확한 일기예보를 제공한 오스트리아의 기상학자이자 산악인.

리샤르드 가예브스키 Ryszard Gajewski(1954~)

자코파네 출신의 폴란드 산악인. 마치에이 베르베카와 함께 마나슬루를 동계 초등했다.

야누시 고왕프 Janusz Gołąb(1967~)

글리비체 출신의 폴란드 거벽 전문가. 아담 비엘레츠키와 가셔브룸1봉 동계 초등에 성공한 그는 2018년 폴란드 K2 동계 원정대에서 등반대장을 맡았다.

게르프리트 괴쉴 Gerfried Göschl(1972~2012)

오스트리아 스티리안 지역 출신의 산악인. 8천 미터급 고봉 7개를 올랐으나, 가셔브룸1봉 동계등정에 다시 도전하다 사망했다.

아르투르 하이제르 Artur Hajzer(1962~2013)

대부분을 신루트로 8천 미터급 고봉 7개를 오른 폴란드 산악인. 폴란드 동계 프로그램의 선두에 서서 가셔브룸1봉 동계 초등을 이끈 그는 그곳에서 추락사했다.

카림 하야트 Karim Hayat(1972~)

브로드피크에서 하산하다 실종된 마치에이 베르베카 수색에 나섰던 파키스탄의 산악인이자 가이드.

지그문트(지가) 헤인리히 Zygmunt(Zyga) Heinrich(1937~1989)

폴란드의 히말라야 산악인. 1974년에는 실패로 끝난 폴란드의 로체 동계등반에서 안드제이 자바다와 함께 8,000미터 위까지 올라갔고, 1980년에는 최초로 동계에 도전한 에베레스트에서 아주 높은 곳까지 진출했으며, 초오유 동계 초등 때는 예지 쿠쿠츠카와 두 번째 공격조로 정상을 등정했다. 그는 에베레스트에서 눈사태로 사망했다.

레흐 코르니셰브스키 Lech Korniszewski(1936~)

마나슬루 동계 초등을 성공적으로 이끈 폴란드의 의사이자 산악인.

토마시 코발스키 Tomasz Kowalski(1985~2013)

폴란드 동계등반의 신세대 중 한 명. 브로드피크 동계 초등에 성공했으나 하산 중 사망했다.

예지 쿠쿠츠카Jerzy Kukuczka(1948~1989)

8천 미터급 고봉 14개를 두 번째로 완등한 폴란드의 전설적인 고소 산악인. 그는 다울라기리, 칸첸중가, 안나푸르나를 동계 초등했으며, 초오유에서는 두 번째 공격조로 동계 초등에 성공했다. 1989년 로체 남벽을 등반하던 중 추락사했다.

보이테크 쿠르티카Voytek Kurtyka(1947~)

폴란드의 고소 산악인. 히말라야에서 아름다운 등반선을 찾아 몇 개의 신루트를 개척한 그는 알파인 스타일 등반의 선구자였으며, 초기에는 예지 쿠쿠츠카의 등반 파트너였다.

장-크리스토프 라파이유Jean-Christophe Lafaille(1965~2006)

어려운 루트와 단독등반을 전문으로 한 프랑스의 히말라야 산악인이자 가이드. (기상학상으로) 이른 겨울에 시샤팡마 동계 단독등정에 성공한 그는 마칼루 동계 단독등정을 시도하던 중 실종되었다.

타마라 룬제르Tamara Lunger(1986~)

이탈리아의 스키 산악인이며 히말라야 알피니스트. 그녀는 낭가파르바트에서 정상 100미터 직전까지 올라갔으나 살아남기 위해 발길을 돌렸다. 그때 그녀의 동료들은 그 산의 동계 초등에 성공했다.

알레크 르보프Alek Lwow(1953~)

폴란드의 히말라야 산악인. 8천 미터급 고봉 4개를 등정한 그는 마치에이 베르베카가 브로드피크의 전위봉을 동계 초등했을 때 등반 파트너였다.

토마시 마츠키에비치Tomasz Mackiewicz(1975~2018)

낭가파르바트 동계등반을 여러 번 시도한 폴란드 산악인. 그는 일곱 번 만에 정상에 올랐으나 하산 중 사망했다.

아르투르 마웨크Artur Małek(1979~)

폴란드의 알피니스트이자 빙벽등반 전문가. 브로드피크 동계 초등에 성공했다.

라인홀드 메스너Reinhold Messner(1944~)

8천 미터급 고봉 14개를 최초로 완등한 이탈리아의 히말라야 산악인. 그는 페터 하벨러Peter Habeler와 함께 에베레스트를 무산소로 초등했다.

표트르 모라브스키Piotr Morawski(1976~2009)

시모네 모로와 함께한 시샤팡마 동계 초등을 포함해 8천 미터급 고봉 6개를 등정한 폴란드의 산악인으로, 다울라기리에서 크레바스에 빠져 죽었다.

시모네 모로Simone Moro(1967~)

8천 미터급 고봉 8개를 오른 이탈리아의 알피니스트. 그는 8천 미터급 고봉을 동계에 등정한 최초의 비 폴란드인이었으며, 4개(시샤팡마, 마칼루, 가셔브룸2봉, 낭가파르바트)를 동계 초등한 유일한 사람이다.

다니엘레 나르디Daniele Nardi(1976~2019)

낭가파르바트의 머메리 스퍼 동계등반을 여러 번 시도한 이탈리아 알피니스트. 2019년 그는 영국 산악인 톰 볼라드와 함께 그 루트에서 사망했다.

안나 오코핀스카Anna Okpińska(1948~)

1970년대에 활약한 폴란드의 선구적인 여성 히말라야 산악인. 그녀는 실패로 끝난 1974~1975년 폴란드의 로체 동계 원정대에 참가했다.

마치에이 파블리코브스키Maciej Pawlikowski(1951~)

마치에이 베르베카와 초오유 동계 초등에 성공한 자코파네 출신의 폴란드 산악인.

프셰미스와프 피아세츠키Przemysław Piasecki(1952~)

칸첸중가의 비극적인 동계 원정 때 안드제이 초크의 등반 파트너였던 폴란드 알피니스트.

타데우시(타데크) 표트르브스키Tadeusz(Tadek) Piotrwski(1939~1989)

안드제이 자바다와 노샤크를 동계 초등하고, 1974~1975년 로체 동계등반을 시도한 그는 K2 남벽의 (재등되지 않은) 폴란드 루트를 예지 쿠쿠츠카와 함께 돌파해 정상 등정에 성공했으나 하산 중 사망했다.

바실리 피브초프Vassiliy Pivtsov(1975~)

8천 미터급 고봉 14개를 완등한 카자흐스탄의 고소 산악인. 2002~2003년 폴란드-국제 K2 동계 원정 대원이었던 그는 2019년 K2 동계 원정대를 이끌었다. 두 원정대는 모두 정상 등정에 실패했다.

엘리사베스 레볼Élisabeth Revol(1979~)

낭가파르바트 동계를 포함해 8천 미터급 고봉 7개를 등정한 프랑스의 고소 산악인. 2018년 하산 도중 사고를 당했으나 폴란드 K2 원정대원들에게 구조되었다.

코리 리처즈_Cory Richards_(1981~)

국제원정대와 함께 가셔브룸2봉 동계 초등에 성공한 미국의 사진가이자 산악인.

반다 루트키에비치_Wanda Rutkiewicz_(1943~1992)

여성 최초의 K2를 포함해, 8천 미터급 고봉 8개를 오른 폴란드의 히말라야 산악인. 안나푸르나 동계 원정대에 참가했으나 정상에 오르지 못한 그녀는 1992년 칸첸중가에서 실종되었다.

무함마드 알리 사드파라_Muhammad Ali Sadpara_(1976~)

2016년 국제원정대의 일원으로 낭가파르바트를 동계 초등했고, 8천 미터급 고봉 7개를 오른 파키스탄의 고소 산악인.

니사르 후세인 사드파라_Nisar Hussain Sadpara_(1975~2012)

고국에 있는 8천 미터급 고봉 5개를 모두 오른 파키스탄의 고소 산악인. 2012년 가셔브룸1봉 국제 동계 원정대에 참가했으나 사망했다.

노르부 파상 셰르파_Norbu Pasang Sherpa_(1949~)

히말라야 역사상 최초의 동계 원정대에서 지가 헤인리흐와 함께 에베레스트를 아주 높은 곳까지 올라간 셰르파.

타마라 스티시_Tamara Styś_(1978~)

폴란드 알피니스트. 그녀는 가셔브룸2봉을 등반했으며, 2012년 가셔브룸1봉 국제원정대에 참가해, 정상에 오르지는 못했지만 카라코람에서 여성 최고 고도기록을 세웠다.

다나베 오사무田邊治(1961~2010)

일본의 히말라야 산악인. 에베레스트 동계등정을 포함해 8천 미터급 고봉 6개를 올랐으며, 로체 남벽 동계등반을 시도해 정상 능선에 도달하기도 했다. 그는 다울라기리에서 눈사태로 사망했다.

표트르 토말라_Piotr Tomala_(1972~)

2018년 폴란드의 K2 동계 원정대에 참가한 알피니스트. 그는 낭가파르바트로 날아가 엘리사베스 레볼 구조작업에 참가했다.

알렉스 치콘_Alex Txikon_(1981~)

열세 남매 중 막내로 태어난 바스크의 고소 산악인. 2016년 낭가파르바트 국제원정대의 동계 초등을 포함해 8천 미터급 고봉 10개를 올랐다.

데니스 우루브코Denis Urubko(1973~)

러시아 태생으로 카자흐스탄과 폴란드 여권을 소지하고 있다. 8천 미터급 고봉의 정상을 스물두 번 올랐다. 마칼루와 가셔브룸2봉의 동계 초등을 기록했으며, K2 동계등반을 몇 번 시도했다. 2018년 겨울에는 낭가파르바트에서 벌어진 엘리사베스 레볼의 성공적인 구조작업에 참가하기도 했다.

크지슈토프 비엘리츠키Krzysztof Wielicki(1950~)

폴란드의 히말라야 산악인. 에베레스트, 칸첸중가, 로체 동계등정을 포함해 8천 미터급 고봉 14개를 완등했다.

야마다 노보루山田信郎(1950~1989)

에베레스트 세 번(한 번은 동계)을 포함해 8천 미터급 고봉 9개를 오른 일본의 고소 산악인으로, 알래스카의 데날리를 동계 등반하던 중 사망했다.

다레크 자워스키Darek Załuski(1959~)

폴란드의 히말라야 산악인이자 영화 제작자. 에베레스트 두 번과 K2를 포함해 8천 미터급 고봉 5개를 올랐으며, 8천 미터급 고봉 동계 원정등반에 아홉 차례나 참가했다.

안드제이 자바다Andrzej Zawada(1928~2000)

8천 미터급 고봉의 동계등반 가능성을 처음으로 내다본 폴란드의 히말라야 산악인. 그는 최초로 동계등정이 이루어진 에베레스트를 포함해 8천 미터급 고봉의 성공적인 원정대를 여러 번 이끌었다.

동계 초등 기록

에베레스트(8,848m)
1980년 2월 17일. 안드제이 자바다가 이끈 폴란드 원정대.
정상 등정: 크지슈토프 비엘리츠키, 레셰크 치히

마칼루(8,163m)
1984년 1월 12일. 레흐 코르니셰브스키가 이끈 폴란드 원정대.
정상 등정: 마치에이 베르베카, 리샤르드 가에브스키

다울라기리(8,167m)
1985년 1월 21일. 아담 빌체브스키가 이끈 폴란드 원정대.
정상 등정: 안드레이 초크, 예지 쿠쿠츠카

초오유(8,188m)
1985년 2월 12일. 안드제이 자바다가 이끈 폴란드 원정대.
정상 등정: 마치에이 베르베카, 마치에이 파블리코브스키. / 두 번째 공격조: 예지 쿠쿠
츠카, 지그문트 헤인리흐

칸첸중가(8,586m)
1986년 1월 11일. 안드제이 마흐니크*Andrzej Machnik*가 이끈 폴란드 원정대.
정상 등정: 예지 쿠쿠츠카, 크지슈토프 비엘리츠키

안나푸르나(8,091m)
1987년 2월 3일. 안드제이 마흐니크가 이끈 폴란드 원정대.
정상 등정: 예지 쿠쿠츠카, 아르투르 하이제르

로체(8,516m)
1988년 12월 31일. 헤르만 데티엔*Herman Detienne*이 이끈 폴란드-벨기에 합동원정대.
정상 등정: 크지슈토프 비엘리츠키

시샤팡마(8,027m)

2005년 1월 14일. 폴란드-이탈리아 합동원정대.

정상 등정: 표트르 모라브스키, 시모네 모로

마칼루(8,485m)

2009년 2월 9일. 시모네 모로가 이끈 국제원정대.

정상 등정: 시모네 모로, 데니스 우루브코

가셔브룸2봉(8,034m)

2011년 2월 2일. 시모네 모로가 이끈 국제원정대.

정상 등정: 시모네 모로, 데니스 우루브코, 코리 리처즈

가셔브룸1봉(8,080m)

2012년 3월 9일. 아르투르 하이제르가 이끈 폴란드 원정대.

정상 등정: 야누시 고왕프, 아담 비엘레츠키

브로드피크(8,051m)

2013년 3월 5일. 크지슈토프 비엘리츠키가 이끈 폴란드 원정대.

정상 등정: 마치에이 베르베카, 아담 비엘레츠키, 아르투르 마웨크, 토마시 코발스키

낭가파르바트(8,125m)

2016년 2월 26일. 시모네 모로와 알렉스 치콘이 이끈 합동원정대.

정상 등정: 알렉스 치콘, 알리 사드파라, 시모네 모로

K2(8,611m)

미등*

* 2021년 1월 16일. 네팔 팀. 정상 등정: 밍마 걀제Mingma Gyalje를 비롯한 10명의 셰르파 |역주|

인용자료

INTRODUCTION

1 Bolesław Bierut was a Polish Communist leader, NKVD (secret police) agent and hardline Stalinist who became president of Poland after the defeat of the Nazi forces in the Second World War.

2 Adam Bielecki and Dominik Szczepański, Adam Bielecki (Warszawa: Agora, 2017), 129.

1 — EVEREST

1 Andrzej Zawada, 'Winter at 8250 metres: Polish expedition to Lhotse 1974', Alpine Journal 1977: 28.

2 Andrzej Zawada, '25 Years of Winter in the Himalaya', Alpine Journal 2000: 35.

3 Andrzej Zawada, 'Mount Everest – the First Winter Ascent', Alpine Journal 1984: 50-51.

4 Piotr Drożdż, Krzysztof Wielicki: Mój Wybór. Wywiad-Rzeka Tom 1 (Kraków: Góry Books, 2014), 22.

5 Andrzej Zawada (expedition leader), Józef Bakalowski (cameraman), Leszek Cichy, Krzysztof Cielecki, Ryszard Dmoch, Walenty Fiut, Ryszard Gajewski, Zygmunt A. Heinrich, Jan Holnicki-Szulc, Robert Janik (doctor), Bogdan Jankowski, Stanisław Jaworski (cameraman), Janusz Mączka, Aleksander Lwow, Kazimierz W. Olech, Maciej Pawlikowski, Marian Piekutowski, Ryszard Szafirski, Krzysztof Wielicki, Krzysztof Żurek plus five Sherpas led by Pemba Norbu.

6 Andrzej Zawada, 'Mount Everest — the First Winter Ascent', Alpine Journal 1984: 54.

7 Ibid., 55.

8 Piotr Drożdż, Krzysztof Wielicki: Mój Wybór. Wywiad-Rzeka Tom 1 (Kraków: Góry Books, 2014), 104.

9 Andrzej Zawada, 'Mount Everest — the First Winter Ascent,' Alpine Journal 1984: 57.

10 Piotr Drożdż, Krzysztof Wielicki: Mój Wybór. Wywiad-Rzeka Tom 1 (Kraków: Góry Books, 2014), 104.

11 Ibid., 112.

12 Ibid., 113.

13 Ibid., 97.

14 Ibid., 117.

15 Joe Tasker, Everest the Cruel Way (London: Hodder and Stoughton, 1981), 3.

16 Ibid., 14.

17 Ibid., 116.
18 Ibid., 130.
19 Conversation recorded in the film Everest in Winter (Chameleon, 1981).
20 Adrian and Alan Burgess, The Burgess Book of Lies (Calgary: Rocky Mountain Books, 1994), 244.
21 Joe Tasker, Everest the Cruel Way (London: Hodder and Stoughton, 1981), 160.

2 — MANASLU

1 Stanisław Berbeka, Dreamland (Yak Yak, 2018).
2 Ibid.
3 Ibid.
4 Jerzy Porębski, Manaslu (Artica, 2014).
5 Ibid.
6 Ibid.
7 Ibid.
8 Ibid.
9 Ibid.
10 Noboru Yamada, 'Asia, Nepal, Manaslu, Northeast Ridge in the Winter', American Alpine Journal 1986.
11 Eric Monier, 'Manaslu South Face in Winter', Himalayan Journal 48, 1992: 166.
12 Anatoli Boukreev, 'The Roads We Choose, a Himalayan Season', American Alpine Journal 1996.
13 Ibid.
14 Ibid.
15 Ibid.
16 Ibid.
17 Élisabeth Revol, 'Attempt of Manaslu (8,163m)', Boreal, 10 February 2017.
18 Ibid.
19 Ibid.

3 — DHAULAGIRI

1 Bernadette McDonald, Freedom Climbers (Calgary: Rocky Mountain Books, 2011), 130.
2 Ibid., 69.
3 Jerzy Kukuczka, My Vertical World (Seattle: Mountaineers Books, 1992), 81.
4 Ibid., 81.
5 Ibid., 82.
6 Adam Bilczewski, 'Dhaulagiri 1984–85', Himalayan Journal 43, 1987: 21.
7 Jerzy Kukuczka, My Vertical World (Seattle: Mountaineers Books, 1992), 85.
8 Ibid., 87.
9 Ibid., 88.
10 Ibid., 90.
11 Ibid., 90.
12 Adam Bilczewski, 'Dhaulagiri 1984–85', Himalayan Journal 43, 1987: 21.

13   Jerzy Kukuczka, My Vertical World (Seattle: Mountaineers Books, 1992), 92.

14   Ibid.

15   Erhard Loretan, Night Naked (Seattle: Mountaineers Books, 2013), 96.

16   The first ascent of the east face was by Voytek Kurtyka, Ludwik Wilczyński, Alex MacIntyre and René Ghilini in 1980.

17   Erhard Loretan, Night Naked (Seattle: Mountaineers Books, 2013), 96.

18   Jean Troillet, 'Winter Expedition to Dhaulagiri I, 1985', Himalayan Journal 43, 1987: 120.

19   Erhard Loretan, Night Naked (Seattle: Mountaineers Books, 2013), 97.

4 — CHO OYU

1   Stanisław Berbeka, Dreamland (Yak Yak, 2018).

2   Jerzy Kukuczka, My Vertical World (Seattle: Mountaineers Books, 1992), 100.

3   Ibid., 102.

4   Maria Coffey, Where the Mountain Casts Its Shadow: The Dark Side of Extreme Adventure (New York: St. Martin's Press, 2003), 52.

5   Stanisław Berbeka, Dreamland (Yak Yak, 2018).

6   Miguel 'Lito' Sánchez, Cho Oyu (Rio Cuarto: Palloni Edicion, 2017), Préface.

5 — KANGCHENJUNGA

1   Cherie Bremer-Kamp, Chicago Tribune, 31 May 1987.

2   Ibid.

3   Bartek Dobroch, Artur Hajzer: Droga Słonia (Kraków: Wydawnictwo Znak, 2018), 171.

4   Piotr Drożdż, Krzysztof Wielicki: Mój Wybór. Wywiad-Rzeka Tom 1 (Kraków: Góry Books, 2014), 198.

5   Ibid.

6   Ibid.

7   Jerzy Kukuczka, My Vertical World (Seattle: Mountaineers Books, 1992), 127.

8   Ibid., 128.

9   Ibid., 129.

10   Piotr Drożdż, Krzysztof Wielicki: Mój Wybór. Wywiad-Rzeka Tom 1 (Kraków: Góry Books, 2014), 202.

11   Ibid., 208.

12   Ibid., 203.

13   Ibid., 204.

14   Ibid., 204.

6 — ANNAPURNA

1   Previous classification by H. Adams Carter in the 1985 American Alpine Journal listed thirteen peaks over 7,000 metres and sixteen peaks over 6,000 metres.

2   A Korean team had claimed to reach the summit from the north side in 1984, but based on first-hand information from a French team on the mountain at the same time, their claim was seriously questioned, and finally dismissed by Himalayan historian Elizabeth Hawley.

3   Bartek Dobroch, Artur Hajzer: Droga Słonia (Kraków: Wydawnictwo Znak, 2018), 219.
4   Piotr Drożdż, Krzysztof Wielicki: Mój Wybór. Wywiad-Rzeka Tom 1 (Kraków: Góry Books, 2014), 227.
5   Ibid., 230.
6   Jerzy Kukuczka, My Vertical World (Seattle: Mountaineers Books, 1992), 167.
7   Piotr Drożdż, Krzysztof Wielicki: Mój Wybór. Wywiad-Rzeka Tom 1 (Kraków: Góry Books, 2014), 232.
8   Ibid., 34.
9   Marcello Rossi, 'Simone Moro: The Winter Maestro', www.climbing.com, 13 January 2017.
10   Simone Moro, Cometa sull'Annapurna (Milano: Corbaccio, 2003), 115.
11   Ibid., 116.
12   Ibid., 118.
13   Ibid., 124.
14   Simone Moro, 'Annapurna, Attempt and Tragedy', American Alpine Journal 1998: 302.
15   Simone Moro, Cometa sull'Annapurna (Milano: Corbaccio, 2003), 129.
16   Ibid., 131.
17   Anatoli Boukreev, Above the Clouds (St. Martin's Press, 2001), 226.
18   Marcello Rossi, 'Simone Moro: The Winter Maestro', www.climbing.com, 13 January 2017.

7 — LHOTSE

1   Andrzej Zawada, 'Winter at 8250 metres: Polish expedition to Lhotse 1974', Alpine Journal 1977: 28–35.
2   Ibid.
3   Ibid.
4   Ibid.
5   Ibid.
6   Ibid.
7   Ewa Matuszewska, Lider: górskim szlakiem Andrzeja Zawady (Warszawa: Iskry, 2003).
8   Piotr Drożdż, Krzysztof Wielicki: Mój Wybór. Wywiad-Rzeka Tom 1 (Kraków: Góry Books, 2014), 268.
9   Ibid., 268.
10   Ibid., 269.
11   Ibid., 271.
12   Ibid., 271.
13   Ibid., 272.
14   Ibid., 272.
15   Ibid., 272.
16   Ibid., 275.
17   Osamu Tanabe, 'Lhotse South Face Winter – Near Ascent', Japan Alpine News, volume 5, 2004: 3.
18   Ibid.
19   Osamu Tanabe, 'Lhotse South Face Winter Ascent – The Dream Comes True', Alpine

Journal 2007: 67.

20   Lindsay Griffin, 'Lhotse South Face in Winter – Almost', Alpinist Online, 8 January 2007.

8 — SHISHAPANGMA

1   Simone Moro, 'Shisha Pangma Winter Expedition', Mountain RU, 8 December 2003.
2   Simone Moro, The Call of the Ice (Seattle: Mountaineers Books, 2014), 59.
3   Ibid., 60.
4   Simone Moro, 'Shisha Pangma Winter 2004–05', Mountain RU, 21 December 2004.
5   Simone Moro, The Call of the Ice (Seattle: Mountaineers Books, 2014), 66.
6   Jean-Christophe Lafaille, 'Asia, Tibet, Himalaya, Rolwaling Himal, Shishapangma Main Summit (8,027m), Southwest Face, Solo in December with New Variation', American Alpine Journal 2005: 434.
7   Ibid.
8   Krzysztof Wielicki, 'Asia, Tibet, Himalaya, Rolwaling Himal, Winter Ascents of 8,000m Peaks, Commentary', American Alpine Journal, 2005: 436.
9   Simone Moro, The Call of the Ice (Seattle: Mountaineers Books, 2014), 72.
10   Ibid., 73.
11   Ibid., 74.
12   Simone Moro, 'Asia, Tibet, Himalaya, Rolwaling Himal, Shishapangma, First Winter Ascent', American Alpine Journal 2005: 438.
13   Simone Moro, The Call of the Ice (Seattle: Mountaineers Books, 2014), 76.
14   Ibid., 79.

9 — MAKALU

1   Piotr Drożdż, Krzysztof Wielicki: Mój Wybór. Wywiad-Rzeka Tom 2 (Kraków: Góry Books, 2015), 21.
2   Ibid., 30.
3   Ibid., 26.
4   Ibid., 184.
5   Ibid., 185.
6   Krzysztof Wielicki, 'Winter Manifesto', Polski Związek Alpinizmu, 2002.
7   Jason Burke, 'One Step Beyond', The Observer, 9 April 2006.
8   Ibid.
9   Ibid.
10   Denis Urubko, 'Fifty-Fifty: Tales of a Climber's Life', Alpinist 37, Winter 2011–2012: 72.
11   Denis Urubko, 'Elements Revelry', www.russianclimb.com, 3 February 2008.
12   Denis Urubko, 'Winter Makalu Debrief ', www.explorersweb.com, 2 April 2009.
13   Simone Moro, The Call of the Ice (Seattle: Mountaineers Books, 2014), 114.
14   Denis Urubko and Simone Moro, 'Makalu Winter Climb', RussianClimb.com, 22 January 2009.
15   Simone Moro, The Call of the Ice (Seattle: Mountaineers Books, 2014), 131.
16   Ibid., 137.

17 Denis Urubko, 'Makalu: the First Winter Ascent and Cho Oyu: the Southeast Face', Japan Alpine News, volume 11, 2010: 94.

18 Simone Moro, The Call of the Ice (Seattle: Mountaineers Books, 2014), 141.

19 Ibid., 142.

20 Ibid., 144.

21 Ibid., 145.

22 Denis Urubko, 'Makalu: the First Winter Ascent and Cho Oyu: the Southeast Face', Japan Alpine News, volume 11, 2010: 94.

10 — GASHERBRUM II

1 Artur Hajzer, 'You just have to have much bigger balls in winter', www.explorersweb.com, 31 March 2009.

2 Simone Moro, The Call of the Ice (Seattle: Mountaineers Books, 2014), 155.

3 Marcello Rossi, 'Simone Moro: The Winter Maestro', www.climbing.com, 13 January 2017.

4 Cory Richards, 'This Photo Captures a Near-Death Experience – and Later Trauma', National Geographic Magazine, May 2018: 38.

5 Simone Moro, The Call of the Ice (Seattle: Mountaineers Books, 2014), 157.

6 Ibid., 165.

7 Denis Urubko, 'Gasherbrum II, Winter 2011', www.russianclimb.com, 26 January 2011.

8 Ibid.

9 Ibid.

10 Simone Moro, The Call of the Ice (Seattle: Mountaineers Books, 2014), 176.

11 Ibid., 178.

12 Ibid., 181

13 Denis Urubko, 'Gasherbrum II, Winter 2011', www.russianclimb.com, 6 February 2011.

14 Ibid.

15 Cory Richards, 'This Photo Captures a Near-Death Experience – and Later Trauma', National Geographic Magazine, May 2018: 38.

16 Simone Moro, The Call of the Ice (Seattle: Mountaineers Books, 2014), 197.

17 Grayson Schaffer, 'Partly Crazy With a Chance of Frostbite', Outside Online, 25 April 2011.

18 Simone Moro, 'Reflecting on Gasherbrum II', Alpine Journal 2012: 59–62.

19 Cory Richards, 'This Photo Captures a Near-Death Experience – and Later Trauma', National Geographic Magazine, May 2018: 36.

20 Ibid., 36.

21 Ibid., 38.

22 Simone Moro, 'Reflecting on Gasherbrum II', Alpine Journal 2012: 59–62.

23 Simone Moro, 'Interview: Simone Moro on Winter K2', www.explorersweb.com,

22 December 2017.

24 Devon O'Neil, 'To Get to the Summit, Cory Richards had to Lose it All', Outside Online, 24 August 2017.

11 — GASHERBRUM I

1   Louis Rousseau, 'K2 in winter still remains a challenge', www.explorersweb.com, 7 February 2012.

2   Louis Rousseau, 'A Cold Sisyphean Climb', Gripped, October/November 2011: 46.

3   Ibid.

4   Ibid.

5   Louis Rousseau, 'Winter GI Commentary', www.explorersweb.com, 3 February 2012.

6   Bartek Dobroch, Artur Hajzer: Droga Słonia (Kraków: Wydawnictwo Znak, 2018), 425.

7   Ibid., 426.

8   Ibid., 426.

9   Ibid., 428.

10   Ibid., 434.

11   Adam Bielecki and Dominik Szczepański, Adam Bielecki (Warszawa: Agora, 2017), 128.

12   Ibid.

13   Bartek Dobroch, Artur Hajzer: Droga Słonia (Kraków: Wydawnictwo Znak, 2018), 467.

14   Adam Bielecki and Dominik Szczepański, Adam Bielecki (Warszawa: Agora, 2017), 16.

15   Ibid., 19.

16   Bartek Dobroch, Artur Hajzer: Droga Słonia (Kraków: Wydawnictwo Znak, 2018), 468.

17   Adam Bielecki and Dominik Szczepański, Adam Bielecki (Warszawa: Agora, 2017), 12.

18   Jochen Hemmleb, Spuren für die Ewigkeit (Vienna: EGOTH – Verlag, 2014), 253.

19   Ibid., 253.

20   Ibid., 258.

21   Bartek Dobroch, Artur Hajzer: Droga Słonia (Kraków: Wydawnictwo Znak, 2018), 468.

22   Jochen Hemmleb, Spuren für die Ewigkeit (Vienna: EGOTH – Verlag, 2014), 262.

23   Adam Bielecki and Dominik Szczepański, Adam Bielecki (Warszawa: Agora, 2017), 181.

24   Ibid., 184.

25   Agnieszka Bielecka and Artur Hajzer, 'The Polish Gasherbrum I Winter Expedition', Alpine Journal 2013: 19.

26   Jochen Hemmleb, Spuren für die Ewigkeit (Vienna: EGOTH – Verlag, 2014), 263.

27   Ibid., 259.

28   Ibid., 265.

29   Adam Bielecki and Dominik Szczepański, Adam Bielecki (Warszawa: Agora, 2017), 192.

30   Artur Hajzer, 'Gasherbrum I (8,086m), First Winter Ascent', American Alpine Journal 2012: 265.

31   Louis Rousseau, 'Winter GI Commentary', www.explorersweb.com, 3 February 2012.

32   Bartek Dobroch, Artur Hajzer: Droga Słonia (Kraków: Wydawnictwo Znak, 2018), 471.

33   Ibid., 473.

34   Adam Bielecki and Dominik Szczepański, Adam Bielecki (Warszawa: Agora, 2017), 192.

12 — BROAD PEAK

1   Stanisław Berbeka, Dreamland (Yak Yak, 2018).

2   Ibid.

3   Piotr Drożdż, Krzysztof Wielicki: Mój Wybór. Wywiad-Rzeka Tom 1 (Kraków: Góry Books, 2014), 252.

4   Aleksander Lwow, Zwyciężyć znaczy przeżyć: 20 lat później (Kraków: Wydawnictwo Bezdroża, 2014) 255.

5   Ibid., 260.

6   Stanisław Berbeka, Dreamland (Yak Yak, 2018).

7   Aleksander Lwow, Zwyciężyć znaczy przeżyć: 20 lat później (Kraków: Wydawnictwo Bezdroża, 2014), 263.

8   Ibid., 264.

9   Stanisław Berbeka, Dreamland (Yak Yak, 2018).

10 Piotr Drożdż, Krzysztof Wielicki: Mój Wybór. Wywiad-Rzeka Tom 1 (Kraków: Góry Books, 2014), 255.

11 Stanisław Berbeka, Dreamland (Yak Yak, 2018).

12 Ibid.

13 Piotr Drożdż, Krzysztof Wielicki: Mój Wybór. Wywiad-Rzeka Tom 1 (Kraków: Góry Books, 2014), 256.

14 Bartek Dobroch and Przemysław Wilczyński, Broad Peak: Niebo I Piekło (Poznań: Wydawnictwo Poznańskie, 2014), 63.

15 Ibid., 63.

16 Bartek Dobroch, Artur Hajzer: Droga Słonia (Kraków: Wydawnictwo Znak, 2018), 478.

17 Adam Bielecki and Dominik Szczepański, Adam Bielecki (Warszawa: Agora, 2017), 237.

18 Ibid., 239.

19 Bartek Dobroch and Przemysław Wilczyński, Broad Peak: Niebo I Piekło (Poznań: Wydawnictwo Poznańskie, 2014), 113.

20 Piotr Drożdż, Krzysztof Wielicki: Mój Wybór. Wywiad-Rzeka Tom 2 (Kraków: Góry Books, 2015), 241.

21 Adam Bielecki and Dominik Szczepański, Adam Bielecki (Warszawa: Agora, 2017), 266.

22 Ibid., 268.

23 Ibid., 271.

24 Ibid., 274.

25 Piotr Drożdż, Krzysztof Wielicki: Mój Wybór. Wywiad-Rzeka Tom 2 (Kraków: Góry Books, 2015), 242.

26 Adam Bielecki and Dominik Szczepański, Adam Bielecki (Warszawa: Agora, 2017), 274.

27 Piotr Drożdż, Krzysztof Wielicki: Mój Wybór. Wywiad-Rzeka Tom 2 (Kraków: Góry Books, 2015), 244.

28 Adam Bielecki and Dominik Szczepański, Adam Bielecki (Warszawa: Agora, 2017), 274.

29 Bartek Dobroch and Przemysław Wilczyński, Broad Peak: Niebo I Piekło (Poznań: Wydawnictwo Poznańskie, 2014), 145.

30 Stanisław Berbeka, Dreamland (Yak Yak, 2018).

31 Bartek Dobroch and Przemysław Wilczyński, Broad Peak: Niebo I Piekło (Poznań: Wydawnictwo Poznańskie, 2014), 148.

32 Adam Bielecki and Dominik Szczepański, Adam Bielecki (Warszawa: Agora, 2017), pg. 287.

33 Ibid., 287.

34 Piotr Drożdż, Krzysztof Wielicki: Mój Wybór. Wywiad-Rzeka Tom 2 (Kraków: Góry Books, 2015), pg. 245.

35 Bartek Dobroch and Przemysław Wilczyński, Broad Peak: Niebo I Piekło (Poznań: Wydawnictwo Poznańskie, 2014), 164.

36 Ewa A Rozmowa Berbeka and Beata Sabała-Zielińska, Jak Wysoko Sięga Miłość? Życie Po Broad Peak (Warszawa: Prószyński Media Sp. z o.o., 2016), 35.

37 Adam Bielecki and Dominik Szczepański, Adam Bielecki (Warszawa: Agora, 2017), 287.

38 Bartek Dobroch and Przemysław Wilczyński, Broad Peak: Niebo I Piekło (Poznań: Wydawnictwo Poznańskie, 2014), 317.

39 Ibid., 321.

40 Ibid., 323.

41 Piotr Drożdż, Krzysztof Wielicki: Mój Wybór. Wywiad-Rzeka Tom 2 (Kraków: Góry Books, 2015), 242.

42 Adam Bielecki and Dominik Szczepański, Adam Bielecki (Warszawa: Agora, 2017), 304.

43 Ewa A Rozmowa Berbeka and Beata Sabała-Zielińska, Jak Wysoko Sięga Miłość? Życie Po Broad Peak (Warszawa: Prószyński Media Sp. z o.o., 2016), 22.

44 Jagoda Mytych, 'Artur Hajzer – Ice Leader', http://goryksiazek.pl, September 2013.

45 Piotr Drożdż, Krzysztof Wielicki: Mój Wybór. Wywiad-Rzeka Tom 2 (Kraków: Góry Books, 2015), 255.

46 Ewa A Rozmowa Berbeka and Beata Sabała-Zielińska, Jak Wysoko Sięga Miłość? Życie Po Broad Peak (Warszawa: Prószyński Media Sp. z o.o., 2016), 18.

47 Stanisław Berbeka, Dreamland (Yak Yak, 2018).

48 Bartek Dobroch and Przemysław Wilczyński, Broad Peak: Niebo I Piekło (Poznań: Wydawnictwo Poznańskie, 2014), 325.

13 — NANGA PARBAT

1   Captain R.H. Marsh, 'Nanga Parbat: The Accident in December, 1950', Alpine Journal 1951: 130.

2   Piotr Drożdż, Krzysztof Wielicki: Mój Wybór. Wywiad-Rzeka Tom 2 (Kraków: Góry Books, 2015), 226.

3   Dominik Szczepański, Czapkins (Warszawa: Agora, 2019), 255.

4   'Nanga Parbat in winter, Moro and Urubko aim to climb route attempted by Messner and Eisendle', www.planetmountain.com, 13 January 2012.

5   www.wspinanie.pl/forum, 7 January 2013.

6   Dominik Szczepański, Czapkins (Warszawa: Agora, 2019), 274.

7   'Winter 2014: Daniele Nardi Returns to Nanga Parbat', www.altitudepakistan.blogspot.com, 28 December 2013.

8   Piotr Drożdż, Krzysztof Wielicki: Mój Wybór. Wywiad-Rzeka Tom 2 (Kraków: Góry Books, 2015), 210.

9   Adam Bielecki and Dominik Szczepański, Adam Bielecki (Warszawa: Agora, 2017), 390.

10 Ibid., 396.

11 Ibid., 397.

12 Dominik Szczepański, Czapkins (Warszawa: Agora, 2019), 379.

13 Ibid., 385.

14 Tamara Lunger, 'Winter Expedition', www.tamaralunger.com, January/February 2016.

15 Marcello Rossi, 'Simone Moro: The Winter Maestro', www.climbing.com, 13 January 2017.

16 Dominik Szczepański, Czapkins (Warszawa: Agora, 2019), 21.

17 Ibid., 23.

18 Ibid., 28.

19 Ibid., 31.

20 Ibid., 42.

21 Ibid., 44.

22 Ibid., 403.

23 Ibid., 403.

24 Ibid., 404.

25 Ibid., 409.

26 Ibid., 410.

27 Ibid., 420.

28 Ibid., 438.

29 Ibid., 443.

30 Derek Franz and Maheed Syed, 'A retrospective on the second winter ascent of Nanga Parbat … ', Alpinist Online, 7 August 2018.

31 Dominik Szczepański, Czapkins (Warszawa: Agora, 2019), 446.

32 Marcin Jamkowski, 'Rescue on the Killer Mountain', Outside Online, 11 April 2018.

33 Ibid.

34 Vinicio Stefanello, 'For Daniele Nardi and Tom Ballard lost forever on Nanga Parbat', www.planetmountain.com, 9 March 2019.

14 — K2

1 Peter Beal, 'Escape Route: Chaos Canyon, Colorado', Alpinist 37, Winter 2011–12: 90.

2 Steve Swenson, 'K2: the Mountaineer's Mountain', Alpinist 37, Winter 2011–12: 40.

3 Robert Macfarlane, Mountains of the Mind (New York: Pantheon Books, 2003), 175.

4 Fosco Maraini, Karakoram: The Ascent of Gasherbrum IV (New York: Viking Press, 1961), 167.

5 Piotr Drożdż, Krzysztof Wielicki: Mój Wybór. Wywiad-Rzeka Tom 1 (Kraków: Góry Books, 2014), 252.

6 Ibid.

7 Ibid.

8 Ewa Matuszewska, Lider: górskim szlakiem Andrzeja Zawady (Warszawa: Iskry, 2003), 299.

9 Piotr Drożdż, Krzysztof Wielicki: Mój Wybór. Wywiad-Rzeka Tom 1 (Kraków: Góry Books, 2014), 179.

10 The team comprised Jacek Berbeka, Marcin Kaczkan, Piotr Morawksi, Jerzy Natkański, Maciej Pawlikowski and Darek Załuski from Poland; Gia Tortladze from Georgia; Vassiliy Pivtsov and Denis Urubko from Kazakhstan; and Ilyas Tukhvatullin from Uzbekistan.

11 Piotr Drożdż, Krzysztof Wielicki: Mój Wybór. Wywiad-Rzeka Tom 2 (Kraków: Góry Books, 2015), 196.

12   Ibid., 198.

13   Piotr Morawski and Grzegorz Glazek, 'Asia, China, Karakoram, K2, Winter Attempt on the North Ridge', American Alpine Journal 2003: 403.

14   Himalman, 'Polish Winter Expedition to K2: 2002/3', www.polishhimalayas.wordpress.com, 2 January 2008.

15   Piotr Drożdż, Krzysztof Wielicki: Mój Wybór. Wywiad-Rzeka Tom 2 (Kraków: Góry Books, 2015), 199.

16   Monika Rogozińska, 'Polish Himalaists Attack K2 in Winter', RussianClimb.com, 9 November 2002.

17   Piotr Drożdż, Krzysztof Wielicki: Mój Wybór. Wywiad-Rzeka Tom 2 (Kraków: Góry Books, 2015), 207.

18   Ludwik Wilczyński, Ice Warriors (Katowice: STAPIS, 2019), 97.

19   Mark Jenkins, 'Climber Breaks From Team, Attempts and Abandons Solo Ascent of "Savage Mountain"', www.nationalgeographic.com, 25 February 2018.

20   Alan Arnette, 'Winter K2 Attempt Over – Can it Ever be Done?', www.alanarnette.com, 18 March 2019.

EPILOGUE

1   Denis Urubko, 'Fifty-Fifty: Tales of a Climber's Life', Alpinist 37, Winter 2011–12: 77.

2   Élisabeth Revol, 'Attempt of Manaslu (8,163m)', Boreal, 10 February 2017.

3   Louis Rousseau, 'A Cold Sisyphean Climb', Gripped, October/November 2011, 46.

4   Miguel 'Lito' Sánchez, Cho Oyu, (Rio Cuarto: Palloni Edicion, 2017), Préface.

5   Maria Coffey, Where the Mountain Casts Its Shadow: The Dark Side of Extreme Adventure (New York: St. Martin's Press, 2003), xvii.

BOOKS

Adamiecki, Wojciech. *Zdobyć Everest*. Warszawa: Iskry, 1984.

Berbeka, Ewa A Rozmowa and Beata Sabała-Zielińska. *Jak Wysoko Sięga Miłość? Życie Po Broad Peak*. Warszawa: Prószyński Media Sp. z o.o., 2016.

Bielecki, Adam and Dominik Szczepański. *Adam Bielecki*. Warszawa: Agora, 2017.

Boukreev, Anatoli. *Above the Clouds*. New York: St. Martin's Press, 2001.

Burgess, Adrian and Alan. *The Burgess Book of Lies*. Calgary: Rocky Mountain Books, 1994.

Coffey, Maria. *Where the Mountain Casts its Shadow: The Dark Side of Extreme Adventure*. New York: St. Martin's Press, 2003.

Davies, Norman. *God's Playground: A History of Poland (revised edition), Volume II: 1795 to the Present*. Oxford and New York: Oxford University Press, 2005.

Dobroch, Bartek. *Artur Hajzer: Droga Słonia*. Kraków: Wydawnictwo Znak, 2018.

Dobroch, Bartek and Przemysław Wilczyński. *Broad Peak: Niebo I Piekło*. Poznań: Wydawnictwo Poznańskie, 2014.

Drożdż, Piotr. *Krzysztof Wielicki: Mój Wybór. Wywiad-Rzeka Tom 1*. Kraków: Góry Books, 2014.

------. *Krzysztof Wielicki: Mój Wybór. Wywiad-Rzeka Tom 2*. Kraków: Góry Books, 2015.

Fronia, Rafał. *Anatomia Góry*. Kraków: Wydanie I, 2018.

Hajzer, Artur. *Atak Rozpaczy*. Gliwice, Poland: Explo Publishers, 1994.

Hemmleb, Jochen. *Spuren für die Ewigkeit*. Vienna: EGOTH Verlag, 2014.

Isserman, Maurice, and Stewart Weaver, with sketches by Dee Molenaar. *Fallen Giants: A History of Himalayan Mountaineering from the Age of Empire to the Age of Extremes*. New Haven: Yale University Press, 2008.

Kortko, Dariusz, and Marcin Pietraszewski. *Krzysztof Wielicki. Piekło mnie nie chciało*. Warszawa: Agora, 2019.

Kukuczka, Jerzy. *My Vertical World: Climbing the 8000-Metre Peaks*. Seattle: Mountaineers Books, 1992.

Kurczab, Janusz. *Lodowi Wojownicy: Polskie Himalaje Część 2*. Warszawa: Agora, 2008.

Loretan, Erhard. *Night Naked*. Seattle: Mountaineers Books, 2013.

Lwow, Aleksander. *Zwyciężyć znaczy przeżyć*. Kraków: Hudowski & Marcisz, 1994.

------. *Zwyciężyć znaczy przeżyć: 20 lat później*. Kraków: Wydawnictwo Bezdroża, 2014.

Macfarlane, Robert. *Mountains of the Mind*. New York: Pantheon Books, 2003.

Maraini, Fosco. *Karakoram: The Ascent of Gasherbrum IV.* New York: Viking Press, 1961.

Matuszewska, Ewa. *Lider: górskim szlakiem Andrzeja Zawady.* Warszawa: Iskry, 2003.

------. *Uciec jak najwyżej: nie dokończone życie Wandy Rutkiewicz (Escaping to the Highest: The Unfinished Life of Wanda Rutkiewicz).* Warszawa: Iskry, 1999.

McDonald, Bernadette. *Alpine Warriors.* Calgary: Rocky Mountain Books, 2015.

------. *Freedom Climbers.* Calgary: Rocky Mountain Books, 2011.

------. *Freedom Climbers.* Sheffield: Vertebrate Publishing, 2012.

Sánchez, Miguel 'Lito'. *Cho Oyu.* Rio Cuarto: Palloni Edicion, 2017.

Milewska, Anna. *Życie z Zawadą.* Warszawa: Oficyna Wydawnicza Łośgraf, 2009.

Milewska-Zawada, Anna. *K2: Pierwsza Zimowz Wyprawa.* Warszawa: Selion Sp. Z.o.o., 2018.

Moro, Simone. *Cometa sull'Annapurna.* Milano: Corbaccio, 2003.

Nardi, Daniele and Alessandra Carati. *La via perfetto. Nanga Parbat: sperone Mummery.* Torino: Giulio Einaudi editore s.p.a., 2019.

Piotrowski, Tadeusz. *Gdy Krzepnie Rtęć.* Warszawa: Iskry, 1982.

Reinisch, Gertrude. *Wanda Rutkiewicz: A Caravan of Dreams.* Ross-on-Wye, UK: Carreg Ltd, 2000.

Revol, Élisabeth. *Vivre.* Paris: Éditions Arthaud, 2019.

Rogozińska, Monika. *Lot Koło: Nagiej Damy.* Pelplin: Bernardinum, 2016.

Rutkiewicz, Wanda. *Na jednej linie.* Warszawa: Krajowa Agencja Wydawnicza, 1986.

Szczepański, Dominik. *Czapkins.* Warszawa: Agora, 2019.

Tasker, Joe. *Everest the Cruel Way. The Boardman Tasker Omnibus.* London: Hodder & Stoughton, 1995.

Trybalski, Piotr. *Wszystko za K2.* Kraków: Wydawnictwo Literackie, 2018.

Urubko, Denis. *Skazany Na Góry.* Warszawa: Agora, 2018.

Wielicki, Krzysztof. *Korona Himalajów: 14 X 8000.* Kraków: Wydawnictwo Ati, 1997.

Wilczyński, Ludwik. *Jak dobrze nam zdobywać gory.* Kraków: STAPIS, 2019.

JOURNALS, NEWSPAPERS AND MAGAZINES

Alpine Journal, years: 1951, 1977, 1979, 1984, 2000, 2001, 2012, 2013.

American Alpine Journal, years: 1979, 1980, 1982, 1983, 1984, 1985, 1986, 1987, 1988, 1989, 1991, 1992, 1998, 2003, 2005, 2011, 2012.

Himalayan Journal, years: 1987, 1991, 1992, 1993.

Bremer-Kamp, Cherie. *Chicago Tribune,* 31 May 1987.

Burke, Jason. 'One Step Beyond', *The Observer,* 9 April 2006.

Richards, Cory. 'This Photo Captures a Near-Death Experience – and Later Trauma', *National Geographic Magazine,* May 2018: 36–38.

Rousseau, Louis. 'A Cold Sisyphean Climb', *Gripped,* October/November 2011: 44–49.

Swenson, Steve. 'K2: The Mountaineer's Mountain', *Alpinist* 37 (Winter 2011–12): 38–61.

Tanabe, Osamu. 'Lhotse South Face Winter – Near Ascent', *Japan Alpine News* volume 5 (2004): 3.

Urubko, Denis. 'Fifty-Fifty: Tales of a Climber's Life', *Alpinist* 37 (Winter 2011–12): 70–79.

------. 'Makalu: the First Winter Ascent and Cho Oyu: the Southeast Face', *Japan Alpine News* volume 11 (2010): 94.

Wielicki, Krzysztof. 'Winter Manifesto', *Polski Związek Alpinizmu*, 2002.

FILMS

Berbeka, Stanisław. 2018. *Dreamland*. Yak Yak, Poland.

Fogel, Anson. 2011. *Cold*. Forge Mountain Pictures, USA.

Jewhurst, Allen. 1981. *Everest in Winter*. Chameleon, UK.

Pelletier, Vic. 1995. *K-2 Winter 1987–1988*. Les Productions Vic Pelletier Inc., France 3 Montagne.

Porębski, Jerzy. 2008. *Polskie Himalaje: The Ice Warriors*. Artica, Poland.

------. 2014. *Manaslu*. Artica, Poland.

Stauber, Hans Peter. 2012. *Der Letze Weg:* Servus TV, Salzburg, Austria.

Załuski, Darek. 2019. *The Last Mountain*. Ostatnia Góra, Warszawa, Poland.

ONLINE

Arnette, Alan. 'Winter K2 Attempt Over – Can it Ever be Done?' www.alanarnette.com: 18 March 2019.

Griffin, Lindsay. 'Lhotse South Face in Winter – Almost', *Alpinist Online:* 8 January 2007.

Himalman. 'Polish Winter Expedition to K2: 2002/3', www.polishhimalayas.wordpress.com: 2 January 2008.

Jamkowski, Marcin. 'Rescue on the Killer Mountain', *Outside Online:* 11 April 2018.

Korniszewski, Lech. 'Life Passions', *Puls:* 5 January 2007.

Lunger, Tamara. 'Winter Expedition', www.tamaralunger.com: January/February 2016.

Moro, Simone. 'Shisha Pangma Winter Expedition', *Mountain RU:* 8 December 2003, 21 December 2003.

Mytych, Jagoda. 'Artur Hajzer – Ice Leader', www.goryksiazek.pl: September 2013.

O'Neil, Devon. 'To Get to the Summit, Cory Richards had to Lose it All', *Outside Online:* 24 August 2017.

Revol, Élisabeth. 'Attempt of Manaslu (8,163m)', *Boreal:* 10 February 2017.

Rogozińska, Monika. 'Polish Himalaists Attack K2 in Winter', www.russianclimb.com: 9 November 2002.

Rossi, Marcello. 'Simone Moro: The Winter Maestro', www.climbing.com: 13 January 2017.

Rousseau, Louis. 'Winter GI Commentary', www.explorersweb: 3 February 2012.

Schaffer, Grayson. 'Partly Crazy With a Chance of Frostbite', *Outside Online:* 25 April 2011.

Urubko, Denis. 'Elements Revelry', www.russianclimb.com: 3 February 2008.

------. 'Gasherbrum II, Winter 2011', www.russianclimb.com: 26 January 2011.

Urubko, Denis and Simone Moro, 'Makalu Winter Climb', www.russianclimb.com: 22 January 2009.

www.altitudepakistan.blogspot.com: 28 December 2012.

www.czapkins.blogspot.com: 3 July 2016.

www.planetmountain.com: 13 January 2012.

www.wspinanie.pl/forum: 7 January 2013.

찾아보기

세로 토레 등반사 史 시리즈 1

메스너, 수수께끼를 풀다

체사레 마에스트리의 1959년 파타고니아 세로 토레 초등 주장은 오랫동안 논란을
불러일으켰다. 라인홀드 메스너가 세로 토레 초등의 진실을 추적했다.

라인홀드 메스너 지음 | 김영도 옮김 | 26,000원

Fallen Giants 등반사 史 시리즈 2

히말라야 도전의 역사

높고 위험한 히말라야의 여러 산에서 기술과 담력을 시험하려 했던 많은 모험가들.
생생하고 풍부한 삽화, 사진과 함께 50년 만에 최초로 히말라야 도전의 방대한 역
사를 정리했다.

모리스 이서먼, 스튜어트 위버 지음 | 조금희, 김동수 옮김 | 62,000원

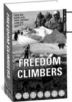

FREEDOM CLIMBERS 등반사 史 시리즈 3

자유를 찾아 등반에 나서는 폴란드 산악인들의 놀라운 여정

제2차 세계대전과 그에 이은 억압적 정치상황을 뚫고 극한의 모험을 찾아 등반에
나섰던 폴란드 산악인들. 이들은 결국 세계에서 가장 강인한 히말라야 산악인들로
거듭났다.

버나데트 맥도널드 지음 | 신종호 옮김 | 43,000원

중국 등산사 등반사 史 시리즈 4

중국 등산의 기원과 발전 과정에 대한 철저한 기록

다음 세대를 위한 역사적 근거와 간접 경험을 제공하고자 중국 국가 차원에서 기획하
여 고대, 근대, 현대를 아우르는 등산에 관한 자료를 최대한으로 수집하여 정리했다.

장차이젠 지음 | 최유정 옮김 | 47,000원

일본 여성 등산사 등반사 史 시리즈 5

후지산에서 에베레스트까지 일본 여성 산악인들의 등산 역사 총망라

7년에 걸쳐 방대한 자료를 수집하고 정리하여 완성한 최초의 일본 여성 등산사이
다. 부조리와 난관을 극복해가는 일본 여성 산악인들의 위대한 발걸음의 궤적을 확
인할 수 있다.

사카쿠라 도키코, 우메노 도시코 지음 | 최원봉 옮김 | 31,000원

더 타워 등반사 史 시리즈 6

세로 토레 초등을 둘러싼 논란과 등반기록

자만심과 영웅주의, 원칙과 고생스러운 원정등반이 뒤범벅된 이 책은 인간의 조건
을 내밀하게 들여다보게 하며, 극한의 노력을 추구하는 사람들의 존재 이유를 적나
라하게 파고든다.

켈리 코르데스 지음 | 권오웅 옮김 | 46,000원

산의 전사들

등반사 史 시리즈 7

슬로베니아 알피니즘의 강력한 전통과 등반문화

국제적으로 명성이 자자한 산악문화 작가 버나데트 맥도널드가 슬로베니아의 알피니즘이 그 나라의 험난한 정치 역사 속에서 어떻게 성장하고 발전했는지 읽기 쉽게 정리했다.

버나데트 맥도널드 지음 | 김동수 옮김 | 37,000원

에베레스트 정복

등반기 記 시리즈 1

에베레스트 전설적인 초등 당시의 오리지널 사진집 (흑백사진 101점 + 컬러사진 62점)

에베레스트 초등 60주년 기념 사진집. 초등 당시 등반가이자 사진가로 함께했던 조지 로우가 위대한 승리의 순간들을 찍은 뛰어난 독점 사진들과 개인 소장의 사진들을 모아 펴냈다.

조지 로우, 휴 루이스 존스 지음 | 조금희 옮김 | 59,000원

꽃의 계곡

등반기 記 시리즈 2

아름다운 난다데비 산군에서의 등산과 식물 탐사의 기록

뛰어난 등산가이자 식물학자이며 저술가였던 프랭크 스마이드가 인도 난다데비 산군에서 등산과 식물 탐사를 하며 행복하게 지냈던 넉 달간의 이야기가 펼쳐진다.

프랭크 스마이드 지음 | 김무제 옮김 | 43,000원

캠프 식스

등반기 記 시리즈 3

에베레스트 원정기의 고전

1933년 에베레스트 원정대에 대한 따뜻한 기록. 프랭크 스마이드가 마지막 캠프까지 가져가서 썼던 일기를 토대로, 등반의 극적인 상황과 산의 풍경에 대한 생생한 묘사를 담았다.

프랭크 스마이드 지음 | 김무제 옮김 | 33,000원

하늘에서 추락하다

등반기 記 시리즈 4

마터호른 초등에 얽힌 소설 같은 이야기

동반자이자 경쟁자였던 장 앙투안 카렐과 에드워드 윔퍼를 주인공으로 하여, 라인홀드 메스너가 마터호른 초등에 얽힌 이야기를 소설처럼 재미있고 생생하게 들려준다.

라인홀드 메스너 지음 | 김영도 옮김 | 40,000원

무상의 정복자

등반가 家 시리즈 1

위대한 등반가 리오넬 테레이의 불꽃 같은 삶과 등반 이야기

그랑드조라스 워커릉, 아이거 북벽에 이어 안나푸르나, 마칼루, 피츠로이, 안데스, 자누, 북미 헌팅턴까지 위대한 등반을 해낸 리오넬 테레이의 삶과 등반 이야기가 펼쳐진다.

리오넬 테레이 지음 | 김영도 옮김 | 46,000원

나의 인생 나의 철학

등반가 家 시리즈 2

세기의 철인 라인홀드 메스너의 인생과 철학

칠순을 맞은 라인홀드 메스너가 일찍이 극한의 자연에서 겪은 체험과 산에서 죽음과 맞서 싸웠던 일들을 돌아보며 다양한 주제로 자신의 인생과 철학에 대해 이야기한다.

라인홀드 메스너 지음 | 김영도 옮김 | 41,000원

엘리자베스 홀리

등반가 家 시리즈 3

히말라야의 영원한 등반 기록가

에베레스트 초등부터 현재에 이르기까지 히말라야 등반의 방대한 역사를 알고 있는 엘리자베스 홀리의 비범한 삶과 세계 최고 산악인들의 이야기가 흥미롭게 펼쳐진다.

버나데트 맥도널드 지음 | 송은희 옮김 | 38,000원

RICCARDO CASSIN

등반가 家 시리즈 4

등반의 역사를 새로 쓴 리카르도 캐신의 50년 등반 인생

초창기의 그리나와 돌로미테 등반부터 피츠 바딜레, 워커 스퍼와 데날리 초등까지 상세한 이야기와 많은 사진이 들어 있는 이 책은 리카르도 캐신의 반세기 등반 활동을 총망라했다.

리카르도 캐신 지음 | 김영도 옮김 | 36,000원

하루를 살아도 호랑이처럼

등반가 家 시리즈 5

알렉스 매킨타이어와 경량·속공 등반의 탄생

알렉스 매킨타이어에게 벽은 야망이었고 스타일은 집착이었다. 이 책은 알렉스와 동시대 클라이머들의 이야기를 통해 삶의 본질을 치열하게 파헤쳐 들려준다.

존 포터 지음 | 전종주 옮김 | 45,000원

마터호른의 그림자

등반가 家 시리즈 6

마터호른 초등자 에드워드 윔퍼의 일생

걸출한 판각공이자 뛰어난 저술가이며 스물다섯 나이에 마터호른을 초등한 에드워드 윔퍼의 업적에 대한 새로운 평가와 더불어 탐험가가 되는 과정까지 그의 일생이 담겨 있다.

이언 스미스 지음 | 전정순 옮김 | 52,000원

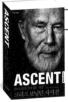

ASCENT

등반가 家 시리즈 7

알피니즘의 살아 있는 전설 크리스 보닝턴의 등반과 삶

영국의 위대한 산악인 크리스 보닝턴. 사선을 넘나들며 불굴의 정신으로 등반에 바쳐온 그의 삶과 놀라운 모험 이야기가 가족에 대한 사랑과 더불어 파노라마처럼 펼쳐진다.

크리스 보닝턴 지음 | 오세인 옮김 | 51,000원

프리솔로
등반가 家 시리즈 **8**

엘 캐피탄을 장비 없이 홀로 오른 알렉스 호놀드의 등반과 삶

극한의 모험 등반인 프리솔로 업적으로 역사상 최고의 암벽등반가 지위를 획득한 호놀드의 등반경력 중 가장 놀라운 일곱 가지 성과와 그의 소박한 일상생활을 담았다.

알렉스 호놀드, 데이비드 로버츠 지음 | 조승빈 옮김 | 37,000원

산의 비밀
등반가 家 시리즈 **9**

8000미터의 카메라맨 쿠르트 딤베르거와 알피니즘

역사상 8천 미터급 고봉 두 개를 초등한 유일한 생존자이자 세계 최고의 고산 전문 카메라맨인 쿠르트 딤베르거. 그의 등반과 여행 이야기가 흥미진진하게 펼쳐진다.

쿠르트 딤베르거 지음 | 김영도 옮김 | 45,000원

太陽의 한 조각
등반가 家 시리즈 **10**

황금피켈상 클라이머 다니구치 케이의 빛나는 청춘

일본인 최초이자 여성 최초로 황금피켈상을 받았지만 뜻하지 않은 사고로 43세에 생을 마감한 다니구치 케이의 뛰어난 성취와 따뜻한 파트너십을 조명했다.

오이시 아키히로 지음 | 김영도 옮김 | 30,000원

카트린 데스티벨
등반가 家 시리즈 **11**

암벽의 여왕 카트린 데스티벨 자서전

세계 최고의 전천후 클라이머로, 스포츠클라이밍, 암벽등반 그리고 알파인등반에서 발군의 실력을 발휘한 그녀의 솔직담백한 이야기가 잔잔한 감동으로 다가온다.

카트린 데스티벨 지음 | 김동수 옮김 | 30,000원

Art of Freedom
등반가 家 시리즈 **12**

등반을 자유와 창조의 미학으로 승화시킨 보이테크 쿠르티카

산악 관련 전기 작가로 유명한 버나데트 맥도널드가 눈부시면서도 수수께끼 같은 천재 알피니스트 보이테크 쿠르티카의 전기를 장인의 솜씨로 빚어냈다.

버나데트 맥도널드 지음 | 김영도 옮김 | 36,000원

〈근간〉 **PUSHING THE LIMITS**
저자 **Chic Scott**　역자 장재현
• The Story of Canadian Mountaineering

Unjustifiable Risk?
저자 **Simon Thompson**　역자 오세인
• The Story of British Climbing

イラスト・クライミング 増補改訂新版(가제_일러스트 클라이밍)
저자 阿部亮樹(あべ.りょうしゅ), 岳人(監修)　역자 강진구

극한의 예술, 히말라야 8000미터 동계등반

Winter 8000

초판 1쇄 2021년 4월 16일

지은이 버나데트 맥도널드Bernadette McDonald
옮긴이 김동수

펴낸이 변기태
펴낸곳 하루재 클럽
주소   (우) 06524 서울특별시 서초구 나루터로 15길 6(잠원동) 신사 제2빌딩 702호
전화   02-521-0067
팩스   02-565-3586
이메일 haroojaeclub@naver.com
출판등록 제2011-000120호(2011년 4월 11일)

편집   유난영
디자인 장선숙

ISBN   979-11-90644-04-4 03900